Der Schutz von Patientenrechten durch verfahrensmäßige und institutionelle Vorkehrungen sowie den Erlass einer Charta der Patientenrechte

RECHT & MEDIZIN

Herausgegeben von den Professoren
Dr. Erwin Deutsch, Dr. Adolf Laufs, Dr. Hans-Ludwig Schreiber

Bd./Vol. 71

PETER LANG
Frankfurt am Main · Berlin · Bern · Bruxelles · New York · Oxford · Wien

Jörg Gstöttner

Der Schutz von Patientenrechten durch verfahrensmäßige und institutionelle Vorkehrungen sowie den Erlass einer Charta der Patientenrechte

PETER LANG
Europäischer Verlag der Wissenschaften

Bibliografische Information Der Deutschen Bibliothek
Die Deutsche Bibliothek verzeichnet diese Publikation in der Deutschen Nationalbibliografie; detaillierte bibliografische Daten sind im Internet über <http://dnb.ddb.de> abrufbar.

Zugl.: Halle-Wittenberg, Univ., Diss., 2004

3
ISSN 0172-116X
ISBN 3-631-53679-8

www.peterlang.de

Meinen lieben Eltern

Vorwort

Die vorliegende Arbeit wurde 2004 als Dissertation von der Juristischen Fakultät der Martin-Luther-Universität Halle-Wittenberg angenommen. Die Arbeit wurde im Sommer 2003 abgeschlossen. Literatur und Materialien wurden bis 2003 berücksichtigt. Auch das GKV-Modernisierungsgesetz vom 14.11.2003, verkündet in BGBl I 2003 Nr. 55 vom 19.11.2003, konnte weitestgehend in die Bearbeitung einbezogen werden. Es ist indes davon auszugehen, dass die bisherigen Bemühungen des Gesetzgebers hierin noch nicht ihren Abschluss gefunden haben.

Die Arbeit wurde betreut von Herrn Prof. Dr. Winfried Kluth. Durch seine stets wohlwollende Beratung und Unterstützung sowie durch seine zahlreichen wertvollen Anregungen hat er zum Fortgang und Abschluss der Arbeit wesentlich beigetragen. Hierfür bin ich ihm zu großem Dank verpflichtet.
Mein Dank gilt auch Herrn Prof. Dr. Hans Lilie, der die Mühe des Zweitgutachtens auf sich nahm.
Besonders danken möchte ich meiner Mutter und meinem Vater für die vielfältige Förderung und die stets gewährte Unterstützung. Dank gilt insbesondere meinem Vater, der mit großem Zeitaufwand und der gebotenen Kritik die Erstdurchsicht des Manuskripts übernahm.

Inhaltsverzeichnis

Abkürzungsverzeichnis

a.A.:	anderer Ansicht
aaO.:	am angegebenen Ort
Abs.:	Absatz
ÄBl.:	Ärzteblatt
ÄndG:	Änderungsgesetz
a.F.:	alte Fassung
AnwBl:	Anwaltsblatt
AöR :	Archiv des öffentlichen Rechts
Art.:	Artikel
BÄK:	Bundesärztekammer
BÄO:	Bundesärzteordnung
BayVBl.:	Bayerische Verwaltungsblätter
BetrVG:	Betriebsverfassungsgesetz
BGB:	Bürgerliches Gesetzbuch
BGH:	Bundesgerichtshof
BGHSt:	Entscheidungen des Bundesgerichtshof in Strafsachen
BGHZ:	Entscheidungen des Bundesgerichtshof in Zivilsachen
BHO:	Bundeshaushaltsordnung
BMJ:	British medical journal
BSHG:	Bundessozialhilfegesetz
BT-Dr.:	Drucksache des Deutschen Bundestages
BVerfG:	Bundesverfassungsgericht
BVerfGE:	Entscheidungen des Bundesverfassungsgerichts
BVerwG:	Bundesverwaltungsgericht
BVerwGE:	Entscheidungen des Bundesverwaltungsgerichts
bzw.:	beziehungsweise
DÄBl.:	Deutsches Ärzteblatt
ders.:	derselbe
DÖV:	Die öffentliche Verwaltung
DRG:	Diagnosis Related Groups
DVBl.:	Deutsches Verwaltungsblatt
e.V.:	eingetragener Verein
EG ZPO:	Gesetz, betreffend die Einführung der Zivilprozessordnung
EU:	Europäische Union
EuGRZ:	Europäische Grundrechtezeitschrift
f.:	folgende Seite oder Paragraph
ff.:	folgende Seiten oder Paragraphen
Fn.:	Fußnote
FS:	Festschrift

GG:	Grundgesetz
GKV:	Gesetzliche Krankenversicherung
GOBT:	Geschäftsordnung des Bundestages
GVG:	Gerichtsverfassungsgesetz
HBdStR:	Handbuch des Staatsrechts der Bundesrepublik Deutschland
HS-KV :	Handbuch des Sozialversicherungsrechts Band 1 Krankenversicherungsrecht
i.V.m.:	in Verbindung mit
IGMR:	Institut für Gesundheits- und Medizinrecht
insb.:	insbesondere
JöR NF:	Jahrbuch des öffentlichen Rechts der Gegenwart Neue Folge
JR:	Juristische Rundschau
JuS:	Juristische Schulung
JZ:	Juristenzeitung
KHG:	Krankenhausgesetz
KritV:	Kritische Vierteljahresschrift für Gesetzgebung und Rechtswissenschaft
m.w.N.:	mit weiteren Nachweisen
MedR:	Medizinrecht
n.F.:	neue Fassung
NJW:	Neue Juristische Wochenschrift
Nr.:	Nummer
NRW:	Nordrhein-Westfalen
NVwZ:	Neue Zeitschrift für Verwaltungsrecht
OLG:	Oberlandesgericht
OVG:	Oberverwaltungsgericht
ProdHaftG:	Produkthaftungsgesetz
RdM:	Recht der Medizin
Rn.:	Randnummer
RPG:	Recht und Politik im Gesundheitswesen
S.:	Seite
SächsKHG:	Sächsisches Krankenhausgesetz
SGB I:	Sozialgesetzbuch – Allgemeiner Teil
SGB IV:	Sozialgesetzbuch Viertes Buch
SGB V:	Sozialgesetzbuch Fünftes Buch
SGB X:	Sozialgesetzbuch Zehntes Buch
SGB XI:	Sozialgesetzbuch Elftes Buch
StGB:	Strafgesetzbuch
VereinsG:	Vereinsgesetz
VersR:	Versicherungsrecht
VGH:	Verwaltungsgerichtshof

vgl.:	vergleiche
VVDStRL:	Veröffentlichungen der Vereinigung der Deutschen Staatsrechtslehrer
VwGO:	Verwaltungsgerichtsordnung
WHO:	World Health Organisation (Weltgesundheitsorganisation)
WRV:	Die Verfassung des Deutschen Reichs vom 11. 8. 1919
z.B.:	zum Beispiel
ZRP:	Zeitschrift für Rechtspolitik
ZStW:	Zeitschrift für die gesamte Strafrechtswissenschaft

A) Einleitung

I. Gegenstand der Untersuchung

Investitionen in die Gesundheit sind auch Investitionen in die Zukunft. Unter diesem Aspekt spielt der Schutz der Patienten und ihrer Rechte bei dem gegenwärtigen politischen Bestreben, das deutsche Gesundheitssystem zu reformieren, eine zentrale Rolle. Aber nicht nur in Deutschland, sondern auch in anderen europäischen Ländern wird seit Jahren versucht, die Stellung des Patienten im typischerweise paternalistisch geprägten Arzt-Patientenverhältnis durch die Gewährung umfangreicher Rechte zu verbessern. Der Schwerpunkt entsprechender Aktionen lag in nahezu allen Ländern in den 90er Jahren bei der Gewährleistung individueller Patientenrechte. Die Bemühungen waren und sind immer noch auf eine auf Partnerschaftlichkeit und Respekt basierende Beziehung zwischen dem Leistungserbringer und dem Patienten ausgerichtet. Das aus einer solchen Beziehung hervorgehende gegenseitige Gespräch wird nach allgemeiner Auffassung als Voraussetzung für den Erfolg der ärztlichen Behandlung gesehen.
Neben der Gewährleistung individueller Patientenrechte ist außerdem seit längerem die Bürgerbeteiligung im Gesundheitswesen als komplexes Zusammenspiel von Faktoren und Akteuren mit unterschiedlichen, oft gegensätzlichen Perspektiven und Interessen[1] Gegenstand internationaler Diskussionen. Mit der Bürgerbeteiligung wird eine prinzipielle Umorientierung im Gesundheitswesen gefordert, die zu einem Wandel der Rolle des Bürgers bzw. des Patienten führen soll, um seine Einflussmöglichkeiten auf Entscheidungen und Organisationen im Gesundheitswesen zu verbessern.

Indessen lässt eine Bestandsaufnahme in Deutschland auf umfangreiche Gewährleistungen hinsichtlich individueller Patientenrechte schließen. Es bestehen allerdings Informations- und Vollzugsdefizite, die in erster Linie durch eine verstärkte Information von Patienten und Ärzten zu beseitigen sind. Wege und Möglichkeiten zur Stärkung der Patientenrechte werden deshalb in Wissenschaft und Politik seit geraumer Zeit nachhaltig diskutiert. So könnte der Gesetzgeber auf Grund der Verankerung wesentlicher Patientenrechte in der Verfassung, und dort vor allem in den einzelnen Grundrechten, zu einem wirksamen Schutz von Patientenrechten aufgerufen sein. Insoweit stellt sich die

---

[1] *Saltman*, Der konzeptionelle Kontext für eine Bürgerbeteiligung im Gesundheitswesen, in: Bürgerbeteiligung im Gesundheitswesen – eine Länderübergreifende Herausforderung, S. 40.

Frage, aus welchen Grundrechten oder verfassungsrechtlichen Prinzipien Ansatzpunkte für die Begründung von Patientenrechten hervorgehen und inwieweit von einem verfassungsrechtlichen Auftrag an den Gesetzgeber zum Erlass von Patientenrechtsregelungen auszugehen ist? Allerdings wäre einem begründeten staatlichen Schutzauftrag nicht allein mit der rechtlichen Normierung bzw. einer damit verbundenen theoretischen Verfügbarkeit entsprechender Rechte genüge getan. Um die Stellung der Patienten zu stärken, dürfte vielmehr auch eine Sicherung bestehender Regelungen durch institutionelle und verfahrensrechtliche Vorkehrungen gefordert sein. Zur verbesserten Verwirklichung oder zur erleichterten Durchsetzung von Patientenrechten ist jedenfalls ein angemessener Organisations- und Verfahrensausbau nötig. Zudem erfordert die effektive Gestaltung sowie die Stärkung von Patienteninteressen die Einrichtung oder Förderung von Institutionen zur Absicherung von Patientenrechten. Soweit es in erster Linie um die Verwirklichung und Sicherung von Grundrechten geht, könnten daher Maßgaben für die Ausgestaltung von Organisation und Verfahren ebenfalls von der Verfassung ausgehen.

Ein besonderer Handlungsbedarf besteht zudem aufgrund der mangelnden Transparenz gesetzlicher Patientenrechtsregelungen. Die Verankerung von Patientenrechten in zahlreichen Gesetzten des Bundes, der Länder und der Selbstverwaltungsträger sowie die Begründung solcher Rechte durch Richterrecht führen zu dem dringenden Bedürfnis, die bestehende Patientenrechtslage klarer zu gestalten und somit dem einzelnen Patienten auch die tatsächliche Wahrnehmung der ihm eingeräumten Rechte zu ermöglichen. Schließlich beeinträchtigt die gegenwärtige Rechtszersplitterung den Zugang zu Patientenrechten nicht nur für Patienten und Versicherte, sondern auch für die behandelnden Ärzte und behindert damit die notwendige Ausbildung eines breiten Rechtsbewusstseins.
Die politischen Bemühungen, diesen Missstand zu beenden, wurden zuletzt mit dem auf breitem Konsens beruhenden, vom Bundesministerium für Justiz und vom Bundesministerium für Gesundheit und Soziale Sicherung initiierten, Patientenrechte dokumentierenden Leitfaden „Patientenrechte in Deutschland“ verdeutlicht. Im Ergebnis blieben die zu erhoffenden Erfolge bislang jedoch hinter den Erwartungen zurück. Nach wie vor sind die wenigsten Patienten in Deutschland über die Rechte und Unterstützungsmöglichkeiten, die ihnen zustehen, bzw. die sie in Anspruch nehmen können, ausreichend informiert. Kaum jemandem in der Praxis, der sich nicht eindringlich mit dieser Thematik befasst hat, ist überhaupt die Existenz der neuen Patientencharta bekannt. Auf der Suche nach einer Möglichkeit, zu einer breiten, allen überall bewussten Präsenz von Patientenrechten durch eine transparente, eindrückliche Repräsentation, könnte sich auch ein Blick ins Ausland bewähren. So wurden insbeson-

dere in Österreich und in den Niederlanden bereits Mittel und Wege gefunden, ähnlich zerstreute Rechtslagen im Bereich der Patientenrechte zu beheben.
Wie ein entsprechendes Konzept für Deutschland auszusehen hat, bedarf einer eingehenden rechtlichen Untersuchung. Hierzu sind die einzelnen Problemfelder herauszuarbeiten und unter der Prämisse einer ausführbaren Verbesserung der Patientenrechtssituation in Deutschland zu durchleuchten. Gewiss bestehen verschiedene Wege, Patientenrechte zu kodifizieren. Die Frage ist, welche sind tauglich und wie sind sie umzusetzen?

II. Gang der Untersuchung

Befasst man sich mit der Thematik Patientenrechte, dann stellt sich zuerst die Frage nach den bestehenden Rechten und nach entsprechenden Möglichkeiten diese Rechte zu verbessern. Deshalb ist es im ersten Teil Ziel der Untersuchung, die in der Bundesrepublik vorhandenen Rechte sowie die verfügbaren Möglichkeiten zur Unterstützung und Durchsetzung von Patienteninteressen zu ermitteln. Gegebenenfalls sollen auch Optimierungsmöglichkeiten sowie die im Rahmen politischer und gesellschaftlicher Reformvorschläge geplanten Veränderungen Berücksichtigung finden. Es wird dabei zwischen den individuellen Rechten, den institutionellen Absicherungen und der Bürgerbeteiligung im Gesundheitswesen zu unterscheiden sein.
Nach der Darstellung solcher Rechte, die mit Patienteninteressen in Verbindung zu bringen sind und den sich in diesem Zusammenhang anbietenden Gegenüberstellungen mit Regelungen anderer Länder, soll im zweiten Teil eine verfassungsrechtliche Würdigung folgen. Um die Bedeutung der Sicherung bestehender Patientenrechte und deren Weiterentwicklung zu unterstreichen, ist die grundrechtliche Basis verschiedener Patienteninteressen zu bestimmen. Dazu werden die Garantien der Grundrechte, die für eine Begründung von Patientenrechten relevant sein könnten, auf entsprechende Vorgaben für die Gewährleistung genannter Rechte untersucht. Unter dem gleichen Aspekt sind auch die Auswirkungen verfassungsrechtlicher Staatszielbestimmungen auf die Sicherstellung und Ausgestaltung von Patientenrechten zu prüfen.
Schließlich werden die Anforderungen an organisatorische und verfahrensrechtliche Ausgestaltungen zur Ausübung grundrechtlich begründeter Patientenrechte zu untersuchen sein. In diesem Rahmen bietet sich zunächst eine Begriffsbestimmung an, um dann die Notwendigkeit staatlichen Handelns zur Bereitstellung entsprechender Voraussetzungen zu ermitteln.

Der eigentliche Schwerpunkt der Untersuchung liegt aber in der Hinterfragung von Möglichkeiten, die auf verschiedene Rechtsgebiete und Kompetenzträger

verteilten Patientenrechte in einem einheitlichen Gesetz oder Dokument zu kodifizieren. Neben der Herausarbeitung verschiedener vorgeschlagener und in Erwägung zu ziehender Kodifikationsmodelle sollen vor allem die Möglichkeiten der rechtlichen Umsetzbarkeit untersucht werden. Ebenso muss der praktische Wert dieser Modelle ermittelt werden. Nicht zu unterschätzen ist dabei die Wahl einer Publikationsform, die eine effektive Information von Bürgern und speziell von Patienten ermöglicht.
Am Ende der Untersuchung wird schließlich in Ausrichtung an bestehenden Informationsregelungen des Umweltrechts ein eigener Vorschlag zur Behebung des Transparenzdefizits in der Praxis der Patientenrechte vorgestellt.

III. Bedeutung zentraler Begriffe aus dem Bereich der Patientenrechte

Eine um Transparenz und Verständlichkeit bemühte Untersuchung macht es erforderlich, die Bedeutung einiger zentraler Begriffe zu klären, die im Zusammenhang mit der Thematik der Patientenrechte immer wieder auftauchen.[2] Insbesondere die Gewissheit, dass verschiedene Termini in ihrer Formulierung unscharf sind, oder ihre Bedeutung aufgrund unterschiedlicher Sichtweisen variieren kann, macht eine Begriffsklärung notwendig. Gegebenenfalls ist es zudem angebracht, Differenzierungen einzelner Begriffe und die entsprechenden Systematisierungen aufzuzeigen.

Bereits der Begriff des Patienten kann unter verschiedenen Aspekten betrachtet werden. Nach allgemeinem Verständnis sind Patienten vom Arzt behandelte bzw. betreute Personen, also Personen die erkrankt sind oder waren und daher individuelle Erfahrungen mit einer Krankheit oder Behinderung gemacht haben.[3] Im engeren Sinn bezieht sich der Patientenbegriff damit auf Patienten, die in einem konkreten ärztlichen Behandlungsverhältnis Leistungen des Gesundheitssystems in Anspruch nehmen. Dagegen wird der Patientenbegriff im weiteren Sinn auf Personen bezogen, die außerhalb eines aktuellen Behandlungsverhältnisses Leistungen des Gesundheitssystems, beispielsweise in Form von Beratungen, nutzen. Bei der vorliegenden Untersuchung erfolgt die Verwendung des Begriffs Patient stets im weiteren Sinn.

---

[2] Zu einer ausführlichen Klärung der zentralen Begriffe rund um dieses Thema siehe auch *Kluth* in: Fischer/Kluth/Lilie, Ansätze für eine Stärkung der Patientenrechte im deutschen Recht, S. 4 ff.

[3] *Badura/Hart/Schellschmidt*, Bürgerorientierung des Gesundheitswesens, S. 15.

Aufgrund ihrer sich vielfach überschneidenden Interessen werden Patienten auch oft im Zusammenhang mit Versicherten genannt. Diese Mitglieder öffentlicher oder privatrechtlicher Einrichtungen sind – ohne dabei notwendig Patienten zu sein – als Beitragszahler und Leistungsempfänger vor allem an einem möglichst umfassenden Versicherungsschutz bei geringen Beitragszahlungen interessiert.[4]

Ein vornehmliches Begehren von Patienten richtet sich in vielen Fällen auf die Erhaltung bzw. die Wiederherstellung ihrer Gesundheit. Gesundheit ist formal das Gegenstück zur Krankheit, die sich in einem regelwidrigen Körper- oder Geisteszustand äußert.[5] Die Weltgesundheitsorganisation (WHO) definiert die Gesundheit allerdings in einem darüber weit hinausreichenden Sinn, als einen „Zustand völligen körperlichen, seelischen und sozialen Wohlbefindens", dagegen soll sie nicht nur das Freisein von Krankheit oder Gebrechen sein.[6] Ein derartiger, insbesondere sozial orientierter Gesundheitsbegriff, erstreckt sich auch auf außermedizinische Faktoren, wie etwa auf die individuelle Lebenssituation des Patienten.[7] Insoweit ist eine nicht zu übersehende Abweichung dieses Begriffs vom Schutzgut des Grundrechts auf körperliche Unversehrtheit gegeben, da anderenfalls nahezu jeder staatliche Eingriff mit dem Argument, der Eingriff verletze das seelische oder das soziale Wohlbefinden des Betroffenen, abgewehrt werden könnte.[8]
Nicht immer ist jedoch die Ursache des Patientseins ein gesundheitlicher Grund. Patienten können trotz eines aktuellen Behandlungsverhältnisses frei von Krankheiten sein, beispielsweise wenn es sich um altruistische Verfahren wie bei der Organspende oder um Vorsorgeuntersuchungen handelt. Abgesehen von den möglichen psychischen Veranlassungen gilt dies immer häufiger auch für Patienten der plastischen Chirurgie. Ebenso werden Beratungsleistungen gleichermaßen von gesunden wie von kranken Patienten im weiteren Sinn in Anspruch genommen.

Auch die Einräumung unterschiedlicher Ansprüche und Gewährleistungen, die unter dem in einem weiten Sinn verstandenen Begriff Patientenrechte zusam-

---

[4] Siehe ebenfalls *Badura/Hart/Schellschmidt*, Bürgerorientierung des Gesundheitswesens, S. 15 sowie *Francke/Hart*, Bürgerbeteiligung im Gesundheitswesen, S. 30.

[5] Vgl. hierzu *Hermes*, Das Grundrecht auf Schutz von Leben und Gesundheit, S. 226.

[6] Siehe die Präambel der Satzung der Weltgesundheitsorganisation vom 22. Juli 1946; abgedruckt beispielsweise in *Deutsch*, Arztrecht und Arzneimittelrecht, S. 466.

[7] *Giesen*, Zwischen Patientenwohl und Patientenwille, JZ 1987, 282.

[8] Vgl. *Starck* in: von Mangoldt/Klein/Starck, GG I, Art. 2 II Rn. 177.

mengefasst werden, erfolgt auf verschiedenen Ebenen und gleichzeitig unter Verfolgung mehrerer Leitgedanken. Patientenrechte beziehen sich auf einen weit gefächerten Bereich, der sich nicht schon in zivilrechtlichen Individualansprüchen aus dem Behandlungsverhältnis erschöpft. Erfasst werden vielmehr auch Einflussrechte auf Strukturen der Krankenversorgung und der Gesundheitsvorsorge, die auch Einzelentscheidungen betreffen können.[9] Als Tragende Motive erweisen sich besonders der Autonomieschutz und die Qualitätssicherung der Gesundheitsversorgung. Dabei knüpft die Gewährleistung von Patientenrechten nach heutiger Betrachtungsweise an einen Patientenbegriff im weiteren Sinn an.

Neben den meist individuellen Rechten des einzelnen Patienten können Patientenrechte auch auf die Wahrnehmung von Gruppeninteressen ausgerichtet sein. Werden sie einer Personengruppe verliehen, handelt es sich dabei um sogenannte kollektive Rechte. Kollektive Patientenrechte spielen vor allem im Zusammenhang mit der Stärkung politischer Partizipation und Mitwirkung von Patienten, beispielsweise durch planende und gestaltende Einwirkungen auf die Gesundheitspolitik, eine Rolle. Insbesondere die aktuelle Diskussion um eine Bürgerbeteiligung im Gesundheitswesen bezieht sich auf die effektivere Gestaltung von Patienteninteressen bei Kommunikations- und Entscheidungsprozessen auf Systemebene.[10] Dabei umfassen die Interessen der Patienten nicht nur ihre schutzbedürftigen Rechtsgüter, sondern in der Regel auch ökonomische Aspekte des Gesundheitssystems und gehen somit weiter als die Patientenrechte.

Das Gesundheitssystem selbst ist schließlich der Gesamtbereich einer organisierten gesundheitlichen Versorgung durch die Akteure des Gesundheitssystems also vor allem durch die Anbieter unmittelbarer Versorgungsleistungen wie der Ärzteschaft sowie durch die Krankenkassen und eine regulierende Gesundheitspolitik. Ein Teil des Gesundheitssystems ist das sogenannte Medizinsystem als Bereich der Organisation, in dem die medizinische Versorgung des Patienten stattfindet.[11]

---

[9] *Welge/Lindemann* in: Kranich/Böcken, Patientenrecht und Patientenunterstützung in Europa, S. 104.

[10] Vgl. auch *Francke/Hart*, Bürgerbeteiligung im Gesundheitswesen, S. 23 f. Das Gesundheits- und Medizinrecht ist allerdings wie das gesamte Verbraucherrecht vornehmlich auf die Gewährleistung individueller Rechte ausgerichtet.

[11] Siehe dazu *Francke/Hart*, Bürgerbeteiligung im Gesundheitswesen, S. 28 f. Hier erfolgt auch eine nähere Aufführung der verschiedenen Institutionen, die im Gesundheitssystem beteiligt sind.

B) Entwicklung und Erscheinungsformen von Patientenrechten

I. Notwendigkeit einer gestärkten Patientenstellung

Das Arzt-Patienten-Verhältnis ist in der Praxis typischerweise durch ein Ungleichgewicht gekennzeichnet. Selbst ein starker und selbstbewusster Patient stößt während der Behandlung an die Grenze seines körperlichen Leidens, da er sich durch seine Krankheit in einer Position der Schwäche und Abhängigkeit befindet.[12] In diesem immer noch paternalistischen und von einem erheblichen Wissensvorsprung des Arztes geprägtem Verhältnis zwischen Arzt und Patienten ist eine gestärkte Stellung des Patienten gefordert, will man sich am modernen Leitbild einer partnerschaftlichen Orientierung ausrichten. Das Arzt-Patienten-Verhältnis bedarf daher einer staatlichen Reglementierung, um die Rechtsstellung der Patienten und die ärztlichen Pflichten zu bestimmen und auf diese Weise einen gewissen Ausgleich zwischen den verschiedenen Positionen von Arzt und Patient zu schaffen. Patienteninteressen beziehen sich allerdings nicht nur auf das Verhältnis zum Arzt, sondern nahezu auf alle Belange der medizinischen Versorgung. Die Gewährleistung von Patientenrechten erfolgt daher unter verschiedenen Aspekten. Unter anderem sind es die Wahrung der Autonomie und der Integrität des Patienten, die Steigerung der Qualität der Gesundheitsversorgung sowie die institutionelle Patientenunterstützung und die Stärkung der Bürgerbeteiligung, die es zu verwirklichen oder noch weiter zu entwickeln gilt. Namentlich die Gewährleistung von Qualität und Sicherheit medizinischer Leistungen und Produkte ist eine der wesentlichen Aufgaben, denen sich der Staat im Bereich des Gesundheitssystems stellen muss.[13]
Je nach Inhalt kommen für den Patienten Abwehr- oder Leistungsrechte in Betracht. Zu einer gestärkten Patientenstellung gehört allerdings auch ein erhöhtes Maß an Selbstverantwortung. Aufgrund einer Entwicklung zur Selbstbestimmung ist der Patient nunmehr als Entscheidungssubjekt in die Behandlung mit

[12] Da das Verhältnis zwischen Arzt und Patient in der Regel durch einen erheblichen Informations- und Kompetenzunterschied geprägt wird, ist der Patient vom Behandelnden abhängig und hat kaum Möglichkeiten, Entscheidungen des Arztes auf ihre Richtigkeit und Qualität zu überprüfen. Hinzu kommt ein gewisses Maß an Ausgesetztsein, da im Härtefall auch Eingriffe in die Existenz des Patienten erforderlich sein können. Nicht selten berufen sich Patienten daher gerade nicht auf ihre Rechte, um nicht aus Sicht des Arztes den Anschein von Undankbarkeit zu erwecken.

[13] Als essentielle Voraussetzung gehört hierzu auch die Sicherstellung einer qualifizierten, wissenschaftlichen, gleichzeitig aber ebenso praxis- und patientenorientierten Ausbildung; hierzu siehe *Bonvie*, Aktuelle Fragen des ärztlichen Berufsrechts, MedR 2002, 338.

einzubeziehen. Es hat sich eine Wandlung von „salus aegroti suprema lex" zu „voluntas aegroti suprema lex" vollzogen.[14]
Gegenüber dem Streben nach Selbstbestimmung und der Forderung, die Patienten als gleichberechtigte Partner zu behandeln, wird freilich auch vor einem überzogenen Anspruchsdenken seitens der Patienten gemahnt. Nicht nur die Patientenrechte sollten ständig betont werden, sondern auch Patientenpflichten zur eigenen Gesunderhaltung seien verstärkt zu berücksichtigen.[15] Angesichts der erreichten Regelungsdichte, gilt es darauf zu achten, dass eine Anhäufung nicht ausreichend wirksamer Verhaltenspflichten und darüber hinaus widersprüchlicher Systemansätze weitestgehend vermieden wird. Insoweit sollte die Lebensweisheit „weniger ist manchmal mehr" nicht außer Acht gelassen werden, mit der auch die Ausführungen von Winfried Kluth zu den „Möglichkeiten und Grenzen des Verbraucherschutzes durch Berufsrecht" zusammengefasst wurden.[16] Trotz unübersehbarer Parallelen zum Verbraucherrecht ist es aufgrund der besonderen Spezifikation des Arzt-Patienten-Verhältnisses allerdings unsicher, ob oder inwieweit die Patientenrechte überhaupt im Rahmen des Verbraucherschutzes zu diskutieren sind.[17] Ein großer Teil der Patientenrechte entfaltet seine Wirkung in dem Verhältnis zwischen Arzt und Patient, weshalb es zunächst einer Klarstellung der Rechtsnatur dieses Verhältnisses bedarf.

1. Rechtsnatur der Arzt-Patienten-Beziehung

Aktuell werden in der Bundesrepublik Deutschland die Rechte des Patienten in den verschiedensten Gebieten des Verfassungsrechts, Zivilrechts, Sozialversicherungsrechts, Strafrechts, Berufsrechts sowie in der Rechtsprechung berücksichtigt.[18] Die ärztliche Behandlung des Patienten vollzieht sich allerdings regelmäßig in der rechtlichen Beziehung zwischen Privaten. Die Versorgung er-

---

[14] Hierin wird eine folgenschwere normative Akzentverlagerung vom Patientenwohl zum Patientenwillen ausgemacht; siehe *Damm*, Imperfekte Autonomie und Neopaternalismus, MedR 2002, 375 (377 f.).

[15] Gerade von Seiten der Leistungserbringer wird hierauf verwiesen; siehe dazu *Schulze*, Ärzte und Patienten im Spannungsfeld von Politik und Ökonomie, ÄBl. Sachsen 2001, 536.

[16] Vgl. hierzu *Gerst*, Patientenrechte inbegriffen?, DÄBl. 2001, A 3416. Demnach sollte zu berücksichtigen sein, dass ein komplexes Regelungssystem wie das Berufsrecht der Freien Berufe nicht mittels unbedachter, einseitig wirkender Bestimmungen infrage gestellt wird.

[17] Zum Verhältnis der Patientenrechte zu den Verbraucherrechten siehe sogleich unten in diesem Kapitel I. 2.

[18] *Hanika*, Patientencharta, MedR 1999, 149 (157) spricht insoweit von einer vielfältigen und inhaltlich wertvollen Beachtung von Patientenrechten.

folgt auf zivilrechtlicher Basis aufgrund von Verträgen durch niedergelassene Ärzte und durch Krankenhäuser, deren Trägerschaft öffentlich-rechtlich oder privatrechtlich organisiert ist.[19] Gleiches gilt für die Beziehung zwischen dem in der gesetzlichen Krankenversicherung versicherten Kassenpatienten und dem Kassenarzt.[20] Der Arzt ist auch als Vertragsarzt nicht Träger öffentlicher Gewalt, und Kassenärztliche Vereinigung und Krankenkassen leisten nicht selbst, sondern stellen lediglich die Sachleistung sicher.[21] Bei privatärztlichen wie bei kassenärztlichen Behandlungen kommt demgemäß zwischen Arzt und Patient ein privatrechtlicher Behandlungsvertrag zustande.[22] Allerdings bestehen auch Ausnahmefälle, in denen das Behandlungsverhältnis öffentlich-rechtlich geregelt ist. Ein solches hoheitlich geprägtes Behandlungsverhältnis ist aber lediglich dann gegeben, wenn von einer ärztlichen Zwangsbehandlung auszugehen ist oder wenn der Arzt unmittelbar ein ihm übertragenes öffentliches Amt ausübt.[23]

---

[19] Vgl. *Fischer/Lilie*, Ärztliche Verantwortung im europäischen Rechtsvergleich, S. 2.

[20] BGHZ 76, 259 (261); 100, 363 (367 f.).

[21] *Francke*, Ärztliche Berufsfreiheit und Patientenrechte, S. 91 Fn. 111.

[22] Es handelt sich hierbei um einen Dienstvertrag; vgl. *Putzo* in: Palandt, Bürgerliches Gesetzbuch, Einf v § 611 Rn. 18; differenzierend *Müller-Glöge* in: Münchener Kommentar, § 611 Rn. 44 ff.; siehe auch *Giesen*, Arzthaftungsrecht, Rn. 5; *Deutsch*, Medizinrecht, Rn. 15; *Laufs*, Arztrecht, Rn. 87. Die Annahme, dass zwischen Kassenarzt und Kassenpatient ein privatrechtlicher Behandlungsvertrag abgeschlossen wird, ist gleichwohl nicht einhellige Auffassung. Zweifel bestehen vor allem daran, dass der kassenärztlich Versicherte zwar Vertragspartner, nicht aber Schuldner des ärztlichen Vergütungsanspruchs sein soll. Vertreten wird daher auch die Ansicht, die bürgerlich-rechtliche Rechtsposition des Patienten folge aus einem zwischen Arzt und Sozialversicherungsträger geschlossenen berechtigenden Vertrag zugunsten Dritter; zu den einzelnen Auffassungen siehe *Nüßgens* in: BGB – RGRK, § 823 Anh. II Rn. 20; *Natter*, Der Arztvertrag, S. 17 f. Praktisch bleibt diese Kontroverse allerdings ohne Relevanz; so auch *Natter*, aaO., S. 19.

[23] Beispiele hierfür sind unter anderem die ärztliche Behandlung von Soldaten im Rahmen der gesetzlichen Heilfürsorge durch den Truppenarzt oder den im Auftrag der Bundeswehr tätigen Vertragsarzt, die Impfung durch den von der Gesundheitsbehörde eingeschalteten Arzt bei der Durchführung einer staatlichen Schutzimpfung nach dem Infektionsschutzgesetz (IfSG) oder die anstaltsärztliche Untersuchung von Straf- und Untersuchungsgefangenen. Eine Haftung erfolgt in diesen Ausnahmefällen aus der Amtspflichtverletzung gemäß Art. 34 GG sowie § 839 BGB und trifft die entsprechende Körperschaft; vgl. *Frahm/Nixdorf*, Arzthaftungsrecht, Rn. 4.

2. Patientenrechte als besondere Verbraucherrechte?

Qualifiziert man die Beziehung zwischen Arzt und Patient als privatrechtliches Vertragsverhältnis, dann erscheint die Frage berechtigt, ob Patientenrechte auch eine Form des allgemeinen Verbraucherschutzes darstellen. So bestehen etwa Ähnlichkeiten des Arzt-Patienten-Verhältnisses mit einer geschäftlichen Beziehung zwischen Leistungsempfänger und Leistungserbringer geldwerter Sach- oder Dienstleistungen.

Weder in der Rechtswissenschaft noch in der Rechtspraxis ist der Verbraucherschutz indes als eigenständiges Rechtsgebiet anerkannt. Mit dem Ziel, eine Sicherung von informationellem und strukturellem Gleichgewicht zu schaffen und damit den schwächeren oder weniger informierten Marktteilnehmer zu schützen, bildet das Sozialstaatsprinzip die Grundlage des wirtschaftlichen Verbraucherschutzes.[24] Der Gesetzgeber hat daher in verschiednen Bereichen Vorschriften erlassen,[25] deren Intention sich auf den Schutz der Verbraucher bezieht. Diese Verbraucherschutzregeln sind im Wirtschaftsverkehr von großer Bedeutung.

Für die Gewährleistung von Patientenrechten sind insofern die gleichen Rahmenvorgaben wie für die übrigen Verbraucherrechte anzunehmen. Der Patientenschutz ist als ein Teil des Verbraucherschutzes zu verstehen.[26] Allerdings bestehen inhaltliche Besonderheiten in der Arzt-Patienten-Beziehung, da die Inanspruchnahme medizinischer Dienstleistungen evidente Eigenarten gegenüber der Leistungsinanspruchnahme aus einem nichtmedizinischen Vertragsverhältnis beinhaltet. Gerade gegenüber rein geschäftlichen Vertragsbeziehungen ist das Verhältnis zwischen Arzt und Patient in den meisten Fällen von dem persönlichen, gesundheitsbezogenen Vertrauen geprägt, dass der Patient gegenüber dem Behandler aufbringt. Ein Patient, der sich in die Behandlung eines

---

[24] *Breuer* in: Isensee/Kirchhof, HBdStR VI, § 148 Rn. 22. Es handelt sich dabei in der Regel um vernünftige Gründe des Gemeinwohls, die eine Berufsausübungsregelung im Bereich der wirtschaftlichen Betätigung rechtfertigen; vgl. BVerfGE 46, 246 (257, 259).

[25] Eine eindeutige Abgrenzung des Verbraucherschutzrechts gibt es nicht. Zum diesem Recht zählen vielmehr sämtliche Regelungen, die sich auf den Schutz von Verbrauchern bzw. auf die Förderung von Verbraucherinteressen beziehen und somit etwa der Stärkung der Verbraucherautonomie oder dem Schutz der Verbraucher vor Irreführung und unfairer Benachteiligung dienen; vgl. *Borchert*, Verbraucherschutzrecht, S. 1 f.

[26] Vgl. *Francke/Hart*, Charta der Patientenrechte, S. 15. Zum Verbraucherschutz im Gesundheitsbereich sollen danach alle Normen gehören, die eine Befähigung zur Selbstbestimmung, die Sicherung von Qualität und Sicherheit medizinischer Behandlungen und die Patientenbeteiligung an gesundheitsbezogenen Beratungs- und Entscheidungsverfahren sicherstellen.

Arztes begibt, setzt voraus, dass der Arzt sich dem hohen Standard der medizinischen Wissenschaft verpflichtet sieht und auch danach handelt. Darüber hinaus besteht allgemein die Annahme, der Staat sichere alle nötigen Aus- und Weiterbildungserfordernisse ab, die sich aus der Approbation und deren Gewährung ergeben.[27] Dieses Vertrauen bestätigt der Arzt in der Regel durch seine besonderen Fähigkeiten. Dennoch können Mängel bei der Leistungserbringung nicht ausgeschlossen werden. Da die Gesundheit und das Leben des Patienten im Mittelpunkt der medizinischen Behandlung stehen, haben diese in ihrer Tragweite weitaus größere Auswirkungen als bei gewöhnlichen Dienstleistungen. Mit dem Ziel, den Heilauftrag als allerhöchste Pflicht zu erfüllen, stellt der Arzt den Patienten häufig unter eine Art Vormundschaft und trifft für diesen die Entscheidungen.[28] Es sollte daher nicht verwundern, wenn die Existenz einer Konsumentensouveränität bei einem Not leidenden und Hilfe suchenden Kranken in Frage gestellt wird. In Krisensituationen und insbesondere am Ende des Lebens überlassen Patienten oftmals ausdrücklich die Entscheidungen über ihr Leben und ihre Gesundheit den Ärzten, da ihnen in solchen Situationen das Vertrauen in die Ärzte wesentlich wichtiger ist, als die Art der Behandlung und das Recht zur selbstbestimmten Entscheidung. Auf der anderen Seite kann der Arzt in den meisten Behandlungsfällen allerdings auch nicht als Experte betrachtet werden, der eine genau zu definierende Leistung erbringen soll.[29]
Die Besonderheiten gegenüber nichtmedizinischen Vertragsverhältnissen ergeben sich indessen nicht ausschließlich aus der dargelegten vertrauensgeprägten Beziehung zwischen Arzt und Patient. So handelt es sich bei einem großen Teil der medizinischen Behandlungen – anders als bei gewöhnlichen Geschäftsbeziehungen – um eine umfangreiche Leistungserbringung durch eine Vielzahl von Leistungen und Leistenden. Insgesamt zeigt dies, dass zwischen Patientenrechten und sonstigen Verbraucherrechten zum Teil doch erhebliche Unterschiede bestehen.[30] Insoweit sei auf die Ausführung von Eberhard Schmidt

---

[27] Hierzu siehe *Dupré*, Ärztliche Behandlungsfehler, S. 13.

[28] Vgl. *Eisner*, Aufklärungspflicht des Arztes, S. 18. Ärzte neigen hierbei gewiss nicht selten dazu, anderen Werten aus Sicht der Patienten nicht ausreichende Beachtung zu schenken, während der Jurist oft genug ebenfalls sehr einseitig das Selbstbestimmungsrecht des Patienten in den Vordergrund hebt. Siehe auch *Pickl*, Verbraucherschutz im Gesundheitswesen, in: Bürgerbeteiligung im Gesundheitswesen – Eine Länderübergreifende Herausforderung, S.89 f.

[29] So *Gerst*, Patientenrechte inbegriffen?, DÄBl. 2001, A 3416.

[30] Ungeachtet dieser Unterschiede steht jedoch die Gewährleistung von Patientenrechten unter den gleichen allgemeinen Ziel- und Rahmenvorgaben wie die Gewährleistung sonstiger Verbraucherrechte; siehe *Kluth* in: Fischer/Kluth/Lilie, Ansätze für eine Stärkung der Patientenrechte im deutschen Recht, S. 11.

hingewiesen, wonach das Verhältnis zwischen Arzt und Patient weit mehr sei, als eine juristische Vertragsbeziehung.[31] Allgemeine Verbraucherschutzgesetze, die nur die Konsumenten in der Wirtschaft erfassen, können mithin dem spezifischen Schutzbedarf, der sich aus der Patientenstellung ergibt, nicht gerecht werden.[32]

II. Berücksichtigung ökonomischer Belange beim Schutz von Patienteninteressen

Insbesondere im Sozialrecht spiegelt sich die Problematik der Wechselwirkung zwischen juristischen und ökonomischen Anforderungen wieder. Die auf das Gesundheitswesen einwirkenden ökonomischen Zwänge machen bei der Gestaltung von Patientenrechten eine Berücksichtigung ökonomischer Standpunkte unabdingbar. Im Rahmen der gesetzlichen Krankenversicherung haben die Versicherten nach dem SGB V einen Anspruch auf eine Behandlung, die ausreichend, zweckmäßig, wirtschaftlich und notwendig sein muss.[33] Gerade die Wirtschaftlichkeit spielt jedoch in Zeiten knapper Kassen eine immer relevanter werdende Rolle. Inzwischen ist eine grundlegende, sich weiter ausdehnende Verknüpfung von Medizin und Ökonomie evident. Zunehmend wird der Einfluss von Wirtschaftlichkeitserwägungen und Ressourcenknappheit auf Patientenrechte sowie ärztliche Entscheidungsprozesse stärker. Die hierin eingebundene gerechte Verteilung medizinischer Leistungen[34] hat auch Einfluss auf die Reichweite und die Grenzen einer selbstbestimmten Entscheidung beim Zugang zu neuen Therapiemöglichkeiten und einer Teilhabe hieran.[35] Auch die Indikationen bei Arzneimittelzulassungen werden besonders aus ökonomischen

---

[31] *Schmidt* in: Ponsold, Lehrbuch der gerichtlichen Medizin, S. 2. Sich hierauf beziehend: BVerfGE 52, 131 (169 f.).

[32] Der gesundheitliche Verbraucherschutz und sonstiges Verbraucherschutzrecht sind „departementalisiert". Die verschiedenen Rechtsgebiete mit verbraucherschutzrechtlichem Einschlag sind allerdings unabgestimmt und verfolgen vereinzelt diametrale Ziele; siehe *Francke/Hart*, Charta der Patientenrechte, S. 15.

[33] Vgl. § 12 I S. 1 SGB V.

[34] Angesichts der knappen Ressourcen in der Gesundheitsversorgung wurden in Schweden drei Grundprinzipien für eine gerechte Verteilung festgelegt. Dabei handelt es sich um die menschliche Würde, das Bedürfnis- und Solidaritätsprinzip sowie das Effizienzprinzip; siehe hierzu *Rynning* in: Kranich/Böcken, Patientenrechte und Patientenunterstützung in Europa, S. 34 f.

[35] Siehe *Damm*, Imperfekte Autonomie und Neopaternalismus, MedR 2002, 375 (378).

Gründen immer enger.[36] Ursachen dafür, dass die Ausgaben im Gesundheitsbereich in den letzten Jahren erheblich angestiegen sind, liegen zu einem wesentlichen Teil an den enormen Entwicklungsschritten die im medizinischen Bereich zu verzeichnen sind und an den zurückgehenden Einnahmen auf Seiten der Kostenträger. Eine qualitative und quantitative Verbesserung der medizinischen Versorgung der Bevölkerung ist unumgänglich mit höheren Kosten verbunden.[37] Insofern ist von einer gewissen Spannungslage auszugehen, wenn einerseits in fachlich gebotener Qualität und dem allgemein anerkannten Stand der medizinischen Erkenntnisse entsprechende Behandlungen gefordert werden,[38] andererseits aber Wirtschaftlichkeitserwägungen im Vordergrund stehen sollen. Letztlich ist jedoch die Schonung vorhandener Ressourcen durch einen wirtschaftlichen Umgang mit diesen im Interesse der Gemeinschaft auch ein ethisches Gebot.
Die zunehmende ökonomische Prägung des Gesundheitswesens bleibt selbstverständlich nicht ohne Einfluss auf die Rechte des Patienten und führt bereits stellenweise zu Beschneidungen in diesem Bereich. Allerdings wirkt sich die Beschränkung finanzieller Mittel nicht nur im deutschen Gesundheitssystem auf die Gewährleistung der Patientenrechte aus.

III. Situation der Patientenrechte im internationalen Vergleich

Bei der Gewährleistung von Patientenrechten bestehen nach Art und Ausmaß gerade auch in den Mitgliedstaaten der Europäischen Union zum Teil erhebliche Unterschiede. Dagegen ist die nur punktuelle und verstreute gesetzliche Regelung der Patientenrechte nicht nur in der deutschen Rechtsordnung, sondern ebenso in der Mehrzahl der übrigen europäischen Rechtsordnungen als gegenwärtiger Zustand zu konstatieren. Neben einer Einbindung dieser Rechte in verschiedene Gesetze bestehen allerdings auch Patienten-Gesetze und Patienten-Chartae als Kodifizierungsformen. Gleichwohl sind es weniger praktische Erwägungen als die jeweiligen nationalen legislativen Strukturen und Tra-

---

[36] *Hart*, Spannungen zwischen dem Haftungs-, Arzneimittel und Sozialrecht, MedR 2002, 321 (324).

[37] Die Kosten der Gesundheitsversorgung werden in den westlichen Gesellschaften durch drei wesentliche Faktoren mitbestimmt: die Entwicklung der Medizintechnik, die steigende Nachfrage in der Bevölkerung auch aufgrund der demographischen Entwicklung und den Moral-Hazard-Effekt; so jedenfalls *Hamilton*, Krankenversicherungen – Wettbewerber und/oder Verbrauchervertreter?, in: Bürgerbeteiligung im Gesundheitswesen – eine Länderübergreifende Herausforderung, S. 51 (53).

[38] Siehe § 70 I SGB V.

ditionen, die in den einzelnen Ländern zur Einsetzung einer Charta statt eines Gesetzes geführt haben.[39] Beide Modelle zielen jedoch auf eine Verbesserung der Rechtsverbindlichkeit und Durchsetzungsmöglichkeit von Patientenrechten ab.
Bei der Patientenrechtsgewährleistung sind die Niederlande hervorzuheben, die nicht nur im Bereich der Sicherung individueller Patientenrechte, sondern insbesondere auch bei der Beratungsbeteiligung von Bürgern und Patienten auf der Ebene gesundheitspolitischer Regierungsbeiräte einen hohen Standard erreicht haben. Im überwiegenden Teil der europäischen Länder lagen die gesetzgeberischen und politischen Bemühungen im Bereich individueller Patientenrechte hauptsächlich in den letzten zwei Jahrzehnten. Dabei ging es auch in Skandinavien und den Niederlanden – die im Bereich der Patientenrechte eine allgemein anerkannte Vorreiterstellung einnehmen – in erster Linie darum, die Lücke zwischen den gewährleisteten Rechten und deren tatsächlichen Inanspruchnahme zu schließen. Insgesamt lässt die Entwicklung im internationalen Raum einen Wandel von der mittelbaren Begünstigung des Patienten hin zum Auf- und Ausbau subjektiver Ansprüche deutlich werden.[40] Bei keinem der gegenwärtig bestehenden Rechtssysteme ist indessen die Gewährleistung subjektiver Patientenrechte in allen Belangen so umfassend, dass ein Bedürfnis nach Verbesserungen auszuschließen ist. Aus deutscher Sicht besteht vor allem im Bereich der kollektiven Patientenrechte noch Handlungsbedarf. Bei den sich unmittelbar auf die Behandlung beziehenden Patientenrechten ist dagegen auch aufgrund der den medizinischen Klinik- und Praxisbetrieb prägenden, ausgedehnten gerichtlichen Praxis ein im europäischem Vergleich hoher Standard erreicht.[41]

IV. Bestandsaufnahme und Möglichkeiten zur Optimierung und Weiterentwicklung

Patienten und Bürger können sich in Deutschland in den verschiedensten Bereichen der Medizin auf eine Fülle von Rechten berufen und genießen insoweit ein hohes Maß an staatlichem Schutz. Geht es um eine Optimierung oder Weiterentwicklung dieser Rechte, sind es die Belange Effizienz und Qualität, wel-

---

[39] Vgl. hierzu *Hanika*, Patientencharta, MedR 1999, 149 (152 f.); siehe ebenfalls *Fischer/Lilie*, Ärztliche Verantwortung im europäischen Rechtsvergleich, S. 1 f.

[40] *Hanika*, aaO., S. 149.

[41] Vgl. *Laufs*, Patientenrechte, NJW 2000, 846 (847).

che in erster Linie zu berücksichtigen sind.[42] Eine Orientierung erfolgt dabei immer öfter auch an diesbezüglichen Regelungen anderer Länder. Inwieweit in Deutschland ein Verbesserungsbedarf besteht, muss anhand einer näheren Betrachtung der entsprechenden Rechte beurteilt werden. Bei einer Darstellung der gegenwärtigen Bestimmungen zum Schutz des Patienten bietet sich eine Gliederung in individuelle und kollektive Rechte an. Vorteilhaft erscheint es zudem, innerhalb der individuellen Rechte zwischen den Anrechten, die im Rahmen der medizinischen Behandlung bestehen, und den Formen der Patientenunterstützung im Gesundheitssystem zu unterscheiden.

1. Individuelle Patientenrechte

Zu dieser Gruppe gehören hauptsächlich materielle Patientenrechte, die sich auf den Bereich der medizinischen Behandlung mithin auf das Arzt-Patienten-Verhältnis beziehen und zu einem großen Teil ärztliche Verhaltensmaßstäbe und -pflichten begründen. Darüber hinaus zählen hierzu auch Beschwerderechte und Rechte auf Unterstützung insbesondere durch Institutionen.

a) Die Wahlfreiheit hinsichtlich des Leistungserbringers

Das grundsätzlich für jedermann geltende Recht, im Bedarfsfall medizinische Leistungen in Anspruch zu nehmen, wird in der Bundesrepublik als selbstverständlich vorausgesetzt und für den größten Teil der Gesellschaft durch die gesetzliche Krankenversicherung sichergestellt. Dabei hat in der Regel die Ursache der Erkrankung keinen Einfluss auf die Behandlungsleistung. Allerdings haben nach § 1 S. 2 SGB V die Versicherten eine Mitverantwortung für ihre eigene Gesundheit, der sie beispielsweise durch eine gesundheitsbewusste Lebensführung oder durch frühzeitige Beteiligung an gesundheitlichen Vorsorgemaßnahmen Rechnung tragen sollen. Besondere Rechtsfolgen ergeben sich aus diesen allgemeinen Verpflichtungen allerdings nicht.[43]

Noch vor der medizinischen Behandlung steht für den Patienten die Wahl, von wem er sich behandeln lassen will. § 76 SGB V regelt für die Mitglieder der gesetzlichen Krankenversicherung lediglich die freie Wahl unter den vertragsärztlich zugelassenen Ärzten und den zugelassenen Krankenhäusern. Von die-

[42] Handelt es sich um solche Patientenrechte, die Regelungen des ärztlichen Berufs darstellen, ist es erforderlich, durch Abwägung die Interessen des ärztlichen Berufs und des Patientenschutzes sowie die allgemeinen Gesundheitsinteressen auszugleichen; so ähnlich auch *Francke*, Ärztliche Berufsfreiheit und Patientenrechte, S. 136.

[43] Vgl. dazu *Francke/Hart*, Charta der Patientenrechte, S. 105.

ser Einschränkung abgesehen[44] haben in Deutschland alle Patienten[45] das Recht, den Arzt, das Krankenhaus und sonstige medizinische Einrichtungen frei zu wählen, wobei im Krankenhaus selbst kein Anspruch auf Behandlung durch einen bestimmten Arzt besteht.[46] Innerhalb Europas gehört die in Deutschland bestehende Wahlfreiheit bezüglich des „medizinischen Dienstleisters" zu den vergleichsweise weitreichendsten Gewährleistungen dieser Art. Im Unterschied dazu bezieht sich in Schweden oder Großbritannien das Recht frei zu wählen lediglich auf den Allgemeinarzt.[47] In Spanien besteht selbst die Möglichkeit den Hausarzt frei zu wählen nur sehr eingeschränkt, da Patienten dort auf den für sie territorial zuständigen Arzt aufgeteilt werden.[48] Angesichts zunehmender wirtschaftlicher Probleme aufgrund der demographischen Entwicklung und der Fortentwicklung der medizinischen Wissenschaft wird das deutsche Gesundheitssystem immer häufiger als unverhältnismäßig kostenintensiv kritisiert.[49] Dafür soll unter anderem die relativ umfassende Freiheit, den behandelnden Arzt auszuwählen, verantwortlich sein. Auch für Deutschland wird demzufolge vermehrt die Einführung des sogenannten „Gatekeeper-Modells" vorgeschlagen.[50] Der Zugang des Patienten zum medizini-

---

[44] Allerdings dürfen in Notfällen nach § 76 I S. 2 SGB V gesetzlich Versicherte auch andere Ärzte aufsuchen.

[45] Im Unterschied zu den Versicherten der GKV können die Versicherten einer privaten Krankenversicherung unter allen Ärzten und Zahnärzten wählen. Auch im Krankenhaus haben sie grundsätzlich das Recht persönlich den behandelnden Arzt auszuwählen, sofern dieser liquidationsberechtigt ist. Nicht krankenversicherte Sozialhilfeempfänger haben durch den Sozialhilfeträger einen Anspruch auf Krankenhilfe. Auch für sie besteht das Recht, frei unter den sich gegenüber dem Sozialhilfeträger zur Behandlung bereit erklärenden Ärzten zu wählen, wobei es sich hier in der Regel um die zur vertragsärztlichen Versorgung zugelassenen Ärzte handelt; vgl. *Francke/Hart*, Charta der Patientenrechte, S. 254 f.

[46] Siehe dazu auch *Hanika*, Patientencharta, MedR 1999, 149 (158).

[47] Speziell in England und Wales wo 1948 der National Health Service (NHS) als umfassendes Gesundheitssystem errichtet wurde, sucht sich jeder Patient einen örtlichen Allgemeinarzt. Dieser ist dann für alle medizinischen Angelegenheiten zuständig, indem er entweder selbst behandelt oder den Patienten überweist; siehe zum NHS *Mitchell* in: Kranich/Böcken, Patientenrechte und Patientenunterstützung in Europa, S. 40 f.

[48] Vgl. *Hanika*, Patientencharta, MedR 1999, 149 (155, 157).

[49] Zu einem entsprechenden Ergebnis kam auch der „World Health Report 2000" der WHO; eine kritische Stellungnahme hierzu liefern *Weber/Brenner/Weisner*, Gewogen – und zu leicht befunden, DÄBl. 2001, A 2932 ff.

[50] Für die Entwicklung einer primärärztlichen Versorgungsorganisation sprechen sich beispielsweise *Badura/Schellschmidt* in: Badura/Hart/Schellschmidt, Bürgerorientierung des Gesundheitswesens, S. 65 ff. aus. Auch die mit dem Gesundheitsmodernisierungsgesetz ein-

schen Versorgungssystem würde damit auf die primäre Inanspruchnahme eines zuvor ausgewählten Allgemeinmediziners als Hausarzt beschränkt. Der Hausarzt führt die ärztliche Behandlung des Patienten entweder selbst aus, oder er sorgt im erforderlichen Fall für fachärztliche bzw. stationäre Maßnahmen. Ein unmittelbarer Zugang des Patienten zu einem Facharzt oder Krankenhaus ist dagegen nur noch im Sonderfall möglich.[51] In diesem Zusammenhang wird der Hausarzt bevorzugt als Advokat oder Lotse verstanden, der auf einer besonderen Beziehungsebene zum Patienten steht. Er soll als Vermittler zwischen dem Patienten und den verschiedenen Beteiligten und Einrichtungen im Gesundheitswesen tätig werden.[52] Um diesen Erwartungen auch gerecht zu werden, müsste sich der Hausarzt aber sämtlichen Einflüssen einer globalen Industrie widersetzen und für Qualitätstransparenz seines Handelns sorgen.[53]
Vorschläge zur Einführung eines Modells dieser Art finden jedoch nicht nur in großen Teilen der Ärzteschaft wenig Anklang, sondern es bestehen auch generelle Bedenken gegen eine Beschränkung der freien Arztwahl. So scheinen qualitative Einschnitte für den Patienten vorprogrammiert zu sein, sollten die Gatekeeper-Ärzte selbst Leistungen erbringen und ihre Entschädigung nach gezielten Anreizmethoden der Kassen erfolgen. Eigene Interessen der Hausärzte wären infolgedessen nicht auszuschließen,[54] womit sich die Wahrscheinlichkeit steigert, dass Patienten gegebenenfalls auch zu spät an Fachärzte oder in stationäre Behandlung weitergeleitet werden.[55] Die freie Arztwahl ist zudem als eine

---

geführte Facharztgebühr von 10 Euro ohne Überweisung soll die Patienten zu einem primären Gang zum Hausarzt bewegen und ist damit nichts anderes als ein „Gatekeeper-Modell" in „light" Version.

[51] Eine entsprechende Ausnahme wäre beispielsweise im Notfall zu bejahen.

[52] Vgl. hierzu *Huber/Hungeling* in: Badura/Hart/Schellschmidt, Bürgerorientierung des Gesundheitswesens, S. 121 f.; siehe auch aaO. S. 24. Zur Umsetzung eines primärärztlichen Versorgungsmodells mit einem umfassenden Betreuungsauftrag für den Hausarzt wäre allerdings zunächst die Aus- und Weiterbildung von Allgemeinärzten als politische Zielsetzung weiterzuverfolgen und inhaltlich voranzutreiben; *Francke/Hart* in: Badura/Hart/Schellschmidt, Bürgerorientierung des Gesundheitswesens, S. 256.

[53] *Badura*, Reform des Gesundheitswesens durch Aktivierung der Bürger, Versicherten und Patienten – eine Einführung, in: Bürgerbeteiligung im Gesundheitswesen – eine Länderübergreifende Herausforderung, S. 34 (39).

[54] Da für ein solches Modell natürlich wirtschaftliche Überlegungen eine große Rolle spielen, werden die Kassen um die erhoffte Kostendämpfung zu erreichen, entsprechende Anreizsysteme aufstellen müssen.

[55] Vgl. insoweit *Güntert*, Patientenvertretung in Deutschland – eine kritische Analyse aus ökonomischer Sicht, in: Bürgerbeteiligung im Gesundheitswesen – eine Länderübergreifende Herausforderung, S. 167 (172). Generell besteht die Gefahr, dass notwendige Leistungen vorenthalten werden oder Unterversorgung gewährt wird, wenn Kosteneinsparungen mit

Ausprägung der Privatautonomie des Patienten zu verstehen. Dem Krankenversicherten geht mit der Verpflichtung, primär den Hausarzt aufzusuchen, nicht nur ein Stück seiner Privatautonomie verloren, sondern es ist zusätzlich eine Einschränkung bestehender Patientenrechte zu erwarten.[56] Denn der Patient wird bei der Wahl seines Arztes neben solchen Kriterien wie Kompetenz[57] und Sympathie auch die Anerkennung und damit verbunden die Wahrung von Patientenrechten berücksichtigen.[58] In der Wahlfreiheit hinsichtlich des Leistungserbringers ist ferner eine Möglichkeit des Bürgers, zur Einflussnahme auf die Gesundheitsversorgung zu sehen. Die markante Formulierung „das Geld folgt dem Patienten" ist dafür ein beredeter Hinweis.[59] Insofern muss das Recht auf eine freie Wahl des Arztes als Vorteil des deutschen Gesundheitssystems ge-

---

finanziellen Vorteilen für den Arzt verbunden sind. Es stellt sich daher die Frage, ob mit Verhaltensanreizen, die Leistungserbringer dazu veranlassen, von notwendigen oder angemessenen Maßnahmen abzusehen, wirklich nur Rationalisierungsreserven erschlossen werden. Mit dem Hausarzt als Gatekeeper wird für den Patienten ein Erschwernis zur Inanspruchnahme weitergehender medizinischer Leistungen aufgestellt. Allerdings besteht der Verdacht, dass Patienten mit einem höheren Bildungsgrad eher Mittel und Wege finden, um diese Leistungen zu erlangen, als Patienten mit einem niedrigen Bildungsgrad. An der Erwägung, dass es für vergleichbare Indikationen Benachteiligungen sozial schwächerer Gruppen geben könnte, zeigt sich indes die Gefährdungslage für die Grundrechte aus Art. 2 II S.1 GG und Art. 3 I GG; siehe zu diesen Bedenken *Francke/Hart* in: Badura/Hart/Schellschmidt, Bürgerorientierung des Gesundheitswesens, S. 256 f.

56 Im Positionspapier der Gesellschaft für Recht und Politik im Gesundheitswesen (GRPG) zum Gesundheitssystem und zur Gesundheitsreform 2000, abgedruckt in: RPG 1999, S. 43 ff., ist insoweit die Rede von einer Entmündigung des von der Politik geforderten „mündigen Bürgers". Vgl. weiterhin *Schneider*, Patientenrechte, MedR 2000, 497 (500), der zutreffend auch eine drohende Schmälerung der Rechte der gesetzlich Krankenversicherten gegenüber den Privatpatienten erkennt und auch deshalb einem solchen Vorhaben eine „unmissverständliche Absage" erteilt.

57 Selbstredend wird mit dem Recht den Arzt frei zu wählen auch das Leistungsprinzip gefördert, da vom Patienten bevorzugt die kompetenten, gut ausgebildeten Ärzte gewählt werden. Der beste Patientenschutz besteht aber vor allem in einer Behandlung durch einen gut ausgebildeten Arzt oder sonstigen Angehörigen der Heilberufe in gut ausgestatteten und organisierten Praxen, Krankenhäusern oder anderen Gesundheitseinrichtungen; so jedenfalls *Francke/Hart*, Charta der Patientenrechte, S. 250.

58 Schließlich dürfte von der individuellen Wahl des Arztes auch die Begründung eines persönlichen Vertrauensverhältnisses und damit die Grundlage einer erfolgreichen medizinischen Behandlung abhängig sein. Ähnlich sehen es anscheinend auch *Welge/Lindemann* in: Kranich/Böcken, Patientenrechte und Patientenunterstützung in Europa, S. 107.

59 Die freie Arztwahl als eine Form der Bürgerbeteiligung ist vor allem in Ländern mit Krankenversicherungssystemen zu finden; siehe hierzu insgesamt *Vienonen*, Von einer Ethik der Ignoranz hin zur Bürgerbeteiligung, in: Bürgerbeteiligung im Gesundheitswesen – eine Länderübergreifende Herausforderung, S. 58 (61 f.).

genüber anderen Gesundheitssystemen erkannt werden. Von diesem Vorteil profitiert in erster Linie der Patient.
Die Beschränkung der freien Arztwahl wäre allerdings durch besondere öffentliche Interessen, wie der Funktions- und Leistungsfähigkeit einer sozialen Sicherung, verfassungsrechtlich zu rechtfertigen.[60] Dennoch sollte insbesondere wegen der drohenden Einschränkung gewichtiger Patienteninteressen von einem entsprechenden Vorhaben in Deutschland abgesehen werden. Auch in den Niederlanden wird mittlerweile die Bedeutung der Wahlfreiheit erkannt, weshalb man sich dort zunehmend um eine Stärkung dieses Patientenrechts bemüht.[61]

b) Recht auf Qualität und Sicherheit der medizinischen Behandlung

Qualität und Sicherheit einer ärztlichen Behandlung sind maßgebende Faktoren, wenn es um das Leben und die Gesundheit des einzelnen Patienten geht. Sie sind Voraussetzung für einen guten Schutz der Patienten und ihrer Interessen. Demgemäß werden den Versicherten der Krankenkassen vom Gesetzgeber in § 2 I S. 3 SGB V qualitative und wirksame Leistungen nach dem allgemein anerkannten Stand der medizinischen Erkenntnisse und unter Berücksichtigung des medizinischen Fortschritts zugesichert. Die Erfüllung dieser Aspekte ist durch wertende Entscheidungen zu beurteilen, die sich an Wissenschaft, Praxis und Akzeptanz des ärztlichen Berufstandes orientieren. Da aber in der Medizin wie in vielen anderen Bereichen mit der Qualität einer Leistung oder eines Produkts häufig auch die Kosten proportional steigen, sind angesichts ökonomischer Zwänge gewisse Einschränkungen nicht zu umgehen. § 12 I SGB V begrenzt deshalb die betreffenden Leistungen auf ein Maß, das das Notwendige nicht überschreitet und zugleich ausreichend, zweckmäßig und wirtschaftlich sein muss. Entsprechende Mindeststandards werden im Gemeinsamen Bundesausschuss gemäß den §§ 91 und 92 SGB V festgelegt. Angesichts des neuen Vergütungssystems für Kliniken durch die Einführung der German Diagnosis Related Groups (G-DRG) bleibt indes abzuwarten, inwieweit die aufgrund der Fallpauschalen vorgegebenen Behandlungswege mit den Richtlinien zur Siche-

---

[60] Siehe dazu *Francke/Hart* in: Badura/Hart/Schellschmidt, Bürgerorientierung des Gesundheitswesens, S. 237. Inwieweit das Recht auf freie Arztwahl grundrechtlich verankert ist, wird noch an anderer Stelle näher zu untersuchen sein.

[61] Zu den Zielen des Niederländischen Verbandes der Patienten- und Verbraucherorganisationen siehe *Dekkers* in: Kranich/Böcken, Patientenrechte und Patientenunterstützung in Europa, S. 66 f. Die Wahlfreiheit hinsichtlich des Leistungserbringers wird hier sogar als das wichtigste Patientenrecht erachtet.

rung der ärztlichen Versorgung kompatibel sind. Diskrepanzen werden diesbezüglich nicht auszuschließen sein.[62]
Eine gewissenhafte und qualitative Behandlung ist gemessen an den Rechtsgütern, die hierbei auf dem Spiel stehen, eine der wichtigsten ärztlichen Berufspflichten. Ärzte müssen über Kenntnisse verfügen, die dem aktuellen wissenschaftlichen Stand der Medizin entsprechen und sie müssen diese Kenntnisse auch anwenden. Die Rechtspflicht zur ständigen beruflichen Fortbildung ist daher eine unverzichtbare Voraussetzung für die Gewährleistung qualitativer medizinischer Behandlungen.[63] Weitestgehend wird die berufliche Fortbildung und Weiterbildung von den Ärztekammern im vorgegebenen Rahmen der Heilberufsgesetze der Länder geregelt.[64] Zugleich geben die Heilberufsgesetze vor, dass alle Ärzte einer Kammer ihres jeweiligen Bundeslandes angehören müssen. Insoweit sollte eine angemessen umfassende, ärztliche Fortbildung sichergestellt sein. Gleichwohl wurden von Sachverständigen Unzulänglichkeiten auf dem Gebiet der ärztlichen Fortbildung festgestellt.[65] In diesem Zusammenhang drang die Forderung nach einem „Ärzte-TÜV" an die Öffentlichkeit. Die Überlegung richtet sich auf eine in bestimmten Abständen durchgeführte Rezertifizierung der fachärztlichen Anerkennung, die vom Nachweis regelmäßiger

---

[62] Mit dem Fallpauschalengesetz (FPG), dem Krankenhausentgeltgesetz (KHEntgG) und der Verordnung zum Fallpauschalensystem für Krankenhäuser (KFPV) wurde ab dem 1. Januar 2003 für Krankenhausleistungen ein Vergütungssystem auf der Grundlage diagnoseorientierter Fallpauschalen eingeführt, das die allgemeinen vollstationären und teilstationären Krankenhausleistungen des einzelnen Behandlungsfalls pauschal begleicht. Ungeachtet dessen schließt der Versorgungsanspruch des gesetzlich versicherten Patienten alle stationär notwendigen Leistungen ein, gleich dem, ob sie für das zugelassene Krankenhaus preiswert oder wirtschaftlich existenzbedrohend sind. Eine gewinnorientierte Auslese nach wirtschaftlichen Kriterien ist nicht zulässig. Gerade für neu entstehende Krankenhäuser wird damit zusammen mit dem Kriterium der Bedarfsgerechtigkeit eine beinahe unüberwindbare Hürde aufgestellt; so *Quaas* auf der Tagung des Deutschen Gesundheitsforums Bremen – Krankenhausorganisation, Qualitätssicherung und Haftung – am 15. und 16. November 2002 in Bremen. Trotz Unzulässigkeit wird daher eine Selektion von Patienten nicht ausgeschlossen werden können.

[63] Vgl. BGH VersR 1981, 131 f.; *Laufs*, Arztrecht, Rn. 59 und 158. Anders als mit der Fortbildung wird mit der Weiterbildung der Erwerb ausführlicher Kenntnisse, Erfahrungen und Fertigkeiten für festgelegte ärztliche Tätigkeiten nach Abschluss der Berufsausbildung verfolgt. Die Weiterbildung hat auch das Ziel, die Qualität ärztlicher Berufsausübung zu sichern.

[64] In den ärztlichen Berufsordnungen werden auch Verpflichtungen zur Teilnahme an Qualitätssicherungsmaßnahmen festgelegt.

[65] So hatte der Sachverständigenrat für die Konzertierte Aktion im Gesundheitswesen in seinem Gutachten 2000/2001 beim Zustand der ärztlichen Fortbildung auf Mängel hingewiesen.

Fortbildungsaktivitäten sowie dem Bestehen einer Prüfung abhängen soll.[66] Ähnliche gesetzliche bzw. berufständische Verpflichtungen zum Nachweis von Fortbildungsaktivitäten für Ärzte existieren bereits in der Schweiz und in den Niederlanden. In der Schweiz müssen sich nach der Fortbildungsordnung des Ärzteverbandes alle Mitglieder fortbilden und zum Nachweis ein Fortbildungsprotokoll führen. Inwieweit diese Fortbildungspflicht erfüllt wurde, entscheidet auf kantonaler Ebene die Fachgesellschaft.[67]

Weitergehend ist die regelmäßige Neuzulassung von Ärzten in den Niederlanden. Allgemeinmediziner müssen dazu die vorgegebene Anzahl von Weiterbildungsstunden nachweisen und zusätzlich einen Test ablegen. Fachärzte haben eine bestimmte Anzahl von Fortbildungsstunden nachzuweisen.[68] Gerade beim niederländischen Modell sollte allerdings im Hinblick auf eine mögliche Forderung nach dessen Übernahme berücksichtigt werden, dass für Patienten dort nur ein Recht zur freien Wahl des Allgemeinarztes besteht.[69] Aufgrund der Lotsenfunktion von Allgemeinärzten, werden an diese besondere Anforderungen gestellt,[70] die sich unter anderem in einem eigenen Rezertifizierungsverfahren widerspiegeln können.

Im Ausland finden sich ebenso Beispiele dafür, dass die ärztliche Fortbildung auch durch weniger einschneidende Maßnahmen sichergestellt werden kann. In Belgien werden niedergelassene Ärzte durch finanzielle Anreize zur kontinuierlichen Fortbildung sowie zur Teilnahme an Peer-Review-Verfahren motiviert. Ein anderer Weg wurde in Kanada gewählt. Im Rahmen des Verfahrens der Monitoring and Enhancement of Physician Performance (MEPP) wird mittels eines Screenings regelmäßig die ärztliche Berufsausübung überprüft. Bei Handlungsbedarf stehen für die betroffnen Ärzte zur intensiven individuellen Fortbildung landesweit fünf Schulungszentren zur Verfügung.[71]

---

[66] Siehe zu dieser Forderung *Gerst*, Zertifiziert und freiwillig, DÄBl. 2001, A 1308.

[67] Vgl. ebenfalls *Gerst*, Zertifiziert und freiwillig, DÄBl. 2001, A 1308 f.

[68] Siehe *Gerst*, Zertifiziert und freiwillig, DÄBl. 2001, A 1308 f.

[69] Vgl. insoweit *Hanika*, Patientenrechte, MedR 1999, 149 (156).

[70] Ein primärärztliches Versorgungssystem wäre auch in Deutschland nicht ohne eine gesonderte Qualifizierung von Ärzten durch entsprechende Weiterbildungen möglich; vgl. *Badura/Schellschmidt* in: Badura/Hart/Schellschmidt, Bürgerorientierung des Gesundheitswesens, S. 67.

[71] Siehe *Gerst*, Weiter in der Diskussion, DÄBl. 2002, B 136. Die ärztliche Fortbildung ist auch in europäischen Staaten unterschiedlich vorgeschrieben und ausgeprägt. So ist eine Fortbildungspflicht in Frankreich, Italien, den Niederlanden, Norwegen sowie Österreich vom Gesetz und in Irland, Großbritannien sowie der Schweiz vom Berufsstand vorgeschrieben. Freiwillige Fortbildungsmöglichkeiten bestehen dagegen in Belgien, Dänemark, Deutschland, Finnland, Griechenland, Island, Luxemburg, Portugal und Spanien; siehe zu

Fortbildungsverpflichtungen sind – wie oben schon angedeutet wurde – in Deutschland ein Bestandteil der ärztlichen Berufsordnungen.[72] Die Erfüllung dieser Verpflichtungen müssen Ärzte gegenüber den Ärztekammern in geeigneter Form nachweisen können.[73] Darüber hinaus bestehen Bemühungen, die sich anstatt auf einen Rezertifizierungszwang auf die Einführung einer freiwilligen zertifizierten Fortbildung richten.[74] Inzwischen haben alle Ärztekammern Modelle eingeführt, die den freiwilligen Erwerb eines Fortbildungszertifikats ermöglichen.[75] Ziel ist vor allem die Darstellung und Dokumentation eigener Bemühungen um die berufliche Fortbildung. Allerdings sind nur teilweise einheitliche Bewertungskriterien zwischen den Modellen der einzelnen Ärztekammern zu erkennen. Solche wären vor allem aus Gründen der einheitlichen Bewertung ärztlicher Fortbildungsbemühungen und aus Transparenzgesichtspunkten förderlich. Insoweit ist aber nicht der Gesetzgeber, sondern die Spitzenorganisation der Ärztekammern gefordert.[76] Da im Zusammenspiel mit der freien Wahl des Arztes letztlich der Patient entscheidet, welchem Arzt er auch aufgrund bescheinigter Fortbildungen vertrauen will, liegt es in dessen Hand

---

den Unterschieden bei der Verpflichtung zur ärztlichen Fortbildung *Weidringer/ Koch/ Schäfer/ Engelbrecht/ Leibbrandt/ Harvey/ Ferguson/ Parboosingh*, Reglementierte Fortbildung, DÄBl. 2003, A 976 (978 ff.).

[72] Die Pflicht zur fachlichen Fortbildung von Vertragsärzten ist mittlerweile auch in § 95d SGB V geregelt. Der Nachweis über die Fortbildung soll durch Zertifikate oder durch sonstige Nachweise erfolgen, § 95d II SGB V. Die Vorschrift orientiert sich damit an den von den Ärztekammern bereits eingeführten Modellen zum Erwerb von Fortbildungszertifikaten. Vertragsärzte haben alle 5 Jahre den Nachweis über die Erfüllung dieser Verpflichtung zu erbringen, § 95d III SGB V.

[73] Vgl. beispielsweise § 4 II Berufsordnung der Ärztekammer Sachsen-Anhalt oder § 4 II Berufsordnung für Ärztinnen und Ärzte des Saarlandes.

[74] Eine Sonderstellung nehmen indes die Radiologen ein, denn eine radiologische Fachkunde auf Lebenszeit ist nach der Röntgenverordnung (RöV) von 1987 nicht vorgesehen. Nach § 18a I und II RöV wird die erforderliche Fachkunde im Strahlenschutz unter anderem durch eine erfolgreiche Teilnahme an den von der zuständigen Stelle anerkannten Kursen – wobei die Teilnahme nicht länger als 5 Jahre zurück liegen darf – und Bestehen der Abschlussprüfung erworben. Die Fachkunde muss zur Beibehaltung der Qualifizierung mindestens aller 5 Jahre aktualisiert werden, was mit einer Rezertifizierung gleichzusetzen ist.

[75] Hieran knüpft § 95d SGB V an.

[76] Vom zuständigen Ausschuss der Bundesärztekammer, dem Deutschen Senat für ärztliche Fortbildung, wurden zwar bereits einheitliche Bewertungskriterien für den Erwerb des freiwilligen Fortbildungszertifikats entwickelt, bislang basiert jedoch nur ein Teil der Zertifikationsmodelle der Ärztekammern auf diesen Kriterien. Weiterer Handlungsbedarf ist zudem hinsichtlich der gegenseitigen Anerkennung von Fortbildungsveranstaltungen auszumachen; vgl. *Gerst*, Zertifiziert und freiwillig, DÄBl. 2001, A 1308 (1309 f.).

über entsprechende ärztliche Aktivitäten zu befinden. Die Effektivität der freiwillig zertifizierten Fortbildung wird sich allerdings nur im Rahmen durchgeführter Modellversuche bestimmen lassen. Damit dürfte sich auch herausstellen, ob hinsichtlich der geforderten ärztlichen Fortbildung mehr als nur fakultative Maßnahmen angebracht sind.[77] Inzwischen besteht jedenfalls die Möglichkeit einer freiwilligen Zertifizierung auch für spezielle Qualitätskriterien der medizinischen Behandlung. Die Kassenärztliche Vereinigung Bayerns prämiert beispielsweise Ärzte mit einem Zertifikat, wenn diese sich freiwillig an einer Verbesserung der hygienischen Geräteaufbereitung in der Endoskopie beteiligen und die Prüfungsbedingungen erfüllen.[78] Im Hinblick auf Qualität und Sicherheit der medizinischen Behandlung und die Freiheit des Patienten, sich bei der Wahl des Arztes an entsprechenden Kriterien zu orientieren, wären weitere solcher Aktionen wünschenswert.

In der gesetzlichen Krankenversicherung wird die Qualitätssicherung explizit durch die §§ 135 ff. SGB V geregelt. Danach dürfen neue Untersuchungs- und Behandlungsmethoden nur zu Lasten der Kassen durchgeführt werden, wenn sie bestimmte, qualitätsbezogene Voraussetzungen erfüllen. Auch Ärzte und Einrichtungen müssen den notwendigen qualitativen Anforderungen entsprechen. Die Kassenärztlichen Vereinigungen haben nach § 136 SGB V Maßnahmen zur Förderung der Qualität der vertragsärztlichen Versorgung durchzuführen und für stationäre Einrichtungen beschließt der Gemeinsame Bundesausschuss Maßnahmen der Qualitätssicherung, § 137 SGB V. Der Gemeinsame Bundesausschuss ermittelt auch den Stand der Qualitätssicherung im Gesundheitswesen, benennt den Weiterentwicklungsbedarf und erarbeitet Empfehlungen unter anderem für die Vereinheitlichung der Qualitätssicherung im Gesundheitswesen, § 137b SGB V.[79] Orientiert an der Entwicklung anderer Länder und im Zuge der Qualitätssicherung hat in der deutschen Gesundheitsversorgung auch die evidenzbasierte Medizin (EbM) einen festen Platz eingenommen. Unter EbM wird der gewissenhafte und vernünftige Gebrauch der gegenwärtig besten externen, wissenschaftlichen Evidenz für Entscheidungen

---

[77] In diesem Fall würde vor allem eine regelmäßige Überprüfung der Fortbildung von Ärzten an Bedeutung gewinnen. Rezertifizierungsmaßnahmen sind angesichts hoher Kosten und fraglicher Effizienz international allerdings nicht unumstritten.

[78] Mit 600 Ärzten beteiligten sich 25 % der Ärzte, die in Bayern Endoskopien durchführen an diesem Projekt; siehe hierzu im Einzelnen *Schmidt*, Zertifikate für Endoskopie, DÄBl. 2002, A 256.

[79] Zu den einzelnen Qualitätssicherungsmaßnahmen in der gesetzlichen Krankenversicherung allerdings noch nach alter Rechtslage vgl. *Francke/Hart* in: Badura/Hart/Schellschmidt, Bürgerorientierung des Gesundheitswesens, S. 273 f.

in der medizinischen Versorgung von Patienten verstanden. Für die Praxis bedeutet das eine Integration individueller klinischer Expertisen mit der bestmöglichen externen Evidenz aus systematischer Forschung.[80] Es handelt sich mithin um ein neues Institut für die Qualitätssicherung in der Medizin. Neben der sich auf das individuelle Arzt- Patientenverhältnis beziehenden Methode, wird mit der evidenzbasierten Gesundheitsversorgung eine Erweiterung auf die Systemebene deutlich. Im Grundgedanken geht es auch hierbei um ein Basieren auf der besten verfügbaren wissenschaftlichen Evidenz. Mit der Bezugnahme auf „evidenzbasierte Leitlinien" in den §§ 137f, 137g SGB V nimmt die Bundesrepublik bei der gesetzlichen Verpflichtung zur Anwendung der EbM durch die Akteure des Gesundheitswesens sogar eine Vorreiterstellung ein.[81]

Neben medizinischen Dienstleistungen beinhaltet die ärztliche Behandlung regelmäßig auch den Einsatz von Geräten und Arzneimitteln. Diese müssen ebenfalls den Anforderungen von Qualität und Sicherheit gerecht werden. Das öffentliche Sicherheitsrecht bietet mit dem Gesetz über den Verkehr mit Arzneimitteln (AMG) im Arzneimittelbereich eine weit entwickelte Qualitätssicherung. Qualität, Wirksamkeit und Sicherheit des Arzneimittels werden bei der Markteinführung und danach durch Zulassungsverfahren und Nachmarktkontrolle gewährleistet.[82] Das Recht auf Arzneimittelsicherheit bezieht sich auch auf den sogenannten Vormarkt, der den Zeitraum vor der Zulassung von Arzneimitteln betrifft. Das Haftungsrecht der §§ 84 ff. AMG stellt durch die präventive Wirkung des reaktiven Schadensausgleichs die erforderliche Funktionsfähigkeit des AMG sicher.

Für die praktische Arzneimittelsicherheit wird ein Modell zur strukturierten Kontrolle vorgeschlagen. Hierbei könnten unter anderem die Krankenhäuser eine wichtige Rolle spielen. Das französische System zur Überwachung von Pharmazeutika beruht auf einer Kombination von Spontanmeldesystemen und einer systematischen Überwachung in den Krankenhäusern. Abweichend vom gegenwärtigen Spontanmeldesystem in Deutschland[83] wäre durch die Einrich-

---

[80] *Sackett/Rosenberg/Gray/Haynes/Richardson*, Evidence based medicine, BMJ 1996; 312: 71.

[81] *Weingart*, Grundlage ärztlichen Handelns, DÄBl. 2002, A 2685 f.; siehe allerdings auch *Kienle/Karutz/Matthes/Matthiessen/Petersen/Kiene*, Evidenzbasierte Medizin – Konkurs der ärztlichen Urteilskraft?, DÄBl. 2003, A 2142 ff.

[82] *Francke/Hart* in: Badura/Hart/Schellschmidt, Bürgerorientierung des Gesundheitswesens, S. 174.

[83] Nach § 75 I AMG haben die dort benannten Berufsgruppen unter anderem das ihnen bekannt werdende Auftreten unerwünschter Arzneimittelwirkungen dem zuständigen Bundesministerium zu melden. Das Nähere regelt eine Verordnung. Dieses Spontanmeldesystem

tung entsprechender Institute eine systematisch angelegte Verbindung von Arzneimittelbehandlung und klinischen Erkenntnissen über unerwünschte schädliche Arzneimittelwirkungen möglich.[84] Inwieweit hier eventuell noch ein Handlungsbedarf besteht, könnte zunächst durch Modellversuche ausgelotet werden.
Die Sicherheit, Eignung und medizinische sowie technische Leistung von Medizinprodukten wird parallel zum AMG durch das Gesetz über Medizinprodukte (MPG) gewährleistet.[85]

Als Institution der Qualitätsregulierung steht auch das zivile Haftungsrecht zur Verfügung. Der haftungsrechtliche Sorgfaltsmaßstab der gesetzlich geltenden Verschuldenshaftung nimmt auf zeitliche und persönliche Schwächen des Arztes keine Rücksicht.[86] Obschon das Haftungsrecht die Qualität der ärztlichen Dienstleistung sicherstellen oder gegebenenfalls erhöhen soll, ist gleichzeitig von einer Disharmonie zu anderen Methoden der Qualitätssicherung auszugehen. Denn eine Androhung strenger haftungsrechtlicher Sanktionen für die Ärzte birgt die Gefahr, dass eine erforderliche Beteiligung der Ärzteschaft an Qualitätssicherungsmaßnahmen und an den Vorhaben zur Errichtung entsprechender Sicherungssysteme ausbleibt. Notwendig sind deshalb sorgfältige Abstimmungen zwischen diesen Bereichen, beispielsweise – wie von Francke und Hart vorgeschlagen – durch eine institutionalisierte Kommunikation.[87]
Auch die präventive Wirkung strafrechtlich angedrohter Konsequenzen für ärztliche Behandlungsfehler, deren Voraussetzungen nicht mit denen des Zivilrechts identisch sind, richtet sich unter anderem auf den Schutz des Patienten durch Qualitätssicherung. Auf die Rechte des Patienten im Schadensfall wird aber in einem späteren Abschnitt noch gesondert einzugehen sein, ebenso wie auf die institutionellen Maßnahmen zur Qualitätssicherung und zum Qualitätsmanagement.

---

kann aber beispielsweise keine Hinweise auf die tatsächliche Häufigkeit der beobachteten Risiken geben.

[84] Zu diesem und zu weiteren Vorschlägen siehe *Francke/Hart*, Charta der Patientenrechte, S. 90 f. sowie S. 81 ff. zur Arzneimittelsicherheit insgesamt.

[85] Das MPG weist auch eine Reihe von Ähnlichkeiten zum AMG auf; siehe dazu ebenfalls *Francke/Hart*, Charta der Patientenrechte, S. 91.

[86] *Stegers* in: Kranich/Böcken, Patientenrechte und Patientenunterstützung in Europa, S. 81; *Hanika*, Patientencharta, MedR 1999, 149 (158). Zu den besonderen Problemen, die sich für die sogenannte Anfängeroperation ergeben, siehe *Francke/Hart*, Charta der Patientenrechte, S. 40 f.

[87] *Francke/Hart*, Charta der Patientenrechte, S. 244. In diesem Zusammenhang ist auch auf die Gefahr einer sich verwirklichenden Defensivmedizin hinzuweisen.

Unabhängig von Bedeutung und Notwendigkeit der Qualität ärztlicher Leistungen wird der Erfolg einer Behandlung freilich auch durch andere Faktoren beeinflusst und hängt ganz entscheidend an der Mitwirkungsbereitschaft des Patienten, der in erster Linie die medizinischen Empfehlungen erfüllen sollte.[88]

c) Wahrung der Patientenautonomie durch Aufklärung und Einwilligung

Grundsätzlich unterliegt die medizinische Behandlung dem Selbstbestimmungsrecht des Patienten, über Eingriffe in seinen Körper und seine Gesundheit selbst zu entscheiden. Die Beachtung des „voluntatis aegroti" gilt als wesentliche Pflicht im ärztlichen Aufgabenbereich.[89] Eine vom Arzt vorzunehmende Heilbehandlung ist demnach von der Zustimmung des Patienten abhängig. Der Patient soll keine materiellen Einbußen seines gesundheitlichen Wohls oder seiner körperlichen Verfassung ohne sein Einverständnis hinnehmen müssen. Fehlt eine wirksame Einwilligung, so handelt es sich um einen rechtswidrigen Eingriff, und der Arzt haftet für alle schädlichen Folgen.[90] Unterschiedlich beurteilt wird indes die Frage, ob der ärztliche Eingriff zum Zweck der Heilung des Patienten als tatbestandsmäßige Körperverletzung zu bewerten ist, die durch Einwilligung gerechtfertigt werden kann. Diese Auffassung wird vor allem in ständiger Rechtsprechung vom BGH vertreten,[91] um Strafbarkeitslücken zu umgehen, durch die eine Verletzung des Selbstbestimmungsrechts des Patienten in Fällen der eigenmächtigen Heilbehandlung straflos gestellt würde. Da die Heilbehandlung aber weder wertmäßig noch begrifflich eine Körperverletzung darstellen könne – eine Deklarierung als üble unangemessene Behandlung oder als Verursachung bzw. Steigerung eines krankhaften Zustandes erscheint jedenfalls nicht überzeugend – lehnt die herrschende Auffassung in der strafrechtlichen Literatur eine Umfunktionierung der Körperverletzungstatbe-

---

[88] Auf die notwendige Bereitschaft des Patienten, die ärztlichen Empfehlungen zur Behandlung zu erfüllen, haben ursprünglich *Francke/Hart*, Charta der Patientenrechte, S. 252 hingewiesen. Auch die Präambel der Dokumentation „Patientenrechte in Deutschland heute" enthält eine entsprechende Passage.

[89] BGHSt 32, 367 (378); *Giesen*, Arzthaftungsrecht, Rn. 200 f.; *Deutsch*, Medizinrecht, Rn. 461; zur Operationserweiterung in der Narkose siehe *ders.*, aaO., Rn. 388.

[90] Siehe *Deutsch*, Medizinrecht, Rn. 166.

[91] BGHSt 11, 111 (112); 16, 309 ff.; 35, 246 ff.; NJW 1971, 1887; 1972, 335 (336); 2000, 885 (886); ebenso *Tröndle/Fischer*, StGB, § 223 Rn. 9. Allerdings hat diesbezüglich in der jüngeren Literatur ein deutlicher Umschwung sattgefunden. So weist inzwischen auch Schreiber ausdrücklich daraufhin, dass er in dieser Frage nunmehr der Rechtsprechung folgt; vgl. ders., Strafrecht der Medizin, in: 50 Jahre Bundegerichtshof, Festgabe aus der Wissenschaft, Bd. IV: Strafrecht, S. 503, 506; eine ausführliche Darstellung dieser Kontroverse findet sich bei Lilie in: Leipziger Kommentar, Vor § 223 Rn. 3 ff.

stände zum Schutz des Selbstbestimmungsrechts des Patienten ab.[92] Die Entscheidung der Rechtsprechung richtet sich gleichwohl auf die Sicherstellung und den Schutz des grundrechtlich verankerten Selbstbestimmungsrechts des Patienten. Die Ablehnung dieser Entscheidung wäre infolgedessen nur bei gleichzeitiger Regelung eines besonderen Delikts zur eigenmächtigen Heilbehandlung hilfreich. Eine vergleichbare Norm existiert etwa in Österreich mit dem § 110 StGB. Durch eine entsprechende Regelung in Deutschland wäre in erster Linie die Debatte um die oft gerügte tatbestandliche Gleichstellung des Arztes mit dem Messerstecher beendet, praktisch hätte sie dagegen kaum Konsequenzen.[93]

Die Einwilligung zu einer Heilbehandlung erfolgt bei Einwilligungsfähigkeit durch den Patienten selbst und zwar ausdrücklich oder in schlüssiger Form. Ist der Patient insbesondere wegen einer Bewusstlosigkeit nicht in der Lage seine Einwilligung zu erklären und ist dies ebensowenig durch einen gesetzlichen Vertreter möglich, kann eine Behandlung auch aufgrund einer mutmaßlichen Einwilligung zulässig sein. Bei fehlender Einwilligungsfähigkeit – diese ist nicht mit der bürgerlich-rechtlichen Geschäftsfähigkeit gleichzusetzen – ist dagegen die Einwilligung der gesetzlichen Vertreter erforderlich.[94]

Selbstverständlich muss die Einwilligung wissentlich erteilt werden. Fehlt die notwendige Kenntnis zur indizierten oder gewünschten Maßnahme, wird die Einwilligung erst durch eine vorangestellte Aufklärung wirksam. Es bestehen verschiedene Aufklärungsarten, die sich unter anderem auf Diagnose und Behandlungsverlauf beziehen können. Zudem ist auf die Risiken einzugehen, indem die Gefahren der vorgesehenen Therapie dargelegt werden.[95] Im Falle ärztlicher Medikation reicht ein Verweis auf den Beipackzettel allein nicht aus, da der individuelle Aufklärungshinweis hiermit nicht ersetzt werden kann. Die Aufklärungspflicht ist insofern auf Arzt und Hersteller aufgeteilt. Der Arzt

---

[92] Vgl. *Eser* in: Schönke/Schröder, StGB, § 223 Rn. 30 ff.; *Kühl* in: Lackner/Kühl, StGB, § 223 Rn. 8; *Kaufmann*, Die eigenmächtige Heilbehandlung, ZStW 73 (1961), 341 (374). Allerdings werden die näheren Einzelfragen zu dieser Annahme wiederum unterschiedlich beurteilt.

[93] Nach den Ergebnissen einer empirischen Forschung soll der Vorwurf mangelnder Aufklärung als ärztlicher Fehler in der Praxis keine relevante Rolle spielen, weshalb solche Regelungen kaum vielversprechend erscheinen; vgl. dazu *Lilie* in: Fischer/Kluth/Lilie, Ansätze für eine Stärkung der Patientenrechte im deutschen Recht, S. 192 ff.

[94] Siehe hierzu die ausführlichen Darstellungen von *Laufs*, Arztrecht, Rn. 222 ff.; *Fischer* in: Fischer/Kluth/Lilie, Ansätze für eine Stärkung der Patientenrechte im deutschen Recht, S. 49 ff.; *Deutsch*, Medizinrecht, Rn. 104 ff.

[95] Zu den Arten der Aufklärung sowie zur Sicherheitsaufklärung siehe *Deutsch*, Medizinrecht, Rn. 112 ff.

muss jedenfalls auf gravierende sowie häufig auftretende Neben- und Wechselwirkungen hinweisen.[96] Unabhängig davon hat der Arzt auch die Mehrkosten eines verordneten Arzneimittels anzuzeigen, dessen Preis den von der gesetzlichen Krankenversicherung gedeckten Festbetrag übersteigt, § 73 V S. 2 SGB V.[97]

Nach der Aufklärung muss der Patient genügend Zeit haben, um frei und ohne Druck die Risiken gegen den Nutzen der Behandlung abzuwägen. Grundsätzlich ist dies bei einer Aufklärung gewährleistet, die zu dem Zeitpunkt vorgenommen wird, zu dem der Arzt zu einem operativen Eingriff rät und gleichzeitig den festen Operationstermin vereinbart. Bei einfachen Eingriffen, so wie sie bei normalen ambulanten Operationen zu erwarten sind, kann die Aufklärung dagegen auch zu einem späteren Zeitpunkt, etwa am Tag der Operation erfolgen, soweit dem Patienten noch eine eigenständige Entscheidung möglich ist.[98]

An den Aufklärungsumfang können aufgrund sachlicher oder zeitlicher Aspekte jeweils unterschiedliche Anforderungen zu stellen sein, wobei immer die freie Entscheidung des Patienten gewahrt sein muss. Ist das Leben des Patienten unmittelbar bedroht, kann unter den Umständen einer zeitlichen Unaufschiebbarkeit und fehlender Eingriffsalternativen der Aufklärungsumfang reduziert werden. Besonders streng sind dagegen die Anforderungen an die Ausführlichkeit der Aufklärung bei Behandlungen, die nicht von vitaler Bedeutung für den Patienten sind. Umfassender wird das Aufklärungsbedürfnis ebenfalls bei einem irreversiblen Eingriff sowie einem unsicheren Behandlungserfolg.[99]

---

[96] Der Arzt selbst ist für die therapeutische Behandlungssicherheit verantwortlich, während sich die Informationspflichten des AMG auf das Arzneimittelmodell und nicht auf die spezielle Heilbehandlung beziehen; siehe *Francke/Hart*, Charta der Patientenrechte, S. 137; *Deutsch*, Medizinrecht, Rn. 116.

[97] Derartige Informationen sind Teil der sogenannten wirtschaftlichen Aufklärung. Sie soll dem Patienten die Frage beantworten, wer die Kosten seiner Behandlung übernimmt; vgl. *Fischer* in: Fischer/Kluth/Lilie, Ansätze für eine Stärkung der Patientenrechte im deutschen Recht, S. 61; *Deutsch*, Medizinrecht, Rn. 119; *Francke/Hart* in: Badura/Hart/Schellschmidt, Bürgerorientierung des Gesundheitswesens, S. 148.

[98] Bei stationären Eingriffen soll durch eine möglichst frühe Aufklärung verhindert werden, dass der Patient nach Aufnahme in den Krankenhausbetrieb Hemmungen bekommt, sich doch noch gegen den Eingriff zu entscheiden. Auch bei größeren ambulanten Operationen dürfte wegen beträchtlicher Risiken eine Aufklärung am Tag des Eingriffs nicht mehr ausreichen. Ebenso wird dem Patienten bei einer normalen ambulanten Operationen nicht genügend Gelegenheit zur Entscheidung gegeben, wenn die Aufklärung erst vor der Tür des Operationssaals erfolgt und für ihn der Eindruck bestehen kann, er befinde sich in einem bereits in Gang gesetzten Geschehensablauf; vgl. BGH NJW 1994, 3009 (3010 f.).

[99] Entsprechendes gilt auch für nicht medizinisch indizierte Behandlungen wie den kosmetischen Operationen, für neue Behandlungsmethoden und für Humanexperimente; siehe zu

Grundsätzlich ist nach ständiger Rechtsprechung für die Wahl der richtigen Behandlungsmethode primär der Arzt verantwortlich.[100] Aufklärungspflichten über Behandlungsalternativen ergeben sich für den Arzt allerdings dann, wenn eine echte Wahlmöglichkeit mit gleichartigen Chancen aber andersartigen Risiken besteht. Kritisiert wird an der Rechtsprechung des BGH indes die eindeutige Tendenz zur restriktiven Haftung wegen unterlassener Aufklärung über Behandlungsalternativen.[101] Es ist insoweit zutreffend, wenn die auf ein Fragerecht begrenzte Aufklärung über eine neue, risikoärmere, sich aber noch in der Erprobung befindliche Behandlungsmethode als nicht zu rechtfertigende Verkürzung des Selbstbestimmungsrechts gesehen wird. Zur Gewährleistung einer in jeder Hinsicht selbstbestimmten Entscheidung des Patienten, müssen ihm sämtliche Informationen zu möglichen Behandlungsalternativen dargetan werden.[102]

---

den Grundsätzen zum Aufklärungsumfang im Einzelfall *Giesen*, Arzthaftungsrecht, Rn. 278 ff.

[100] BGH NJW 1982, 763 (764); 1514 (1515); 1516; 2121 (2122); NJW 1989, 1538 (1539); OLG München VersR 1997, 452; OLG Koblenz VersR 2000, 230 (231); OLG Düsseldorf VersR 2000, 456; OLG Köln VersR 2000, 493 f.

[101] Zur Rechtsprechung des BGH bezüglich der Aufklärungspflicht über Behandlungsalternativen siehe BGH NJW 1982, 2121 (2122); NJW 1986, 780; NJW 1992, 2354 (2355); NJW 2000, 1788 f. Bei den kritisierten Entscheidungen handelt es sich insbesondere um BGH VersR 1984, 470 f. (CTG-Entscheidung); BGHZ 102, 17 ff. = NJW 1988, 763 ff. (Elektrokoagulationsentscheidung).

[102] Sowohl bei der CTG-Entscheidung als auch bei der Elektrokoagulationsentscheidung handelte es sich jeweils um nicht dringliche Eingriffe. In beiden Fällen hätte daher bei entsprechender Aufklärung des Patienten und einem von diesem entschiedenen Behandlungsaufschub unter Umständen ein Verfahren zur Verfügung gestanden, dass bis zum gegebenen Zeitpunkt noch nicht als Behandlungsalternative in Betracht kam. Den Grund für die Rechtsprechung des BGH sieht Giesen allerdings darin begründet, dass dem Versuch vieler Kläger begegnet werden soll, einen misslungenen Behandlungsfehlernachweis mit einem Aufklärungsfehler zu kompensieren; vgl. *Giesen*, Arzthaftungsrecht, Rn. 218. Zur genannten Kritik an diesen Entscheidungen siehe *Damm*, Medizintechnik und Arzthaftungsrecht, NJW 1989, 737 (741 ff.); *Francke/Hart*, Charta der Patientenrechte, S. 123 ff.; *Giesen*, aaO., Rn. 218 ff. Schwer zu beantworten ist die Frage, ob auf einen andernorts existierenden höheren Behandlungsstandard, eine bessere bzw. modernere Ausstattung oder auf eine geringere Zwischenfallrate bei Operationen hinzuweisen ist, um dem Patienten die Entscheidung über eine bestmögliche Behandlung zu gewähren. Die bisher diskutierten Auffassungen werden von *Francke/Hart*, Charta der Patientenrechte, S. 182 ff. ausführlich dargestellt und beurteilt und sollen an dieser Stelle nicht weiter vertieft werden. Als Teil der persönlichen Qualifikation gehört hierher auch die Frage nach der Aufklärung des Patienten über eine Anfängeroperation; siehe dazu ebenfalls die Darstellung von *Francke/Hart*, Charta der Patientenrechte, S. 43 f.

An einer fest vorgeschriebenen Form muss sich auch die Aufklärung nicht ausrichten. Es ist jedoch immer der gleiche Standard wie bei einem Aufklärungsgespräch einzuhalten. Die inzwischen häufig auch zu Beweiszwecken eingesetzten Aufklärungsformulare sind nicht in der Lage das Aufklärungsgespräch zu ersetzen. Ihr Sinn muss vielmehr in der Vorbereitung oder der Ergänzung des Aufklärungsgesprächs liegen.[103] Die Aufklärung obliegt als genuin ärztliche Tätigkeit grundsätzlich dem behandelnden Arzt. Eine Delegierung auf nichtärztliches Personal ist unzulässig.[104]
Der Patient kann natürlich auch auf die ärztliche Information als sein subjektives Recht verzichten. Der Verzicht muss ausdrücklich oder schlüssig erfolgen.[105] Lehnt der autonom entscheidende Patient einen indizierten Eingriff ab, so muss ihn der Arzt deutlich auf die damit verbundenen Folgen hinweisen. Der Patient hat auch das Recht unvernünftig zu entscheiden. Er versetzt sich insoweit aber als gesetzlich Versicherter in ein Spannungsverhältnis zur Mitwirkungspflicht am therapeutischen Erfolg nach § 1 S. 2 SGB V und zum Wirtschaftlichkeitsgebot nach § 2 IV SGB V. Einen gewissen Ausgleich findet dieser Konflikt mit § 52 SGB V, indem die Krankenkassen in bestimmten Fällen Leistungen ganz oder teilweise versagen bzw. zurückziehen können.[106] Tatsächlich sind die Vorraussetzungen für solche Leistungsbeschränkungen aber sehr eng. Sie greifen lediglich dann, wenn sich der Versicherte eine Krankheit vorsätzlich oder bei einem selbst begangenen Verbrechen oder vorsätzlichen Vergehen zugezogen hat.[107]

---

[103] Vgl. *Giesen*, Arzthaftungsrecht, Rn. 332 ff.; *Francke/Hart*, Charta der Patientenrechte, S. 150; siehe auch *Deutsch*, Medizinrecht, Rn. 142 ff.

[104] Bei mehreren behandelnden Ärzten ist grundsätzlich jeder für die selbst durchgeführten Eingriffe und Behandlungsmaßnahmen aufklärungspflichtig. Dagegen hat im Verhältnis zwischen überweisendem Arzt und Spezialisten der behandelnde Spezialist aufzuklären. Aufgrund der klinischen Organisation kann die Pflicht zur Aufklärung auf einen anderen Arzt übertragen werden. Diesen trifft dann primär die Haftung für Informationsversäumnisse. Der Behandlungsträger wird dadurch allerdings nicht entlastet; *Katzenmeier* auf der Tagung des Deutschen Gesundheitsforums Bremen – Krankenhausorganisation, Qualitätssicherung und Haftung – am 15. und 16. November 2002 in Bremen.

[105] In seltenen Fällen, in denen dem Patienten durch die Mitteilung der Diagnose schwerer seelischer Schaden zugefügt würde, hat die Aufklärung auch ohne Verzicht des Patienten zu unterbleiben; *Deutsch*, Haftungsfreistellung von Arzt oder Klinik, NJW 1983, 1351 (1354).

[106] So auch *Stegers* in: Kranich/Böcken, Patientenrechte und Patientenunterstützung in Europa, S. 80.

[107] Vgl. dazu *Steiner*, Das Bundesverfassungsgericht und die Volksgesundheit, MedR 2003, 1 (3).

Für den Fall, dass der Patient in schwerster Krankheit oder im Sterben seine autonomen Fähigkeiten verliert, kann er vorsorglich eine Patientenverfügung verfassen, in der er seinen Willen schriftlich niederlegt. Die Motivation für eine solche Verfügung besteht gewöhnlich darin, lebensverlängernde Maßnahmen zu beschränken bzw. zu unterbinden. Mit einer derartigen Form der Wahrung des Persönlichkeitsrechts im Sterben können die möglichen unerwünschten Nebenfolgen des medizinischen Fortschritts ausgeschaltet werden.[108] Aus den Ergebnissen von Patientenbefragungen geht hervor, dass Formulare zu Patientenverfügungen vor allem bei gesunden Menschen ohne ernsthafte längere Krankheitserfahrungen auf Interesse stoßen.[109]

Die Entscheidung des Patienten, einer medizinischen Behandlung zuzustimmen, kann unter Umständen leichter fallen, wenn vorhandene Zweifel durch das bestätigende Urteil eines weiteren Mediziners ausgeräumt werden. Grundsätzlich hat jeder Patient das Recht, eine Zweitmeinung einzuholen, bevor er sich für eine bestimmte Therapie oder für einen behandelnden Arzt entscheidet. Eine solche „absichernde" Expertenmeinung bietet z.B. die Zahnärztekammer Baden-Württemberg den Versicherten als Form der individuellen Patientenberatung an. Voraussetzende Bedingung zum Einholen der Zweitmeinung ist hier das Vorliegen einer konkreten Behandlungs- bzw. Honorarplanung[110] eines Zahnarztes. In einem persönlichen Gespräch erläutert der Zweitmeinungs-Zahnarzt diese Planung, beantwortet die damit verbundenen Fragen des Patienten und zeigt eventuelle Alternativen zur Behandlungsplanung auf. Das Modell der Zahnärztekammer Baden-Württemberg bietet den Vorteil, dass die Zweitmeinungs-Zahnärzte von zahnärztlichen Körperschaften bestellt werden. Der Patient hat damit die Gewissheit, dass die Abgabe von Zweitmeinungen nur durch sehr erfahrene Zahnärzte erfolgt.[111] Für den Patienten, dem ein fester An-

---

[108] Der ausdrückliche Verzicht auf lebensverlängernde Maßnahmen darf sich allerdings nicht auf Maßnahmen beziehen, die aktiv auf eine gezielte Lebensverkürzung ausgerichtet sind. Hier liegen eindeutig die Grenzen der Patientenverfügung.

[109] Vgl. *Eibach/Schaefer*, Patientenautonomie und Patientenwünsche in Krisensituationen, Der Gynäkologe 2001, 359. Zur Frage der Bindungswirkung von Patientenverfügungen siehe unten in Kapitel C. II. 1. c) (1).

[110] Die anstehenden Kosten spielen für die Zustimmung zur Behandlung keine unwesentliche Rolle, da ein großer Teil dentalmedizinischer Leistungen von der gesetzlichen Krankenversicherung nicht oder nur teilweise abgedeckt wird.

[111] Die Individuelle Patientenberatung ist als Service der Zahnärzteschaft Baden-Württemberg für Patienten kostenfrei. Die Kosten werden von der Zahnärzteschaft getragen. Die Beratung dient der Erhaltung und Förderung eines guten Patienten-Zahnarzt-Verhältnisses. Nach Aussage der Bezirkszahnärztekammer Stuttgart besteht seitens der Pati-

laufpunkt für die verlässliche Beantwortung seiner Fragen zur Verfügung gestellt wird, handelt es sich um ein durchaus hilfreiches Angebot, das sich auch bundesweit einer größeren Resonanz erfreuen sollte. Wichtig wäre dafür allerdings die Gewährleistung von Objektivität und Unabhängigkeit der Zweitmeinungs-Ärzte bzw. der Zweitmeinungs-Zahnärzte, um der weit verbreiteten Vorstellung entgegenzuwirken, ärztliche Kollegen würden sich in der Öffentlichkeit nicht gegenseitig widersprechen. Eine Finanzierung durch die Zahnärzte- bzw. Ärztekammern wäre insoweit nicht förderlich. Angesicht wirtschaftlich schwieriger Zeiten für die Krankenkassen, die sich unter anderem in den umfassenden Budgetierungen im Medizinsystem bemerkbar machen, erscheint ein durch die Solidargemeinschaft getragenes Modell dieser Art jedoch als illusorisch. Wären die entstehenden Kosten dagegen von den Patienten selbst aufzubringen, dürfte die Inanspruchnahme solcher Angebote sehr viel weniger attraktiv werden und sich deshalb auf ein geringes Maß reduzieren.

Neben der individuellen Aufklärung zur Behandlung können allgemeine, vergleichende Gesundheitsinformationen zu Gesundheitsgütern und Gesundheitsdienstleistungen einen Beitrag zur effektiven Sicherstellung der Patientenautonomie leisten. Erforderlich ist es, dem Patienten Informationen über Behandlungsmethoden und Versorgungsstrukturen – die sich nicht auf die einzelne Behandlung beziehen – zugänglich zu machen. Weiterhin sind ihm Transparenz zu verschaffen und Beratungsangebote zu eröffnen. Dem Interessierten sollten Vor- und Nachteile sowie professionelle Beurteilungen bestehender Behandlungsmethoden ebenso wie die gegebenen Versorgungsstrukturen als differenzierte Informationen zur Verfügung stehen. Beispielhaft vorgeschlagen wird in diesem Zusammenhang die sachliche und finanzielle Unterstützung privater Testorganisationen im Sinne einer „Stiftung Gesundheitstest“. Außerdem werden in die Möglichkeit einer vergleichenden Werbung im Gesundheitssektor, die letztlich auch zur Kostendämpfung durch Preis- und Qualitätsvergleiche beitragen soll, Hoffnungen hinsichtlich einer Transparenzsteigerung gesetzt.[112] Inwieweit diese Vorschläge beim Patienten aber tatsächlichen Zuspruch finden und sein Verhalten beeinflussen werden, muss in der Praxis durch entsprechende Modellversuche geklärt werden.

---

enten ein großer Zuspruch zur Individuellen Patientenberatung. Die Beratungen werden sehr gut aufgenommen und vielfach genutzt.

[112] Die rechtlichen Strukturen sind insoweit noch ergänzungsbedürftig. Vor allem ist ein privatrechtlicher Rahmen erforderlich, der eine Steigerung der Transparenz ermöglicht. Insbesondere das Privatrecht und das Wettbewerbsrecht erweisen sich für berechtigte Informationsbedürfnisse der Verbraucher teilweise als hinderlich; siehe *Francke/Hart*, Charta der Patientenrechte, S. 112 f.; *Francke/Hart* in: Badura/Hart/Schellschmidt, Bürgerorientierung des Gesundheitswesens, S. 164.

d) Das Einsichtsrecht in Krankenunterlagen und die ärztliche Schweigepflicht

Nicht nur aufgrund der ärztlichen Berufsordnung obliegt es dem Arzt, erforderliche Aufzeichnungen über die getroffenen Maßnahmen anzufertigen. Vielmehr entspricht es auch der inzwischen einhelligen Auffassung in Literatur und Rechtsprechung, dass eine vertraglich wie deliktisch begründete Pflicht des Arztes bzw. des Krankenhauses zur ausführlichen, sorgfältigen und vollständigen Dokumentation der ärztlichen Behandlung oder Operation besteht. Damit soll dem Interesse des Patienten an einer ordnungsgemäßen Dokumentation entsprochen werden. Es handelt sich also vor allem um eine Rechenschaftspflicht gegenüber dem Patienten und nicht lediglich um eine interne Gedächtnisstütze für den Arzt.[113]

Der Dokumentation kommt natürlich eine wichtige prozessuale Beweisfunktion zu. Die Entwicklung der betreffenden ärztlichen Verpflichtung erfolgte deshalb einerseits aufgrund der unzweifelhaft therapeutischen Notwendigkeit einer ordnungsgemäßen Dokumentation, andererseits aber auch im Rahmen ihrer Bedeutung für die Beweislastverteilung im Arztfehlerprozess. Zu dokumentieren ist, was medizinisch erforderlich ist, also die wichtigen diagnostischen und therapeutischen Maßnahmen und Verlaufsdaten. Dabei steigen die Anforderungen an die Genauigkeit der Dokumentation mit Umfang und Schwierigkeit des Eingriffs. Die Dokumentation soll im unmittelbaren Zusammenhang mit der Behandlung oder dem Eingriff erfolgen. An die Form werden aber grundsätzlich keine besonderen Anforderungen gestellt, obschon Irrtümer beim nachbehandelnden Arzt vermieden werden müssen.[114]

Das Gegenstück zur Dokumentationspflicht ist das Einsichtsrecht des Patienten in die ihn betreffenden Krankenunterlagen. Der Einsichtsanspruch ergibt sich nicht nur als ungeschriebene vertragliche Nebenpflicht aus dem Behandlungsvertrag, sondern ist auch unter dem Aspekt des allgemeinen Persönlichkeitsrechts bzw. Selbstbestimmungsrechts zu würdigen.[115] Der Patient darf bei der

---

113 Zur Pflicht des Arztes zur Dokumentation vgl. BGHZ 72, 132 (137 ff.); 85, 327 (329); 99, 391 (396); *Laufs*, Arztrecht, Rn. 454 f.; *Laufs/Uhlenbruck*, Handbuch des Arztrechts, § 59 Rn. 1; *Deutsch*, Medizinrecht, Rn. 354 f.; siehe beispielsweise auch § 10 I der Berufsordnung der Landesärztekammer Baden-Württemberg und mit nahezu gleichem Wortlaut § 10 I der Berufsordnung der Ärztekammer Sachsen-Anhalt, wonach der Arzt über die in Ausübung seines Berufes gemachten Feststellungen und getroffenen Maßnahmen die erforderlichen Aufzeichnungen zu machen habe. Diese seien nicht nur Gedächtnisstütze für den Arzt, sie dienen auch dem Interesse des Patienten an einer ordnungsgemäßen Dokumentation.

114 Vgl. im Einzelnen *Steffen/Dressler*, Arzthaftungsrecht, Rn. 457 ff. m.w.N.

115 Vgl. BGH VersR 1983, 264 (265); *Deutsch*, Medizinrecht, Rn. 365; *Giesen*, Arzthaftungsrecht, Rn. 430.

Einsichtnahme in der Wahrnehmung seines Rechts nicht behindert werden. Dieses Recht ist dahin konkretisiert worden, dass der Patient Ablichtungen der Aufzeichnungen verlangen kann. Die anfallenden Kosten hat er jedoch selbst zu tragen.[116]
Das Einsichtsrecht bezieht sich auf die Unterlagen dessen, was vom Arzt zu dokumentieren ist. Allerdings werden nur Aufzeichnungen über naturwissenschaftlich objektivierbare Befunde und Berichte über Behandlungsmaßnahmen wie Medikation oder Operation erfasst.[117] Nicht einsichtsfähig sind daher insbesondere subjektive Wertungen und persönliche Bemerkungen des Arztes.[118] Mit Rücksicht auf den hohen Stellenwert des Persönlichkeitsrechts des Patienten sind sonstige Einschränkungen des Rechts auf Einsichtnahme, wenn überhaupt, nur aus erheblichen therapeutischen Gründen sowie in Fällen psychiatrischer und psychotherapeutischer Behandlung zulässig.[119]
Das Recht, in die persönlichen Krankenunterlagen einzusehen, wird indes nicht nur in Deutschland, sondern in „nahezu allen Rechtsordnungen" als Ausgestaltung des Selbstbestimmungsrechts – freilich nicht ohne Unterschiede bezüglich des Umfangs, den Anforderungen und der rechtlichen Begründung – anerkannt.[120] Darüber hinaus wurde in Schottland, weniger aus Gründen der Selbstbestimmung, speziell für Krebspatienten eine Möglichkeit zum Verbleib der Krankenakte beim Patienten geplant. Eine solche persönliche Krankenakte für

---

[116] Siehe hierzu *Giesen*, Arzthaftungsrecht, Rn. 431; *Deutsch*, Medizinrecht, Rn. 369. Das Einsichtsrecht, einschließlich des Rechts, Kopien anfertigen zu lassen, ist auch Bestandteil der ärztlichen Berufsordnungen; vgl. beispielsweise mit nahezu identischem Wortlaut § 10 II der Berufsordnung der Landesärztekammer Baden-Württemberg sowie § 10 II der Berufsordnung der Ärztekammer Sachsen-Anhalt: „ Der Arzt hat dem Patienten auf dessen Verlangen grundsätzlich in die ihn betreffenden Krankenunterlagen Einsicht zu gewähren; ausgenommen können nach Abwägung im Einzelfall diejenigen Teile sein, welche subjektive Eindrücke oder Wahrnehmungen des Arztes enthalten. Auf Verlangen sind dem Patienten Kopien der Unterlagen gegen Erstattung der Kosten herauszugeben."

[117] BGHZ 85, 327 ff.; *Laufs*, Arztrecht, Rn. 457; *Deutsch*, Medizinrecht, Rn. 366.

[118] Vgl. BGH VersR 1983, 264 (266) = NJW 1983, 328 (329); *Steffen/Dressler*, Arzthaftungsrecht, Rn. 474. Demgegenüber sollte nach der Dokumentation „Patientenrechte in Deutschland heute" der 72. Gesundheitsministerkonferenz das Einsichtsrecht aus datenschutzrechtlicher Sicht auch die Dokumentation der subjektiven Eindrücke und Wahrnehmungen des Arztes erfassen.

[119] Siehe *Steffen/Dressler*, Arzthaftungsrecht, Rn. 475 f. m.w.N. Bei der Gewährleistung von Patientenautonomie durch Dokumentationspflicht und Einsichtsrecht wird in Deutschland insgesamt ein guter Stand erreicht; *Welge/Lindemann* in: Kranich/Böcken, Patientenrechte und Patientenunterstützung in Europa, S. 105.

[120] *Lilie* in: Fischer/Kluth/Lilie, Ansätze für eine Stärkung der Patientenrechte im deutschen Recht, S. 253 f.

Krebspatienten kann dazu beitragen, die bei der umfänglichen Behandlung auftretenden Verständigungsprobleme zwischen den beteiligten Medizinern zu beseitigen. Die betreffenden Ärzte haben auf diese Weise sofortigen Zugang zu wesentlichen Informationen, und für den Patienten selbst werden die Umstände transparenter, soweit er die Möglichkeit nutzt, sich mit seinen Unterlagen zu befassen. Studien sollen entgegen den allgemeinen Bedenken sogar belegt haben, dass die an Patienten ausgehändigten Krankenakten sehr viel seltener abhanden kamen als in Krankenhäusern.[121] Nähere Erfahrungen, die mit einem vergleichbaren Modell gemacht wurden, insbesondere die Bereitschaft der Patienten, den Verbleib ihrer Krankenunterlagen selbst zu verantworten, sind allerdings nicht bekannt und erlauben somit auch keine weitere Wertung.
Neben der Dokumentation sind Ärzte schließlich zur Wahrung des Berufsgeheimnisses verpflichtet. Die Verschwiegenheitspflicht des Arztes wird bereits im Standesrecht angeordnet, § 9 (Muster-) Berufsordnung der deutschen Ärztinnen und Ärzte. Besonders umfassend ist das Recht auf Individualsphäre des Patienten im Strafrecht durch die ärztliche Schweigepflicht nach § 203 StGB geschützt. Inbegriffen sind alle individuellen Informationen und Daten, die sich auf die Diagnose und die Behandlung des Patienten beziehen. Die ärztliche Schweigepflicht gilt grundsätzlich auch gegenüber der Krankenkasse. Die gesetzliche Krankenversicherung hat allerdings das Verhältnis zwischen Arzt und Patient zu einer Dreiecksbeziehung gewandelt und insoweit auch das ärztliche Berufsgeheimnis relativiert. Es kann als Kehrseite der sozialen Sicherheit gesehen werden, dass im Namen öffentlicher Daseinsvorsorge verschiedene Anzeige- und Auskunftspflichten bestehen.[122] Eine Übermittlung versichertenbezogener Daten wird etwa im Rahmen des § 298 SGB V vorgesehen. Häufig begehren die Krankenkassen auch Einsichtnahme in die bei einem Krankenhaus geführten Krankenunterlagen eines Patienten, um die Prüfung der Wirtschaftlichkeit und der Notwendigkeit einer Krankenhausbehandlung vornehmen zu können. Derartige Einsichtnahmen, die ohne ersichtliche Befugnis erfolgen, sind aus grundrechtlicher Sicht nicht unbedenklich.[123] [124] Besonders weit gehen

---

[121] Vgl. hierzu *Telge* in: Kranich/Böcken, Patientenrechte und Patientenunterstützung in Europa, S. 120.

[122] Vgl. *Laufs*, Arztrecht, Rn. 420.

[123] Betroffen ist in erster Linie das vom BVerfG aus dem in Art. 2 I i.V.m. Art. 1 I GG garantierten allgemeinen Persönlichkeitsrecht abgeleitete Recht auf informationelle Selbstbestimmung.

[124] Hat die Krankenkasse Zweifel, ob eine Krankenhausbehandlung den Vorgaben der §§ 12, 27 SGB V genügt, ist der Medizinische Dienst der Krankenversicherung (MDK) mit der Erstellung eines Gutachtens zu beauftragen, §§ 275 ff. SGB V. Die Leistungserbringer sind nach § 276 II S. 1 Halbs. 2 SGB V verpflichtet, dem MDK hierfür die erforderlichen Daten

ferner die Vorhaben zur gerechten Aufteilung der hohen Therapiekosten chronisch Kranker zwischen den Krankenkassen durch Disease-Managment-Programme (DMP) im Rahmen des sogenannten Risikostrukturausgleichs (RSA).[125] Da derartige Programme nicht ohne die entsprechenden patientenbezogenen Daten funktionieren, benötigen die Krankenkassen medizinische Versichertendaten, die ihnen bislang nicht oder nur verschlüsselt zur Verfügung standen. Hierzu gehören etwa Informationen, die den körperlichen und seelischen Zustand des Patienten oder Details über seine Behandlung betreffen. Der Arzt soll damit sensible Daten sowie Einzelheiten an die Kassen weiterleiten, die prinzipiell seiner Schweigepflicht unterliegen. Darüber hinaus wollen bestehende Reformvorschläge das medizinische Leistungsgeschehen transparenter machen, indem den gesetzlichen Krankenkassen zur Qualitätskontrolle der medizinischen Versorgung und zur Abrechnungsüberwachung eine generell patientenbezogene Übermittlung von Abrechnungsdaten und Diagnosen aus der ambulanten und stationären ärztlichen Behandlung ermöglicht wird. Die Krankenkassen hätten insoweit die Möglichkeit, umfangreiche, personenbezogene medizinische Datenbestände aufzubauen, die zur Bildung vollständiger Gesundheitsprofile ihrer Versicherten und damit zum vielseits angedrohten „gläsernen Patienten“ führen könnten. Ob solchermaßen erhebliche Eingriffe in das informationelle Selbstbestimmungsrecht des Patienten durch allgemeine Gesundheitsinteressen[126] oder die Funktions- und Leistungsfähigkeit der sozialen Sicherung legitimiert wären,[127] insbesondere ob sie bezüglich dieser öffentlichen Interessen als eine erforderliche und verhältnismäßige Grundrechtsbeschränkung zu werten wären, erscheint jedenfalls zweifelhaft. Abzuwarten bleibt allerdings die konkrete Umsetzung der genannten Vorhaben.[128]

---

zu übermitteln; siehe zur fehlenden Befugnis der Krankenkassen selbst in Behandlungsunterlagen Einsicht zu nehmen, *Meschke/Dahm*, Die Befugnis der Krankenkassen zur Einsichtnahme in Patientenunterlagen, MedR 2002, 346 ff. insb. 349 ff. m.w.N.

[125] Durch DMP soll auch eine verbesserte Versorgung chronisch Kranker erreicht werden. Zum RSA siehe insbesondere § 266 SGB V.

[126] Allgemeine Gesundheitsinteressen sind unter anderem auf eine bedarfsgerechte Krankenversorgung der Bevölkerung gerichtet und rechtfertigen Beschränkungen individueller Freiheit; vgl. BVerfGE 78, 179 (192); 80, 1 (24); 82, 209 (230); 85, 248 (260); *Francke*, Ärztliche Berufsfreiheit und Patientenrechte, S. 127 f.

[127] Die Kostendämpfung im Gesundheitswesen als Sicherung der finanziellen Stabilität der gesetzlichen Krankenversicherung ist eine Gemeinwohlaufgabe, der sich der Gesetzgeber nicht entziehen darf und die beispielsweise Berufsausübungsregelungen oder Einschränkungen der allgemeinen Handlungsfreiheit rechtfertigen kann; vgl. BVerfGE 68, 193 (218); 70, 1 (25 f.).

[128] Der Begriff des „gläsernen Patienten“ fällt häufig auch im Zusammenhang mit der Absicht, eine Chipkarte als elektronische Patientenakte einzuführen. Eine entsprechende Digita-

Ausnahmen von der ärztlichen Schweigepflicht bestehen ansonsten nur in gesetzlich festgelegten Ausnahmefällen wie den §§ 6 ff. Infektionsschutzgesetz – IfSG und den §§ 16 ff. Personenstandsgesetz und natürlich dann, wenn der Patient den Arzt von der Geheimhaltung entbindet.[129]
Der strafrechtliche Schutz des Persönlichkeitsrechts des Patienten durch § 203 StGB dient nicht nur dem Einzelinteresse, sondern vor allem dem allgemeinen Vertrauen in die Verschwiegenheit der ärztlichen Tätigkeit und damit letztlich auch dem allgemeinen Interesse an einer funktionsfähigen ärztlichen Gesundheitspflege.[130] Die ärztliche Schweigepflicht ist in allen Ländern anerkannt, obgleich sie nicht überall im Strafrecht geregelt wird. Aufgrund der heute unerheblichen Verurteilungszahlen schwindet in Deutschland jedoch die praktische Relevanz des § 203 StGB.[131]

e) Besuchszeiten und Mitaufnahme von Begleitpersonen

Hauptsächlich aufgrund der verfassungsrechtlichen Vorgaben des Art. 6 I und II GG muss für Patienten ohne unnötige Beschränkungen die Möglichkeit bestehen, Kontakte mit den gewünschten Personen zu unterhalten. Für den Patienten, der sich bei stationärer Behandlung in einer besonderen Lage befindet, ist das Recht auf den Empfang von Besuch besonders wichtig. Die Festlegung von Besuchszeiten ist generell Angelegenheit des Krankenhauses. Allerdings wird in den meisten Ländern durch die jeweiligen Krankenhausgesetze den Krankenhäusern vorgeschrieben, angemessene Besuchszeiten festzulegen.[132]

---

lisierung und der damit verbundene Austausch von Patientendaten könnte die Behandlungsqualität verbessern und Doppelbehandlungen vermeiden. Die Gefahr einer unkontrollierten Ausweitung des Datenaustauschs bis hin zu einer „Akte online" werfen indes auch hier verfassungsrechtliche Fragen auf.

[129] *Hanika*, Patientencharta, MedR 1999, 149 (158); zu weiteren Möglichkeiten der Befreiungen des Arztes von der Schweigepflicht insbesondere durch Sozialadäquanz, Verteidigung des Arztes oder Interessenabwägung, siehe *Deutsch*, Medizinrecht, Rn. 375 ff.; siehe auch *Bender*, Grenzen der Schweigepflicht des Arztes bei Kenntnis von Misshandlungen oder entwürdigenden Behandlungen durch Eltern, MedR 2002, 626 ff.

[130] Vgl. *Lenckner* in: Schönke/Schröder, StGB, § 203 Rn. 3.

[131] Siehe hierzu *Lilie* in: Fischer/Kluth/Lilie, Ansätze für eine Stärkung der Patientenrechte im deutschen Recht, S. 306 und S. 315.

[132] Beispielsweise sind nach § 3 II KHG Nordrhein-Westfalen unabhängig davon, ob Wahlleistungen in Anspruch genommen werden, angemessene Besuchszeiten festzulegen. Das KHG von Brandenburg schreibt die Einrichtung täglicher Besuchszeiten vor, § 3 I S. 3: „Die Einrichtung täglicher Besuchszeiten, die Sicherstellung ungestörter Nachtruhe und die soziale Betreuung durch Sozialarbeiter sind als Bestandteil der Patientenversorgung zu gewährleisten."

Auch die aus medizinischen Gründen notwendige Mitaufnahme von Begleitpersonen der Versicherten gehört zu den im Sozialrecht verankerten Patientenrechten, § 11 III SGB V. Eine entsprechende Bestimmung zur Mitaufnahme von Begleitpersonen für unmündige Minderjährige fand ebenso in Art. 25 der österreichischen Patientencharta Berücksichtigung.
Neben der Mitaufnahme von Begleitpersonen für Kinder wegen der besonderen Bindung Minderjähriger an ihre Bezugsperson sind ferner solche Regelungen förderlich, die im Rahmen der bestehenden Möglichkeiten eine schulische Betreuung von Kindern in Krankenhäusern festlegen. Vergleichbare Regelungen zur Betreuung von Kindern in Krankenhäusern finden sich unter anderem bereits in § 4 KHG Nordrhein-Westfalen[133] sowie in § 4 KHG Brandenburg.[134]

f) Unterstützung fremdsprachiger Patienten

Grundsätzlich alle Patienten haben das Recht, vor einer medizinischen Behandlung die geforderte verständliche Aufklärung zu erhalten. Inbegriffen sind selbstverständlich auch Ausländer, denen die notwendigen Deutschkenntnisse fehlen und die deshalb durch eine sprachkundige Person vollständig zu informieren sind,[135] so dass sie „ein allgemeines Bild von der Schwere und Richtung

---

[133] „§ 4 (Kind im Krankenhaus)

(1) Die besonderen Belange kranker Kinder sind zu berücksichtigen. Ihrem Bedürfnis nach besonderer Zuwendung ist in Abstimmung mit den Sorgeberechtigten soweit wie möglich Rechnung zu tragen.

(2) Das Krankenhaus hat im Rahmen seiner Möglichkeiten bei Kindern eine Begleitperson aufzunehmen.

(3) Das Krankenhaus unterstützt in Zusammenarbeit mit dem örtlichen Schulträger die schulische Betreuung von Kindern, die über längere Zeit im Krankenhaus behandelt werden."

[134] „§ 4 (Kind im Krankenhaus)

(1) Das Krankenhaus hat für eine kindgerechte Betreuung Sorge zu tragen. Bei Kindern, insbesondere im Vorschulalter, darüber hinaus bei behinderten und seelisch gefährdeten Kindern ist eine Begleitperson aufzunehmen. Ist dem Krankenhaus die Mitaufnahme nicht möglich, so stimmt das Krankenhaus mit den Sorgeberechtigten ab, wie auf andere Weise den Bedürfnissen des kranken Kindes nach besonderer Zuwendung und Betreuung Rechnung getragen werden kann.

(2) Das Krankenhaus unterstützt die schulische Betreuung von ihm versorgter Schulpflichtiger.

(3) Die Besuchszeitenregelung hat auf die Belange kranker Kinder besonders Rücksicht zu nehmen."

[135] Es ist sicherzustellen, dass die Gefahr von Missverständnissen ausgeschlossen ist; OLG Düsseldorf, NJW 1990, 771.

des konkreten Risikospektrums“ erhalten.[136] Tatsächlich aber kommt es in der Praxis aufgrund der oftmals nur behelfsmäßigen Übersetzung durch Angehörige oder Pflegekräfte zu Irritationen und Irrtümern. Gerade komplizierte anatomische Begriffe und Zusammenhänge sind häufig nicht ohne die Hilfe eines Dolmetschers zu vermitteln. Ferner kann eine Aufklärung durch nichtärztliches Personal die Information eines Patienten nicht voll gewährleisten.[137] Angesichts der Zunahme fremdsprachiger Patienten liegt hierin ein Grund, über eine besondere Unterstützung der Betroffenen durch die Zusammenarbeit mit Dolmetschern nachzudenken. Damit würde nicht zuletzt auch den Medizinern ihre Tätigkeit erleichtert werden. Entsprechende Modelle werden bereits in einigen Ländern praktiziert. In Schweden, wo fremdstämmige Bürger einen erheblichen Anteil der Bevölkerung ausmachen, ergibt sich aus den bestehenden gesetzlichen Festlegungen für fremdsprachige Patienten das Recht, die obligatorischen Informationen durch Dolmetscher erläutert zu bekommen.[138] Dolmetschereinrichtungen für den gesamten sozialen Bereich wurden in den Niederlanden aufgebaut. Die Finanzierung durch den Staat erfolgt hier aber nicht aus rechtlichen Gründen, sondern aus der Einsicht, ein multikulturelles Land zu sein.[139]

Für Deutschland bisher einzigartig wurde im Universitäts-Krankenhaus Hamburg-Eppendorf ein Dolmetscherdienst eingerichtet. Beabsichtigt wird neben der Qualitätssicherung und der Reduzierung des Diagnoseaufwands, die Situation fremdsprachiger Patienten hinsichtlich Operationsaufklärung und Einwilligung zu verbessern. Darüber hinaus wird mit diesem Zusatzdienst das Image des Krankenhauses aufgewertet. Die Finanzierung erfolgt allein aus dem Krankenhausetat. Andererseits wird das Krankenhauspersonal entlastet und Kosten werden durch die Reduzierung der Verweildauer im Krankenhaus eingespart.[140] Natürlich hängen solche Einsparungen wesentlich vom Anteil der nicht deutschsprechenden Patienten in den einzelnen Krankenhäusern ab. Andere Krankenhäuser werden dennoch die Einführung entsprechender Dienste in Er-

---

[136] OLG München VersR 1995, 95.

[137] OLG Karlsruhe VersR 1998, 718 (719).

[138] *Maaß* in: Kranich/Böcken, Patientenrechte und Patientenunterstützung in Europa, S. 182 f.

[139] *Maaß* in: Kranich/Böcken, Patientenrechte und Patientenunterstützung in Europa, S. 185 ff.

[140] Die Krankenhausaufenthalte verkürzen sich, da durch klare Verständigung zwischen Arzt und Patient der Genesungsprozess beschleunigt werden kann und – im Gegensatz zu früher – in nur kurzer Zeit ein Übersetzer zur Verfügung steht; siehe zum Dolmetscherdienst im Universitäts-Krankenhaus Hamburg-Eppendorf, *Maaß* in: Kranich/Böcken, Patientenrechte und Patientenunterstützung in Europa, S. 180 f.

wägung ziehen, da ein zusätzliches Angebot beim Werben um Patienten und die Verkürzung des Krankenhausaufenthalts betreffender Patienten mit der Einführung der DRG´s zusätzlich an Attraktivität gewinnen dürften. Aufgrund der Tatsache, dass auch in Deutschland von einer multikulturellen Gesellschaft auszugehen ist, sollte eine gesetzliche Regelung zur Bereitstellung von Dolmetscherdiensten nicht ausgeschlossen werden. Denn wie das Beispiel im Krankenhaus Hamburg-Eppendorf zeigt, handelt es sich dabei nicht nur um einen Beitrag zur Sprachmittlung, sondern auch zur Kulturmittlung.

g) Rechte im Schadensfall

Die Rechte des Patienten im Falle von Behandlungsfehlern oder anderen Schadensfällen ergeben sich in erster Linie aus dem Zivilrecht. Hier finden die Vorschriften für die im Verkehr erforderliche Sorgfalt nach § 276 II BGB sowie für die zivilrechtliche Sanktionierung von Pflichtverstößen bei einer Verletzung von Körper, Gesundheit und Leben Anwendung, §§ 823 ff. und § 249 BGB. Schäden werden im Haftungsrecht dem Verursacher zugerechnet. Prinzipiell gilt für die Arzthaftung das Verschuldensprinzip, während Schäden, die durch fehlerhafte Gesundheitsgüter verursacht wurden, zweigleisig auszugleichen sind. Deliktisch erfolgt die Haftung verschuldensabhängig, dagegen gilt für das AMG und das ProdHaftG eine verschuldensunabhängige Gefährdungshaftung.[141]

Im Arzthaftungsprozess hat der Arzt eine ordnungsgemäße Aufklärung voraussetzende, wirksame Einwilligung des Patienten nachzuweisen.[142] Den Patienten trifft die Darlegungs- und Beweislast für die zwar meist zusammen vorliegenden aber nicht gleichzusetzenden Umstände, dass der Arzt gegen die anerkannten Regeln der medizinischen Wissenschaft verstoßen hat und dieser Behandlungsfehler für den eingetretenen Schaden kausal ist und schuldhaft verursacht wurde.[143] Aus der besonderen Natur des Arzt-Patienten-Verhältnisses ergibt

---

[141] Vgl. *Badura/Hart/Schellschmidt*, Bürgerorientierung des Gesundheitswesens, S. 30.

[142] BGH NJW 1981, 2002 (2003); 1984, 1807; 1985, 1399; VersR 1988, 382 (383). War die Einwilligung des Patienten mangels ordnungsgemäßer Aufklärung fehlerhaft, steht dem Arzt noch der Einwand offen, der Patient hätte auch bei entsprechender Aufklärung in den Eingriff eingewilligt. Die Widerlegungsmöglichkeiten des Patienten werden vom BGH allerdings sehr weit und patientenfreundlich ausgestaltet. Der Patient muss lediglich in schlüssiger Weise darlegen, er hätte sich bei ordnungsgemäßer Aufklärung in einem Entscheidungskonflikt befunden. Er muss dagegen nicht darlegen, dass er dem Eingriff nicht zugestimmt hätte. Aufgrund dieser Ausgestaltung greift der Einwand in der Praxis nur selten durch; vgl. *Luxenburger*, Bericht der Arbeitsgruppe „Patientenrechte in Deutschland: Fortentwicklungsbedarf und Fortentwicklungsmöglichkeiten", MedR 2001, 594 (595).

[143] BGH VersR 1967, 663 (664); BGHZ 99, 391 (398); 129, 6 (10).

sich aber, dass an die Beweisführung keine unbillig scharfen Anforderungen gestellt werden dürfen.[144] Tatsächlich bereitet der Nachweis des Fehlers einer Behandlung oder eines Produkts und der haftungsbegründenden Kausalität dem Geschädigten bei seiner Anspruchsdurchsetzung aber dennoch große Schwierigkeiten. Aufgrund der notwendigen komplexen, wissenschaftlichen Bewertungen, kommt hier das Kompetenzgefälle vom Arzt zum Patienten besonders deutlich zum tragen.[145] Das schon strukturell bedingte Ungleichgewicht zwischen Schädiger und Geschädigten hat daher die Judikative veranlasst, am Schutz des Patienten orientierte Beweiserleichterungen bis hin zur Beweislastumkehr zu entwickeln. In den entsprechenden Fällen können somit den Arzt die Folgen der Unaufklärbarkeit eines Sachverhalts treffen.

Zwar keine Umkehr, dafür aber eine Erleichterung der Beweislast, löst der Prima-facie-Beweis aus. Für den Nachweis eines Behandlungsfehlers, des ärztlichen Verschuldens und des Kausalzusammenhangs zwischen Verschulden und Schaden kann der Anscheinsbeweis ausreichen, wenn sich dem Beobachter anhand eines medizinischen Erfahrungssatzes die Vorstellung aufdrängt, die Gesundheitsschädigung habe ihre Ursache typischerweise in einem Behandlungsfehler. Den für die Behauptung des Patienten sprechenden Anschein kann der Arzt wiederum erschüttern, indem er aufzeigt, dass ein atypischer Verlauf möglich war.[146]

Für das Merkmal der Kausalität kommen Beweiserleichterungen bis zur Beweislastumkehr bei groben Behandlungsfehlern in Betracht, also bei Verstößen gegen elementare Regeln der ärztlichen Behandlung, die einem Arzt schlechterdings nicht unterlaufen dürfen. Da die Aufklärung des Behandlungsgeschehens wegen des Gewichts solcher Behandlungsfehler und ihrer Bedeutung für die einzelne Behandlung in besonderer Weise erschert wird, kann nach dem Grundsatz von Treu und Glauben dem Patienten der Kausalitätsnachweis nicht

---

144 BGH NJW 1981, 2002 (2003).

145 Vgl. *Francke/Hart*, Charta der Patientenrechte, S. 208.

146 Siehe hierzu *Giesen*, Arzthaftungsrecht, Rn. 402 ff.; *Deutsch*, Medizinrecht, Rn. 305 ff.; *Laufs*, Arztrecht, Rn. 595 f. Der Anschein der Ursächlichkeit und des Verschuldens ist beispielsweise gegeben, wenn nach Transfusion des Blutes eines Lueskranken beim Empfänger Lues auftritt (BGHZ 11, 227 ff.), ein Patient im Krankenhaus mit einem Tbc-Kranken in Berührung kommt und ebenfalls an Tbc erkrankt (BGH VersR 1960, 416 ff.), ein Gipsverband nach Auftreten von Durchblutungsstörungen nicht alsbald gespalten wird und später eine Nekrose eintritt und daran anschließend eine Amputation notwendig wird (BGH VersR 1961, 613 f.) oder der Infusionsarm bei einer Operation nicht sachgerecht angewinkelt wird und der Patient später an einer dauerhaften Plexusparese leidet (OLG Hamm VersR 1998, 1243 f.).

oder zumindest nicht voll zugemutet werden.[147] Weitere Gründe für Beweiserleichterungen bestehen, wenn dem Patienten durch Verstöße gegen die Befunderhebung und die Befundsicherung sowie bei Versäumnissen der Dokumentation des Behandlungsverlaufs die Beweisführung schuldhaft vereitelt wird.[148] Auch im Bereich der Haftung des Krankenhausträgers für Organisationsverschulden sind Beweiserleichterungen zugunsten des Patienten ausgebildet worden. Bei Organisationsfehlern hat danach der Krankenhausträger darzulegen, dass der Fehler nicht für den Schaden ursächlich war.[149]
In den meisten Fällen der gerichtlichen Geltendmachung von Schäden bleibt es für den Patienten allerdings bei der Schwierigkeit, den Nachweis eines Fehlers und der haftungsbegründenden Kausalität zu erbringen. Hinzu kommt der erhebliche Zeit- und Kostenaufwand einer gerichtlichen Anspruchsdurchsetzung, was sich insgesamt hemmend auf die Durchsetzung einzelner Patientenansprüche auswirkt. Um eine effektivere Arzthaftung zu ermöglichen, wird daher eine Weiterentwicklung des Rechts hin zu einer Gefährdungshaftung medizinischer Dienstleistungen angedacht. Gegen eine gesetzliche Gefährdungshaftung zu Gunsten des Patienten sprechen allerdings die Umstände einer medizinischen Behandlung, die mit der Zielsetzung einer Gefährdungshaftung kaum in Einklang zu bringen sind. So ist es nicht der Arzt, von dem in erster Linie die Gefahr einer Gesundheitsschädigung ausgeht, sondern die Krankheit und deren Ursachen.[150] Das Gefährdungshaftungsrecht soll dem Umstand Rechnung tragen, dass ein spezifisches Risiko der Gefährdung anderer geschaffen und be-

---

[147] Zur Beweislastverteilung beim groben Behandlungsfehler siehe BGHZ 85, 212 (216); 132, 47 ff.; 138, 1ff.; BGH NJW 1992, 754 ff.; 1997, 794 (795); 1999, 862; *Steffen/Dressler*, Arzthaftungsrecht, Rn. 522 m.w.N.

[148] Vgl. zu diesen Fällen BGHZ 85, 212 (218); 99, 391 (397 f.); 129, 6 (10); BGH NJW 1996, 779 ff.; 1998, 1780 ff.; 1999, 860 ff.; 1999, 3408 ff.; BGH VersR 1986, 788 (789); 1996, 330 f. Entsprechendes gilt für Fälle der Beweisvereitelung durch Einwirkung auf Beweismittel; siehe hierzu OLG Köln VersR 1988, 43 (44); OLG Bamberg VersR 1988, 407 f.

[149] Entscheidend ist, dass Anhaltspunkte bestehen, nach denen die Organisation des Krankenhauses und das allgemeine Gesamtbild der im Einzelnen angebotenen Heilbehandlungen auf unterdurchschnittliche Qualität schließen lässt; siehe *Giesen*, Arzthaftungsrecht, Rn. 444 ff. m.w.N. Siehe ausführlich zur Beweislastverteilung für Behandlungsfehler, *Fischer* in: Fischer/Kluth/Lilie, Ansätze für eine Stärkung der Patientenrechte im deutschen Recht, S. 70 ff.

[150] Anders wäre dies freilich bei einem System der kollektiven Entschädigung zu beurteilen, wie es in den skandinavischen Ländern besteht, da hier nicht der Arzt verschuldensunabhängig für entstandene Schäden zur Verantwortung gezogen wird; siehe zu den skandinavischen Modellen die im nächsten Absatz noch folgenden Ausführungen.

herrscht wird. Es besteht indes kein Grund zur Annahme, dass der Arzt ein solches erhöhtes Risiko für seine Mitwelt schafft.[151]
Als weitere Überlegung wird die pauschale Umkehr der Beweislast für das Verschulden zu Lasten des Arztes in Betracht gezogen. In der Vergangenheit wurde bereits eine Beweislastumkehr durch grundsätzliche analoge Anwendung des § 282 BGB a.F. überwiegend abgelehnt, da medizinisch nicht auszuschließende Risiken, die sich aus dem letztlich nicht durch ärztliche Kunst steuerbaren menschlichen Schicksal ergeben, als Anlass für Beweiserleichterungen zum Vorteil des klagenden Patienten gänzlich ungeeignet sind.[152]
Soweit eine entsprechende Beweislastumkehr auch den Nachweis des vom Arzt begangenen Behandlungsfehlers erfassen sollte, könnte für den Patienten jedoch eine verbesserte Anspruchsdurchsetzung zu erwarten sein. Das Problem einer Beweislastumkehr liegt aber vor allem in der Begründung einer Erfolgshaftung zu Lasten der Mediziner, die schon der Rechtnatur des Behandlungsvertrages – der eben keinen Heilerfolg schuldet, da die ärztliche Tätigkeit eine Dienstleistung ohne Garantie ist – entgegensteht. Als Folge könnte sich eine kostenträchtige und die Qualität medizinischer Behandlungen senkende Defensivmedizin entwickeln. Die Verschlechterung der Kommunikation im Verhältnis zwischen Arzt und Patient wäre zudem wahrscheinlich.[153] Darüber hinaus wird sogar eine effektive Verbesserung bezüglich der Durchsetzung von Ansprüchen bezweifelt. Denn die Beweislast hinsichtlich der Kausalität, die zum Verschuldensnachweis eine gleichwertige Schwierigkeit darstellt, bliebe wei-

---

[151] Vgl. zu dieser Argumentation *Laufs*, Delikt und Gefährdung – Von der Schadenszurechnung zur Schadensverteilung. Kritische Darstellung der Grundlinien in Lehre und Spruchpraxis, in: Laufs/Dierks/Wienke/Graf-Baumann/Hirsch, Die Entwicklung der Arzthaftung, S. 11. Etwas anderes gilt natürlich für die allerdings weitaus weniger relevanten Fälle klinischer Prüfungen von Arzneimitteln und Medizinprodukten an Versuchspersonen. Da hier von einer allgemeinen Gefahrenlage auszugehen ist, besteht in Österreich für diesen Bereich eine verschuldensunabhängige Haftung; siehe *Pickl* in: Kranich/Böcken, Patientenrechte und Patientenunterstützung in Europa, S. 49.

[152] Siehe *Laufs* in: Laufs/Uhlenbruck, Handbuch des Arztrechts, § 109 Rn. 2. Aufgrund der Eigengesetzlichkeit und der weitgehenden Undurchschaubarkeit des lebenden Organismus indiziert ein Fehlschlag oder Zwischenfall nicht generell ein Fehlverhalten oder Verschulden des Arztes; BGH VersR 1977, 546 (547). Zudem bestehen spezifische Beweisnöte im Arztfehlerprozess auf beiden Seiten. Ein beweisrechtliches Gleichgewicht zwischen Arzt und Patient ließe sich auf diesem Weg daher ohnehin nicht erreichen; BGH NJW 1980, 1333.

[153] Vgl. *Francke/Hart* in: Badura/Hart/Schellschmidt, Bürgerorientierung des Gesundheitswesens, S. 205 f.; *Francke/Hart*, Charta der Patientenrechte, S. 242 f.; *Hanika*, Patientencharta, MedR 1999, 149 (160); siehe auch *Pichler*, Arzthaftungsdynamik versus alternative, verschuldensunabhängige Entschädigungssysteme, in: Laufs/Dierks/Wienke/Graf-Baumann/Hirsch, Die Entwicklung der Arzthaftung, S. 173.

terhin bestehen und könnte sich sogar gegenüber der gegenwärtigen differenzierten Spruchpraxis erschweren.[154] Insoweit würde man mit einer pauschalen Beweislastumkehr über das Ziel einer prozessualen Waffengleichheit hinausschießen.
Mit der Modernisierung des Schuldrechts könnte gleichwohl bereits ein Schritt in Richtung einer allgemeinen Verschuldensvermutung zu Lasten des Arztes vollzogen worden sein. Die nun zentrale Anspruchsgrundlage für Schadensersatz, § 280 BGB, entspricht dem früheren § 282 BGB. Die Formulierung der Norm berücksichtigt aber im Gegensatz zu früher nun alle Leistungsstörungen, ohne nach einzelnen Vertragsarten zu differenzieren. Die daraus zu schlussfolgernde Anwendbarkeit auf den Arztvertrag wäre eine Abkehr vom bislang vorherrschenden Meinungsstand.[155]

Zur verbesserten Durchsetzung von Ansprüchen seitens der Patienten wurden in anderen, insbesondere den skandinavischen Ländern kollektive Entschädigungssysteme aufgebaut. So besteht in Schweden bereits seit Jahren in der Gesundheitsversorgung ein sehr erfolgreiches freiwilliges Versicherungssystem, dass Patienten Entschädigungsleistungen unabhängig vom Verschuldensnachweis gewährleisten kann. Finanzielle Entschädigungen bei Behandlungsschäden sind für die betroffenen Patienten dadurch wesentlich leichter zu erlangen.[156] Zu den positiven Erfahrungen der schwedischen Versicherungslösung

---

[154] Zu diesem Einwand vgl. *Hanika*, Patientencharta, MedR 1999, 149, 160; *Aigner*, Zur Situation der Patientenrechte in Österreich, RdM 2000, 77 (81).

[155] Es besteht der Anschein, dass der Gesetzgeber schlicht die Frage übersehen hat, ob ein Arzt, der die ihm obliegende Pflicht zu sorgfältiger Behandlung des Patienten objektiv verletzt, fortan eine Verschuldensvermutung zu entkräften hat. Jedenfalls findet sich in dem gesamten Gesetzgebungsverfahren und in der Gesetzesbegründung kein Wort zu dieser Problemstellung; vgl. insgesamt zur Beweislastumkehr hinsichtlich des Verschuldens des Arztes gemäß § 280 I S. 2 BGB, *Katzenmeier*, Schuldrechtsmodernisierung und Schadensersatzrechtsänderung – Umbruch in der Arzthaftung, VersR 2002, 1066 ff.

[156] Mittlerweile befindet sich diese Versicherung auf gesetzlicher Grundlage; siehe hierzu *Rynning* in: Kranich/Böcken, Patientenrechte und Patientenunterstützung in Europa, S. 37. Finanziert wird das System durch Prämien der Versicherungsnehmer. Dies sind die Träger der Gesundheitssysteme also die Provinzen und der Staat sowie die beteiligten niedergelassenen Ärzte. Problematisch bleibt es jedoch auch bei diesem Modell, zwischen erstattungsfähigen Behandlungsschäden und schicksalhaften Krankheitsverläufen zu unterscheiden; siehe zur schwedischen Patientenversicherung für Medizinschäden im Einzelnen *Francke/Hart* in: Badura/Hart/Schellschmidt, Bürgerorientierung des Gesundheitswesens, S. 201 ff. Zum finnischen Patientenversicherungsverein sowie zum schwedischen Modell vgl. auch *Hanika*, Patientencharta, MedR 1999, 149 (154 und 157). Zur neuseeländischen Lösung einer öffentlich-rechtlichen Unfallversicherung für Medizinschäden siehe *Deutsch*, Medizinrecht, Rn. 217.

gehört neben der schnellen Abwicklung von Schadensfällen auch eine deutliche Entspannung des Verhältnisses zwischen Arzt und Patient bis hin zu einer Unterstützung der Patienten beim Durchsetzen von Ansprüchen.[157]
Ein vergleichbares Versicherungsmodell, oder eine Fondlösung mit ähnlichen Vorteilen, erscheint auch für Deutschland als attraktiv. Es käme zu einer Entlastung der Arzt-Patienten-Beziehung, weil ein Entschädigungsanspruch nicht mehr an den Verschuldensvorwurf gebunden wäre. Für den Patienten wäre mit einem Haftungsfond der richtige und zugleich zahlungsfähige Haftungsschuldner gegeben und im Vergleich zum bestehenden Haftungsrecht bestünde ein zeitlich schnellerer sowie kostengünstigerer Zugang zum Verfahren.[158] Allerdings muss auch hier die Kehrseite beachtet werden, die sich hauptsächlich in der Gefahr einer abgeminderten Verantwortung der Leistungserbringer widerspiegelt. Insoweit wäre eine Senkung der Präventionswirkung des Haftungsrechts zu befürchten, die sich unabhängig vom ärztlichen Berufsethos oder von ökonomischen und sozialen Anforderungen auf ein Nachlassen der Schadensvermeidungsaktivitäten und der Anstrengungen zur Gewährleistung der bestmöglichen Qualität auswirken könnte. Hier müsste dann ein nicht nur aus ärztlicher Sicht wenig wünschenswerter Ausgleich durch strafrechtliche oder disziplinarrechtliche Sanktionen vollzogen werden. Für Deutschland ist indes die Notwendigkeit eines derartig durchgreifenden Systemumbaus, der auch finanzielle Einschnitte und Beeinträchtigungen hinsichtlich der Einheit der Rechtsordnung befürchten lässt, in Frage zu stellen.[159]
Eine Stärkung der strukturell unterlegenen Stellung des Patienten bei der Verfolgung von Schadensersatzansprüchen wegen fehlerhafter Behandlung soll auch durch eine rechtliche Verpflichtung der Krankenkassen zur Unterstützung

[157] Eine ebenfalls in Schweden gemachte Erfahrung ist allerdings, dass sich das Medizinrecht dort wegen der wenigen Präzedenzfälle kaum weiterentwickelt hat; *Welge/Lindemann* in: Kranich/Böcken, Patientenrechte und Patientenunterstützung in Europa, S. 109.

[158] *Francke/Hart* in: Badura/Hart/Schellschmidt, Bürgerorientierung des Gesundheitswesens, S. 203. Die Einführung einer obligatorischen Versicherung vorschlagend; *Katzenmeier*, Ersetzung der Arzthaftung durch Versicherungsschutz?, in: Laufs/Dierks/Wienke/Graf-Baumann/Hirsch, Die Entwicklung der Arzthaftung, S. 61. Auf die Möglichkeit einer Fondlösung zur Entschädigung in Härtefällen näher eingehend; *Aigner*, Zur Situation der Patientenrechte in Österreich, RdM 2000, 77 (81).

[159] Vgl. *Katzenmeier*, Ersetzung der Arzthaftung durch Versicherungsschutz?, in: Laufs/Dierks/Wienke/Graf-Baumann/Hirsch, Die Entwicklung der Arzthaftung, S. 64 ff.; vgl. mit weiteren Gegenargumenten *Francke/Hart* in: Badura/Hart/Schellschmidt, Bürgerorientierung des Gesundheitswesens, S. 204 f.

ihrer Versicherten bei Behandlungsfehlern möglich sein.[160] Mit § 66 SGB V wird diesem Vorschlag bereits bedingt entsprochen. Allerdings handelt es sich dabei lediglich um eine „Kann-Vorschrift", auf die als Form der institutionellen Patientenunterstützung später noch gesondert einzugehen sein wird.

Zur Verbesserung der prozessualen Durchsetzung von Patientenansprüchen bedarf es der Gewährleistung richterlicher Fachkompetenz in Arzthaftungssachen. Dazu kann eine verstärkte Fortbildung der sich mit solchen Prozessen befassenden Richter beitragen. Ebenso ist bei den Sachverständigen die nötige Kompetenz vorauszusetzen. Der gegenwärtige Zustand des Mangels an qualifizierten Sachverständigen und die teilweise erhebliche Zeitspanne bis zur Erstellung medizinischer Gutachten gibt Anlass, über eine verbesserte Entschädigung für medizinische Sachverständige nachzudenken. Von entscheidender Bedeutung wäre es außerdem, bei den Gerichten besondere, auf Fälle der Arzthaftung spezialisierte Spruchkörper einzurichten, um die notwendige Fachkompetenz sicherstellen zu können.[161] Die Forderung nach Spezialspruchkörpern bei den Gerichten ist in jeder Hinsicht unterstützungswürdig, da es sich bei der Arzthaftung um eine Materie handelt, die nicht nur für die unabhängige Bewertung medizinischer Gutachten eine besondere Fachkompetenz voraussetzt.[162]
Die Haftungsansprüche des Patienten müssen allerdings nicht zwangsläufig gerichtlich geltend gemacht werden. In Deutschland spielt die außergerichtliche Schadensregulierung eine wesentliche Rolle, da zirka 90 % der gemeldeten Schadensfälle ohne Anrufung eines Gerichts erledigt werden. Außergerichtliche Verfahren stehen vor den Gutachterkommissionen und Schlichtungsstellen zur Verfügung.[163] [164] Es gibt Überlegungen,[165] die Verfahren vor den Gutach-

---

[160] Vorschlag der Gesellschaft für Recht und Politik im Gesundheitswesen (GRPG) zur Erweiterung von Patientenrechten und Patientenschutz, Positionspapier der GRPG zum Gesundheitssystem und zur Gesundheitsreform 2000, RPG 1999, 43 (51).

[161] Vgl. *Luxenburger*, Bericht der Arbeitsgruppe „Patientenrechte in Deutschland: Fortentwicklungsbedarf und Fortentwicklungsmöglichkeiten", MedR 2001, 594 (596); *Stegers* in: Kranich/Böcken, Patientenrechte und Patientenunterstützung in Europa, S. 85.

[162] So weist *Stegers* in: Kranich/Böcken, Patientenrechte und Patientenunterstützung in Europa, S. 85, auf die Komplexität der Materie und auf die Bedeutung der Verfahren für die Geschädigten hin. Die medizinischen Sachverhalte sind vielgestaltig. Einfache Sachverhalte wie die im Körper vergessene OP-Schere spiegeln daher keineswegs das Fallaufkommen wieder.

[163] Diese Form der Patientenunterstützung wird ebenfalls noch gesondert zu behandeln sein.

[164] Vgl. insoweit *Funke* in: Kranich/Böcken, Patientenrechte und Patientenunterstützung in Europa, S. 89 ff. Für den Verdacht von Behandlungsfehlern wurden in Hamburg außerge-

terkommissionen und Schlichtungsstellen als obligatorische vorgerichtliche Schlichtung in den Prozess der Schadensregulierung mit der Funktion einer ersten Instanz einzubeziehen. Die Verfahren erhielten damit vor allem eine gerichtsentlastende Funktion. Entsprechend motivierte Überlegungen auf Bundesebene zur Vereinfachung des zivilgerichtlichen Verfahrens wurden mit § 15a EGZPO bereits umgesetzt. Mit dieser Vorschrift haben die Landesgesetzgeber die Möglichkeit zu bestimmen, dass eine Klage erst nach vorheriger Anrufung einer Gütestelle zulässig ist, um im Interesse der Parteien die konsensuale Streitbeilegung zu fördern. Eine solche Vorgabe für den Arzthaftungsprozess ist allerdings nicht ohne eine Gestaltung der Gutachterkommissionen und Schlichtungsstellen als gerichtsähnlich organisierte, neutrale Institutionen möglich. Außerdem müsste berücksichtigt werden, dass die vorgerichtliche Streitschlichtung nicht in jedem Arzthaftungsfall zweckmäßig wäre. Dies gilt vor allem für Fälle eines zwischen den Parteien streitigen Sachverhalts.[166]
Außergerichtliche Einigungen kommen unabhängig von diesen Verfahren freilich auch dann in Betracht, wenn aufgrund eindeutiger Sachverhalte oder bei entsprechender Beweislage Schadensregulierungen ohne Rechtsstreit übernommen werden.

Auch die Trennung von vertraglichen und deliktischen Schadensersatzansprüchen und die damit zusammenhängenden Unterschiede hinsichtlich der Verjährungsfristen haben in der Vergangenheit große Schwierigkeiten bereitet und zu Fehlorientierungen geführt. Bestrebungen, die auf eine einheitliche Verjährung von Schadensersatzansprüchen wegen der Verletzung von Leben, Körper oder Gesundheit zielten,[167] wurde im Rahmen der Schuldrechtsreform entsprochen. Nach § 199 II BGB n.F. besteht für die Verjährung von Schadensersatzansprüchen, die auf der Verletzung höchstpersönlicher Rechtsgüter beruhen, unabhängig ihrer Natur eine absolute Frist von dreißig Jahren. Auch die Beschränkung von Schmerzensgeldansprüchen auf die deliktische Verschuldenshaftung

---

richtliche Verfahren institutionalisiert. Dem anspruchstellenden Patienten wird alternativ ein Verfahren vor einer Schlichtungsstelle oder die einvernehmliche Begutachtung mit Übernahme der Kosten durch den Träger des Krankenhauses angeboten.

[165] So vor allem *Francke/Hart* in: Badura/Hart/Schellschmidt, Bürgerorientierung des Gesundheitswesens, S. 209 f.

[166] Hierauf hinweisend, *Luxenburger*, Bericht der Arbeitsgruppe „Patientenrechte in Deutschland: Fortentwicklungsbedarf und Fortentwicklungsmöglichkeiten", MedR 2001, 594 (597); siehe auch *Francke/Hart*, Charta der Patientenrechte, S. 246 f.; *Francke/Hart* in: Badura/Hart/Schellschmidt, Bürgerorientierung des Gesundheitswesens, S. 188.

[167] Vgl. insoweit und zur einheitlichen Haftung aus Vertrag und Delikt, *Fischer* in: Fischer/Kluth/Lilie, Ansätze für eine Stärkung der Patientenrechte im deutschen Recht, S. 166.

und wenige Ausnahmen wurde gestrichen. Die Gewährung von Schmerzensgeld hängt nun vom verletzten Rechtsgut – der körperlichen Integrität, der Freiheit sowie der sexuellen Selbstbestimmung – und nicht mehr von der verletzten Pflicht ab, § 253 BGB.

Im Krankenhaus, wo verschiedene Ärzte und Angestellte tätig sind, kann es im Schadensfall für den Patienten ebenfalls zu Problemen kommen. Diese beziehen sich vor allem darauf, den richtigen Vertragspartner herauszufinden. Bei stationären Krankenhausbehandlungen haftet grundsätzlich der Krankenhausträger dem Patienten für Pflichtverletzungen. Auch beim Abschluss privater Zusatzverträge wird der Krankenhausträger nicht aus seiner Verpflichtung entlassen.[168] Entsprechendes gilt jedoch nicht für den Fall einer ambulanten Krankenhausbehandlung und führt insoweit zu dem genannten Problem. Nachahmenswert erscheint hier eine gesamtschuldnerische Haftung des Krankenhauses für alle Fehler, die während einer Krankenhausbehandlung auftreten, so wie sie auch im niederländischen Zivilgesetzbuch geregelt ist.[169]

2. Institutionelle Absicherung und Stärkung von Patientenrechten

Neben den individuellen Rechten des Patienten bestehen Formen der organisierten Patientenunterstützung, die vor allem die Wahrnehmung bzw. Durchsetzung von Patientenrechten und damit zugleich die Patientenautonomie fördern sollen. Es kann dabei zwischen Einrichtungen, deren Aufgaben sich an bestimmten Formen der Patientenunterstützung ausrichten und Einrichtungen deren Aufgaben sich nicht in erster Linie oder nicht ausschließlich auf eine zielgerichtete Patientenunterstützung beziehen, unterschieden werden.[170] Die Patientenunterstützung durch entsprechende Institutionen ist ein weiterer Beitrag dazu, ein informationelles und strukturelles Gleichgewicht zwischen Patienten und den Anbietern medizinischer Leistungen herzustellen. Verfolgt werden insoweit aber auch systemorientierte Zwecke von allgemeiner Bedeutung

---

[168] BGHZ 85, 393 (396); 95, 63 ff.; 121, 107 (111 f.).

[169] Ebenso *Fischer* in: Fischer/Kluth/Lilie, Ansätze für eine Stärkung der Patientenrechte im deutschen Recht, S. 167. Eine Haftungsbegrenzung oder Ausnahmen von der Haftung gibt es in den Niederlanden für Krankenhäuser und andere Anbieter von Gesundheitsleistungen nicht; zu diesen Regelungen im niederländischen Zivilgesetzbuch siehe *Hondius/van Hooft* in: Kranich/Böcken, Patientenrechte und Patientenunterstützung in Europa, S. 60.

[170] Die Unterscheidung zwischen spezifischen und unspezifischen Unterstützungseinrichtungen für Patienten stammt aus dem Gutachten von *Badura/Hart/Schellschmidt*, Bürgerorientierung des Gesundheitswesens, S. 32.

wie die Effizienzsteigerung und die Qualitätssicherung. Gegenüber den individuellen Patientenrechten wird gerade für diesen Bereich auch im internationalen Vergleich ein verstärkter Handlungsbedarf angenommen.[171]

a) Patientenunterstützung durch Information/Beratung, Beschwerde und Fürsprache

In Deutschland finden sich zur Patientenunterstützung in Form von Information und Beratung, Beschwerde, Fürsprache sowie zur allgemeinen Betreuung eine Vielzahl von Einrichtungen und Regelungen, die allerdings in ihrem Wirk- und Geltungsbereich beschränkt sind und zwischen den einzelnen Bundesländern erheblich divergieren. Dies liegt vor allem daran, dass aufgrund der Verteilung der Gesetzgebungskompetenz die zur Patientenunterstützung geschaffenen Einrichtungen vorwiegend sektoral organisiert sind und es sich zu einem beachtlichen Teil auch um Einrichtungen der jeweiligen Ärzte- bzw. Zahnärztekammern handelt. Zudem werden privatrechtlich organisierte Vereine wie die Patientenschutzverbände tätig. Diese Einrichtungen agieren zum größten Teil selbstständig. Eine zentrale Steuerung oder abgestimmte Vorgehensweisen zwischen den einzelnen Institutionen sind in den meisten Fällen schon aus strukturellen Gründen nicht möglich. Von einer einheitlich gestalteten und geordneten Patientenunterstützung kann in der Bundesrepublik daher noch nicht gesprochen werden. Dies wäre aber vor allem im Hinblick auf die Transparenz der vorhandenen Strukturen sowie auf ein gemeinsames und damit effizienteres Handeln sinnvoll.
Nachstehend sollen die in Deutschland vorhandenen Strukturen vorgestellt und durch entsprechende Hinweise auf Modelle im Ausland erläutert werden.

(1) Informations- und Beratungsstellen

Entscheidungen von Patienten für oder gegen eine bestimmte Therapie oder einen operativen Eingriff setzten oftmals genaue und verständliche Informationen voraus. Diese Informationen sind nicht immer allein mit der ärztlichen Aufklärung zu vermitteln. Unter anderem sind Informationen über die Qualität der Leistungserbringer gerade im Sektor der medizinischen Versorgung, wo sich Leistungen zumeist direkt auf Körper und Gesundheit der Patienten auswirken, von erheblicher Bedeutung. Eine objektive Auskunft des behandelnden Arztes ist in dieser Hinsicht nicht zu erwarten. Entsprechend groß ist damit das Bedürfnis nach objektiven Informationen. Hier trifft auch den Staat eine Verantwortung, die „Verbraucher“ vor unseriösen oder minderwertigen Angeboten

---

[171] Siehe *Kluth* in: Fischer/Kluth/Lilie, Ansätze für eine Stärkung der Patientenrechte im deutschen Recht, S. 316.

zu schützen, indem er etwa eine Bewertung konkurrierender Angebote gewährt.[172]
Für Informationen hinsichtlich der medizinischen Versorgung stehen dem Patienten vielerorts Informations- und Beratungsstellen zur Verfügung. Die Tätigkeit solcher Einrichtungen bezieht sich in der Regel auf Informationen zu Leistungsanbietern, Krankheitsbildern, Behandlungsmethoden oder Therapieformen. Auch Informationen zur Wahrnehmung von Patientenrechten werden weitergegeben. Die Erscheinungsformen der Informations- und Beratungsstellen einschließlich ihrer Finanzierung sind allerdings vielgestaltig. Vor allem die Ärztekammern richten zunehmend eigene Patienteninformations- und Beratungsstellen ein. So bietet die Ärztekammer Westfalen-Lippe eine Bürgerinformation an. Hier können umfangreiche Informationen unter anderem zu den in der Nähe praktizierenden Ärzten und ihrer Qualifikation oder zu schulmedizinischen und ergänzenden alternativen Therapiemöglichkeiten telefonisch oder schriftlich abgefragt werden. Von der Zahnärztekammer Baden-Württemberg werden nach eigenen Angaben kompetente und neutrale Beratungen zu Fragen bezüglich der Zahn- und Mundgesundheit telefonisch angeboten. Ein Patiententelefon hat auch die Ärztekammer Hamburg eingerichtet. Zusätzlich unterhalten alle Ärztekammern in Deutschland eigene Homepages und Webportale, über die medizinische Informationen und Auskünfte – dabei handelt es sich in der Regel um wissenschaftlich gesicherte Informationen – abrufbar sind. Diese unterscheiden sich damit wesentlich von den Arztsuchsystemen im Internet, die lediglich auf Selbsteinschätzung und Selbstauskunft der Ärzte beruhen.[173]
Eine andere Form der Patientenberatung leistet das Informationszentrum des Gesundheitsreferats der Stadt München. Die Mitarbeiter sind keine medizinischen Fachleute, werden aber als Fachleute für den Weg durch den Dschungel des Gesundheitsversorgungssystems bezeichnet. Sie geben Auskunft darüber, wo fachlicher Rat zu möglichen Fragen gegeben wird.
Die Gesundheitslotsen in Hamburg garantieren Vertraulichkeit und Anonymität und informieren über die verschiedenen Einrichtungen, Leistungen und Hilfen im Hamburger Gesundheitswesen.
Besonders groß ist die Autonomie bei der Unabhängigen Patientenberatungsstelle Bremen ausgeprägt, die durch mehrere Träger finanziert und damit ihrem Namen gerecht wird. Als Mitglieder arbeiten hier die Ärztekammer und die

---

[172] So jedenfalls *Kranich* in: Badura/Hart/Schellschmidt, Bürgerorientierung des Gesundheitswesens, S. 312. Diese staatliche Verantwortung wird von Kranich allerdings nicht rechtlich begründet, sondern er weist lediglich auf die Folgen hin, die sich aus der Übernahme solcher Aufgaben durch kommerziell motivierte Anbieter ergeben.

[173] *Hoc*, Zwischen Informationsanspruch und gesetzlichen Risiken, DÄBl. 2002, A 1809.

Zahnärztekammer, der Gesundheitssenator des Landes Bremen, der Magistrat der Hansestadt Bremerhaven, die Krankenkassen und die Krankenhausgesellschaft zusammen. Die Beratung der Patienten erfolgt zu allen interessierenden Fragen.[174]
In Mecklenburg-Vorpommern eröffneten mehrere dezentrale und eine zentrale Patienten-Informations-und-Beratungsstelle (PIBS). Mit der Aufteilung in eine zentrale und weitere dezentrale Stellen wird vor allem eine koordinierte Arbeit dieser Einrichtungen ermöglicht. Die Finanzierung erfolgt durch die Krankenkassen. Es handelt sich hierbei um ein Bundesmodellprojekt, dass im Rahmen der Vorgabe des § 65b SGB V zur Förderung von Verbraucher- oder Patientenberatungseinrichtungen durchgeführt wird.
Keine echten Informations- und Beratungsstellen aber dennoch an dieser Stelle zu erwähnen sind Patientenstellen und Gesundheitsläden. Gemeinsamer Hintergrund der Gesundheitsläden ist die Gesundheitsbewegung in den 80er Jahren. Zu ihren wichtigsten Zielen gehörte vor allem die Unterstützung der Patienten als schwächste Akteure im Gesundheitswesen. Die Gesundheitsläden befassten sich daher in erster Linie mit gesundheitspolitischen Themen sowie mit Fragen der Gesundheitsförderung, -versorgung und -bildung. Viele Gesundheitsläden gründeten Patientenstellen. Die Patientenstellen sind daher eng mit einem Gesundheitsladen als Trägerverein verbunden. Die im Bundesgebiet bestehenden Patientenstellen haben sich zu einer Bundesarbeitsgemeinschaft zusammengeschlossen. Patientenstellen leisten individuelle Hilfe durch Beratung, die telefonisch, persönlich und schriftlich erfolgen kann. Darüber hinaus werden auch Beschwerden bearbeitet. [175]
Insgesamt stehen mit den vorhandenen Einrichtungen für Patienten und Interessierte verschiedene Möglichkeiten offen, ihrem Informationsbedürfnis nachzukommen. Die Menge der Angebote zeigt jedoch, dass für die Patientenberatung und -information kein einheitliches Konzept besteht. Insbesondere können viele der Angebote auf dem derzeitigen Informationsmarkt – vor allem Angebote aus dem Internet, wie Medizin- und Patientenforen – bezüglich ihrer Qualität nur schwer durch den Ratsuchenden beurteilt werden.

---

[174] Vgl. *Kluth* in: Fischer/Kluth/Lilie, Ansätze für eine Stärkung der Patientenrechte im deutschen Recht, S. 324 f. Bei den hier aufgeführten Beispielen handelt es sich um kostenfreie Angebote; zu den kommerziellen Informationsdiensten siehe *Kranich* in: Badura/Hart/Schellschmidt, Bürgerorientierung des Gesundheitswesens, S. 314.

[175] Gesundheitsläden bestehen in: München, Bremen, Bielefeld und Köln; siehe zu den Patientenstellen und Gesundheitsläden im Einzelnen *Kranich* in: Badura/Hart/Schellschmidt, Bürgerorientierung des Gesundheitswesens, S. 315 ff.

(2) Patientenbeschwerdestellen und Patientenfürsprecher

Auch im Gesundheitswesen können Beschwerden einen wesentlichen Beitrag zur Verbesserung der Versorgung leisten, soweit sie zur Behebung der beanstandeten Mängel berücksichtigt werden. In einigen Krankenhäusern werden daher Patientenbeschwerdestellen eingerichtet, an die sich der stationär behandelte Patient mit seinen Problemen wenden kann. Regelmäßig stehen die Patientenbeschwerdestellen für Beschwerden über Umstände, Form oder Organisation der medizinischen Behandlung sowie beim Verdacht auf einen ärztlichen Behandlungsfehler zur Verfügung. Patientenbeschwerdestellen in Krankenhäusern haben den Vorteil, Beschwerden, die im Organisationsbereich des Krankenhauses liegen, zentral aufzunehmen und zu bearbeiten.[176] In einigen Ländern ist für Krankenhäuser die Einrichtung solcher Stellen zur Entgegennahme von Patientenbeschwerden gesetzlich vorgeschrieben.[177]

Im Gegensatz zur Bundesrepublik, wo die gegenwärtige Situation hinsichtlich entsprechender Einrichtungen vor allem durch das föderale System geprägt ist, können sich Patienten in Dänemark an eine zentrale öffentliche Beschwerdeinstanz richten.[178] In den Niederlanden müssen sämtliche Krankenhäuser eine Beschwerdekommission einrichten. Den Patienten stehen mit den regionalen Informations- und Beschwerdestellen in der Gesundheitspflege (IKGs) zudem unabhängige Stellen zur Information, Beratung und Unterstützung beim Einreichen von Beschwerden offen.[179]

Um Streitigkeiten so schnell wie möglich vor Ort zu lösen, hat man in Großbritannien ein besonderes Beschwerdeverfahren entwickelt. Dieses NHS-

---

[176] Vgl. *Kluth* in: Fischer/Kluth/Lilie, Ansätze für eine Stärkung der Patientenrechte im deutschen Recht, S. 326.

[177] Nach § 23 IV SächsKHG besteht beispielsweise eine Verpflichtung des Krankenhausträgers, Vorkehrungen für die Entgegennahme und Bearbeitung von Patientenbeschwerden durch unabhängige Stellen zu treffen. Auch nach § 5 KHG Nordrhein-Westfalen hat der Krankenhausträger für die Entgegennahme und Bearbeitung von Patientenbeschwerden durch eine unabhängige Stelle, die mit allgemein anerkannten Einrichtungen der Gesundheitsvorsorge und des Patientenschutzes sowie der Selbsthilfe eng zusammenarbeiten soll, Vorkehrungen treffen.

[178] Das „Patients´ Board of Complaints" befindet sich in Koppenhagen und setzt sich jeweils zur Hälfte aus Ärzten und aus Vertretern von Patientenorganisationen zusammen; siehe hierzu *Kluth* in: Fischer/Kluth/Lilie, Ansätze für eine Stärkung der Patientenrechte im deutschen Recht, S. 327; *Hanika*, Patientencharta, MedR 1999, 149 (153).

[179] Vgl. *Hanika*, Patientencharta, MedR 1999, 149 (156); *Liebmann/Böcken* in: Kranich/Böcken, Patientenrechte und Patientenunterstützung in Europa, S. 142 f.

Beschwerdeverfahren besteht aus drei Instanzen: der örtlichen Konfliktlösung, einer unabhängigen Überprüfung und dem Ombudsmann.[180]

Als Ansprechpartner für Probleme im Krankenhaus dienen weiter die Patientenfürsprecher. Für den Schutz und die Durchsetzung von Patientenrechten kommt ihnen allerdings eine wesentlich bedeutendere Bestimmung zu als Patientenbeschwerdestellen, da sie in erster Linie die Interessen der Patienten gegenüber der Krankenhausleitung und den Krankenhausbediensteten durch Beratung und Unterstützung vertreten. In der Regel sind die Patientenfürsprecher ihrem jeweiligen Krankenhaus zugeordnet, unterliegen dort jedoch keinen tätigkeitsbezogenen Weisungen.[181] Unter anderem in Hessen und im Saarland ist die Bestellung von Patientenfürsprechern gesetzlich vorgeschrieben.[182]

---

[180] Eine ausführliche Darstellung hierzu findet sich bei *Mitchell* in: Kranich/Böcken, Patientenrechte und Patientenunterstützung in Europa, S. 44 ff.; vgl. ebenfalls *Hanika*, Patientencharta, MedR 1999, 149 (155); *Kluth* in: Fischer/Kluth/Lilie, Ansätze für eine Stärkung der Patientenrechte im deutschen Recht, S. 328.

[181] Vgl. insoweit ebenfalls *Kluth* in: Fischer/Kluth/Lilie, Ansätze für eine Stärkung der Patientenrechte im deutschen Recht, S. 326 f. Ein abgewandeltes Patientenfürsprechermodell betreibt der Gesundheitsladen München e.V. Die in München für die städtischen Krankenhäuser eingesetzten Patientenfürsprecher sind zwar weisungsfrei, aber in ihren Kompetenzen eingeschränkt. Regelmäßig werden diese Patientenfürsprecher zu einem Erfahrungsaustausch und einer Art Supervision zusammengebracht; *Kranich* in: Badura/Hart/Schellschmidt, Bürgerorientierung des Gesundheitswesens, S. 327 f.

[182] Die Patientenfürsprecher werden in diesen Ländern allerdings auf unterschiedlichen Wegen bestellt. In § 7 I Hessisches KHG heißt es dazu: „Die Stadtverordnetenversammlungen der kreisfreien Städte und die Kreistage wählen mit der Mehrheit ihrer Mitglieder für die Dauer ihrer Wahlperiode eine oder mehrere Personen als Patientenfürsprecherinnen oder Patientenfürsprecher sowie deren Stellvertreterinnen oder Stellvertreter. Bei der Zahl der zu wählenden Patientenfürsprecherinnen oder Patientenfürsprecher sind Zahl und Größe der in dem Gebiet der kreisfreien Stadt oder des Landkreises vorhandenen Krankenhäuser zu berücksichtigen. Die Bestellung der Patientenfürsprecherinnen oder der Patientenfürsprecher und ihrer Stellvertreterinnen oder Stellvertreter erfolgt im Einvernehmen mit dem betroffenen Krankenhausträger." Nach § 28 I Saarländisches KHG bestellt der Krankenhausträger „jeweils für die Dauer von fünf Jahren für jedes Krankenhaus einen Patientenfürsprecher/in. Bedienstete des Krankenhausträgers oder Mitglieder seiner Organe können nicht bestellt werden." In § 28 II heißt es zum Zugang zu Patientenfürsprechern weiter: „Das Krankenhaus gibt den Patienten/innen Name, Anschrift, Sprechstundenzeit und Aufgabenbereich des/der Patientenfürsprechers/in in geeigneter Weise bekannt. Der unmittelbare Zugang zum/zur Patientenfürsprecher/in muss gesichert sein." Auch in Berlin, Brandenburg und Mecklenburg-Vorpommern regeln die Landeskrankenhausgesetze eine Einsetzung von Patientenfürsprechern. Größtenteils arbeiten diese ehrenamtlich oder gegen geringe Aufwandsentschädigung; siehe *Kranich* in: Kranich/Böcken, Patientenrechte und Patientenunterstützung in Europa, S. 97.

Patientenunterstützung erfolgt in ähnlicher Form auch durch Ombudsleute. Mit ihrer Aufgabe als neutrale Problemlöser und Vermittler haben sie wesentlichen Einfluss auf die Qualitätsverbesserung im Gesundheitswesen.[183] In Deutschland besitzen Ombudsleute allerdings keine so große Tradition, wie etwa in den skandinavischen Ländern. Nach dem skandinavischen Vorbild werden Ombudsleute öffentlich – in den meisten Fällen vom Parlament – eingesetzt. Zwar sind auch in der Bundesrepublik entsprechend bezeichnete Stellen zu finden, allerdings handelt es sich hierbei in der Regel um institutionseigene Patientenombudsleute, die keine autonome Handlungsfähigkeit besitzen. Sie unterscheiden sich daher letztendlich nur in ihrer Bezeichnung von Patientenfürsprechern.[184] Neben den Ombudsmännern und -frauen in einigen Krankenhäusern trägt auch der Ombudsmann/-frau – Verein Schleswig-Holstein ehrenamtliche Ombudsleute. Der Verein wurde auf Initiative der Ärztekammer Schleswig-Holstein und der Allgemeinen Ortskrankenkasse Schleswig-Holstein gegründet. Mitglied des Vereins ist unter anderem die Ärztekammer Schleswig-Holstein. Diese Modelle gewährleisten jedoch keine ausreichende Unterstützung von Patienten in stationärer Behandlung. Sie dienen vielmehr als Beitrag zur Aufwertung der Reputation des Krankenhauses.[185]

Eine Übernahme des skandinavischen Ombudsleute-Konzepts erfolgte dagegen in einigen Teilen Österreichs, wo die Zuständigkeiten für das Gesundheitswesen wie in Deutschland auf Bund und Länder aufgeteilt sind. So wurde mit der Wiener Patientenanwaltschaft eine unabhängige, weisungsfreie Institution zur Wahrung und Sicherung der Rechte und Interessen von Patienten mit einem entsprechend umfangreichen Tätigkeitsbereich geschaffen. Diese Patientenanwaltschaft ist eine Einrichtung des Landes Wien auf der Rechtsgrundlage eines

---

[183] Bezogen auf das allgemeine, in verschiedenen Branchen verbreitete Ombudsleute-Konzept siehe hierzu *Ziegenfuss*, Patientenvertretungs- und Ombudsmann-Programme, in: Bürgerbeteiligung im Gesundheitswesen – eine Länderübergreifende Herausforderung, S. 184 (185 ff.).

[184] Vgl. dazu *Kranich* in: Badura/Hart/Schellschmidt, Bürgerorientierung des Gesundheitswesens, S. 323; *ders.* in: Kranich/Böcken, Patientenrechte und Patientenunterstützung in Europa, S. 97. Nach dieser Betrachtungsweise kämen die in Hessen von den Stadtverordnetenversammlungen und Kreistagen eingesetzten Patientenfürsprecher – auch wenn sie nicht so bezeichnet werden – dem skandinavischen Ombudsleutemodell am nächsten.

[185] Vgl. *Kranich* in: Badura/Hart/Schellschmidt, Bürgerorientierung des Gesundheitswesens, S. 329 f.; *Liebmann/Böcken* in: Kranich/Böcken, Patientenrechte und Patientenunterstützung in Europa, S. 143; ähnlich auch *Kranich* in: Kranich/Böcken, Patientenrechte und Patientenunterstützung in Europa, S. 97. In diesem Zusammenhang wird auch von einer Alibifunktion gesprochen, die durch Ombudspersonen ausgeübt wird; vgl. den Diskussionsbeitrag in: Bürgerbeteiligung im Gesundheitswesen – eine Länderübergreifende Herausforderung, S. 193.

Wiener Landesgesetzes.[186] Auch in Kärnten hat sich eine Patientenanwaltschaft etabliert, deren Aufgaben in einem Landesgesetz festgeschrieben sind. Die weisungsungebundene und für sämtliche Gesundheitseinrichtungen des Landes zuständige Patientenanwaltschaft soll in erster Linie Beschwerden prüfen, Mängel aufklären und Auskünfte erteilen. Bei beiden Modellen werden die Kosten vom jeweiligen Land getragen. Die Patientenanwaltschaft leistet in Österreich einen bedeutsamen Beitrag zur Stärkung von Patienteninteressen.[187]

(3) Gutachterkommissionen und Schlichtungsstellen

Für Patienten ist die Aufklärung eines vermuteten ärztlichen Behandlungsfehlers in der Regel mit dem finanziellen Risiko eines gerichtlichen Verfahrens verbunden. Streitigkeiten zwischen Ärzten und Patienten können allerdings auch außergerichtlich beigelegt werden. Insbesondere wegen der zunehmenden Arzthaftpflichtprozesse wurden auf Veranlassung der Ärzteschaft durch die Ärztekammern Gutachterkommissionen und Schlichtungsstellen eingerichtet.[188] Unabhängig einiger Unterschiede zwischen diesen Gremien sind die gemeinsamen Verfahrensprinzipien der Freiwilligkeit, der Gebührenfreiheit und der Unverbindlichkeit hervorzuheben.[189] Zudem sind die Gremien zwar bei den Kammern angesiedelt, aber weisungsunabhängig. Ihre Zielsetzung ist es, eine außergerichtliche Einigung zwischen Arzt und Patient herbeizuführen. Dazu werden beanstandete Behandlungen überprüft, Auskünfte über Arzthaftpflichtfragen erteilt und Beratungen zu möglichen Vorgehensweisen angeboten. Hinsichtlich des Schlichtungsverfahrens bestehen allerdings regionale Unterschiede zwischen den Schlichtungsstellen einerseits und den Gutachterkommissionen bzw. Gutacher- und Schlichtungsstellen andererseits. Die Schlichtungsstellen klären die vorgetragenen Sachverhalte auf und geben Vorschläge zur Behebung der Streitigkeiten. Schadensersatzansprüche werden damit dem Grunde

---

[186] *Pickl* in: Kranich/Böcken, Patientenrechte und Patientenunterstützung in Europa, S. 52 ff.; siehe hierzu auch *ders.*, Verbraucherschutz im Gesundheitswesen – eine gemeinsame Aufgabe, in: Bürgerbeteiligung im Gesundheitswesen – Eine Länderübergreifende Herausforderung, S. 89 (93).

[187] *Hagemann/Kranich* in: Kranich/Böcken, Patientenrechte und Patientenunterstützung in Europa, S. 128 f.; zur Einrichtung der Patientenanwaltschaft in Österreich siehe des weiteren *Kluth* in: Fischer/Kluth/Lilie, Ansätze für eine Stärkung der Patientenrechte im deutschen Recht, S. 328 f. Als Beispiel für die skandinavischen Staaten siehe etwa das finnische Patienten-Ombudsmann-System bei *Lahti* in: Kranich/Böcken, Patientenrechte und Patientenunterstützung in Europa, S. 28 f.; *Hanika*, Patientencharta, MedR 1999, 149 (154).

[188] Siehe hierzu beispielsweise das Statut der Gutachterkommission für ärztliche Behandlungsfehler der Ärztekammer Nordrhein.

[189] *Ulsenheimer* in: Laufs/Uhlenbruck, Handbuch des Arztrechts, § 113 Rn. 5 ff.

nach beurteilt. Die Gutachterkommissionen sowie die Gutachter- und Schlichtungsstellen bewerten dagegen das ärztliche Handeln als solches, indem Gutachten erstellt werden. Diese klären die Frage, ob ein vom Arzt verschuldeter Behandlungsfehler feststellbar ist, durch den der Patient einen Gesundheitsschaden erlitten hat.[190] Da die Beteiligten die Entscheidungen der Gutachterkommissionen und Schlichtungsstellen nicht akzeptieren müssen, wird der Rechtsweg nicht ausgeschlossen. Dennoch haben die Gutachterkommissionen und Schlichtungsstellen neben den allgemeinen Erwartungen auf billigere, schnellere und unbürokratischere Verfahren zu einer merklichen Entlastung der Gerichte geführt. Viele Patienten verfolgen nicht nur nach positiven, sondern auch nach negativen Bescheiden ihre Ansprüche nicht weiter und verzichten auf die Anrufung von Gerichten. Gleichwohl bleibt unklar, ob damit echte Akzeptanz oder lediglich Enttäuschung und Resignation der Ratsuchenden zum Ausdruck gebracht wird.[191]

Insbesondere die alleinige Trägerschaft der Gutachterkommissionen und Schlichtungsstellen durch die Ärztekammern gibt Anlass zur Frage, inwieweit diese Einrichtungen tatsächlich nur eine Unterstützung von Patienteninteressen beabsichtigen. Zumindest aus Patientenperspektive scheint der Verdacht fehlender Unparteilichkeit nicht unbegründet zu sein. Die Akzeptanz von Einrichtungen zur außergerichtlichen Streitbeilegung hängt wesentlich von der Autonomie ihrer Tätigkeit ab. Diese kann bei den Gutachterkommissionen und Schlichtungsstellen der Ärztekammern trotz angeblicher Weisungsunabhängigkeit aus Patientensicht bezweifelt werden. Hieran ändert auch nichts, dass die Entscheidungsgremien neben einem oder mehreren Ärzten in der Regel auch mit einem Juristen besetzt sind. Denn insbesondere eine Beteiligung der Gegenseite ist zu vermissen.[192]

Einen Kritikpunkt stellen auch die auftretenden Verfahrensdefizite dar. So sind mündliche Verfahren in den verschiedenen Verfahrensordnungen zwar vorge-

---

[190] Ähnlich *Francke/Hart*, Charta der Patientenrechte, S. 213 f.; siehe mit einzelnen Beispielen auch *Kluth* in: Fischer/Kluth/Lilie, Ansätze für eine Stärkung der Patientenrechte im deutschen Recht, S. 331.

[191] Vgl. *Francke/Hart* in: Badura/Hart/Schellschmidt, Bürgerorientierung des Gesundheitswesens, S. 198; *Neumann*, Gutachterkommissionen und Schlichtungsstellen, MedR 1998, 309 (310 f.). Bemerkenswert ist zudem, dass kein generelles Patientenbestreben nach materieller Entschädigung besteht, sondern zum Teil nur ein Denkzettel für den Arzt bewirkt werden soll; siehe *Neumann*, aaO., S. 311.

[192] Allerdings dürfte eine Beteiligung von Patientenvertretern in diesem Bereich zwangsläufig die Frage aufwerfen, ob diese Vertreter rechtlich qualifiziert in der Lage sind, die ihnen vorgelegten Sachfragen zu beurteilen. Insoweit kämen von vornherein nur fachlich befähigte Patientenvertreter für eine entsprechende Mitwirkung in diesen Gremien in Betracht.

sehen, in der Praxis kommt es allerdings regelmäßig nur zu schriftlichen Verfahren. Auch sonst werden dem Patienten, der von einer Gutachterkommission bzw. einer Schlichtungsstelle einen Behandlungsfehler prüfen lässt, Beteiligungsrechte nur sehr eingeschränkt gewährt. Obwohl dem zu erstellenden Gutachten eine besondere Bedeutung beigemessen wird, wählen in den häufigsten Fällen die Gremien den Gutachter selbst aus. Der Patient hat kaum eine Möglichkeit auf diese Auswahl oder auf die zu stellenden Fragen Einfluss zu nehmen.[193] Zur Bestands- und zur Akzeptanzsicherung werden daher Verbesserungen bezüglich der Verfahrenstransparenz und eine generelle Patientenbeteiligung unter anderem bei der Auswahl des Gutachters vorgeschlagen. Vor allem aus Akzeptanzgesichtspunkten ist bei der Besetzung der Entscheidungsgremien die Berücksichtigung von Vertretern der Patientenseite zu fordern. Konkret wird eine paritätische Besetzung durch Ärzte, Patienten und Krankenkassen gefordert, wie sie sich bereits bei Schlichtungsstellen in den Niederlanden und teilweise auch in Österreich findet.[194]

In den Niederlanden arbeiten Schlichtungskommissionen für Verbraucherfragen schon seit geraumer Zeit auf verschiedensten Gebieten. In den letzten Jahren wurde daran auch eine Schlichtungskommission für Krankenhäuser angeschlossen. Die unparteiische Beurteilung von Streitfragen – als Voraussetzung für die nötige Akzeptanz seitens der Patienten – wird durch die Zusammensetzung der Kommission sichergestellt. Neben Mitgliedern des niederländischen Ärzteverbandes und des Krankenhausverbandes sind auch Vertreter der Verbraucherseite an den Entscheidungen beteiligt. Die Arbeit der Kommission wird durch einen Juristen als unabhängigen Vorsitzenden geleitet.

Ähnlich wie in Deutschland handelt es sich bei den in Österreich eingerichteten Schiedsstellen für Arzthaftpflichtfragen vornehmlich um Institutionen der Landesärztekammern. Eine aus Patientensicht interessante Ausnahme stellt allerdings das Kärntner Modell dar, das aufgrund eines dreiseitigen Vertrages zwischen dem Land, der Ärztekammer und der Kammer für Arbeiter und Ange-

---

[193] Vgl. *Francke/Hart*, Charta der Patientenrechte, S. 214; *Francke/Har* in: Badura/Hart/Schellschmidt, Bürgerorientierung des Gesundheitswesens, S. 198; siehe auch *Kranich/Henkel*, in: Kranich/Böcken, Patientenrechte und Patientenunterstützung in Europa, S. 159 f.; *Funke* in: Kranich/Böcken, Patientenrechte und Patientenunterstützung in Europa, S. 91; *Deutsch*, Medizinrecht, Rn. 336.

[194] Siehe zunächst *Francke/Hart*, Charta der Patientenrechte, S. 232 und zur Forderung nach paritätisch besetzten Schlichtungsstellen *Kranich* in: Kranich/Böcken, Patientenrechte und Patientenunterstützung in Europa, S. 99 f.; *ders.* in: Badura/Hart/Schellschmidt, Bürgerorientierung des Gesundheitswesens, S. 344 f.

stellte errichtet wurde. Träger dieser Schiedsstelle ist das Land Kärnten.[195] Am Verfahren sind auch hier ein vorsitzender neutraler Jurist, ein Vertreter der Ärzteseite und ein Vertreter der Patienteninteressen paritätisch beteiligt. Die Patientenposition wird zusätzlich durch die Teilnahme einer Patientenanwältin unterstützt.[196]
Beispiele für paritätisch besetzte Schlichtungsstellen zur außergerichtlichen Streitbeilegung finden sich jedoch nicht nur außerhalb der deutschen Grenzen. Auf nationaler Ebene ist vor allem der Schlichtungssauschuss der Landesärztekammer Rheinland-Pfalz hervorzuheben. Der nach § 5 b I und II Heilberufsgesetz Rheinland-Pfalz[197] einzusetzende Ausschuss wird von jeweils zwei Ärzte- und Patientenvertretern sowie einem Juristen gebildet und nimmt damit innerhalb Deutschlands hinsichtlich der Zusammensetzung solcher Einrichtungen eine Art Vorbildfunktion ein.

---

[195] Mit dem Land als Träger sollte die Unparteilichkeit und die Unabhängigkeit der Einrichtung sichergestellt sein. Ein solches Modell dürfte sich angesichts der angespannten Finanzlage in Deutschland allerdings nicht ohne Probleme verwirklichen lassen.

[196] Siehe zum niederländischen sowie zum Kärntner Modell *Kranich/Henkel* in: Kranich/Böcken, Patientenrechte und Patientenunterstützung in Europa, S. 155 ff. Die Verhandlung vor einer niederländischen Schlichtungskommission für Krankenhäuser beinhaltet auch eine mündliche Anhörung. Am Schluss der Verhandlung steht allerdings – im Gegensatz zu den deutschen Gutachterkommissionen und Schlichtungsstellen – ein Urteil der Kommission, das bindend ist und die nachfolgende Anrufung eines Gerichts lediglich in den vorgegebenen Ausnahmefällen gestattet. Siehe zur niederländischen Schlichtungskommission für Krankenhäuser auch *Hanika*, Patientencharta, MedR 1999, 149 (156). Des weiteren gibt es zur außergerichtlichen Streitschlichtung in Finnland ein neutrales Sachverständigengremium (Ausschuss für Patientenschäden), das bei Unstimmigkeiten zwischen Entschädigung suchenden Patienten und dem Patientenversicherungsverein tätig wird, und in Frankreich haben alle Gesundheitsversorgungseinrichtungen einen Vermittlungsausschuss einzurichten; vgl. dazu jeweils *Lahti* in: Kranich/Böcken, Patientenrechte und Patientenunterstützung in Europa, S. 28 und *Liebmann/Böcken* in: Kranich/Böcken, Patientenrechte und Patientenunterstützung in Europa, S. 139 f.

[197] „§ 5b (Schlichtungsausschüsse)

(1) Bei jeder Landeskammer ist zur Beilegung von Streitigkeiten, die sich aus der Berufsausübung zwischen Kammermitgliedern und Dritten ergeben, ein Schlichtungsausschuss zu errichten; es können mehrere Schlichtungsausschüsse errichtet werden. Die Befugnis zur Anrufung der Gerichte bleibt unberührt.

(2) Der Schlichtungsausschuss besteht aus fünf Mitgliedern; das vorsitzende Mitglied muss die Befähigung zum Richteramt haben. Zwei Mitglieder müssen Kammermitglieder und zwei Mitglieder müssen Vertreter der von der Berufsausübung der Kammermitglieder betroffenen Personen sein.

…"

Generell sollte bei der Berücksichtigung von Patientenvertretern aber nicht nur die Repräsentation der Patienteninteressen, sondern auch eine gewisse Fachkenntnis vorausgesetzt werden. Wenigstens sollten die Patientenvertreter Erfahrungen bei der medizinischen oder rechtlichen Einschätzung ärztlichen Fehlverhaltens besitzen, damit sie einen objektiven Beitrag zur Entscheidung des Gremiums leisten können.[198]

(4) Verbraucherzentralen

Gesundheitlicher Verbraucherschutz in Form von Information, Beratung und Unterstützung erfolgt in einigen Ländern auch durch die Verbraucherzentralen. So stellt beispielsweise die Verbraucherzentrale Hamburg unabhängige Patientenvertrauenspersonen bereit, die Patienten bei der Durchsetzung ihrer Rechte unterstützen sollen.[199]

Abgesehen davon, dass bislang nur sehr wenige Verbraucherzentralen im Bereich der Patientenunterstützung die nötige Fachkompetenz besitzen, handelt es sich gleichwohl um Einrichtungen, die in sämtlichen Bundesländern mit weitgehend gleichen Strukturen zu finden sind und die über ihren Dachverband intensiv zusammenwirken.[200] Da Verbraucherzentralen auch in der Bevölkerung ein hohes Maß an Akzeptanz erfahren, eignen sie sich durchaus als unabhängige Institutionen zur Patientenunterstützung und stärken insoweit die Stellung der Patienten als mündige Verbraucher.

(5) Gesetzliche Krankenversicherung

Der heutige Erfolg der Medizin ist sicherlich nicht zuletzt auf das solide Finanzierungssystem der gesetzlichen Krankenversicherung als Solidargemeinschaft zurückzuführen. Die Krankenkassen übernehmen mehrere Funktionen. Sie verwalten nicht nur das Geld ihrer Versicherten, sondern sie agieren auch als Institution der Patientenunterstützung. Dabei müssen die Kassen stets einen

---

198 Da Patientenvertreter mit entsprechenden Voraussetzungen eher schwer zu finden sein werden, schlagen *Francke/Hart* in: Badura/Hart/Schellschmidt, Bürgerorientierung des Gesundheitswesens, S. 188 vor, in die Kommissionen zwei Patientenvertreter, einen Betroffenen und einen Sachverständigen – mit einer gemeinsamen Stimme in die Kommissionen aufzunehmen.

199 Siehe zu diesem Projekt, *Liebmann/Böcken* in: Kranich/Böcken, Patientenrechte und Patientenunterstützung in Europa, S. 143 f.; zum Beispiel der Verbraucherzentrale des Saarlandes und zum Beschwerdetelefon der Verbraucherzentrale Rheinland-Pfalz siehe *Kluth* in: Fischer/Kluth/Lilie, Ansätze für eine Stärkung der Patientenrechte im deutschen Recht, S. 325.

200 Siehe *Kranich* in: Badura/Hart/Schellschmidt, Bürgerorientierung des Gesundheitswesens, S. 322.

Ausgleich finden, zwischen ihrer Berufung als wettbewerblich funktionierendes Unternehmen einerseits und ihrer Verantwortung für die Versicherten andererseits. Man kann insoweit auch von einer ambivalenten Rolle der Krankenkassen sprechen.[201]

Patientenunterstützung erfolgt durch die Krankenkassen vor allem im Bereich der Gesundheitsinformation. Hierzu werden Broschüren und Informationsblätter in unterschiedlichen Variationen herausgegeben. Darüber hinaus kann in Beratungen auch auf individuelle Fragen des Versicherten eingegangen werden. Vor allem im Bereich der Pflegeversicherung ist allerdings die Beratungsfähigkeit der Kassen einschließlich der hierzu verfügbaren Informationen noch ausbaufähig.[202]

Für Patienten ist die Klärung von Ansprüchen im Schadensfall von erheblicher praktischer Bedeutung. Eine Zusammenarbeit zwischen Krankenversicherung und Patienten ist daher auch beim Verdacht auf Behandlungsfehler vorgesehen. Bedeutsam ist hier zum einen § 116 SGB X, der die Regressansprüche der Krankenkassen bei Behandlungsfehlern regelt. Da Ansprüche auf Schadensersatz auf die Krankenversicherung übergehen, wenn diese aufgrund des Schadens Sozialleistungen zu erbringen hat – die Krankenkasse hat in solchen Fällen einen zivilrechtlichen Anspruch gegen den schädigenden Arzt oder dessen Haftpflichtversicherer – verfolgen Kasse und Patient beim Verdacht auf einen ärztlichen Behandlungsfehler gleichgerichtete Interessen. Neben § 116 SGB X ist zum anderen § 66 SGB V zu erwähnen. Krankenkassen können danach Versicherte bei der Verfolgung von Schadensersatzansprüchen wegen Behandlungsfehlern, die durch versicherungsbezogene Leistungen verursacht wurden, unterstützen. Vorraussetzung ist allerdings, dass der Anspruch nicht bereits nach § 116 SGB X auf die Kasse übergeht, da insoweit aufgrund der cessio legis kein Anspruch des Versicherten mehr besteht. Damit beschränkt sich in der Regel die Bedeutung des § 66 SGB V auf die den Geschädigten zustehenden Schmerzensgeldansprüche.[203] Die Unterstützung ist als Nebenleistung aus dem

[201] Von einer sehr ambivalenten Rolle der Krankenkassen und Krankenversicherungen geht auch *Kranich* in: Kranich/Böcken, Patientenrechte und Patientenunterstützung in Europa, S. 99 aus.

[202] Die Beratung zur Pflegeversicherung (SGB XI) gehört jedoch ausdrücklich zum Leistungs- und Aufgabenspektrum der Kassen; siehe insoweit ebenfalls *Kranich* in: Badura/Hart/Schellschmidt, Bürgerorientierung des Gesundheitswesens, S. 339. Eine generelle Aufklärungspflicht für Sozialleistungsträger schreibt § 13 SGB I vor.

[203] Vgl. *Funke* in: Kranich/Böcken, Patientenrechte und Patientenunterstützung in Europa, S. 92 f.; zum Anwendungsbereich des § 66 SGB V siehe auch *Francke/Hart* in: Badura/Hart/Schellschmidt, Bürgerorientierung des Gesundheitswesens, S. 289; *Francke/Hart*, Charta der Patientenrechte, S. 215.

Sozialversicherungsverhältnis zu verstehen, das auf der Betreuungs- und Fürsorgepflicht der Kassen beruht. Vornehmlich beziehen sich die Hilfeleistungen auf die Erleichterung der Beweisführung des Versicherten, also auf Auskünfte aus Akten und Daten der Krankenkassen zum Beispiel über die vom Arzt gestellte Diagnose bzw. die angewandte Therapie. Mit Geldleistungen zur rechtlichen Verfolgung von Ansprüchen darf dagegen aus wirtschaftlichen Gründen nicht weitergeholfen werden.[204] Ob Gutachten des Medizinischen Dienstes der Krankenversicherung als Unterstützungsleistung für den Versicherten zulässig sind, ist angesichts der entstehenden Kosten umstritten.[205]
Tatsächlich konnte § 66 SGB V in der Schadensregulierungspraxis bisher aber keine Bedeutung gewinnen.[206] Eine Unterstützung der Patienten beim Verfolgen von Behandlungsfehlern geschieht viel zu selten. Grund für die mangelnde Bedeutung der Norm ist nicht allein ihr Charakter einer „Kann"-Bestimmung,[207] sondern ebenso die systematische Einstufung als Erprobungsregelung. Mit der Unzulässigkeit, dem Versicherten Geldleistungen zum Ausgleich der Kosten einer Rechtsverfolgung zu gewähren, werden darüber hinaus die Möglichkeiten der Krankenkassen zur Unterstützung des Versicherten weitgehend eingeschränkt.[208] [209]

---

204 Siehe hierzu *Katzenmeier*, Qualität im Gesundheitswesen, MedR 1997, 498 (500); siehe auch *Francke/Hart*, Charta der Patientenrechte, S. 215.

205 Zu den unterschiedlichen Meinungen dieser Kontroverse siehe *Francke/Hart*, Charta der Patientenrechte, S. 215 Fn. 971.

206 Siehe statt vieler *Lippert*, Folgen aus dem gesetzlichen Forderungsübergang von Ersatzansprüchen auf Sozialversicherungsträger, in: Laufs/Dierks/Wienke/Graf-Baumann/Hirsch, Die Entwicklung der Arzthaftung, S. 283.

207 Daher ist es fraglich, ob schon eine Umwandlung dieser „Kann"-Bestimmung in eine Vorschrift die Effektivität des § 66 SGB V wesentlich erhöhen könnte. So sieht es aber offenbar *Kranich* in: Kranich/Böcken, Patientenrechte und Patientenunterstützung in Europa, S. 99; *ders.* in: Badura/Hart/Schellschmidt, Bürgerorientierung des Gesundheitswesens, S. 340. Hingegen geht *Katzenmeier*, Qualität im Gesundheitswesen, MedR 1997, 498 (500) davon aus, dass auch eine Novellierung des § 66 SGB V zu einer entsprechenden Verpflichtung der Krankenversicherung, keine weitergehenden Anstrengungen erwarten ließe, als das derzeit den Kassen eingeräumte, pflichtgemäß auszuübende Ermessen.

208 Vgl. *Francke/Hart* in: Badura/Hart/Schellschmidt, Bürgerorientierung des Gesundheitswesens, S. 289; *Francke/Hart*, Charta der Patientenrechte, S. 216.

209 *Schneider*, Patientenrechte, MedR 2000, 497 (501) sieht die Vorschrift sogar grundsätzlichen Bedenken ausgesetzt, da sie nach seiner Ansicht weder als erforderlich noch als systemgerecht erscheint. Die Verankerung des § 66 SGB V im Zehnten Abschnitt des SGB V sei nicht nachvollziehbar und die Erforderlichkeit fehle, weil die Krankenversicherung ohnehin aus dem Sozialversicherungsverhältnis zur Erteilung erforderlicher Informationen und

Eine institutionalisierte Patientenunterstützung durch die Krankenkassen kennt auch das belgische Recht. Die Unterstützung umfasst hier zum einen juristischen und medizinischen Beistand bei Beschwerden oder beim Verdacht auf Behandlungsfehler, zum anderen aber auch sonstigen Rechtsbeistand, der zur Durchsetzung individueller und kollektiver Interessen von Versicherten erforderlich ist. Mit Einwilligung der Betroffenen können die Krankenkassen bzw. ihre Nationalverbände dazu Gerichtsverfahren einleiten und sich darüber hinaus gerichtlich auch für kollektive Interessen ihrer Versicherten einsetzen. Der Versicherte wendet sich im Bedarfsfall zunächst an die Rechtsabteilung seiner örtlichen Krankenkasse. Von dort aus wird über mehrere Verfahren geprüft, ob sich der Verdacht auf einen ärztlichen Kunstfehler bestätigen lässt und gegebenenfalls wird dem Versicherten Rechtsbeistand angeboten. Die entstehenden Kosten trägt bis auf einen geringen Eigenanteil des Versicherten die Krankenkasse. Im Falle des Prozessgewinns werden Kosten und Honorare vom Versicherten zwar zurückgefordert, die Rückforderung beschränkt sich jedoch auf maximal zehn Prozent des zugesprochenen Schadensersatzes.[210]
Für die Unterstützung von Versicherten bei der Verfolgung von Schadensersatzansprüchen unter anderem wegen ärztlicher Behandlungsfehler erscheint das belgische Modell in jedem Fall als richtungsweisend. Soweit dies eingeschätzt werden kann, wird hier vor allem ein akzeptabler Ausgleich zwischen der Förderung von Patienteninteressen im Schadensfall und der Kompensation dabei entstehender Kosten erreicht. Auch für Deutschland wäre eine engere Zusammenarbeit als bisher zwischen Versicherten und Krankenkassen beim Verdacht auf Behandlungsfehler wünschenswert.[211]

Im Rahmen der hier aufgezeigten Rolle, die der Krankenversicherung bei der institutionellen Patientenunterstützung zugewiesen wird, soll § 65b SGB V nicht ohne Erwähnung bleiben. § 65b SGB V regelt die finanzielle Förderung von Einrichtungen zur Verbraucher- bzw. Patientenberatung durch die Spitzenverbände der Krankenkassen. Die Norm wurde durch das GKV-

---

Auskünfte verpflichtet sei. Bei dieser Kritik übersieht Schneider allerdings, dass § 66 SGB V als Gesetzesnorm jedenfalls die Transparenz der Rechtslage für den Versicherten erhöht.

[210] Zum belgischen Modell der Patientenunterstützung durch die Krankenkassen siehe *Montesinos-Handtrack/Böcken* in: Kranich/Böcken, Patientenrechte und Patientenunterstützung in Europa, S. 149 ff.

[211] *Funke* in: Kranich/Böcken, Patientenrechte und Patientenunterstützung in Europa, S. 93 schlägt sogar eine Kooperation zwischen Versicherten, Krankenversicherung und Medizinischem Dienst vor. Diese Zusammenarbeit sollte sich als selbstverständliches Verfahren beim Verdacht auf einen ärztlichen Kunstfehler etablieren und gäbe eine Chance, die Effizienz außergerichtlicher Aufklärungsverfahren in Arzthaftungssachen in bedeutendem Maß zu erhöhen.

Gesundheitsreformgesetz 2000 mit Wirkung ab 1. Januar 2000 in das SGB V eingefügt. Sie beruht auf der Erkenntnis, dass es in Deutschland verschiedene Einrichtungen zur Verbraucher- und Patientenberatung gibt, die unterschiedliche Schwerpunkte bei ihren Aktivitäten gesetzt haben. Eine einheitliche Vertretung von Verbraucher- und Patienteninteressen kann aber aufgrund dieser gegenwärtigen Strukturen derzeit keiner Organisation zugeschrieben werden.[212]
Die Spitzenverbände der Krankenkassen haben auf der Grundlage des § 65b SGB V eine Förderentscheidung zugunsten von neutralen und unabhängigen Einrichtungen zur Verbraucher- und Patientenberatung getroffen. Mit der Entscheidung, im Rahmen des § 65b SGB V möglichst pluralistische Strukturen zu fördern, will man erreichen, dass breite Kreise der Bevölkerung angesprochen werden und die unterschiedlichen Versorgungsstrukturen in Flächenländern und Ballungszentren sowie der besondere Beratungsbedarf bei schwerwiegenden Erkrankungen Berücksichtigung finden. Von der ersten Förderphase werden allerdings auch Erkenntnisse darüber erwartet, welcher Patientenberatungs- und Informationsbedarf in der Bevölkerung besteht und welche Beratungsformen bzw. -strukturen diesen Bedarf am besten decken können.[213]
Trotz der eindeutigen Intention des Gesetzgebers einer politisch opportunen Förderung von Einrichtungen zur Verbraucher- und Patientenberatung wurde nicht nur unterschiedliche, sondern teilweise auch recht harsche Kritik an der Vorschrift des § 65b SGB V laut. So sei die Vorschrift verfassungsrechtlich fragwürdig, weil die Förderung entsprechender Einrichtungen nicht mehr mit dem verfassungsrechtlich zugewiesenen Aufgabenkreis der Sozialversicherung im Sinne des Art. 74 I Nr. 12 GG in Einklang zu bringen wäre. Zudem sei sie rechtpolitisch verfehlt, denn aufgrund ihres unbestimmten Wortlauts könne der Aufgabenbereich förderungswürdiger Organisationen kaum eingegrenzt werden. Damit bestehe aber die Gefahr, das die Förderung auch Einrichtungen zugute kommen könnte, die die Zielsetzung einer rechtlichen Beratung von Versicherten haben oder Aufgaben auf dem Gebiet des Wettbewerbsrechts wahrnehmen. Insoweit wäre eine Destabilisierung der normativen Ausgewogenheit des Systems der vertragsärztlichen Versorgung möglich. Schließlich wird § 65b SGB V auch als systemwidrig erkannt. Eine Förderung Dritter sei zur Sicherstellung der Verbraucher- und Patientenberatung nicht nötig, da bereits die Kassen nach den §§ 13 ff. SBG I gegenüber ihren Versicherten zur umfassenden Aufklärung, Beratung und Information verpflichtet seien.[214]

---

[212] Vgl. insoweit BT-Dr. 14/1245, S. 67 (zu § 65b).

[213] Quelle: http://www.g-k-v.com/newsaktdisk01032001.html am 11.02.2003, 12.00 Uhr.

[214] Zu den jeweiligen Kritikpunkten siehe im Einzelnen *Schneider*, Patientenrechte, MedR 2000, 497 (501).

Die aus verfassungsrechtlicher Sicht geäußerten Bedenken zu § 65b SGB V sollen hier weder entkräftet noch bestärkt werden. Bezug zu nehmen ist vielmehr auf die praktischen Erwägungen. So erscheint jedenfalls die Argumentation zur rechtspolitischen Verfehltheit nicht als realitätsnah. Da die Förderungsfähigkeit der in Betracht kommenden Einrichtungen erst durch die Spitzenverbände der Krankenkassen anerkannt werden muss – insoweit sei auch an die oben bereits erwähnte Förderentscheidung der Spitzenverbände der Krankenkassen erinnert – ist die Förderung von Einrichtungen, die den Gleichklang des Systems der vertragsärztlichen Versorgung stören könnten, eher als abstrakte Gefahr zu sehen. Auch dem Vorwurf der Systemwidrigkeit kann nicht ohne weiteres zugestimmt werden. Die Kritik bezieht sich zwar darauf, die Krankenkassen seien selbst Einrichtungen zur Patientenunterstützung insbesondere durch Information und Beratung von Versicherten. Sie spricht sich damit auch indirekt für ein einheitliches Konzept zur Patientenberatung aus. Dabei wird allerdings übersehen, dass auf dem Gebiet gesundheitlicher Beratung ein entsprechender Kenntnisstand und damit eine gewisse Spezialisierung notwendig ist. Diesem Anspruch entspricht die Krankenversicherung aufgrund der Breite ihres Tätigkeitsfeldes aber nur bedingt. Ein einheitliches Konzept zur institutionellen Patientenunterstützung durch Information und Beratung besteht gegenwärtig nicht und es ist zu bezweifeln, dass gesundheitliche Information, Beratung und Aufklärung durch die Krankenkassen den vorhandenen Bedürfnissen gerecht werden kann.[215]
Inwieweit sich die Regelung des § 65b SGB V in der Praxis auf das Angebot und die Qualität der institutionellen Patientenunterstützung durch Information und Beratung auswirken wird, muss anhand der Entwicklung allerdings erst abgewartet werden.[216]

(6) Beurteilung
Sowohl die Organisation als auch die Finanzierung der bisher behandelten Formen institutioneller Patientenunterstützung sind in Deutschland zuweilen sehr unterschiedlich ausgeprägt. Dabei wird zum Teil auch im Vergleich mit entsprechenden Modellen anderer Länder ein relativ hohes Niveau erreicht, in

---

[215] *Schneider*, Patientenrechte, MedR 2000, 497 (501) setzt dagegen voraus, dass die Krankenkassen bereits gegenwärtig diesen ihnen obliegenden Aufgaben "vollauf gerecht werden".

[216] In diesem Zusammenhang sei auch auf die neue Vorschrift des § 81a SGB V – eingefügt durch das GKV-Modernisierungsgesetz – hingewiesen. Nach § 81a I SGB V sind organisatorische Einheiten einzurichten, die der rechtswidrigen oder zweckwidrigen Nutzung entsprechender Finanzmittel nachzugehen haben. Damit sollen mögliche Missbräuche eingedämmt werden.

einigen Bereichen sind allerdings noch Verbesserungen wünschenswert. Besonders die Angebote der Ärztekammern zur Patientenunterstützung werden immer wieder bemängelt, da diese stets im Verdacht stehen, sich in erster Linie am ärztlichen Interesse zu orientieren.[217] Insoweit stellt sich aber generell die Frage, ob Unabhängigkeit und Objektivität einer Einrichtung zur Patientenunterstützung garantiert werden kann, wenn eine einseitige finanzielle Trägerschaft vorliegt. Es bestehen wohl keine Zweifel daran, dass mit größerer institutioneller Unabhängigkeit vor allem auf Patientenseite eine breitere Akzeptanz zu erreichen ist. Nur wenn entsprechende Angebote nicht im Verdacht stehen, interessengeleitet zu sein, werden sie auch die volle Akzeptanz der Adressaten finden können. Darüber hinaus ist vor allem fachliche sowie kommunikative Kompetenz und Zugänglichkeit der Angebote erforderlich. Grundsätzlich ist es Aufgabe der Patientenunterstützung die Autonomie von Patienten zu fördern und sie vor Benachteiligung bzw. Übervorteilung in Situationen struktureller Unterlegenheit zu schützen. Dazu müssen unter anderem die Kriterien der Parteilichkeit und Professionalität, der Unabhängigkeit und Stabilität sowie die Kooperationsbereitschaft mit anderen Einrichtungen erfüllt werden.[218] Das Finanzierungsmodell der Unabhängigen Patientenberatungsstelle Bremen e.V. ist jedenfalls hinsichtlich der geforderten Unabhängigkeit beispielgebend.
Ein weiterer wichtiger Schritt wäre die Vernetzung vorhandener Strukturen, was letztendlich auch die Transparenz für Patienten erhöhen würde.[219] Uneffektive Doppelarbeit muss so weit wie möglich vermieden werden. Insoweit wäre beispielsweise eine zentrale Auswertung von Beschwerden durch eine unabhängige Zentralstelle denkbar.[220] Der Aufbau der PIBS in Mecklenburg-Vorpommern weist in die richtige Richtung. Tatsächlich fehlt es in Deutschland aber an ernsthaften Bemühungen, eine Vernetzung gleichgerichteter Institutionen hin zu einem gemeinsamen „Sprachrohr" zu entwickeln.[221]

---

217 Vgl. hierzu auch *Kranich* in: Badura/Hart/Schellschmidt, Bürgerorientierung des Gesundheitswesens, S. 342 f.

218 Vgl. dazu im Einzelnen *Badura/Hart/Schellschmidt*, Bürgerorientierung des Gesundheitswesens, S. 31 f. In Abhängigkeit zu diesen und ähnlichen Eigenschaften sehen *Liebmann/Böcken* in: Kranich/Böcken, Patientenrechte und Patientenunterstützung in Europa, S. 146 die Effektivität solcher Einrichtungen.

219 *Montesinos-Handtrack/Böcken* in: Kranich/Böcken, Patientenrechte und Patientenunterstützung in Europa, S. 153.

220 Einzelne Fragen hierzu bleiben jedoch noch klärungsbedürftig; siehe *Kranich* in: Kranich/Böcken, Patientenrechte und Patientenunterstützung in Europa, S. 194 f.

221 Vgl. *Hagemann/Kranich* in: Kranich/Böcken, Patientenrechte und Patientenunterstützung in Europa, S. 132.

Speziell für die Gutachterkommissionen und Schlichtungsstellen sind bundeseinheitliche, paritätisch besetzte und von verschiedenen Trägern anteilig finanzierte Gremien anzustreben, damit eine akzeptable außergerichtliche Streitbeilegung zwischen Ärzten und Patienten ermöglicht wird. Weiterhin sollten generell Patientenberatungsstellen und unabhängige Beschwerdestellen in Krankenhäusern eingerichtet werden.[222]
Bei der Betrachtung von positiven Elemente der Patientenunterstützung in anderen Ländern sind immer die kulturellen Hintergründe des jeweiligen Landes mit zu berücksichtigen. Tradition und Kultur haben insbesondere in den Niederlanden einen wesentlichen Einfluss auf das System der Patientenunterstützung.[223] Aus diesem Grund wird es nicht ohne weiteres möglich sein, entsprechende Modelle auch auf Deutschland zu übertragen. Insgesamt zeigen im internationalen Vergleich die differenzierten nationalen Wege, dass unterschiedliche Traditionen und Kulturen je eigene Antworten und Lösungen finden.

b) Weitere Formen institutioneller Patientenunterstützung

Neben den genannten Institutionen existieren noch weitere Einrichtungen, die Beiträge zur Unterstützung von Patienten leisten. Dabei handelt es sich neben privatrechtlich organisierten Vereinen auch hier um Einrichtungen der Selbstverwaltungsträger sowie um staatliche Einrichtungen, deren zugewiesene Aufgaben aber nur zum Teil die Patientenunterstützung betreffen.

(1) Patientenschutzverbände und Selbsthilfegruppen

Patientenschutzverbände als Patientenorganisationen entstanden in Deutschland vor allem in den 70er Jahren. Sie spielen heute allerdings keine wesentliche Rolle mehr. Einige von ihnen wurden inzwischen wieder aufgelöst, viele haben an Bedeutung und Einfluss verloren.[224] Die bestehenden Organisationen haben in der Regel die Rechtsform eines eingetragenen Vereins gewählt. Sie dienen

---

[222] So *Kluth* in: Fischer/Kluth/Lilie, Ansätze für eine Stärkung der Patientenrechte im deutschen Recht, S. 330.

[223] Einige solcher Modelle dürften daher vor dem Hintergrund eines anderen Landes einen von der gewünschten Wirkung abweichenden Charakter erhalten; vgl. *Liebmann/Böcken* in: Kranich/Böcken, Patientenrechte und Patientenunterstützung in Europa, S. 143. Auf die kulturellen und sozialen Besonderheiten anderer Staaten insbesondere der Niederlande weist in diesem Zusammenhang ebenfalls *Kluth* in: Fischer/Kluth/Lilie, Ansätze für eine Stärkung der Patientenrechte im deutschen Recht, S. 317, hin.

[224] Vgl. *Güntert*, Patientenvertretung in Deutschland – eine kritische Analyse, in: Bürgerbeteiligung im Gesundheitswesen – eine Länderübergreifende Herausforderung, S. 167 (173); *Kranich* in: Badura/Hart/Schellschmidt, Bürgerorientierung des Gesundheitswesens, S. 330 ff.

der Unterstützung von Patienten und werden im Patienteninteresse tätig. Neben individueller Hilfe verfolgen sie überwiegend die Wahrung und Förderung allgemeiner Patienteninteressen. Das Hauptproblem liegt hier aber einmal mehr an der fehlenden Integration dieser Organisationen in einem kooperierenden Netz.
Im Unterschied dazu wird in den Niederlanden ein äußerst differenziertes System mit einer Vielzahl regionaler, krankheitsbezogener Gruppen und anderer Initiativen von einem Verband vertreten, der eine Zentrale mit über 60 Mitarbeitern und des weiteren Sitze und Stimmen in wichtigen Regierungsgremien besitzt. Dieses System erfasst ca. 15 % der niederländischen Bevölkerung.[225] Der Einfluss oben bereits angesprochener kultureller und traditioneller Hintergründe ist jedoch gerade in diesem Bereich nicht zu unterschätzen.[226]

Im Unterschied zu den Patientenschutzvereinen organisieren sich in Selbsthilfegruppen meist Betroffene bestimmter Krankheiten, um sich für die für sie relevanten Rechte einzusetzen und diese zu stärken. Es geht daher in nahezu allen Selbsthilfegruppen hauptsächlich um spezielle Fragen. In Deutschland gibt es schätzungsweise über 70 000 unterschiedlich strukturierte und unterschiedliche Ziele verfolgende Patientengruppen.[227] [228] Selbsthilfegruppen sind unter anderem ein Beitrag zur Verbesserung der individuellen Situation kranker, behinderter sowie sozial benachteiligter Menschen. Sie wirken einerseits Ausgrenzung und Isolation entgegen und aktivieren andererseits die individuellen Kompetenzen der Betroffenen. Anhand der gegenwärtigen Schwerpunkte der Selbsthilfe lässt sich eine Tendenz zur Kompensation von Schwachstellen bestehender Unterstützungssysteme ausmachen.[229] Als problematisch wird je-

---

[225] *Kranich* in: Badura/Hart/Schellschmidt, Bürgerorientierung des Gesundheitswesens, S. 334 f. Der Verband ist eine Verbindung aller Formen der Patientenorganisationen. Eines der Ziele ist die Bestimmung tatsächlicher Versorgungsbedürfnisse aus Patientensicht; näher hierzu *Kluth* in: Fischer/Kluth/Lilie, Ansätze für eine Stärkung der Patientenrechte im deutschen Recht, S. 332 f.

[226] Vgl. dazu ebenfalls *Kluth* in: Fischer/Kluth/Lilie, Ansätze für eine Stärkung der Patientenrechte im deutschen Recht, S. 317.

[227] Siehe *Güntert*, Patientenvertretung in Deutschland – eine kritische Analyse, in: Bürgerbeteiligung im Gesundheitswesen – eine Länderübergreifende Herausforderung, S. 167 (174).

[228] Als Beispiele für solche Gruppen sind etwa die Deutsche Rheuma-Liga, die DFVe.V.Fibromyalgie-Selbsthilfegruppe oder die Deutsche Parkinsonvereinigung e.V. zu nennen.

[229] Die Schwerpunkte liegen gegenwärtig bei der Bewältigung von chronischen Erkrankungen, von psychosozialen Problemen und von Suchtproblemen; vgl. *Badu-*

doch teilweise die finanzielle Unterstützung einiger Selbsthilfegruppen durch die Pharmaindustrie gesehen.[230]

(2) Einrichtungen zur Qualitätssicherung

Nicht nur die Komplexität der medizinischen Wissenschaft hat in den letzten Jahren zugenommen, sondern auch das Interesse von Patienten an Qualität im medizinischen Sektor ist gestiegen. Ansprüche auf Qualität und auf Informationen hierüber – Versicherte und Patienten suchen vor einer Behandlung oftmals Informationen über die Qualität medizinischer Dienstleistungen – beziehen sich nicht nur auf die eigentliche Behandlung, sondern auch auf die medizinischen Einrichtungen. Angesichts dieser Entwicklung haben seit einigen Jahren verschiedene Modelle zur Qualitätssicherung und zum Qualitätsmanagement im Gesundheitswesen Einzug gehalten. Nach § 137 SGB V werden unter anderem durch den Bundesausschuss Maßnahmen der Qualitätssicherung für zugelassene Krankenhäuser beschlossen. Die Beschlüsse haben insbesondere einrichtungsinterne Qualitätsmanagements zu regeln. Allerdings verläuft die Umsetzung dieser Vorgabe in den einzelnen Krankenhäusern bisher eher schleppend. Allgemein ist das Qualitätsmanagement als Führungsaufgabe zur Festlegung der Qualitätspolitik, der Qualitätsziele und der Verantwortung für Qualität – mithin für die Gesamtheit aller qualitätsbezogener Tätigkeiten und Zielsetzungen – zu verstehen.

Sinn des Qualitätsmanagements ist es, durch einen Rückkoppelungsprozess nach Vorgabe entsprechender Parameter zur Fehlervermeidung und Prävention beizutragen sowie Patienten- und Mitarbeiterorientierung zur fortdauernden Verbesserung erbrachter Leistungen zu bewirken. Hierzu gibt es eine Vielzahl von Modellen, ohne dass etwa die Politik eine klare Richtung vorgibt.

Um die Qualität in Krankenhäusern zu verbessern, ist es im Rahmen eines Qualitätsmanagements stets erforderlich, den zu verbessernden Zustand zu bewerten. In Deutschland wurde dazu vor wenigen Jahren von der Bundesärztekammer und weiteren Beteiligten ein freiwilliges Zertifizierungsverfahren mit dem Namen „Kooperation für Qualität und Transparenz im Krankenhaus“ (KTQ) entwickelt. Einer unparteiischen Qualitätsüberprüfung folgt hier bei erfolgreicher Bewertung die Erteilung eines KTQ-Zertifikates. Andere Verfahren, wie der in den USA führende Akkreditierungsprozess der Joint Commission on

---

ra/Schellschmidt in: Badura/Hart/Schellschmidt, Bürgerorientierung des Gesundheitswesens, S. 91 f.

[230] Zum Für und Wider dieser Gefahr für die Unabhängigkeit der Selbsthilfegruppen siehe die Diskussion anlässlich der Hamburger Tagung „Patientenrechte und Patientenunterstützung in Europa“ bei *Becker* in: Kranich/Böcken, Patientenrechte und Patientenunterstützung in Europa, S. 163 ff.

Accreditation of Health Care Organisations (JCAHO) haben dagegen in der Bundesrepublik wenig Verbreitung gefunden.[231]
Die einzelnen Bewertungsmodelle offerieren jeweils individuelle Vorzüge. Indes wird die Etablierung einer einheitlichen Zertifizierungsstrategie im Rahmen der Qualitätsmanagementmodelle nicht zu umgehen sein, will man der Öffentlichkeit eine einheitliche Beurteilung über die Qualitätsstandards in Krankenhäusern ermöglichen und damit die politischen Vorgaben erfüllen. Die externe Qualitätsbewertung stellt einen wesentlichen Beitrag für das interne Qualitätsmanagement und damit zugleich für die Qualitätssicherung überhaupt dar. Handlungsbedarf besteht noch im ambulanten Bereich, wo ein entsprechendes Verfahren, trotz des zunehmenden Bedürfnisses nach einer Zertifizierung auch ambulanter Einrichtungen, nicht zur Verfügung steht.[232] [233]

Als Institution zur Qualitätssicherung ist ferner das Ärztliche Zentrum für Qualitätssicherung (ÄZQ) – bis vor kurzem noch unter dem Namen Ärztliche Zentralstelle für Qualitätssicherung bekannt – zu verstehen. Die ÄZQ wurde 1995 von der Bundesärztekammer und der Kassenärztlichen Bundesvereinigung gegründet und soll die Arbeit der ärztlichen Spitzenorganisationen auf dem Ge-

---

[231] Zu den Einzelheiten des Qualitätsmanagements und den zur Verfügung stehenden Bewertungsmodellen siehe *Mellert*, Einführung in das Qualitätsmanagement, ÄBl. Sachsen-Anhalt 2002, 7 f.; zur KTQ vgl. weiterhin *Straub*, Verbesserung der Versorgungsqualität, in: Bürgerbeteiligung im Gesundheitswesen – eine Länderübergreifende Herausforderung, S. 118 (125 f.); zur JCAHO und weiteren Akkreditierungsorganisationen siehe *Telge* in: Kranich/Böcken, Patientenrechte und Patientenunterstützung in Europa, S. 114 f.; zur JCAHO vgl. auch *Güntert*, Patientenvertretung in Deutschland – eine kritische Analyse, in: Bürgerbeteiligung im Gesundheitswesen – eine Länderübergreifende Herausforderung, S. 167 (176 f.); zur Qualitätsüberwachung in der Medizin in den USA einschließlich der JCAHO siehe *Jost*, Gesundheitsreform: Lehren aus amerikanischen Erfahrungen, RPG 1998, Heft 1/2, S. 45 (51).

[232] *Sywottek*, Anmerkung, ÄBl. Sachsen-Anhalt 2002, 9.

[233] Die Veröffentlichung vergleichender Ergebnisdaten etwa von Mortalitätsraten durch den Staat oder die Presse als Methode der externen Qualitätsbewertung birgt die Gefahr unbeabsichtigter negativer Folgen, die besonders den gewissenhaften Leistungserbringern und den durch falsche Ergebnisvergleiche irregeführten Patienten schaden können; siehe dazu etwa *Mulley*, Qualitätsentwicklung im Gesundheitswesen, in: Bürgerbeteiligung im Gesundheitswesen – eine Länderübergreifende Herausforderung, S. 105 (106 f.); *Straub*, Verbesserung der Versorgungsqualität, in: Bürgerbeteiligung im Gesundheitswesen – eine Länderübergreifende Herausforderung, S. 118 (124 f.); in diese Richtung auch *Telge* in: Kranich/Böcken, Patientenrechte und Patientenunterstützung in Europa, S. 112 f. Ohnehin kann ein Kriterium allein in der Regel kein geeigneter Messwert für die Qualität sein. Die von den aufgezeigten Bewertungsorganisationen entwickelten Zertifizierungsverfahren berücksichtigen daher verschiedene Punkte.

biet der Qualitätssicherung koordinieren sowie eine wirksame und einheitliche Entwicklung und Ausführung der Qualitätssicherung der ärztlichen Berufsausübung sicherstellen. Die ÄZQ gilt als anerkanntes Kompetenzzentrum für Leitlinien und Patienteninformationen in der Medizin.[234]
Das Niedersächsische Zentrum für Qualitätsmanagement im Gesundheitswesen wurde Anfang 1996 als Einrichtung der Ärztekammer Niedersachsen etabliert. Zu den Angeboten zählt die Durchführung landes- und bundesweiter Verfahren mit externen Qualitätsvergleichen. Die Einrichtung verfügt unter anderem über besondere Fachkompetenz in Bereichen wie Sozial- und Gesundheitspolitik, Medizin, Statistik, Informatik, Public Health sowie über ein in Konzepten und Methoden des Qualitätsmanagements geschultes Personal.
Nach den neuen §§ 139a ff. SGB V – eingefügt durch das GKV-Modernisierungsgesetz – gründet der Gemeinsame Bundesausschuss ein Institut für Qualität und Wirtschaftlichkeit im Gesundheitswesen, das zu Fragen von grundsätzlicher Bedeutung für die Qualität und Wirtschaftlichkeit medizinischer Leistungen tätig wird. Es bleibt abzuwarten, ob sich diese Einrichtung bewähren wird und einen angemessenen Beitrag zur Qualitätssicherung leisten kann.
Insgesamt sind die bestehenden Modelle und Maßnahmen zur Qualitätssicherung und zum Qualitätsmanagement ein befürwortenswerter Beitrag zur Stärkung der Stellung des Patienten als Verbraucher. Insoweit erscheint allerdings auch die Forderung nach einer weitergehenden Beteiligung von Patienten an Maßnahmen zur Qualitätsverbesserung im Gesundheitswesen nicht als unbegründet.[235]

(3) Ethikkommissionen

Dem Schutz von Patientenrechten dienen teilweise auch die auf lokaler und nationaler Ebene existierenden Ethikkommissionen. Öffentlich-rechtliche Ethikkommissionen[236] stellen Instanzen der Prüfung und Selbstkontrolle bei me-

---

[234] So handelt es sich bei der ÄZQ auch um eine im Sinne des § 65b SGB V als förderungsfähig anerkannte Einrichtung zur Verbraucher- und Patientenberatung.

[235] Zu dieser Forderung siehe *Kranich* in: Badura/Hart/Schellschmidt, Bürgerorientierung des Gesundheitswesens, S. 344.

[236] Bei nicht öffentlich-rechtlichen also privaten bzw. freien Ethikkommissionen handelt es sich insbesondere um firmeneigene Komitees der pharmazeutischen Industrie und Kontrollgremien an einzelnen Arzneimittleprüfinstituten zum Schutz von Probanden in der Prüfungsphase I; siehe zu den nicht öffentlich-rechtlichen Ethikkommissionen *Laufs/Reiling*, Ethik-Kommissionen – Vorrecht der Ärztekammern?, S. 18 f. Siehe auch zum Konkurrenzproblem zwischen privaten und öffentlich-rechtlichen Ethikkommissionen bei klinischer Prüfung von Medizinprodukten VGH Baden-Württemberg, MedR 2003, 109 ff.

dizinischer Forschung am Menschen dar und handeln zum Schutz der Probanden und Patienten. Diese sollen vor allem vor rechtlich und ethisch bedenklichen Forschungsvorhaben bewahrt werden. Auf lokaler Ebene wurden Ethikkommissionen auf Initiative von medizinischen Fakultäten, Ärztekammern und Kliniken eingerichtet. Neben den vorwiegend forschungsbezogenen Ethikkommissionen wurden an Kliniken auch therapiebezogene Ethikkomitees bzw. -konsile geschaffen.

Während Ethikkommissionen an den Fakultäten und Kliniken vorwiegend Projekte der Grundlagenforschung am Menschen beurteilen, beschäftigen sich solche Einrichtungen der Ärztekammern in erster Linie mit Arzneimittelstudien.

Zu den Gremien auf nationaler Ebene gehören der 2001 eingesetzte Nationale Ethikrat sowie die Enquete-Kommission des Deutschen Bundestages „Recht und Ethik der modernen Medizin“. Von der Genehmigung einer Ethikkommission kann nicht nur die Finanzierung wissenschaftlicher Arbeiten oder ihre Publizierung in wissenschaftlichen Zeitschriften abhängig sein, sondern auch deren Zulässigkeit überhaupt.[237]

Die Ethikkommissionen der Ärztekammern und medizinischen Fakultäten haben sich zu einem Arbeitskreis Medizinischer Ethik-Kommissionen in der Bundesrepublik Deutschland zusammengeschlossen. Ziel ist eine Erarbeitung gemeinsamer Verfahrensgrundsätze und die Förderung des Erfahrungsaustauschs. Allerdings konnte noch nicht in allen Punkten Übereinstimmung erzielt werden.

3. Bürgerbeteiligung im Gesundheitswesen

Bürgerbeteiligung im Gesundheitswesen ist ein Thema aktueller Diskussionen um eine Partizipation von Patienten und Verbrauchern auf der Ebene des Medizin- und Gesundheitssystems. Die Repräsentation der Patienten-, Versicherten- und Bürgerinteressen bei Verfahrens- sowie Entscheidungsprozessen kommt für verschiedene Materien im Bereich des Gesundheitswesens in Betracht. Ziel einer Mitwirkung von Patienten auf institutioneller Ebene ist es unter anderem, mit dem Beitrag der Selbstbestimmung von Patienten weitere Ansätze normativer Orientierungen im Gesundheitssystem zur Geltung zu bringen und auf die

---

[237] Siehe zu den verschiedenen Ethikkommissionen insgesamt *Klinkhammer*, Verwirrende Vielfalt, DÄBl. 2003, A 304 f.; vgl. ebenfalls *Kluth* in: Fischer/Kluth/Lilie, Ansätze für eine Stärkung der Patientenrechte im deutschen Recht, S. 330 f.; siehe auch die allerdings sehr knappen Ausführungen von *Hanika*, Patientencharta, MedR 1999, 149 (158). Für eine Beteiligung von Patientenvertretern in Ethikkommissionen sind *Francke/Hart*, Charta der Patientenrechte, S. 232 f. sowie *Kranich* in: Badura/Hart/Schellschmidt, Bürgerorientierung des Gesundheitswesens, S. 345.

Qualität von Behandlungen Einfluss zu nehmen. Dabei sollen funktionelle Erfordernisse eben auch aus der Sicht von Patienten zur Sprache gebacht werden.[238] Mit den Möglichkeiten der Verfahrens-, Beratungs- und Entscheidungsbeteiligung stehen verschiedene Partizipationsmodelle zur Verfügung, wobei sich die Bürgerbeteiligung im Gesundheitssystem in der Regel auf generell abstrakte Entscheidungen bezieht.

Freilich wirft die Diskussion um eine Bürgerbeteiligung auch klärungsbedürftige Fragen auf: Welche Personen kommen als Repräsentanten der Patienteninteressen in Betracht, und wann ist von ihrer Legitimation zur Mitentscheidung auszugehen? Die Frage nach geeigneten Patientenvertretern stellt sich vor dem Hintergrund, dass grundsätzlich jeder Bürger schon einmal Patient war, oder Patient werden kann, jedoch nicht jederzeit Patient ist. Bei Vertretern von Organisationen wie den Selbsthilfegruppen besteht wiederum der Verdacht, sie repräsentieren weniger die Interessen des Durchschnittspatienten, als die ihrer Organisation bzw. der Betroffenen einer spezifischen Krankheit. Ein zusätzliches Problem liegt in dem Erfordernis, dass die Beteiligung von Patientenvertretern bei diesen ein entsprechendes Mindestmaß an Kompetenz voraussetzt.[239] Genau hier setzt auch die Kritik an einer Bürgerbeteiligung bzw. Demokratisierung im Gesundheitswesen an. Da Professionalität in der Medizin an vorderster Stelle steht, also vor allem „Fachwissen, Erfahrung, und kritisches Urteilsvermögen der Experten, gewährleistet durch ein breit angelegtes System medizinischer Qualitätssicherung“, sieht niemand geringeres als Adolf Laufs in der Mitwirkung von Laien die Gefahr einer Funktionsstörung der im Einzelnen stattfindenden Sachverständigenarbeit. Zugleich sieht er in der Partizipation von Laien an Expertensystemen eine Begrenzung für die Verantwortlichkeit der eigentlichen Fachleute.[240] Die institutionelle Mitwirkung von Patientenvertretern etwa bei Gutachterkommissionen bzw. Schlichtungsstellen sowie bei Ethikkommissionen wäre demnach unausweichlich mit einem Kompetenzverlust entsprechender Einrichtungen verbunden. Dies würde natürlich insbesondere für die Entscheidung über Prioritäten in der medizinischen Versorgung gelten.[241]

---

[238] Vgl. *Francke/Hart*, Charta der Patientenrechte, S. 204.

[239] Vgl. auch *Danner*, Wann ist die Mitwirkung von Patientenvertretern in Entscheidungsgremien „demokratisch legitimiert“?, MedR 2000, 468 und 470. Der gut informierte, rhetorisch begabte und wohlgebildete Patientenvertreter entspricht als Teil einer Elite gerade nicht dem typischen Durchschnittspatienten.

[240] Siehe hierzu *Laufs*, Patientenrechte, NJW 2000, 846 (847 f.); *ders.*, Nicht der Arzt allein muss bereit sein, das Notwendige zu tun, NJW 2000, 1757 (1759 f.).

[241] Siehe dazu auch *Schneider*, Patientenrechte, MedR 2000, 497 (503).

Die vorangehend genannten Bedenken sind nachvollziehbar, können aber dann nicht überzeugen, wenn es sich lediglich um eine Bürgerbeteiligung in Form von Anhörungen oder Stellungnahmen handelt. Zudem ist der Einwand fehlender Fachkompetenz der zu beteiligenden Laien unter folgenden Gesichtspunkten zu relativieren: Der medizinisch-professionelle Standard stützt sich zwar auf wissenschaftliche Erkenntnisse, berufliche Erfahrungen und professionelle Akzeptanz, er wird jedoch nicht ausschließlich wissenschaftlich definiert. Entscheidend sind neben zwingenden Schlussfolgerungen aus naturwissenschaftlicher Erkenntnis auch pragmatische Beurteilungen. Diese Beurteilungen aufgrund professionellen Konsenses werden unter anderem von Informationen gesteuert, deren Wertungen und Kriterien nicht ausschließlich auf Professionalität beruhen. Gerade hier sind Ergänzungen durch außenstehende Stellungnahmen erforderlich. Insoweit bietet es sich an, Vertreter von Patientengruppen beispielsweise an der Leitlinienerstellung zu beteiligen. Dem zwingenden naturwissenschaftlichen Wissen der medizinischen Profession muss allerdings eine Einschätzungsprärogative zugestanden werden, die einer Patientenbeteiligung entsprechende Grenzen setzt.[242]

Bei der Frage nach der konkreten Beteiligungsform bleibt zu berücksichtigen, dass Verfahrens- und Beratungsbeteiligung im Gegensatz zur Entscheidungsbeteiligung nicht nur weniger komplex, sondern rechtlich auch einfacher umzusetzen sind.[243] Solange beispielsweise eine Beratungsfunktion von Patientenvertretern keinen so starken Einfluss auf die demokratisch legitimierten Entscheidungsinstanzen bekommt, dass diesen faktisch nur noch eine formale Entscheidungskompetenz verbleibt, ist es auch verfassungsrechtlich unbedenklich, wenn Patientenvertreter als Berater zum prozesshaften Geschehen der Willensbildung im Gesundheitswesen durch Selbstverwaltungseinrichtungen sowie staatliche Einrichtungen hinzugezogen werden.[244] Das Beispiel der Bundesprüfstelle nach dem Gesetz über die Verbreitung jugendgefährdender Schriften und Medieninhalte (GjSM) zeigt indes, dass unter Umständen eine Bürgerbeteiligung auch in Form von Entscheidungsbeteiligung zulässig sein kann. Die

---

[242] *Francke*, auf der „Tagung des IGMR“ am 7. und 8. Dezember 2001 in Bremen.

[243] Vgl. *Francke/Hart*, Bürgerbeteiligung im Gesundheitswesen, S. 291. So sehen sich Bürgerbeteiligungsmodelle ohnehin dem Einwand ausgesetzt, komplexe Verfahren mit weiteren Anforderungen zu belasten und damit noch mehr zu Bürokratisieren.

[244] Da staatliche Entscheidungen im Gesundheitswesen weniger punktuelle Akte, sondern mehr prozesshafte Geschehen sind, ermöglicht die zeitliche Differenzierung dieses Prozesses eine abgestufte Bürgerbeteiligung etwa an der Vorbereitung von Entscheidungen; siehe dazu *Danner*, Wann ist die Mitwirkung von Patientenvertretern in Entscheidungsgremien „demokratisch legitimiert“?, MedR 2000, 468 (469).

Bundesprüfstelle als ein mit Vertretern repräsentativer gesellschaftlicher Gruppen kollegial besetztes staatliches Gremium wird durch das GjSM mit grundrechtsrelevanten Entscheidungen betraut. Die Beteiligung von Vertretern gesellschaftlicher Gruppen sieht das BVerfG gerechtfertigt, weil die Entscheidungen hier möglichst in einer gewissen Staatsferne und aufgrund pluralistischer Meinungsbildung mit dem Ziel ergehen sollen, die Anschauungen der sachkundigen Kreise einzubeziehen.[245] Allerdings ist die Sichtweise des BVerfG hinsichtlich der demokratischen Legitimation der Beisitzer des Gremiums nicht unproblematisch.[246]

a) Geringe Ausprägung in Deutschland

Sowohl eine erwähnenswerte Praxis der Bürgerbeteiligung, als auch systematische Ansätze zur Realisierung sind bisher kaum vorzuweisen. Häufig bestehen lediglich gesundheitspolitische Absichtserklärungen. Kollektive Beteiligungsrechte für Patientenvertreter und Patientenorganisationen sind erstmals mit der GKV-Gesundheitsreform 2000 eingeführt worden. So konnte bis zur jüngsten Änderung des SGB V durch das GKV-Modernisierungsgesetz die „Arbeitsgemeinschaft zur Förderung der Qualitätssicherung in der Medizin" Patientenvertreter zur Erfüllung ihrer Aufgaben hinzuziehen, § 137b S. 5 SGB V a.F. Bei der Erstellung einer Vorschlagsliste für die sogenannte Arzneimittelpositivliste wurde ein Beteiligungsrecht für Vereinigungen von Patienten und Betroffenen gesetzlich verankert, § 33a IX SGB V a.F. Der Gesetzgeber hat damit ausdrücklich das legitime Interesse von Patienten anerkannt, über ihre Interessenvertretungen Mitsprachemöglichkeiten in Entscheidungsprozessen des Gesundheitswesens zu erhalten. Insoweit gab der Gesetzgeber zwar eine entsprechende Intention zu erkennen, angesichts des geringen Gestaltungsspielraums der betreffenden Organe erlangte diese Form der Bürgerbeteiligung aber kaum

---

245 BVerfGE 83, 130 (150 ff.).

246 Auch wenn die Mitglieder der Bundesprüfstelle nicht an Weisungen gebunden sind, soll das Demokratieprinzip nicht verletzt sein, da die Aufgaben der Bundesprüfstelle nach Art und Umfang keine so große politische Tragweite haben, dass unter dem Gesichtspunkt eines „ministerialfreien Raums" (hierzu BVerfGE 9, 268 [281 f.]) Bedenken bestehen; BVerfGE 83, 130 (150). Die Entscheidungen des Gremiums nach dem GjSM über die Aufnahme von jugendgefährdenden Schriften und anderen Medien in eine Indizierungsliste ist indes mit wesentlichen Beschränkungen sowohl für die Werbung als auch für die Verbreitung entsprechender Schriften verbunden. Angesichts dieser erheblichen und grundrechtsrelevanten Kompetenzen ist es fraglich, ob der Entscheidungsgehalt tatsächlich so gering ist. In jedem Fall wird hier ein Widerspruch zwischen den Demokratietheorien des Ersten Senats und des Zweiten Senats des BVerfG deutlich; siehe zu diesem Widerspruch *Francke/Hart*, Bürgerbeteiligung im Gesundheitswesen, S. 136.

praktische Bedeutung.[247] Im Rahmen des GKV-Modernisierungsgesetzes wurde nun mit den §§ 140f f. SGB V eine Beteiligung von Interessenvertretungen der Patienten im Gemeinsamen Bundesausschuss festgelegt. Insbesondere in Fragen, die die Versorgung betreffen, besteht jetzt für die zu beteiligenden Organisationen ein Mitberatungs- und Antragsrecht. Diese Neuerung lässt auf eine verstärkte Wahrnehmung von Patienteninteressen in den entsprechenden Entscheidungsprozessen hoffen. Inwieweit sie sich bewähren wird, bleibt jedoch abzuwarten.

Institutionalisierte Formen der Bürgerbeteiligung sind – neben der neu eingeführten Beteiligungsform im Gemeinsamen Bundesausschuss – in nennenswertem Umfang vornehmlich auf kommunaler Ebene anzutreffen. Das Land Nordrhein-Westfalen – dort setzt man sich bereits seit Mitte der 90er-Jahre intensiv mit dem Thema der Bürger- und Patientenorientierung des Gesundheitswesens auseinander –[248] hat mit § 24 des Gesetzes über den öffentlichen Gesundheitsdienst (ÖGDG) den kreisfreien Städten und Kreisen die Einrichtung kommunaler Gesundheitskonferenzen als Pflichtaufgabe auferlegt. Die kommunalen Gesundheitskonferenzen beraten Fragen der gesundheitlichen Versorgung auf örtlicher Ebene mit dem Ziel der Koordination. Sie geben bei Bedarf Empfehlungen, vereinbaren Lösungsvorschläge und sorgen für deren Umsetzung. In den Konferenzen kommen Vertreter aller Einrichtungen zusammen – auch von solchen des Patientenschutzes und von Selbsthilfegruppen – die vor Ort bei der gesundheitlichen Versorgung der Bürgerinnen und Bürger mitwirken. Von einer Optimierung der Versorgung AIDS-Kranker bis hin zu Maßnahmen zur Verbesserung der Zahngesundheit können grundsätzlich alle Themen behandelt werden. Ziel ist es, die lokale Kooperation und Koordination zu verbessern, um Versorgungsdefizite aufzudecken und Schnittstellenprobleme zu lösen. Welche Inhalte eine kommunale Gesundheitskonferenz aufgreift, ist von den aktuellen Themen und Entwicklungen vor Ort abhängig. Demzufolge kann es von Kommune zu Kommune unterschiedlich sein, welche Themen aufgrund des Bedarfs vorrangig behandelt werden müssen.[249]

---

[247] Siehe insoweit auch *Kluth* in: Fischer/Kluth/Lilie, Ansätze für eine Stärkung der Patientenrechte im deutschen Recht, S. 337. Von wesentlicherer Bedeutung wäre dagegen eine Beteiligung von Patienten oder Bürgern am Prozess der Leitlinienbildung durch die wissenschaftlichen Fachgesellschaften, die zur Normierung medizinischer Behandlungsstandards dienen sowie eine Beteiligung in den ärztlichen Berufskammern durch die Möglichkeit, Stellungnahmen abzugeben und vor Entscheidungen angehört zu werden; vorgeschlagen von *Francke/Hart*, Charta der Patientenrechte, S. 234 und 239.

[248] *Weihrauch*, auf der „Tagung des IGMR" am 7. und 8. Dezember 2001 in Bremen.

[249] Gegen die Übernahme dieses Modells in andere Bundesländer und zu einer umfassenden rechtlichen Kritik an den kommunalen Gesundheitskonferenzen in NRW siehe *Wimmer*,

Auf Landesebene wurde die Landesgesundheitskonferenz NRW eingerichtet, in der alle wesentliche Verantwortung tragenden Institutionen und Organisationen des selbstverwalteten Gesundheitswesens vertreten sind. Die kollektive Beteiligung von Betroffenen in den Konferenzen wurde auf beiden Ebenen zwischenzeitlich auch im ÖGDG geregelt.[250]

Mittlerweile bestehen auch ohne Vorgaben des Gesetzgebers Formen der Kooperation zwischen Patientenvertretern und der Ärzteschaft. Mit dem „Patientenforum" wurde – initiiert von der Bundesärztekammer – auf Bundesebene eine Plattform zum gemeinsamen Handeln von Ärzteschaft und Dachverbänden der Selbsthilfe geschaffen. Dieses Projekt unterstützt das Bestreben, Patientenvertreter zukünftig in die Entscheidungsprozesse des Gesundheitswesens einzubeziehen.[251] Es ist sicher nicht zu übersehen, dass die Gruppen der Leistungserbringer sowie der Sozialleistungsträger des gesundheitlichen Versorgungssystems versuchen, die Patienten auch auf derartige Weise für ihre Interessen zu gewinnen. Daher ist es von erheblicher Bedeutung, dass die Organisationsstrukturen der Patientenverbände die nötige Unabhängigkeit solcher Organisationen von den genannten beiden Seiten sicherstellen können.[252] Patientenorganisationen stellen prinzipiell eine Möglichkeit für Bürger dar, auf das Gesundheitssystem Einfluss zu nehmen. Es geht insofern vor allem um eine Handhabe, den wechselseitigen Informationsfluss im Gesundheitssystem zu fördern.[253]

b) Formen der Bürgerbeteiligung im Ausland

Auch im Ausland ist die Praxis kollektiver Patientenrechte eher gering einzuschätzen. Die gesundheitspolitische Absicht zur Bürgerbeteiligung und die Beteiligungspraxis klaffen in allen Ländern mit entsprechenden Bestrebungen

---

Kommunale Gesundheitskonferenzen, DVBl. 2000, 27 (29 f.); a.A. dagegen *Kluth* in: Fischer/Kluth/Lilie, Ansätze für eine Stärkung der Patientenrechte im deutschen Recht, S. 336 f.

250 *Weihrauch*, auf der „Tagung des IGMR" am 7. und 8. Dezember 2001 in Bremen.

251 Allerdings wurden die Krankenkassen an diesem Projekt weder als Partner noch in sonst irgendeiner Form beteiligt. Als Begründung dazu heißt es, die Arzt-Patienten-Beziehung solle im Vordergrund stehen. Zur Zusammensetzung und den Zielen des „Patientenforums" siehe *Gerst*, Patientenforum, DÄBl. 1998, A 1515.

252 So *Francke*, auf der „Tagung des IGMR" am 7. und 8. Dezember 2001 in Bremen.

253 Vgl. dazu *Vienonen*, Von einer Ethik der Ignoranz hin zur Bürgerbeteiligung im Gesundheitswesen, in: Bürgerbeteiligung im Gesundheitswesen – eine Länderübergreifende Herausforderung, S. 58 (62 f.).

auseinander.[254] Auf die Frage, wie sich für eine Patientenbeteiligung angemessene Strukturen finden lassen, gibt daher auch ein länderübergreifender Blick keine exakte Antwort. Ungeachtet der verschiedenen Strategien, die zur Anwendung kommen, existieren in einigen Ländern allerdings Modelle zur Patientenbeteiligung auf der Ebene des Gesundheitssystems, denen durchaus ein vorbildhafter Charakter zuzusprechen ist.

Besonders hervorgehoben wird immer wieder das schottische Beispiel einer Patientenbeteiligung an der Erstellung ärztlicher Leitlinien. Die ärztlichen Leitlinien werden durch das Scottish Intercollegiate Guidelines Network (SIGN) in einem Bewertungsprozess erstellt, der evidenzbasierte wissenschaftliche Medizin sowie professionelle Erfahrungen einbezieht und Patienten hieran beratend beteiligt. Auswahl und Schulung der beteiligten Patienten erfolgt durch SIGN.

In Großbritannien bewertet das National Institute for Clinical Excellence (NICE) Effektivität und Effizienz gesundheitlicher Dienstleistungen, stellt Empfehlungen auf, setzt diese um und bewertet ihre Wirkungen. Patientengruppen werden in den Bewertungsprozess dieser Experteninstitution einbezogen. Allerdings wird aus Sicht der Ärzteschaft in Bezug auf Deutschland mahnend auf die Folgen der Arbeit des NICE hingewiesen, das vorwiegend nach ökonomischen Gesichtspunkten entscheidet, welche Leistungen ein Patient in Anspruch nehmen darf. So seien unabhängig von dieser Form der Bürgerbeteiligung die britischen Verhältnisse im Gesundheitswesen im großen und ganzen durch eine „staatsdirigistische Zuteilungsmedizin" geprägt.[255]

Besonders in den Niederlanden wird kollektiven Beteiligungsrechten von Patienten bis hin zur Entscheidungsbeteiligung große Bedeutung beigemessen. Der holländische Client Representation Act legt für alle öffentlich finanzierten Gesundheitsinstitutionen die Einrichtung von Klientenräten auf der Organisationsebene fest, so dass eine Mitwirkung von Klienten und Patienten am Management der jeweiligen Einrichtung ermöglicht wird. In den Niederlanden wurde zudem mit einem Dachverband, der die wichtigsten Vereinigungen von Patienten, Verbrauchern sowie geistig und körperlich Behinderten unter sich vereint, eine anerkannte nationale Patienten-Interessenvertretung geschaffen. Dies geschah unter anderem aus der Erkenntnis heraus, dass die Ermittlung und Einbringung der Patientenmeinung durch Patienten- und Verbraucherorganisationen nur in intensiver Zusammenarbeit der verschiedenen Interessengruppen

---

[254] Siehe *Francke/Hart*, Bürgerbeteiligung im Gesundheitswesen, S. 170.

[255] Hierauf wurde im Rahmen des geplanten Zentrums für Qualität in der Medizin hingewiesen, das vom Präsidenten der Bundesärztekammer auch als „staatlich zentralisiertes Entscheidungsprozess-gesteuertes Zentrum" bezeichnet wurde und diesem zufolge nahezu eine Kopie des NICE im britischen National Health Service (NHS) werden soll; siehe hierzu *Flintrop*, Zentrum für Qualität in der Medizin, DÄBl. 2003, B 513.

effektiv erfolgen kann. Die Legitimität dieser Interessenvertretung wird nunmehr auch bei hoheitlichen Entscheidungen zur Gesundheitsversorgung anerkannt.[256]

Das anspruchsvollste Modell für eine Bürgerbeteiligung auf der Ebene des Gesundheitswesens ist mit dem „Oregon Health Plan" in den USA zu finden.[257] Der „Oregon Health Plan" soll dazu beitragen, mit Beratungs- und Umfragemethoden ermittelte Meinungen und Wertvorstellungen der Bevölkerung in die politische Willensbildung einfließen zu lassen. Bei diesem Erhebungsmodell handelt es sich neben den drei bereits erwähnten Modellen um eine vierte Form der Bürgerbeteiligung. Im Einzelnen bestehen hier aber noch offene Fragen. Zu betonen ist zudem, dass der Hintergrund dieses Projekts ein Rationierungsvorhaben war. Mit Hilfe einer Rangliste von Versorgungsleistungen, die nach einer Kosten-Nutzen Abschätzung ausgewählt wurden, sollte ein funktionsfähiges System der Kosteneinsparung durch Leistungsbeschränkungen etabliert werden.

c) Perspektiven

Bezogen auf das Gesundheitssystem wird häufig auf die konkurrierenden rechtlichen Interessen der Leistungserbringer also vor allem der Ärzte einerseits und der Patienten andererseits hingewiesen. Da zwar die Ärzte in öffentlichrechtlichen Kammern zusammengeschlossen sind, vergleichbare Organisationen der Patienten dagegen fehlen, ist allgemein von einer ungleichen Verteilung der Einflusschancen die Rede.[258] Ein kompensatorisches Gegengewicht wäre mit der Einbindung von Patienten- und Versichertenorganisationen in die entsprechenden Entscheidungsprozesse zu erreichen. Geht es indes allein um die Berücksichtigung von Versicherteninteressen der gesetzlichen Krankenversicherung und damit um über 90 % der Bevölkerung, bieten bereits die vorhandenen Strukturen eine hinreichende Grundlage. Die Träger der Sozialversicherung sind nach § 29 I SGB IV rechtsfähige Körperschaften des öffentlichen Rechts mit Selbstverwaltung. Die Selbstverwaltung wird in der Regel durch die Versicherten und die Arbeitgeber ausgeübt, § 29 II SGB IV. Als Mitglieder

[256] Zum Verband der Patienten- und Konsumentenorganisation in den Niederlanden siehe *Dekkers*, Berechtigung von Patientenvertretungen, in: Bürgerbeteiligung im Gesundheitswesen – eine Länderübergreifende Herausforderung, S. 166 f.

[257] Zu diesen und den weiteren internationalen Erfahrungen zur Bürgerbeteiligung siehe *Francke/Hart*, Bürgerbeteiligung im Gesundheitswesen, S. 169 ff.

[258] Allerdings wurde nunmehr mit der nach § 140h SGB V zu bestellenden Patientenbeauftragten eine Einrichtung der überindividuellen Patientenvertretung geschaffen, die sich als „Gegengewicht" zu den ärztlichen Organisationen erweisen könnte.

sind diese berechtigt, sowohl an der Selbstverwirklichung als auch an der Erreichung der Zwecke der von ihnen getragenen Organisation teilzuhaben.[259] Im Unterschied zur Bürgerbeteiligung werden die Betroffeneninteressen also nicht von außen an die Verwaltung herangetragen, sondern die Betroffenen als Träger der Verwaltung sind bereits Ausgangspunkt der Entscheidung. Da die Krankenkassen an wesentlichen Prozessen der gesundheitspolitischen Gestaltung nach dem SGB V beteiligt sind, sollten sowohl die Sachkunde als auch die Interessen der Versicherten eine angemessene Berücksichtigung finden. Die Praxis sieht allerdings anders aus. Die Selbstverwaltung in der gesetzlichen Krankenversicherung ist aufgrund gesetzlicher Regelungen erheblich eingeschränkt, so dass von einem eigenverantwortlichen Gestalten durch die Versicherten kaum die Rede sein kann.[260] Es wäre insoweit auch eine effektivere Nutzung der vorhandenen Strukturen wünschenswert.

Insgesamt sollen kollektive Patientenrechte unabhängig von ihrer Form eine Unterstützung und funktionale Ergänzung der individuellen Rechte leisten[261] und ebenso die Akzeptanz medizin- und gesundheitsbezogener Entscheidungen erhöhen.[262] Da die Bürgerbeteiligung im Gesundheitswesen bis heute nur marginal ausgeprägt wurde, bedarf dieser Bereich der Patientenrechte weiterhin einer verstärkten Förderung. Hinsichtlich der gestellten Erwartungen sollte allerdings Klarheit darüber herrschen, dass eine eindeutige empirische Bestätigung der beabsichtigten Wirkung einer kollektiven Bürgerbeteiligung im Gesundheitswesen bisher offenbar nicht gelungen ist.[263]

---

[259] Vgl. insoweit *Wolf/Bachof/Stober*, Verwaltungsrecht II, § 84 Rn. 11.

[260] Vgl. hierzu auch *Francke/Hart*, Charta der Patientenrechte, S. 235 ff.; *Schnapp* in: Schulin, HS-KV, § 49 Rn. 70; *Weber*, Die Organisation der gesetzlichen Krankenversicherung, S. 35.

[261] So etwa *Francke*, auf der „Tagung des IGMR" am 7. und 8. Dezember 2001 in Bremen.

[262] Siehe hierzu *Francke/Hart*, Bürgerbeteiligung im Gesundheitswesen, S. 43 Fn. 79.

[263] *Francke/Hart*, Bürgerbeteiligung im Gesundheitswesen, S. 42 f. weisen jedenfalls darauf hin, dass die gesundheitswissenschaftlich erwarteten Wirkungen bisher wenig empirisch überprüft wurden.

C) Verfassungsrechtliche Grundlagen und Direktiven der Patientenrechte

Die vorangegangene Darstellung hat verdeutlicht, dass Patienten in Deutschland mit einer Vielzahl differenzierter Rechte ausgestattet sind. Diese Rechte können freilich in verschiedenen Bereichen noch weiterentwickelt werden. Indessen ruft die im großen und ganzen zersplitterte Rechtslage und die teilweise fehlende gesetzliche Normierung vor allem der von der Rechtsprechung entwickelten Patientenrechte immer wieder Kritiker auf den Plan, die Transparenzdefizite sowie auch die unzureichende institutionelle und verfahrensrechtliche Unterstützung von Patienten bemängeln. Aus verfassungsrechtlicher Sicht bleibt in diesem Zusammenhang zu erörtern, inwieweit der Staat und insbesondere der Gesetzgeber verpflichtet ist, die bestehende Rechtslage normativ oder in sonstiger Weise abzusichern und darüber hinaus Vorschläge zur Verbesserung des Patientenschutzes umzusetzen. Maßgaben dürften vor allem von den einzelnen Grundrechten ausgehen, soweit eine grundrechtliche Verankerung von Patientenrechten zu begründen ist. Nach ständiger Rechtsprechung des BVerfG verlangen etwa der hohe Stellenwert des menschlichen Lebens und der menschlichen Gesundheit ein schützendes Eingreifen des Staates bei Bedrohungen.[264] Das Grundgesetz hat dem Staat für das Leben und die Gesundheit seiner Bürger eine allgemeine Schutzpflicht auferlegt.[265] Die Position des Patienten wird indes von verschiedenen grundrechtlichen Schutzbereichen erfasst. Bezüglich der möglichen Schutzpflichten, die sich insoweit ergeben können, steht den staatlichen Organen und besonders dem Gesetzgeber, ein erhebliches Maß an Entscheidungsfreiheit zu. Nicht in jedem Fall muss eine konkrete, justitiable Norm das gebotene Mittel darstellen. Die Ausgestaltung einer von Verfassungs wegen gebotenen Schutzpflicht „hängt von der Art, der Nähe und dem Ausmaß möglicher Gefahren, der Art und dem Rang des verfassungsrechtlich geschützten Rechtsguts sowie von den schon vorhandenen Regelungen ab".[266] Die Verletzung einer Schutzpflicht ist erst dann festzustellen, wenn Schutzvorkehrungen durch die öffentliche Gewalt entweder überhaupt nicht getroffen wurden, oder wenn getroffene Regelungen und Maßnahmen gänzlich ungeeignet bzw. völlig unzulänglich sind, das gebotene Schutzziel zu erreichen.[267] Die

---

[264] Vgl. beispielsweise BVerfGE 39, 1 (42); 88, 203 (252).

[265] Vgl. hierzu *Richter/Schuppert/Bumke*, Verfassungsrecht, S. 89 ff.; siehe auch *Hermes*, Das Grundrecht auf Schutz von Leben und Gesundheit, S. 208 ff. und S. 222 ff.

[266] BVerfGE 49, 89 (142); 56, 54 (78).

[267] BVerfGE 77, 170 (215); 92, 26 (46).

rechtliche Ausgestaltung der vom Staat zu bietenden Schutzmöglichkeiten beschränkt sich dabei nicht allein auf die Gewährleistung individueller Rechte, sondern kann auch in verfahrensrechtlichen oder organisatorischen Ausgestaltungen zum Tragen kommen. Insbesondere wird aufgrund der gegenwärtigen Rechtslage im Bereich der Patientenrechte von verschiedenen Akteuren erwogen, ob zur Verwirklichung grundrechtlich geschützter Rechtspositionen eine Form der Kodifikation von Patientenrechten in einem einheitlichen Gesetz möglich ist.

I. Verfassungsrechtliche Maßgaben für die Begründung und Ausgestaltung von Patientenrechten

Nach allgemeiner Auffassung bindet die Verfassung als rechtliche Grundordnung des Staates die Staatsgewalt an Grenzen und Anforderungen des Verfassungsrechts. Das Verfassungsrecht ist insbesondere maßgebend für die Bestimmung der Staatsaufgaben, der staatlichen Handlungsbefugnisse und für die Gewährleistung von Freiheiten und Rechten. Die Gewährleistung von Freiheiten und Rechten wird in erster Linie durch die Grundrechte sichergestellt. Diese werden auch als wertsetzende Grundsatznormen verstanden.[268] Im Kontext eines wertorientierten Verfassungsrechts stellen sie nicht nur maßgebende Leitlinien für die Gesetzgebung dar, sondern sie erlangen auch bei der Auslegung und Anwendung von Gesetzen unmittelbare Geltung.[269]

1. Wirkung der Grundrechte auf staatliches Handeln

Die im ersten Abschnitt des Grundgesetzes aufgeführten Grundrechte sind nach heutigem Verständnis durch eine Multifunktionalität gekennzeichnet. Sie begründen nicht nur die traditionellen subjektiven Abwehrrechte des einzelnen Grundrechtsträgers gegen den Staat, sondern können ebenso Schutzpflichten und Teilhaberechte wie positive Leistungsansprüche oder institutionelle Garan-

---

[268] Siehe in Bezug auf Art. 6 I GG, BVerfGE 6, 55 (71); siehe hierzu auch die Entwicklung der Rechtsprechung des BVerfG bei *Stern*, Staatsrecht III/1, S. 899 ff.

[269] Da die Verfassung auf politischen und kulturellen Überzeugungen beruht und diesen Überzeugungen besonders in den Regelungen von Staatszielen und in den Grundrechten verfassungsrechtliche Gültigkeit verschafft wurde, lässt sich der Rückschluss ziehen, dass das Verfassungsrecht Wertentscheidungen für das gesellschaftliche Leben festlegt; siehe *Badura* in: Isensee/Kirchhof, HBdStR VII, § 159 Rn. 5 f.

tien begründen.[270] Wie bereits angedeutet, haben die grundrechtlichen objektiven Wertentscheidungen eine Ausstrahlungswirkung auf die gesamte Rechtsordnung.[271] Sie wirken auf die Anwendung und Auslegung des nicht verfassungsrechtlichen Rechts durch Verwaltung und Rechtsprechung und beeinflussen die Rechtsgestaltung durch den Gesetzgeber. Die grundrechtlichen Schutzaufträge des Staates entsprangen allerdings erst jüngeren wissenschaftlichen Erkenntnissen. Nach diesen Erkenntnissen können Grundrechtsbestimmungen auch ein Handeln des Staates zum Schutz entsprechender Rechtsgüter gebieten.[272] Es bestehen insoweit besondere staatliche Schutzaufträge als explizite Rechtsgehalte der einzelnen Grundrechte und allgemeine grundrechtliche Schutzpflichten.[273]

Die besonderen staatlichen Schutzaufträge sind einerseits ausdrücklich in Grundrechten normiert, wie Art. 6 I und IV GG zeigen, andererseits können sie einzelnen Grundrechtsbestimmungen auf interpretatorischem Weg entnommen werden.[274] Sie beinhalten Schutz- und Erhaltungs- bzw. Sicherungsaufträge aber auch Förderungspflichten. Schutzgebote dieser Art sind oftmals bindende Aufträge an den Gesetzgeber. Sie richten sich aber grundsätzlich an alle drei Gewalten.

Allgemeine grundrechtliche Schutzpflichten können aus den meisten Grundrechtsbestimmungen abgeleitet werden. Sie verpflichten primär den Gesetzgeber zum Schutz vor Grundrechtseingriffen seitens Dritter. Isensee spricht diesbezüglich von einem Rechtsdreieck, bestehend aus dem schutzbedürftigen Grundrechtsträger, dem Störer und dem zum Schutz der Grundrechte verpflichteten Staat.[275] Im Gegensatz zur grundrechtlichen Abwehr von Eingriffen durch den Staat werden staatliche Schutzpflichten mithin bei Beeinträchtigungen oder

---

270 Vgl. etwa *Richter/Schuppert/Bumke*, Verfassungsrecht, S. 30 ff.

271 Siehe hierzu BVerfGE 6, 55 (72); 30, 173 (188); 33, 303 (330); vgl. auch *Stern*, Staatsrecht III/1, S. 923 ff.; *Bleckmann*, Staatsrecht II, § 11 Rn. 1. Die „Zweischichtigkeit" der Grundrechte, bestehend aus einer subjektiv-rechtlichen und einer objektiv-rechtlichen „Schicht", ist heute im Prinzip unangezweifelt; siehe mit weiteren Nachweisen *Stern* in: Isensee/Kirchhof, HBdStR V, § 109 Rn. 38.

272 Unterschiedlich sind indes die Ausgangspunkte dieser Erkenntnis, wobei vor allem nach der Rechtsprechung des BVerfG staatliche Schutzaufträge als eigenständiger, objektiv-rechtlicher Grundrechtsgehalt aufzufassen sind. Einen Überblick gibt insoweit *Stern*, Staatsrecht III/1, S. 931 f.; siehe auch *Jarass*, Grundrechte als Wertentscheidungen, AÖR 110 (1985), 363 (369 ff.).

273 Vgl. hierzu *Stern*, Staatsrecht III/1, S. 728 ff. und S. 931 ff.

274 Siehe zu den verfassungstextlichen Begründungsansätzen grundrechtlicher Schutzpflichten *Krings*, Grund und Grenzen grundrechtlicher Schutzansprüche, S. 142 ff.

275 *Isensee*, Das Grundrecht auf Sicherheit, S. 34.

Gefährdungen grundrechtlicher Freiheiten durch nicht grundrechtsgebundene Dritte relevant. Die mit der Entwicklung der Gesellschaft einhergehenden wechselnden Grundrechtsbedrohungen geben den Schutzpflichten einen Aktualisierungsauftrag zur Gewährleistung eines dynamischen Grundrechtsschutzes. Da die bestehende Rechtsordnung in der Regel bereits alltägliche Gefahren erfasst, werden aktualisierende, staatliche Schutzmaßnahmen hauptsächlich beim Auftreten neuartiger Gefahren nötig.[276]
Der staatliche Schutzpflichtgedanke kam bislang aufgrund der Gewichtigkeit des Grundrechts auf Leben und körperliche Unversehrtheit vor allem hinsichtlich Art. 2 II S. 1 GG zum Tragen.[277] Dem Grundrecht auf Leben und körperliche Unversehrtheit sowie dem Selbstbestimmungsrecht wird ebenso bei der Legitimation von Patienteninteressen eine hervorgehobene Bedeutung beigemessen.
Unabhängig solcher Schutzgebote gewinnen Grundrechte mit dem Einfluss der grundrechtlichen Wertenscheidungen auf die Anwendung und Auslegung des einfachen Rechts eine „Horizontalwirkung" also auch eine Wirkung in der Privatrechtsordnung. Hier bestehen unstreitige Parallelen zu den grundrechtlichen Schutzpflichten, da es in erster Linie eine Aufgabe des Gesetzgebers ist, objektiv-rechtliche Wertentscheidungen von Grundrechten in den Privatrechtsbereich einfließen zu lassen. Allerdings richten sich die insoweit vom Gesetzgeber erlassenen Vorschriften regelmäßig nicht auf einschlägige Grundrechtskonflikte, sondern sind allgemein gefasst. Der direkte Bezug zum Einzelfall erfolgt durch eine entsprechende Rechtsanwendung bzw. Rechtsauslegung. Prinzipiell wirkt diese grundrechtliche Ausstrahlung ebenso auf das Privatrecht wie auf das öffentliche Recht.[278]

Für die hier interessierende Ausgestaltung und Sicherstellung von Patientenrechten kommt der grundrechtlichen Abwehrfunktion bzw. Rechten des status negativus sicherlich die geringste Bedeutung zu. Eine Gefährdung von Patienteninteressen geht in der Regel nicht von staatlicher Seite aus. Ausdrücklich das Verhältnis zwischen Arzt und Patient, in dem ein großer Teil der Patienten-

---

[276] Vgl. *Isensee* in: Isensee/Kirchhof, HBdStR V, § 111 Rn. 153 f.

[277] Siehe hierzu das viel zitierte Fristenlösungsurteil, BVerfGE 39, 1 ff. Eine Schutzpflicht kann neben der einschlägigen Grundrechtsbestimmung auch aus weiteren Verfassungsnormen, insbesondere dem Sozialstaatsprinzip aus Art. 20 I, 28 I S. 1 GG abgeleitet werden; zu den Schutzpflichten aus Verfassungsprinzipien für das Grundrecht auf Leben und körperliche Unversehrtheit siehe *Hermes*, Das Grundrecht auf Schutz von Leben und Gesundheit, S. 129 ff.

[278] Vgl. *Jarass*, Grundrechte als Wertentscheidungen, AÖR 110 (1985), 363 (376 ff.); siehe auch *Stern*, Staatsrecht III/1, S. 1511 ff.

rechte zur Geltung kommt, gestaltet sich abgesehen von wenigen Ausnahmefällen in privatrechtlicher Form.[279] Entscheidend ist daher nicht die objektivrechtliche Funktion von Grundrechten den staatlichen Handlungsspielraum einzugrenzen, sondern ihre Funktion als Grundsatznorm mit eigenen objektiven Wertentscheidungen. Die Grundrechtsgarantien sind für den Patienten in erster Linie durch ihren Einfluss auf die bestehende Rechtsordnung bedeutsam und durch die Pflicht des Staates, gegebenenfalls vor nicht staatlichen Beeinträchtigungen zu schützen. Diese Verpflichtung bezieht sich zumindest auf das „ob“ des Tätigwerdens.

2. Regelung von Patientenrechten durch den Gesetzgeber oder Begründung durch die Rechtsprechung?

Dem Staat obliegt die Pflicht zur Absicherung grundrechtlich garantierter Schutzgüter. Die Verpflichtung richtet sich in besonderem Maße an den Gesetzgeber, da vor allem das Gesetz das Medium der verfassungsrechtlich begründeten Schutzpflichten ist. Der Gesetzgeber hat den Auftrag, Normen zur Sicherung der Grundrechte gegen private Übergriffe bereitzustellen und damit die Rechtsfolgen der Schutzpflichten festzulegen.[280] Bei der Ausgestaltung und der Einschätzung von Gefahren, die gesetzliche Schutzvorkehrungen erforderlich machen, belässt die Verfassung relativ weite Spielräume, so dass unter anderem eine Berücksichtigung konkurrierender öffentlicher und privater Interessen möglich bleibt.[281]

Für die Ausgestaltung der Rechtsordnung besitzen Grundrechtsbestimmungen einen programmatischen Gehalt. Soweit es sich nicht bereits um eine von den Schutzpflichten abgedeckte Handlungspflicht zum Schutz vor Dritten handelt, richtet sich dieser programmatische Gehalt besonders auf die Förderung und Unterstützung grundrechtlicher Ziele. Bei der Anwendung des geltenden Rechts sind solche Richtlinien und Impulse als verfassungskonforme Auslegung geläufig. Anstöße können jedoch auch für die Rechtsetzung und insoweit für die Ausfüllung lückenhaften sowie für die Schaffung neuen Rechts gegeben werden.[282]

---

[279] Siehe hierzu oben Kapitel B. I. 1.

[280] Siehe hierzu *Isensee* in: Isensee/Kirchhof, HBdStR V, § 111 Rn. 151 ff.

[281] Vgl. *Isensee* in: Isensee/Kirchhof, HBdStR V, § 111 Rn. 162; BVerfGE 52, 131 (168 f.).

[282] Hierzu vgl. *Stern*, Staatsrecht III/1, S. 927; *Sachs* in: Isensee/Kirchhof, HBdStR V, § 126 Rn. 124.

Wie bereits angesprochen wurde, ist die Verfassung für eine wirksame Sicherung grundrechtlicher Freiheiten und für eine fortdauernde Verwirklichung sozialer Gerechtigkeit nicht nur Grenze, sondern darüber hinaus auch Aufgabe und Richtlinie. Dass sich die rahmensetzenden Direktiven der Verfassung gerade zur Verwirklichung des Grundrechtsschutzes zunächst an den Gesetzgeber richten,[283] ist auch eine Konsequenz aus der vom BVerfG entwickelten Wesentlichkeitslehre als verfassungsrechtliche Vorgabe der Regelungskompetenz. Der Gesetzgeber ist aufgrund des Rechtsstaatsprinzips und des Demokratiegebots verpflichtet, in den grundlegenden normativen Bereichen, vor allem im Bereich der Grundrechtsausübung, die wesentlichen Entscheidungen selbst zu treffen. Dieser Vorbehalt des Gesetzes ist losgelöst vom Merkmal des „Eingriffs" und erstreckt sich auf alle relevanten Grundrechtsfragen.[284] Eine Übertragung dieser Entscheidungszuweisung auf die Verwaltung oder auf die Rechtsprechung ist verfassungsrechtlich nicht zulässig.
Die „normative Wirklichkeit" im Bereich der Patientenrechte deckt sich allerdings nicht mit dieser Vorgabe. So ruht ein Teil der wesentlichen Regelungen von Patientenrechten ausschließlich auf der Spruchpraxis der Gerichte.[285] Dabei handelt es sich nicht allein um Resultate einer verfassungskonformen Auslegung allgemeiner, vom Parlament erlassener Gesetze, wie etwa aus dem Zivil- oder Strafrecht. Vielmehr ist ein beachtlicher Teil dieser Rechte das Ergebnis richterlicher Rechtsfortbildung. Durch Interpretation, Modifikation und Fortbildung solcher Rechtsgrundsätze hat die gerichtliche Spruchpraxis in den letzten Jahrzehnten einen effektiven Patientenschutz geschaffen.[286] Soweit hier ein grundrechtlicher Bezug auszumachen ist, lässt dies auf eine Delegierung originärer gesetzgeberischer Pflichten schließen. Zweifel bestehen, ob damit noch den geltenden Anforderungen entsprochen wird, die sich vor allem auf die Transparenz des Verfahrens beziehen.[287] Freilich bringt die konkrete Ausges-

---

[283] Siehe dazu auch *Badura* in: Isensee/Kirchhof, HBdStR VII, § 163 Rn. 21.

[284] So die ständige Rechtsprechung des BVerfG; siehe BVerfGE 34, 165 (192 f.); 40, 237 (249); 41, 251 (260); 45, 400 (417 f.); 47, 46 (78 ff.); 48, 210 (221); 49, 89 (126 f.); 83, 130 (142); 95, 267 (307 f.).

[285] Vor allem das heute geltende Recht der Arzthaftung wurde durch die Gerichte entwickelt; vgl. etwa *Nüßgens*, BGB-RGRK, § 823 Anh. II Rn. 1.

[286] *Katzenmeier*, Individuelle Patientenrechte – Selbstbindung oder Gesetz, JR 2002, 444.

[287] Das BVerfG trägt zur Begründung der Wesentlichkeitslehre folgendes vor: Durch den Vorbehalt des Gesetzes soll sichergestellt werden, dass grundrechtsrelevante Regelungen „aus einem Verfahren hervorgehen, das sich durch Transparenz auszeichnet, die Beteiligung der parlamentarischen Opposition gewährleistet und auch den Betroffenen und dem Publikum Gelegenheit bietet, ihre Auffassung auszubilden und zu vertreten"; BVerfGE 95, 267 (307 f.); vgl. auch BVerfGE 85, 386 (403 f.).

taltung allgemeiner gesetzlicher Regelungen durch die Judikatur einige Vorzüge mit sich. Der Vorteil gegenüber einer starren, festgeschriebenen Gesetzgebung liegt auf der Hand: Die Rechtsprechung besitzt die Fähigkeit, durch Auslegung weitgefasster parlamentarischer Regelungen bis hin zu Generalklauseln auf die gesellschaftlichen Entwicklungen und Wandlungen sozialer Strukturen punktuell und reaktiv[288] einzugehen. Im Einzelnen können auch Differenzierungen herausgebildet werden. Vielerorts bedient sich der Gesetzgeber deshalb bewusst weit gefasster Schutznormen, um seiner Verpflichtung zum dynamischen Grundrechtsschutz gerecht zu werden. Weit und „dehnbar“ gefasste Schutzgesetze sind eher in der Lage veränderte Sachlagen zu erfassen und wechselnden Herausforderungen standzuhalten.[289] Bei der risikovorsorgenden Verwaltung werden unbestimmte Rechtsbegriffe oder Ermessensvorschriften angewandt, um der Komplexität verschiedener Entscheidungssituationen und dem Erfordernis zu entsprechen, flexibel auf sich ändernde Verhältnisse und auf die Entwicklung entscheidungserheblichen Wissens einzugehen.[290] Die Rechtsprechung ist speziell im Bereich der Patientenrechte in der Lage, durch Auslegung allgemeiner Vorschriften die ständige Entwicklung der Medizin auch in technischer Hinsicht zu berücksichtigen und dient daher einem zukunftsgerichteten, dynamischen Grundrechtsschutz. Die Entstehung von Regelungslücken kann auf diese Weise verhindert werden.
Dennoch hat der Gesetzgeber die Verantwortung dafür, dass alle zur Grundrechtsverwirklichung auch außerhalb des Eingriffsbereichs wesentlichen Regelungen in Form von Gesetzen ergehen. Gerade im Bezug auf die Schutzpflichten muss der Gesetzgeber festlegen, mit welchen Mitteln diese erfüllt bzw. welche Vorkehrungen dazu getroffen werden. Im Gegensatz zum Abwehrrecht richtet sich die staatliche Schutzpflicht auf eine von vornherein inhaltlich nicht festgelegte positive Leistung. Wird die Schutzpflicht verletzt, verbleiben jedoch noch weitere Möglichkeiten zur verfassungskonformen Erfüllung.[291] Dementsprechend führt das BVerfG aus: Die Gerichte „müssen bei unzureichenden gesetzlichen Vorgaben das materielle Recht mit den anerkannten Methoden der Rechtsfindung aus den allgemeinen, zwischen Bürgern oder auch

[288] Im reaktiven Vorgehen der Rechtsprechung muss allerdings nicht dringend ein Vorteil gesehen werden. *Francke*, Ärztliche Berufsfreiheit und Patientenrechte, S. 140, sieht etwa im nachträglich sanktionierenden Recht kaum eine Möglichkeit, Lernprozesse der Profession optimal zu organisieren. Es wird jedoch nicht klar, ob er damit das Strafrecht und das zivile Berufshaftungsrechtrecht oder aber die richterliche Rechtsfortbildung meint.

[289] *Isensee* in: Isensee/Kirchhof, HBdStR V, § 111 Rn. 154.

[290] Zu dieser Form des dynamischen Grundrechtsschutzes siehe BVerfGE 49, 89 (137); *Francke/Hart*, Bürgerbeteiligung im Gesundheitswesen, S. 85.

[291] Vgl. *Isensee* in: Isensee/Kirchhof, HBdStR V, § 111 Rn. 152.

zwischen privaten Verbänden geltenden Rechtsgrundlagen ableiten, die für das betreffende Rechtsverhältnis maßgeblich sind. Das gilt auch dort, wo eine gesetzliche Regelung, etwa wegen einer verfassungsrechtlichen Schutzpflicht, notwendig wäre." Der Gesetzgeber ist zwar verpflichtet, wesentliche Entscheidungen in grundlegenden normativen Bereichen selbst zu treffen. Fehlen indes gesetzliche Regelungen, „muss die Rechtsprechung sachgerechte Lösungen entwickeln, soweit es um das Verhältnis gleichgeordneter Grundrechtsträger geht."[292]

Andererseits kann auch die Eigenart des in Rede stehenden Sachgebiets auf die Frage des „ob" und des Umfangs der gesetzgeberischen Pflicht zum Handeln Einfluss nehmen. Die Notwendigkeit gesetzgeberischen Handelns bemisst sich insbesondere danach, ob und inwieweit das betreffende Sachgebiet überhaupt staatlicher Regelung zugänglich ist und vom Gesetzgeber in angemessener Weise normativ erfasst werden kann.[293] So ist es gerechtfertigt etwa bei Sachverhalten, bei denen eine detaillierte gesetzliche Festlegung die erforderlichen Differenzierungen nicht im voraus abschließend umschreiben kann, der nicht parlamentarischen Staatsgewalt einen wesentlichen Gestaltungsspielraum zu belassen. Gleiches gilt für Sachverhalte bei denen unabwendbare Veränderungen der zugrundeliegenden Umstände und Entwicklungen einer gesetzlichen Regelung entgegenstehen.

Die Tatsache, dass die Gerichte die Hauptlast für die Verwirklichung der staatlichen Schutzpflichten zu tragen haben, liegt demnach nicht allein an der ungenügenden Detailarbeit des Gesetzgebers bei der Konkretisierung von Schutzpflichten und der Funktion der Rechtsprechung, die Wahrung der Schutzpflichten durch die anderen Staatsorgane zu kontrollieren,[294] sondern ebenfalls am jeweiligen Sachgebiet. Die Erfüllung der gerichtlichen Aufgabe umfasst selbstverständlich auch die Schließung von Rechtslücken und die Rechtsfortbildung. Da sich die grundrechtlichen Schutzgebote prinzipiell an alle Staatsorgane richten, sind die Gerichte zu beidem verpflichtet. Soweit es sich bei den Patientenrechten um die Regelung zivilrechtlicher Konflikte zwischen gleichgeordneten Grundrechtsträgern handelt,[295] ist es bis zu einem gewissen Maße zulässig, wenn der Gesetzgeber wesentliche Entscheidungen im Bereich der Grundrechtsausübung der Rechtsprechung überlässt.

---

[292] BVerfGE 88, 103 (115 f.) unter Bezugnahme auf BVerfGE 84, 212 (226 f.).

[293] BVerfGE 76, 1 (75) unter Bezugnahme auf BVerfGE 49, 89 (126 f.).

[294] Vor allem hierauf beruft sich allerdings *Stern*, Staatsrecht III/1, S. 951.

[295] Vgl. BVerfGE 88, 103 (115 f.).

II. Verankerung von Patientenrechten in der Verfassung

Patientenrechte in Deutschland sind zum größten Teil verfassungsrechtlich verankert.[296] Maßgaben zur Sicherstellung und Ausgestaltung gehen vor allem von den Grundrechten, daneben aber auch von einzelnen Staatszielbestimmungen insbesondere dem Sozialstaatsprinzip aus. Auf der Gegenseite werden durch die Erfüllung grundrechtlicher Schutzpflichten ärztliche Interessen, wie die sachgerechte Erfüllung der ärztlichen Tätigkeit und die Bewahrung vor dem Risiko unangemessener Sanktionen berührt.[297] Diese Interessen sind mit jenen des Patienten abzuwägen und zum Ausgleich zubringen, um eine einseitige Reglementierung und Beschränkung der ärztlichen Position auszuschließen. Durch seinen besonderen Bezug zu Leben und Gesundheit des Menschen hebt sich der ärztliche Heilberuf jedoch von anderen Berufen ab und ist hinsichtlich Legitimation und Verantwortung durch Art. 2 II GG geradezu geprägt.[298]

1. Ableitung von Patientenrechten aus den einzelnen Grundrechten

a) Art. 1 I GG: Menschenwürde

Die Stellung des Art. 1 I GG am Anfang des Grundgesetzes und sein Gehalt erheben die Menschenwürdeklausel zur Zentralaussage und zum höchsten Rechtswert der Verfassung. Indessen bereitet die Konkretisierung bzw. die nähere begriffliche Bestimmung der Wissenschaft und jedem Rechtsanwender erhebliche Probleme. Versuche, die Menschenwürde begrifflich sowie inhaltlich zu konkretisieren, sind vielgestaltig und reichen von positiven Bestimmungen und Negativdefinitionen bis zu der Beurteilung, die Menschenwürde sei einer näheren Interpretation nicht zugänglich.[299] Das BVerfG bedient sich für die Bewertung von Eingriffen in die Menschenwürde der Objektformel. Es widerspricht danach der Würde des Menschen, ihn zum bloßen Objekt des Staates zu degradieren oder ihn einer Behandlung auszusetzen, die seine Subjektqualität prinzipiell in Frage stellt.[300]

---

[296] Vgl. *Hanika*, Patientencharta, MedR 1999, 149 (157).

[297] Vgl. hierzu *Eser* in: Schönke/Schröder, StGB, § 223 Rn. 31 im Rahmen der Diskussion um die Behandlung des ärztlichen Heileingriffs als tatbestandsmäßige Körperverletzung.

[298] Vgl. *Francke*, Ärztliche Berufsfreiheit und Patientenrechte, S. 70.

[299] Vgl. *Dreier* in: ders., GG, Art. 1 I Rn. 36 ff.

[300] BVerfGE 27, 1 (6); 30, 1 (26); 50, 166 (175); 87, 209 (228).

Die Menschenwürde ist als rechtsverbindlicher Maßstab allen staatlichen Handelns zu verstehen. Ungeklärt blieb bislang, ob aufgrund der normativen Struktur und des proklamierenden Gehalts Art. 1 I GG ein Individualgrundrecht verbürgt.[301] Dem ungeachtet ist es weitgehend unbestritten, dass Art. 1 I GG die Freiheits- und Gleichheitsrechte des Grundgesetzes ergänzt und die Auslegung der gesamten Verfassung dirigiert. Das heutige Verständnis der Menschenwürde diktiert dem Staat über die Gewährleistung formeller Rechte hinaus, auch eine positive Förderung der Grundrechte zu garantieren. Soweit es für die hinreichende Wahrnehmung und Ausübung der Grundrechte erforderlich ist, hat der Staat die notwendigen Mittel zur Verfügung zu stellen.[302] Bedeutsam ist hier vor allem der Anspruch auf Rechtsschutz. Es verwundert insofern nicht, wenn das BVerfG Beachtung und Ausbau von Verfahrensrechten, wie beispielsweise dem rechtlichen Gehör gemäß Art. 103 I GG, ausdrücklich auf Art. 1 I GG stützt.[303] Mit der Verpflichtung des Staates zur Achtung und Wahrung der Menschenwürde wird ebenso ein Anhörungsrecht von Beteiligten im Exekutivverfahren verfassungsrechtlich begründet.
Als Umsetzung der Menschenwürdeklausel in staatliche Aktivität sind schließlich die Staatszielbestimmungen und insbesondere das Demokratieprinzip in ihren grundlegenden Inhalten die organisatorische Konsequenz der Menschenwürde.[304]

Daraus ergeben sich für die Gewährleistung von Patientenrechten folgende Maßgaben:
Die Menschenwürde und die aus ihr folgenden Grund- und Menschenrechte sind als grundlegender Maßstab für die ethische und rechtliche Bewertung der modernen Medizin zu verstehen.[305] Allein die Konstitution des Art. 1 I GG und das Postulat, die Menschenwürdeklausel nicht inflationär einzusetzen, machen aber bereits deutlich, dass der grundrechtliche Schutz der Menschenwürde nicht dazu geeignet ist, einzelne Patienteninteressen als konkrete Rechtspositionen herzuleiten und damit ein staatliches Handlungsgebot zur Sicherstellung zu fundieren. Art. 1 I GG entfaltet als Ausgangspunkt der Staatsgewalt seine

[301] Zu dem hierzu geführten, offenen Streit siehe *Dreier* in: ders., GG, Art. 1 I Rn. 68 ff.

[302] Siehe *Bleckmann*, Staatsrecht II, § 11 Rn. 2.

[303] Vgl. nur BVerfGE 55, 1 (5 f.); 57, 250 (275); 63, 332 (337 f.); siehe auch *Stern*, Staatsrecht III/1, S. 964.

[304] Vgl. *Häberle*, Die europäische Verfassungsstaatlichkeit, KritV 78 (1995), 298 (303); siehe im Einzelnen auch *ders.* in: Isensee/Kirchhof, HBdStR I, § 20 Rn. 60 ff.

[305] Siehe den Schlussbericht der Enquete-Kommission Recht und Ethik der modernen Medizin, S. 21.

Wirkung vielmehr auf das Gesamtgefüge des Patientenschutzes und kann sich ergänzend auch auf die Begründung einzelner Maßgaben auswirken. So ist jeder Patient in seiner Person als Mensch zu würdigen. Die mit Art. 1 I GG begründete Subjektsqualität des Menschen, führt hinsichtlich des allgemeinen Umgangs mit dem Patienten zu der unbedingten Vorgabe, den Patienten nicht zum bloßen Objekt einer staatlichen Fürsorge zu machen.[306] Der verfassungsrechtliche Maßstab des Art. 1 I GG ist bei sämtlichen Behandlungs- und Versorgungsentscheidungen zu beachten und gilt selbstverständlich nicht nur in seiner abwehrrechtlichen Funktion gegen Akte der öffentlichen Gewalt, sondern bindet auch privates Handeln sowie private und öffentliche Normsetzung.[307] Verallgemeinernd lässt sich außerdem sagen, die Menschenwürde wirkt auf die Gestaltung des Verhältnisses zwischen Arzt und Patient als eine von gegenseitigem Respekt getragene Partnerschaft. Der Patient ist nicht nur als Behandelter, sondern ebenso als Mithandelnder einzustufen. Schließlich verstehen sich Würde und Existenz des Menschen prinzipiell als Maß allen medizinischen Handelns. Würde und Integrität des Patienten sind stets zu achten und das berufsethische Gebot zur humanen Behandlung bzw. Pflege ist ein Anhaltspunkt dafür, dass die Achtung und der Schutz der Menschwürde nicht allein eine rechtsdogmatische Festlegung ist, sondern auch einen entsprechenden Gesellschaftscharakter belegt. Aus diesen Erwägungen lässt sich jedoch allenfalls ein generelles Gebot zur Stärkung des Patienten in seinem traditionell paternalistisch geprägten Verhältnis zum Arzt entnehmen.

b) Art. 2 I GG: Freie Entfaltung der Persönlichkeit

Das Grundrecht des Art. 2 I GG beschränkt sich nicht allein auf die freie Entfaltung innerhalb des Kernbereichs der Persönlichkeit, sondern bezieht sich auf die Handlungsfreiheit im umfassenden Sinne. Als allgemeine Handlungsfreiheit wird insofern nicht ein bestimmter, abgrenzbarer Lebensbereich geschützt, sondern jede Form menschlichen Verhaltens.[308] Art. 2 I GG tritt damit hinter die speziellen Grundrechte bzw. ihre Schutzbereiche als Auffanggrundrecht zurück und gewinnt nur dann Bedeutung, wenn diese nicht einschlägig sind. In erster Linie erfüllt die allgemeine Handlungsfreiheit die Funktion einer Ausweitung grundrechtlicher Schutzbereiche als allgemeines Freiheitsrecht. Eine

---

[306] Vgl. auch die Ausführungen von *Maus*, Freiwillige Annäherung, DÄBl. 2001, A 2917.

[307] Gerade die Entscheidungen und Leit- bzw. Richtlinien von Kollegialorganen wie Ethikkommissionen, dem Gemeinsamen Bundesausschuss oder der Bundesärztekammer berühren in der Regel nicht die Menschenwürdegarantie; *Francke/Hart*, Bürgerbeteiligung im Gesundheitswesen, S. 110 f.

[308] Siehe dazu nur das grundlegende Elfes-Urteil BVerfGE 6, 32 (36 f.).

Ableitung staatlicher Schutzpflichten aus ihrer objektiv-rechtlichen Funktion geht über die gesetzlichen Verbote von Gewaltsamkeiten gegen die freie Willensbetätigung oder die Bewegungsfreiheit regelmäßig nicht hinaus.[309] Entsprechend allgemein ist daher auch die Bedeutung der allgemeinen Handlungsfreiheit für die Gewährleistung von Rechtspositionen zum Schutz von Patienteninteressen.

Neben jener allgemeinen Bedeutung gibt es innerhalb des Regelungsbereichs des Art. 2 I GG allerdings noch konkretisierte unbenannte Freiheitsrechte der allgemeinen Handlungsfreiheit. Dazu gehört abgesehen von dem vom BVerfG herausgebildeten und im Nachfolgenden eingehend zu erörternden, allgemeinen Persönlichkeitsrecht auch die Vertragsfreiheit oder treffender die Privatautonomie.[310] Erfasst werden von der Privatautonomie Art und Umfang rechtsgeschäftlicher Gestaltungsmittel. Unter dem Gesichtspunkt, dass auch die medizinische Versorgung auf der Grundlage eines privatrechtlichen Behandlungsvertrages zwischen Patient und Arzt bzw. Krankenhaus erfolgt, gewährleistet das Recht auf Privatautonomie aus Art. 2 I GG dem Patienten die Freiheit der Arztwahl, die zugleich ein Aspekt des Gebotes zur medizinischen Vielfalt darstellt.[311] Für den gesetzlich Krankenversicherten wird die unmittelbare Entfaltung dieser rechtsgeschäftlichen Gestaltungsmöglichkeit allerdings erst durch § 76 I SGB V bewirkt.

c) Art. 2 I i.V.m. Art. 1 I GG: Allgemeines Persönlichkeitsrecht

Als Produkt der richterrechtlichen Entwicklungen des BVerfG hat sich das aus Art. 2 I i.V.m. Art. 1 I GG hergeleitete allgemeine Persönlichkeitsrecht als eigenständiges Grundrecht zum Schutz der Integrität der Persönlichkeit etabliert. Weil es ohne bestimmte Beschränkungen grundsätzlich in allen Lebensbereichen bedeutsam wird, liegen die primären Wurzeln dieses Grundrechts in Art. 2 I GG. Gleichwohl besteht auch eine deutliche Verbindung zu Art. 1 I GG, da es den Einzelnen vornehmlich in seiner Qualität als Subjekt schützt. Das BVerfG hat dem Grundrecht verschiedene fallspezifische Einzelverbürgungen zugeordnet, ohne dass die Schutzwirkung im Einzelnen abschließend festgelegt wurde. Die unterschiedlichen Ausformungen richten sich indessen nicht nach einzelnen Lebensbereichen, vielmehr beziehen sie sich – und hier wird die Verbin-

---

[309] Vgl. *Murswiek* in: Sachs, GG, Art. 2 Rn. 25.

[310] BVerfGE 65, 196 (210); 70, 115 (123); 74, 129 (151 f.); siehe auch *Erichsen* in: Isensee/Kirchhof, HBdStR VI, § 152 Rn. 56.

[311] Zu diesem Gebot vgl. auch *Francke/Hart*, in: Badura/Hart/Schellschmidt, Bürgerorientierung des Gesundheitswesens, S. 237.

dung zu Art. 1 I GG offensichtlich – auf die verschiedenen Möglichkeiten der Subjektsentfaltung. Danach verbürgt das allgemeine Persönlichkeitsrecht die Selbstbestimmung, die Bewahrung der Privatsphäre als Handlungssphäre, das Recht auf Datenschutz und informationelle Selbstbestimmung sowie die Selbstdarstellung des Einzelnen;[312] wobei vorwegzunehmen ist, dass die Garantie der Selbstdarstellung in der Öffentlichkeit für die Gewährung materieller Patientenrechte keine ersichtliche Rolle spielt.
Dem Schutz der persönlichen Integrität kommt in der Praxis besonders im Hinblick auf Beeinträchtigungen durch Private eine wesentliche Bedeutung zu. Der Staat hat deshalb die unter dem allgemeinen Persönlichkeitsrecht zusammengefassten Rechtsgüter des Einzelnen nach den Grundsätzen einer objektivrechtlichen Schutzpflicht gegen Eingriffe Dritter zu schützen.[313]
Teilweise hat der Gesetzgeber in verschiedenen Bereichen des einfachen Rechts für die Rahmenbedingungen zur Ausgestaltung des Persönlichkeitsrechts des Patienten gesorgt und diesem insoweit Ausdruck verliehen.

(1) Autonomie und Selbstbestimmung
Das Recht der Selbstbestimmung gewährt dem Einzelnen die Grundbedingungen seiner Persönlichkeitsentfaltung, mithin das Recht, selbst zu bestimmen, wer er ist und mit dem Recht auf Kenntnis der eigenen Abstammung auch selbst herauszufinden, wer er ist.[314] Die Selbstbestimmung geht aber darüber weit hinaus und ist in einem umfassenden Sinne zu verstehen. Sie schließt beispielsweise die Befugnis ein, über die Gefahren, denen man sich aussetzen will, selbst zu entscheiden. Unabhängig von den Grenzen der Freiheit Eigengefährdungen hinzunehmen, widerspricht es daher der Komplexität dieses Rechts, der hoheitlichen Gewalt eine grundsätzliche Befugnis zu erteilen, dem Einzelnen vorzuschreiben, was er im Interesse seines eigenen Schutzes zu tun hat.[315] Geltung erlangt diese Sichtweise auch für Versicherteninteressen und damit für die Patientenrechte. Denn staatliche Leistungseinschränkungen aufgrund persönlicher, gesundheitsgefährdender Verhaltensweisen sind nur dann zulässig, wenn sie dem Ausgleich entstehenden zusätzlichen Belastungen der Solidargemeinschaft also der Krankenversicherung dienen.

---

[312] Siehe etwa *Kunig* in: von Münch/Kunig, GG Kommentar I, Art. 2 Rn. 30 ff.; *Murswiek* in: Sachs, GG, Art. 2 Rn. 59 ff.

[313] Die Rechtsprechung des BVerfG zur staatlichen Schutzpflicht beruht zwar auf Fällen, die den Schutz von Leben und Gesundheit betrafen, die hierzu entwickelten Grundsätze sind jedoch auch auf andere Freiheitsrechte übertragbar; *Murswiek* in: Sachs, GG, Art. 2 Rn. 25.

[314] Siehe nur BVerfGE 96, 56 (63).

[315] BVerwGE 82, 45 (48 f.); siehe auch *Dreier* in: ders., GG Kommentar I, Art. 2 I Rn. 26.

Insgesamt wird dem Grundrechtsträger mit seiner Intimsphäre ein unantastbarer Bereich privater Lebensgestaltung gewährt, in dem er seine Individualität entwickeln und wahren kann.[316]

Daraus ergeben sich für die Gewährleistung von Patientenrechten folgende Maßgaben:
Selbstbestimmungsrecht bzw. Autonomie befähigen den Patienten hinsichtlich seiner Krankheit und deren Behandlung selbstbestimmte Entscheidungen zu treffen.[317] Das Selbstbestimmungsrecht gibt den Grund für die Aufklärung und die Einwilligung zur medizinischen Behandlung. Es handelt sich gleichsam um einen der wesentlichen grundrechtlichen Begründungsansätze für Patientenrechte. Dem Patienten steht es aus grundrechtlicher Sicht zu, selbstverantwortlich an der Wiederherstellung seiner Gesundheit mitzuwirken. Konkretisieren kann sich dies auch in der Möglichkeit, zwischen den in der Medizin zur Verfügung stehenden, verschiedenen gesundheitlichen Handlungsalternativen zu wählen. Angemessene Aufklärung und Information sind insoweit unabdinglich, da sie die Eigenkompetenz als Voraussetzung gesundheitlicher Selbstbestimmung stärken. Aus der grundrechtlichen Gewährleistung des Persönlichkeitsrechts lassen sich somit unterschiedliche Aufklärungsansprüche ableiten, die nicht nur auf die Selbstbestimmung und daran anknüpfend auf die Einwilligung des Patienten Bezug nehmen, sondern auch die Therapie und insofern die Möglichkeit der Mitwirkung des Patienten an der Behandlung betreffen.
Neben dem positiven Recht informiert zu werden, leitet sich aus dem Selbstbestimmungsrecht des Patienten auch das Recht ab, von Informationen verschont zu bleiben, sozusagen also ein Recht auf Nichtwissen. Ebenso muss eine Nichteinwilligung in die Behandlung oder ein anders ausgedrückter Behandlungsverzicht als grundrechtlich gewährleistete Entscheidung gebilligt werden. Das Selbstbestimmungsrecht des Patienten hat Vorrang, selbst wenn es um einen vom Arzt für erforderlich gehaltenen Eingriff geht. Dies gilt auch für die Entscheidung, lebensverlängernde Maßnahmen abzubrechen oder zu unterlassen. Dem Patienten steht es zu, mittels einer Patientenverfügung vorkehrend für den Fall der Entscheidungsunfähigkeit auf entsprechende Maßnahmen zu verzichten.[318] Allerdings ist für die Bindungswirkung eines solchen Patienten-

---

[316] BVerfGE 32, 373 (378 f.); 34, 238 (245); 35, 202 (220).

[317] Vgl. zum Selbstbestimmungsrecht des Patienten etwa *Francke/Hart*, in: Badura/Hart/Schellschmidt, Bürgerorientierung des Gesundheitswesens, S. 213; *Hanika*, Patientencharta, MedR 1999, 149 (157 f.).

[318] Abgesehen von den Einzelheiten wird die unmittelbare Verbindlichkeit einer Patientenverfügung von der überwiegenden Literaturmeinung anerkannt; vgl. mit weiteren Nachweisen *Uhlenbruck/Laufs* in: Laufs/Uhlenbruck, Handbuch des Arztrechts, § 58 Rn. 9. In einem

Testaments neben der Form auch der Zeitpunkt des Zustandekommens von wesentlicher Bedeutung. Je kürzer die Zeitspanne bis zum möglichen Zustand der Entscheidungsunfähigkeit ist, um so eher ist die Verfügung als Ausdruck einer aktuellen selbstbestimmten Entscheidung des Patienten zu deuten.
Schwierig zu beurteilen sind die Fälle, in denen dem Patienten eine selbstbestimmte Entscheidung aufgrund seines Zustands nicht oder nicht mehr möglich ist. Hier ist wohl davon auszugehen, dass bei der Bildung praktischer Konkordanz das Selbstbestimmungsrecht gegenüber dem Leben als Schutzgut des Art. 2 II S. 1 GG regelmäßig zurücktritt, um die „vitale Grundlage" jeglicher Selbstbestimmung und Lebensgestaltung des Betroffenen zu wahren.[319] Probleme bereitet daneben die Selbstbestimmung Minderjähriger und psychisch Kranker im Hinblick auf ihre Einwilligungsfähigkeit. Vor allem bei den Minderjährigen geht es um die Frage, inwieweit sie in der Innehabung und Ausübung ihres Selbstbestimmungsrechts beschränkt sind und damit um die Einschätzung ihrer Grundrechtsmündigkeit. Bei zunehmender Selbstständigkeit kann es zu einer Kollision mit dem zeitlich begrenzten elterlichen Erziehungsrecht nach Art. 6 II GG kommen, wenn der Minderjährige trotz seiner Grundrechtsfähigkeit nicht in der Lage ist, sein Selbstbestimmungsrecht gegen den Willen der Sorgeberechtigten auszuüben. Es geht somit um ein Problem der Drittwirkung von Grundrechten. Die Vorraussetzungen für die Einwilligungsfähigkeit Minderjähriger werden, abgesehen von der wohl unstreitbaren geistigen und sittlichen Reife,[320] im Einzelnen nicht einheitlich beurteilt. Vernünftige Erwägungen sprechen indessen dafür, die Fähigkeit aufgrund selbstbestimmter Entscheidung in eine medizinische Behandlung einzuwilligen, nicht von starren, objektivierten Voraussetzungen abhängig zu machen. Vielmehr sollte die individuelle Fähigkeit des Einzelnen, emotional und intellektuell die Bedeutung

---

jüngst zur Verbindlichkeit von Patientenverfügungen ergangenen Beschluss des BGH, wurde ebenfalls auf das zu respektierende, in einem einwilligungsfähigen Zustand ausgeübte Selbstbestimmungsrecht verwiesen; siehe hierzu Borasio/Putz/Eisenmenger, Verbindlichkeit von Patientenverfügungen gestärkt, DÄBl. 2003, A 2062 ff. Die Gegenmeinung sieht in solchen Erklärungen dagegen lediglich Anhaltspunkte jedoch keine bindende Wirkung, da der erfahrene Arzt aus der Praxis weiß, dass die psychische Situation des kranken Patienten sich gegenüber seinem Normalzustand verändert und in der Regel dieser sich angesichts des Todes an jeden rettenden Strohhalm klammert; so etwa *Laufs*, Arztrecht, Rn. 293; *Spann*, Das „Patiententestament", MedR 1983, 13 (14). Dieser Auffassung muss aus grundrechtlicher Sicht gleichwohl widersprochen werden, will sie doch das Selbstbestimmungsrecht des Patienten zugunsten einer ärztlichen Beurteilungshoheit opfern.

[319] *Francke*, Ärztliche Berufsfreiheit und Patientenrechte, S. 164. Natürlich gebietet es aber das Selbstbestimmungsrecht, zunächst den mutmaßlichen Willen des Patienten zu ermitteln.

[320] BGHZ 29, 33 (36).

und Reichweite des jeweiligen Eingriffs einschätzen zu können, ausschlaggebend sein.[321]
Maßgeblich ist die Autonomie des Patienten zudem für die ärztliche Pflicht zur Dokumentation der Behandlung. Dem Patienten ist auch ein Recht auf Einsichtnahme in diese Unterlagen zu gewähren.[322]
Die Patientenautonomie als Befähigung rationale Entscheidungen zur Gesundheit bzw. zur Behandlung zu treffen, lässt sich neben der individuellen Aufklärung auch durch die Erteilung allgemeiner Gesundheitsinformationen und die Verschaffung von Transparenz positiv beeinflussen.[323] Dagegen dürfte sich allein aus dem Selbstbestimmungsrecht kein konkreter Anspruch auf die Gewährung allgemeiner Informationen sowie einer transparenten Rechtslage ergeben. An das Paradigma des mündigen Patienten knüpft sich jedoch dessen moralischer Anspruch, über all jene Rechte informiert zu werden, die dem Patienten von der Rechtsordnung gewährt werden, gegebenenfalls auch über die, die ihm in Zukunft gewährt werden sollen.

(2) Bewahrung der Privat- bzw. der Intimsphäre
Diese Ausformung des allgemeinen Persönlichkeitsrechts verbürgt eine private Handlungssphäre als Recht des Einzelnen, einen Bereich abgeschirmter Lebensgestaltung bzw. eine Sphäre der Intimität zu begründen, in dem er vor der Einsicht- und Kenntnisnahme Dritter geschützt ist und mit Personen seines Vertrauens verkehren kann. Gleichgültig ist, welche Folgerungen aus Einblicken in diese Sphäre zu ziehen sind. Die zu gewährende Abschirmung darf nicht nur räumlich verstanden werden, sondern Schützt allgemein den Rückzug vor gesellschaftlichen Einblicken. Zu dem geschützten Bereich privater Lebensgestaltung gehören insoweit etwa auch Tagebücher oder ähnliche private Aufzeichnungen.[324]

---

[321] Freilich handelt es sich insoweit um eine auslegungsbedürftige Formulierung, die ohne weitere Vorgaben oder nähere Anhaltspunkte nur schwer praktikabel sein dürfte; siehe hierzu mit weiteren Nachweisen die ausführliche Darstellung von *Francke/Hart*, Charta der Patientenrechte, S. 146 ff.; allgemein zur Grundrechtsmündigkeit vgl. *Rüfner* in: Isensee/Kirchhof, HBdStR V, § 116 Rn. 23 ff.

[322] BGHZ 85, 327 (332) führt dazu aus, ein solches Recht ergebe sich aus dem durch grundrechtliche Wertung geprägten Selbstbestimmungsrecht und der personalen Würde des Patienten.

[323] Das Selbstbestimmungsrecht des Patienten wird durch das einfache Recht konkretisiert, indem der Zugang zu und Rechte auf vor allem individuelle, krankheitsbezogene Informationen sowie Informationspflichten bereitgehalten werden; vgl. hierzu *Badura/Hart/Schellschmidt*, Bürgerorientierung des Gesundheitswesens, S. 26 ff.

[324] Siehe BVerfGE 80, 367 (373 ff.).

Überschneidungen beim Schutz der Privat- bzw. der Intimsphäre treten teilweise mit anderen, dem allgemeinen Persönlichkeitsrecht vorrangigen Grundrechten auf. So schütz Art. 13 I GG in Bezug auf dieses Anliegen die räumliche Abschirmung der Wohnung und Art. 10 I GG gewährt den Schutz telefonisch oder ähnlich übermittelter, gesprochener sowie geschriebener Worte.[325]

Daraus ergeben sich für die Gewährleistung von Patientenrechten folgende Maßgaben:
Der Gewährung einer privaten Sphäre, als räumlich abgeschirmter Bereich persönlicher Entfaltung, in dem der Patient allein zu bleiben wünscht, um die Wahrung seiner Intimität den Einblicken Dritter zu entziehen, kommt vor allem dann erhöhte Bedeutung zu, wenn sich der Patient in stationärer Behandlung befindet. Dies gilt insbesondere für Krankenhausaufenthalte von längerer Dauer. Eine solche, weitestgehend unabhängige Privatsphäre beinhaltet daneben die Möglichkeit ungestörter Kontaktaufnahme zu vertrauten Personen. Erforderlich ist es daher auch, die Regelung von Besuchszeiten an diesem Grundrecht auszurichten.[326] Entsprechende Gewährleistungen werden zudem teilweise von Art. 6 I und II GG mitabgedeckt, da für den Patienten in der Regel der Kontakt zu Angehörigen eine vornehmliche Rolle spielt.
Neben diesen Aspekten schützt Art. 2 I i.V.m. Art. 1 I GG die aus dem vertraulichen Kontakt zwischen Arzt und Patient entspringenden, patientenbezogenen Befunde beispielsweise über die seelische Verfassung und den Charakter vor den Einblicken Unbefugter.[327] Das gilt insbesondere für die Erkenntnisse über den Gesundheitszustand des Patienten, die der Arzt durch seine Tätigkeit gewinnt und schriftlich in Krankenblättern niederlegt.[328] Soweit es in diesem Zusammenhang um die Erhebung und Verarbeitung personenbezogener Patientendaten geht, kommt es zu einer Überlagerung mit dem Schutzbereich des Rechts auf informationelle Selbstbestimmung. Das Recht auf informationelle Selbstbestimmung wurde ebenfalls aus dem allgemeinen Persönlichkeitsrecht entwickelt, stellt jedoch keine weitere Fallgruppe dar, sondern liegt zu den bereits genannten Ausprägungen aus Art. 2 I i.V.m. Art. 1 I GG „quer".[329]

---

[325] Vgl. zum grundrechtlich geschützten Bereich privater Lebensgestaltung *Kunig* in: von Münch/Kunig, GG I, Art. 2 Rn. 32; *Dreier* in: ders., GG I, Art. 2 I Rn. 51.

[326] Vgl. *Kluth* in: Fischer/Kluth/Lilie, Ansätze für eine Stärkung der Patientenrechte im deutschen Recht, S. 35 f.

[327] BVerfGE 89, 69 (82 f.).

[328] BVerfGE 32, 373 (379 f.).

[329] Siehe *Kunig* in: von Münch/Kunig, GG I, Art. 2 Rn. 38.

Den hohen Stellenwert, den in heutiger Zeit eine ungefährdete Intimsphäre des Patienten in seinem Verhältnis zum Arzt einnimmt, zeigt die Verankerung des Arztgeheimnisses im Bereich der Standesethik und des Berufsrechts sowie seine Normierung im Strafrecht.[330]

(3) Recht auf Informationelle Selbstbestimmung
Vor allem terminologisch verselbständigt hat sich das zuletzt vom BVerfG aus Art. 2 I i.V.m. Art. 1 I GG abgeleitete Recht auf informationelle Selbstbestimmung. Es beruht auf der Erkenntnis, dass die aus dem Gedanken der Selbstbestimmung folgende Befugnis des Einzelnen, selbst zu entscheiden, ob und wie persönliche Lebenssachverhalte offenbart werden, unter den heutigen und künftigen Bedingungen mit nicht mehr nur manueller, sondern vornehmlich automatischer Datenverarbeitung in besonderer Weise schutzbedürftig ist. Gerade die derzeitigen technischen Möglichkeiten aus verschiedenen Datensammlungen auch mit einzelnen, für sich gesehen belanglosen Daten ein weitgehend vollständiges Persönlichkeitsbild ohne Einflussnahme des Betroffenen zu erstellen, machen personenbezogene Informationen sensibel und schutzbedürftig. Unter Berücksichtigung dieser modernen Gegebenheiten muss es bei dem Grundrechtsträger selbst liegen, über die Weitergabe und Verwendung – also in erster Linie die Verarbeitung durch Speicherung, Übermittlung, Veränderung sowie Löschung – seiner persönlichen Daten zu bestimmen, sofern dies nicht bei gleichzeitiger Wahrung des Grundsatzes der Verhältnismäßigkeit und aufgrund einer spezifischen gesetzlichen Regelung zugunsten öffentlicher Zwecke erforderlich ist.[331]

Daraus ergeben sich für die Gewährleistung von Patientenrechten folgende Maßgaben:
Wie in den meisten Bereichen des gesellschaftlichen Lebens stellen die Möglichkeiten moderner Datenverarbeitung mittlerweile auch im System der medizinischen Versorgung eine feste Größe dar. Dabei kommt die Erhebung personenbezogener Patientendaten nicht nur auf der Grundlage der unmittelbaren Beziehung zwischen Patient und Arzt zum Tragen, sondern auch in Verbindung mit Krankenhausaufenthalten und der Sozialversicherung wird die Verwendung

---

[330] Neben § 203 I Nr. 1 StGB besteht auch ein prozessuales Zeugnisverweigerungsrecht des Arztes; vgl. *Laufs*, Arztrecht, Rn. 421 f.; *Eser*, Medizin und Strafrecht, ZStW 97 (1985), 1, (40 f.); *Francke/Hart*, Charta der Patientenrechte, S. 173 f.; siehe auch BVerfG NJW 1972, 1123.

[331] Siehe das grundlegende Volkszählungsurteil BVerfGE 65, 1 (42 ff.); vgl. zudem *Kunig* in: von Münch/Kunig, GG I, Art. 2 Rn. 38; *Schmitt Glaeser* in: Isensee/Kirchhof, HBdStR VI, § 129 Rn. 42 f.

entsprechender Informationen relevant. Nur beispielhaft sei daher auf die Gefahren hingewiesen, die etwa bei der Weitergabe einer Arztpraxis samt Datentechnik an einen ärztlichen Nachfolger für das allgemeine Persönlichkeitsrecht des Patienten entstehen. Gleiches gilt für den klinischen Bereich durch die Sammlung unterschiedlicher Patientendaten im Rahmen eines arbeitsteiligen Krankenhausbetriebs sowie für den Bereich der gesetzlichen Krankenversicherung, wo vor allem aus ökonomischen Gesichtspunkten Patientendaten gespeichert und in sonstiger Weise verwendet werden. Insoweit zeigt sich, dass datenschutzrechtliche Bestimmungen nicht nur im Verhältnis zum Staat sondern ebenso im Verhältnis zwischen Privaten grundrechtliche Bedeutung erlangen. Allerdings sind die geltenden Voraussetzungen nicht immer identischen, da die Verwendung von Daten durch Private – aber auch durch sonstige Träger von Grundrechten – gegebenenfalls in Bereiche deren grundrechtlich geschützter Freiheiten einzuordnen sind. Hier unterscheiden sich die verfassungsrechtlichen Anforderungen von denen für die staatliche Datenverarbeitung.[332]
Der Gesetzgeber hat dies berücksichtigend in den entsprechenden Vorschriftenkomplexen gesetzliche Regelungen zum Schutz von erhobenen Patientendaten geschaffen.[333] Die insoweit gestaltete Bewahrung des informationellen Selbstbestimmungsrechts des Patienten birgt allerdings – sozusagen als Kehrseite – die Möglichkeit einer hinzunehmenden Behinderung medizinischen Fortschritts durch im einzelnen forschungsfeindlich wirkende Datenschutznormen.
Weiterer Regelungsbedarf dürfte sich angesichts einer im Rahmen der Gesundheitsreform geplanten elektronischen Gesundheitskarte ergeben. Die vorgesehene Speicherung der Krankengeschichte des jeweiligen Versicherten auf dieser Karte und die Vernetzung zwischen den verschiedenen Leistungserbringern im Gesundheitswesen wird ohne strenge datenschutzrechtliche Vorkehrungen nicht mit dem Recht der Versicherten auf informationelle Selbstbestimmung zu vereinbaren sein.

d) Art. 2 II S. 1 GG: Das Recht auf Leben und körperliche Unversehrtheit

Der hohe Rang, der Art. 2 II S. 1 GG innerhalb der Wertordnung des Grundgesetzes beigemessen wird, zeigt sich bereits an der Rechtsprechung des BVerfG.

---

[332] Siehe *Starck* in: von Mangoldt/Klein/Starck, GG I, Art. 2 I Rn. 164; *Murswiek* in: Sachs, GG, Art. 2 Rn. 122.

[333] So besteht etwa im Bereich der gesetzlichen Krankenversicherung unter anderem mit den §§ 79 ff. SGB X und § 35 SGB I ein umfangreicher Datenschutz. Ebenso enthalten in der Regel die Heilberufsgesetze der Länder Vorschriften zur Gewährleistung des Rechts auf informationelle Selbstbestimmung des Patienten.

So hat das Gericht die Ableitung staatlicher Schutzpflichten neben den Abwehrrechten gegen den Staat zwar allgemein formuliert, hierfür aber gerade den Schutz der in Art. 2 II S. 1 GG verbürgten Rechte zum Anlass genommen. Berücksichtigung findet insoweit auch der enge Bezug zur Menschenwürde.[334] Mit dem Recht auf Leben und dem Recht auf körperliche Unversehrtheit enthält Art. 2 II S. 1 GG zwei selbstständige Grundrechte. Dennoch stehen beide in einem unstreitbaren Zusammenhang, da eine Beeinträchtigung des Grundrechts auf Leben naturgemäß auch einen Eingriff in die körperliche Unversehrtheit mit einschließt, oder anders ausgedrückt, das Recht auf Leben auch ein Recht auf körperliche Unversehrtheit mit erfasst. Im Behandlungsfall geht es dem Patienten regelmäßig – wenn auch nicht immer – sowohl um die Erhaltung bzw. die Wiederherstellung seiner Gesundheit als auch um die Erhaltung seines Lebens. Die durch Art. 2 II S. 1 GG gewährleisteten Rechte sind daher gerade für den Patienten von elementarer Bedeutung und nehmen eine zentrale Rolle ein, wenn es darum geht, einzelne Patientenrechte grundrechtlich zu begründen.

(1) Grundrecht auf Leben

Der grundrechtliche Schutz des Lebens als die vitale Basis aller menschlicher Freiheiten bezieht sich in erster Linie auf das körperliche Dasein, womit die biologisch-physische Existenz des Einzelnen gemeint ist. Nur diese rein biologisch-physische Definition des menschlichen Lebens kann der Garantie einer von Menschen nicht beeinträchtigten Fortexistenz auch eines geistes- oder sterbenskranken Lebens gerecht werden und damit der Gefahr einer Manipulation dieses Grundrechts vorbeugen. Sowohl für den Beginn als auch für die Beendigung der menschlichen Existenz sind freilich konkrete objektive Anhaltspunkte notwendig, um willkürliche Einschnitte von vornherein auszuschließen. Nach mittlerweile wohl anerkannter Auffassung beginnt das menschliche Leben in seiner Bedeutung als grundrechtliches Schutzgut bereits vor der Geburt mit der Befruchtung der Eizelle und endet zweifelsohne mit dem Tod. Zweifel bestehen allerdings bei der Ansetzung des Todeszeitpunkts. Der Gesetzgeber hat sich im Transplantationsgesetz nicht auf den Zeitpunkt des Stillstands von Kreislauf und Atmung, sondern auf den sogenannten Hirntod festgelegt.[335] [336]

---

[334] Siehe zu der auf das Leben gerichteten Schutzpflicht des Staates beim Schwangerschaftsabbruch BVerfGE 39, 1 (42 ff.); 88, 203 (251 ff.).

[335] Vgl. *Lorenz* in: Isensee/Kirchhof, HBdStR VI, § 128 Rn. 8 ff.; *Starck* in: von Mangoldt/Klein/Starck, GG I, Art. 2 II Rn. 176; *Schulze-Fielitz* in: Dreier, GG I, Art. 2 II Rn. 15 f.

[336] Allerdings wird teilweise die Auffassung vertreten, das Hirntodkonzept sei Ausdruck eines reduzierten Menschenbildes; siehe zu den hinsichtlich Art. 2 II GG geäußerten Beden-

Daraus ergeben sich für die Gewährleistung von Patientenrechten folgende Maßgaben:
Art. 2 II S. 1 GG und speziell das Grundrecht auf Leben nimmt in unterschiedlicher Hinsicht Einfluss auf die Rechte des Patienten. Insbesondere wird die Frage nach einem Anspruch auf ausreichende und flächendeckende medizinische Versorgung auf Art. 2 II S. 1 GG gestützt. Ein solcher Anspruch bzw. ein entsprechender Auftrag an den Staat wäre Teil des Erfordernisses zur hoheitlichen Ausgestaltung von Grundrechten durch Organisation und Verfahren und wird an späterer Stelle noch eingehend zu untersuchen sein.
Um eine ganz andere Problemstellung handelt es sich bei der Frage nach der Verfügbarkeit des Einzelnen über sein Leben. Gerade der Todeswunsch leidender Patienten kann sich über den Gedanken zur Selbsttötung zu einem Begehren nach aktiver Euthanasie erweitern. Ob das Recht auf Leben[337] etwa als Garantie einer negativen Freiheit auch ein Recht auf den eigenen Tod umfasst, wird allerdings kontrovers beurteilt. Vorherrschend ist die Auffassung, dass Art. 2 II S. 1 GG kein Recht auf Beendigung des eigenen Lebens verbürgt.[338] Von den Vertretern der Gegenansicht wird unterdessen teilweise auch die Rechtfertigung aktiver Sterbehilfe angenommen. Demnach soll die Hilfe beim Sterben eines unheilbar Kranken jedenfalls dann gerechtfertigt sein, wenn sie nach Maßgabe parlamentsgesetzlicher Grundlagen erfolgt, die sicherstellen, dass tatsächlich dem Willen des Patienten entsprochen wird.[339] Eine derartige gesetzliche Grundlage wäre allerdings mit einer kulturellen, sich von der christlich-abendländischen Tradition wegbewegenden Umorientierung gleichzuset-

ken *Höfling*, Hirntodkonzeption und Transplantationsgesetzgebung, MedR 1996, 6 (7 f.); *ders.*, Transplantationsgesetzgebung und Grundrecht auf Leben, JZ 1995, 26 (31 ff.); vgl. auch *Schulze-Fielitz* in: Dreier, GG I, Art. 2 II Rn. 16. Die herrschende Meinung geht allerdings wie der Gesetzgeber von der Gleichsetzung des Organtodes des Gehirns mit dem Tod des Menschen aus; vgl. hierzu etwa Sternberg-Lieben, Tod und Strafrecht, JA 1997, 80, 82 ff. m.w.N.; Steffen, Wieviele Tode Stirbt der Mensch?, NJW 1997, 1619 f.

337 Anstelle Art. 2 II S. 1 GG wird zum Teil aber auch Art. 2 I GG für den Schutz der Entscheidung über das eigene Leben als einschlägig erachtet; vgl. etwa *Jarass* in: Jarass/Pieroth, GG, Art. 2 Rn. 61.

338 Siehe *Lorenz* in: Isensee/Kirchhof, HBdStR VI, § 128 Rn. 62 und Rn. 66; *Kunig* in: von Münch/Kunig, GG I, Art. 2 Rn. 50; *Starck* in: von Mangoldt/Klein/Starck, GG I, Art. 2 II Rn. 176; *Dürig* in: Maunz/Dürig/Herzog, GG, Art. 2 II Rn. 12. Zur Problematik lebensschützender Regelungen bei der zielgerichteten Selbsttötung siehe *Francke*, Ärztliche Berufsfreiheit und Patientenrechte, S. 105 f.

339 Vgl. *Jarass* in: Jarass/Pieroth, GG, Art. 2 Rn. 76; *Schulze-Fielitz* in: Dreier, GG I, Art. 2 II Rn. 43.

zen und stieße zudem auf schwierige Abgrenzungsfragen.[340] Der Gesetzgeber hat sich indessen mit dem Verbot aktiver Sterbehilfe in § 216 StGB nicht nur für die Aufrechterhaltung des gesellschaftlichen und ethischen Tötungstabus entschieden, sondern er umgeht auch die Abgrenzungsfragen, etwa zur Vorbeugung von Missbrauchsgefahren bzw. Negativanreizen durch gesellschaftlichen Druck.[341]
Dementsprechend ist eine aktive Euthanasie auch dann nicht gestattet, wenn der Patient auf keine kurative Behandlung mehr anspricht. In Übereinstimmung mit der bis zum Lebensende zu wahrenden Menschenwürde hat der Patient dafür einen Anspruch auf aktives palliativmedizinisches Handeln, insbesondere auf Schmerztherapie sowie auf mitmenschliche Begleitung. Die Therapiemaxime kann sich hierbei vom Ziel der Lebensverlängerung zur Absicht einer Maximierung der Lebensqualität wandeln.

Der Schwerpunkt grundrechtlicher Gewährleistungen des Art. 2 II S. 1 GG liegt allerdings in erster Linie in der Pflicht der staatlichen Organe, sich schützend und fördernd vor die genannten Rechtsgüter zu stellen.[342] Dies gilt nicht minder für den Schutz von Patienten. Als Gebot der sich aus Art. 2 II S. 1 GG ergebenden umfassenden staatlichen Schutzpflicht müssen unter anderem die Verfahren und Regelungen zur Arzneimittelsicherheit oder die Pflicht zur Aus- und Weiterbildung der Leistungserbringer im Gesundheitssystem gewertet werden. Der Schutz des Grundrechts auf Leben als staatliche Pflicht darf sich indessen nicht um jeden Preis durchsetzen. So können dem Patienten zur Wahrung seines Grundrechts auch nicht bestimmte therapeutische Maßnahmen gegen seinen ausdrücklichen Willen oktroyiert werden. Selbst wenn ohne eine indizierte Maßnahme akute Lebensgefahr droht, muss der Patient als autonom entscheidendes Subjekt respektiert werden. Eine staatliche Schutzpflicht hat dabei ebenso wie das ärztliche Berufsethos, das dem Arzt die Unterlassung medizinisch gebotener Hilfeleistung unzumutbar macht, hinter der freien, selbst-

---

[340] Siehe hierzu im Einzelnen *Kluth* in: Fischer/Kluth/Lilie, Ansätze für eine Stärkung der Patientenrechte im deutschen Recht, S. 30. Ein näheres Eingehen auf diese Thematik und den dazu geführten Diskurs hat hier schon aufgrund der Tragweite und des tiefgreifenden Charakters zu unterbleiben.

[341] Vgl. *Murswiek* in: Sachs, GG, Art. 2 Rn. 212a; *Hufen*, In dubio pro dignitate, NJW 2001, 849 (855). Beide Autoren gehen jedoch davon aus, dass sich im Verbot der aktiven Sterbehilfe kein verfassungsrechtliches Gebot wiederspiegelt; a.A. *Starck* in: von Mangoldt/Klein/Starck, GG I, Art. 2 II Rn. 191. Siehe zur aktiven Sterbehilfe auch im europäischen Vergleich *Knopp*, Aktive Sterbehilfe – Europäische Entwicklungen und „Selbstbestimmungsrecht" des Patienten, MedR 2003, 379 ff.

[342] Siehe *Lorenz* in: Isensee/Kirchhof, HBdStR VI, § 128 Rn. 44.

bestimmten Entscheidung des Patienten – selbstverständlich unter Voraussetzung seiner entsprechenden Entscheidungsfähigkeit – zurückzutreten.

(2) Grundrecht auf körperliche Unversehrtheit

Mit dem Recht auf körperliche Unversehrtheit wird die konkrete Körpersphäre sowohl in Hinsicht auf den biologisch-physiologischen als auch auf den psychischen Bereich – jedenfalls soweit Einwirkungen auf die Psyche körperliche Effekte hervorrufen – gewährleistet. Umfasst wird damit das Freisein von pathologischen Zuständen auch durch psychische Krankheiten und darüber hinaus die Bewahrung vor nichtkörperlichen Eingriffen, die ihrer Wirkung nach körperlichen Eingriffen gleichzusetzen sind.[343] Neben der biologisch-physiologischen und der psychischen Gesundheit wird auch die körperliche Integrität erfasst. Die Disponibilität der körperlichen Sphäre soll grundsätzlich dem Willen des jeweiligen Rechtsträgers obliegen und nicht zur Verfügung Dritter gestellt werden.[344]

Ein über den Schutz des Rechtsträgers in seiner körperlichen Erscheinungsweise hinausreichendes Recht auf Ungestörtheit des geistig-seelischen und sozialen Wohlbefindens im Sinne der Gesundheitsdefinition der WHO wird dagegen abgelehnt und wäre wohl auch tatbestandlich nur schwer erfassbar.[345]

Daraus ergeben sich für die Gewährleistung von Patientenrechten folgende Maßgaben:

Grundsätzlich ist die ärztliche Heilbehandlung durch diagnostische oder therapeutische Eingriffe und vor allem durch Operationen eine Beeinträchtigung der körperlichen Unversehrtheit des Patienten.[346] Erfolgt sie allerdings mit seiner rechtfertigenden Zustimmung, stellt die Heilbehandlung keinen grundrechtlichen Eingriff dar, wobei das wirksame Patienteneinverständnis, was bereits zur Autonomie und Selbstbestimmung ausgeführt wurde, die umfassende Aufklärung über Risiken und Folgen des jeweiligen Eingriffs voraussetzt. Ausnahmen

---

[343] BVerfGE 56, 54 (75).

[344] Siehe zum Schutzgut „körperliche Unversehrtheit" insbesondere *Hermes*, Das Grundrecht auf Schutz von Leben und Gesundheit, S. 222 ff.

[345] Siehe *Starck* in: von Mangoldt/Klein/Starck, GG I, Art. 2 II Rn. 177; *Lorenz* in: Isensee/Kirchhof, HBdStR VI, § 128 Rn. 16 ff.; vgl. auch *Francke*, Ärztliche Berufsfreiheit und Patientenrechte, S. 77 f.; BVerfGE 56, 54 (73 ff.).

[346] Zu berücksichtigen ist insoweit allerdings, dass der Schutz des Rechtsguts der körperlichen Unversehrtheit im Rahmen des § 223 StGB auf die biologisch-physiologischen Aspekte beschränkt bleibt, während vom grundrechtlichen Schutz auch der psychische Bereich erfasst wird; ausführlich zum Rechtsgut der Körperverletzungsdelikte und dem Ausschluss jedenfalls isolierter psychischer Störungen, Lilie in: Leipziger Kommentar, Vor § 223 Rn. 2.

vom Zustimmungserfordernis ergeben sich bei zustandsbedingter Entscheidungsunfähigkeit des Patienten oder bei der gesetzlich vorgeschriebenen Zwangsbehandlung.[347] Grundsätzlich kann der Patient mit der Verweigerung seiner Zustimmung jede Form einer medizinischen Behandlung unterbinden. Daraus ergibt sich aber kein naheliegender Umkehrschluss, nach dem der Arzt dazu verpflichtet wäre, jedem Behandlungsverlangen des Patienten zu entsprechen. Denn abgesehen von Notfällen und entsprechenden vertraglichen Verpflichtungen liegt die Behandlungsaufnahme in der Entscheidungsfreiheit des Arztes.[348]
Ein darüber hinaus gehender Gesundheitsschutz im Sinne des Art. 2 II S. 1 GG kann indessen nicht weitergehen, als es das Rechtsgut selbst zulässt. Gesundheit ist unabhängig vom jeweiligen Verständnis ein Gut, dass weder hergestellt bzw. geliefert, noch vom Staat in vollem Umfang gewährleistet werden kann. Gesundheit richtet sich neben anderen Faktoren bekanntermaßen nach einem das ganze Leben durchziehenden Prozess, der vornehmlich vom Verhalten des Einzelnen und seiner körperlichen Anlage bestimmt wird. Naturgemäß liegt eine Gesundheitsgarantie damit außerhalb des staatlichen Einflussbereichs. Handlungsmöglichkeiten bieten sich allerdings in der Gestaltung gesundheitsorientierter Modalitäten im Hinblick auf die Leistungserbringung im Gesundheitswesen.[349] Das Recht des Patienten auf gesundheitliche Integrität gemäß Art. 2 II S. 1 GG muss dementsprechend im Vordergrund aller Gestaltungsoptionen des Gesundheitswesens stehen.[350] Hierzu gehört vor allem die Gewährleistung und Sicherstellung von Qualität durch entsprechende Verfahrens- und Organisationsstrukturen. Ebenso wie das Leben ist der Schutzgegenstand der körperlichen Unversehrtheit vor fehlerhafter medizinischer Versorgung und vor Gefahren aufgrund technischer Mängel so weit wie möglich zu schützen. Jeder Patient, der sich etwa in die Behandlung eines Universitätskrankenhauses begibt, „muss sicher sein, dass sein Grundrecht auf körperliche Unversehrtheit aus Art. 2 II S. 1 GG nach allen Regeln ärztlicher Kunst gewahrt wird.“[351]
Der von der Verfassung gebotene wirksame Schutz des Patienten vor Behandlungsfehlern und sonstigen schuldhaften Schädigungen verlangt schließlich auch strafrechtliche Sanktionen und zivilrechtliche Haftungsansprüche, die jedoch nicht lediglich als Repressalien zu werten sind. Gerade die beweisrechtlichen Grundsätze im Arzthaftungsprozess müssen die besondere prozessuale

---

[347] *Murswiek* in: Sachs, GG, Art. 2 Rn. 206.

[348] Siehe insoweit *Eser*, Medizin und Strafrecht, ZStW 97 (1985), 1 (23).

[349] Vgl. hierzu *Jaeger*, Informationsanspruch des Patienten, MedR 2003, 263 (264).

[350] *Hanika*, Patientencharta, MedR 1999, 149 (158).

[351] BVerfGE 57, 70 (99).

Situation des Patienten, die Gefahrneigung der ärztlichen Tätigkeit und die unterschiedlichen Interessenlagen berücksichtigen.[352] Regeln über die Verteilung der Beweislast im Haftungsprozess haben insoweit einen Bezug zu Art. 2 II S. 1 GG. Eine ganz bestimmte Verteilung der Beweislast ist dem Grundrecht auf körperliche Unversehrtheit indessen nicht zu entnehmen,[353] sondern obliegt dem Gestaltungsspielraum des Gesetzgebers bzw. der Rechtsprechung bei der Entwicklung sachgerechter Lösungen.

e) Art. 3 GG: Gleichheitsgebot

Für die grundrechtliche Verbürgung der Gleichheit steht in erster Linie Art. 3 GG, wenngleich die Gewährleistung von Gleichheit auch an anderen Stellen des Grundgesetztes erfolgt. Neben dem allgemeinen Gleichheitssatz des Art. 3 I GG enthält das Grundgesetz explizit mit der Gleichberechtigung von Mann und Frau nach Art. 3 II S. 1 GG, den Diskriminierungsverboten nach Art. 3 III GG sowie mit der Gleichstellung unehelicher Kinder nach Art. 6 V GG und dem Recht auf gleichen Zugang zu öffentlichen Ämtern nach Art. 33 II GG verschiedene spezielle Gleichheitsrechte. Insbesondere das Gebot der Rechtsanwendungsgleichheit des allgemeinen Gleichheitssatzes und auch die ausdrücklichen Differenzierungsverbote des Art. 3 II und III GG[354] besitzen neben ihrer subjektiv-rechtlichen Seite als objektive Wertentscheidungen erhebliche Ausstrahlungswirkung auf alle Rechtsbereiche[355] und entfalten vor allem durch die Bindung der Zivilgesetzgebung mittelbare Drittwirkung.
Daraus ergeben sich für die Gewährleistung von Patientenrechten folgende Maßgaben:
Unproblematisch ist die Erkenntnis, dass wie in allen Bereichen des gesellschaftlichen Lebens auch Patienten bei der Inanspruchnahme medizinsicher Leistungen nach dem Gebot der Gleichbehandlung zu versorgen sind. Selbstverständlich gelten auf dem gesamten Gebiet des Gesundheitswesens die Diskriminierungsverbote des Art. 3 GG.[356]

---

[352] Vgl. BVerfGE 52, 131 (155).

[353] Vgl. *Starck* in: von Mangoldt/Klein/Starck, GG I, Art. 2 II Rn. 219.

[354] Zum Verhältnis zwischen Art. 3 II sowie Art. 3 III GG und den sich insoweit überschneidenden Differenzierungsverboten siehe *Heun* in: Dreier, GG I, Art. 3 Rn. 89 ff.

[355] BVerfGE 6, 84 (91); 35, 263 (271 f.); 38, 225 (228); 41, 1 (13).

[356] In Österreich enthält sogar die Vereinbarung zur Sicherstellung der Patientenrechte (Patientencharta) zwischen dem Bund und einzelnen Ländern ein Diskriminierungsverbot von Patienten wegen dem Verdacht oder dem Vorliegen einer Krankheit und verpflichtet die

Unter Berücksichtigung der territorial unterschiedlich ausgeprägten Versorgungsstrukturen in Deutschland erscheint es allerdings auch klärungswürdig, ob aus dem allgemeinen Gleichheitssatz ein Anspruch auf gleichmäßige Verteilung entsprechender Versorgungseinrichtungen grundrechtlich begründbar ist. Ein solcher Anspruch könnte vor allem unter dem Aspekt stehen, im gesamten Bundesgebiet hinsichtlich Zeit und Aufwand vergleichbare Entfernungen zum nächstgelegenen Krankenhaus zu gewähren.
Grundsätzlich verbürgt Art. 3 I S. 1 GG genauso wie die übrigen Gleichheitsrechte die Gleichbehandlung bei der Gewährung von Leistungen. Insoweit verbietet der allgemeine Gleichheitssatz allerdings nur willkürliche Ungleichbehandlungen. Ableitbare Teilhabeansprüche knüpfen derweil an die tatsächlich erbrachten staatlichen Leistungen an und können nicht weiter gehen als die zur Verfügung stehenden Mittel bzw. die Kapazitäten der zu benutzenden Einrichtungen.[357] Ebenso verbürgen die Gleichheitsrechte eine gleiche Teilhabe an bestehenden staatlichen Vorkehrungen, die den Grundrechtsgebrauch erst ermöglichen oder ihn erleichtern. Weder einzelne Personen noch Personengruppen dürfen zwar demzufolge willkürlich von einer Inanspruchnahme ausgeschlossen werden, eine Verpflichtung zur Förderung bestimmter Personen besteht indes allein nach Maßgabe des Art. 3 II S. 2 GG. Ob über das Recht auf Teilhabe hinaus auch ein einklagbarer Individualanspruch des Staatsbürgers auf Schaffung von Einrichtungen herzuleiten ist, hat das BVerfG aber ausdrücklich offengelassen. Ein solcher Anspruch käme, wenn überhaupt, erst bei evidenter Verletzung eines vom Gericht in Erwägung gezogenen objektiven sozialstaatlichen Verfassungsauftrags zur Bereitstellung ausreichender Kapazitäten in Betracht.[358] Ist daher von keiner Unterversorgung auszugehen, stehen also einer Inanspruchnahme medizinischer Leistungen nicht solche Erschwernisse entgegen, dass eine Gefährdung der Rechtsgüter aus Art. 2 II S. 1 GG zu befürchten wäre, sind entsprechende Ansprüche gegen den Staat ohnehin auszuschließen.[359]

Beteiligten ohne Unterschied für alle Patienten zweckmäßige und angemessene Leistungen sicherzustellen.

[357] Vgl. *Murswiek* in: Isensee/Kirchhof, HBdStR V, § 112 Rn. 69 und Rn. 73.

[358] Vgl. insoweit das Numerus-clausus-Urteil: BVerfGE 33, 303 (333); ähnlich auch *Jarass* in: Jarass/Pieroth, GG, Art. 20 Rn. 107.

[359] Zum Anspruch des Grundrechtsträgers auf Schaffung und Unterhaltung einer leistungsfähigen medizinischen Versorgungsstruktur siehe unten in diesem Kapitel III. 2.

f) Art. 4 I, II GG; Art. 140 GG i.V.m. Art. 141 WRV: Religions-, Weltanschauungs- und Gewissensfreiheit

Art. 4 GG erfährt insbesondere durch das BVerfG eine extensive Interpretation. Das Gericht erkennt die Glaubens- und Bekenntnisfreiheit nach Art. 4 I GG[360] sowie die ungestörte Religionsausübung nach Art. 4 II GG als einheitliches Grundrecht, bei dem Art. 4 II GG vor allem eine Klarstellungsfunktion übernimmt.[361] Mit dem Schutz innerer Vorstellungen sowie der Bildung und Beibehaltung einer Gewissensentscheidung wird auch das in Art. 4 I GG ausdrücklich erwähnte religiöse und weltanschauliche Bekenntnis gedeckt. Tatsächlich bestimmt sich der Inhalt des durch Art. 4 I, II GG gewährleisteten Glaubens und der Gewissensentscheidung aber am konkreten Selbstverständnis des Grundrechtsträgers und erfasst alle von der eigenen religiösen oder weltanschaulichen Überzeugung bzw. dem Gewissen verlangten Handlungen. Aufgrund der Dynamik entsprechender Überzeugungen stehen auch Veränderungen und Entwicklungen unter dem Schutz dieser Freiheitsgarantien. Der Einzelne darf sein gesamtes Verhalten an den Lehren seines Glaubens ausrichten und seinen inneren Glaubensüberzeugungen gemäß leben.[362]

Der mit Art. 140 GG rezipierte Art. 141 WRV stellt wie die übrigen übernommenen Kirchenartikel der WRV vollgültiges Verfassungsrecht dar und steht mit den Bestimmungen des Grundgesetzes ranggleich auf einer Stufe.[363] Demgemäß erschöpft sich das konstitutionelle Religionsrecht nicht bereits in Art. 4 GG. Da Art. 140 GG keine Grundrechte gewährt,[364] liegt aber zumindest der Schwerpunkt des Religionsrechts in der Garantie der Glaubensfreiheit.
Art. 141 WRV bezieht sich in erster Linie auf die Religionsgemeinschaften, die unter den aufgeführten Voraussetzungen zur Vornahme religiöser Handlungen in öffentlichen Anstalten zuzulassen sind. Bei der Begründung von Patientenrechten – jedenfalls solcher, die im Zusammenhang mit der Religions- und Weltanschauungsfreiheit stehen – ist Art. 141 WRV als „Grundrechtsermögli-

---

[360] Zum Schutzbereich des Grundrechts der Gewissensfreiheit aus Art. 4 I GG siehe *Kluth*, Der Preis der Gewissensfreiheit im weltanschaulich pluralen Leistungsstaat, in: Muckel, Kirche und Religion im sozialen Rechtsstaat, S. 459 (471 ff.).

[361] BVerfGE 24, 236 (245 f.); siehe auch *Kokott* in: Sachs, GG, Art. 4 Rn. 10; *Starck* in: von Mangoldt/Klein/Starck, GG I, Art. 4 I, II Rn. 53; a.A. dagegen etwa *Ipsen*, Staatsrecht II, Rn. 372.

[362] Siehe BVerfGE 32, 98 (106); vgl. auch *Morlok* in: Dreier, GG I, Art. 4 Rn. 32 ff.

[363] BVerfGE 19, 206 (219).

[364] So etwa BVerfGE 19, 129 (135); *Morlok* in: Dreier, GG I, Art. 4 Rn. 28.

chung unter den besonderen anstaltlichen Bedingungen"[365] dennoch von Bedeutung und insoweit auch erwähnenswert.

Daraus ergeben sich für die Gewährleistung von Patientenrechten folgende Maßgaben:
Es liegt auf der Hand, dass die Gewährleistung der Religions- und Weltanschauungsfreiheit in sämtlichen Bereichen erforderlich ist, in denen die Ausübung der genannten Freiheit für Patienten relevant sein kann. Nach § 2 III S. 2 SGB V haben die Krankenkassen daher schon bei der Auswahl der Leistungserbringer, die religiösen Bedürfnisse der Versicherten zu berücksichtigen. Besonderes Gewicht kommt in diesem Zusammenhang dem Bereich stationärer Behandlungen zu. Gerade im Krankenhaus dürfte es für Patienten von Bedeutung sein, dass ihnen die Möglichkeit zur Religionsausübung gewährt wird. Unter der zu berücksichtigenden Wahrung eines funktionierenden Krankenhausbetriebes gehört hierzu gegebenenfalls auch die Bereitstellung von Gebetsmöglichkeiten oder beispielsweise das Angebot schweinefleischfreier Kost für Muslime. Auf Wunsch sollte dem Patienten eine religiöse Betreuung und die Teilnahme am Gottesdienst ermöglicht werden, soweit dies nicht mit einer Störung des Krankenhausbetriebes verbunden ist. Um hierfür die Voraussetzungen zu schaffen, kann der Patient bei seiner Aufnahme in das Krankenhaus, selbstverständlich unter Hinweis auf die Freiwilligkeit der Beantwortung, nach seiner Konfession befragt werden.[366] Grundsätzlich sollten auch bei der Aufklärung und bei der Darlegung verschiedener Behandlungsmethoden und Therapiemöglichkeiten die religiösen und weltanschaulichen Überzeugungen des Patienten so gut wie möglich berücksichtigt werden.
Als Gewährleistung „realer Freiheit" unter den besonderen Lebensumständen eines Krankenhausaufenthaltes erfasst der objektiv-rechtliche Gehalt des Art. 4 I, II GG schließlich auch die Zulassung von Religionsgesellschaften in Krankenhäusern zur Ausübung religiöser Handlungen. Es kann demzufolge dahingestellt bleiben, ob Art. 140 GG i.V.m. Art. 141 WRV mit der Zulassung betreuungswilliger Religionsgemeinschaften auch dem Patienten ein unmittelbares Recht gewährt.[367]

---

[365] *Ehlers* in: Sachs, GG, Art. 140 – Art. 141 WRV Rn. 1.

[366] Entsprechende Bestimmungen enthält beispielsweise die Verwaltungsvorschrift des Sächsischen Staatsministeriums für Soziales zur Gewährleistung der Krankenhausseelsorge im Freistaat Sachsen (VwV KHSeelS) vom 12. Mai 2003.

[367] Vgl. hierzu die Ausführungen von *Ehlers* in: Sachs, GG, Art. 140 – Art. 141 WRV Rn. 1.

g) *Art. 6 I, II GG: Schutz von Ehe bzw. Familie und elterliches Erziehungsrecht*

Art. 6 I GG verbürgt den Schutz der Ehe und der Familie durch die staatliche Ordnung. Insbesondere die Familie versteht sich als enges Beziehungsverhältnis zwischen Eltern und Kind sowie zwischen den einzelnen Familienmitgliedern zueinander. Das Elternrecht des Art. 6 II GG bezieht sich auf die Gestaltung dieser Beziehung in Form von Pflege und Erziehung des Kindes. Als Grundrecht mit gleichzeitiger Pflichtbindung seiner Träger unterscheidet sich das Elternrecht von allen anderen Grundrechten und kann insoweit treffender als Elternverantwortung bezeichnet werden.[368]

Daraus ergeben sich für die Gewährleistung von Patientenrechten folgende Maßgaben:
Die in Art. 6 I, II GG verbürgten Rechte haben hauptsächlich Einfluss auf die Gestaltung der Kontaktmöglichkeiten des Patienten zu seinen Angehörigen. Im Rahmen einer stationären Versorgung ist dem Patienten der umfassende Empfang von Angehörigenbesuchen zu gestatten. Die Besuchszeiten sind zur Sicherstellung dieses Rechts nach Möglichkeit abzustimmen. Unter Berücksichtigung der Interessen anderer Patienten und des funktionierenden Krankenhausbetriebes dürfen Besuche auch außerhalb der feststehenden Besuchszeiten nicht kategorisch verweigert werden. Bei Minderjährigen ist auf Wunsch die Mitaufnahme einer Begleitperson zu gewähren, jedenfalls sofern die räumlichen Bedingungen es gestatten. Dies gilt erst Recht für die Fälle medizinischer Indikation. Den Eltern muss grundsätzlich die Möglichkeit gegeben werden, sich an der Betreuung ihres Kindes zu beteiligen.

h) *Art. 9 I GG: Allgemeine Vereinigungsfreiheit*

Art. 9 I GG schützt die Freiheit, Vereinigungen zu bilden. Geschützt sind ebenso die Freiheit des Beitritts, der Betätigung in einer bestehenden Vereinigung sowie der Verbleib in diesem Zusammenschluss. Im Grundrecht selbst werden mit dem Verein und der Gesellschaft allerdings nur spezielle Ausprägungen der Vereinigung genannt. Der Verein wird in § 2 I VereinsG als freiwilliger Zusammenschluss einer Mehrheit natürlicher oder juristischer Personen umschrieben, die sich für längere Zeit und zu einem Gemeinsamen Zweck einer organisierten Willensbildung unterwerfen – insofern ist hierunter auch die Vereinigungsform der Gesellschaft zu verstehen. Art. 9 I GG schützt nach der Lehre vom Doppelgrundrecht indessen nicht nur die einzelnen, sich zusammen-

---

[368] BVerfGE 24, 119 (143).

schließenden Personen, sondern – ohne Berufung auf Art. 19 III GG – als Garantie kollektiver Vereinigungsfreiheit auch die Vereinigung an sich.[369]

Daraus ergeben sich für die Gewährleistung von Patientenrechten folgende Maßgaben:
Art. 9 I GG gewährt selbstverständlich auch grundrechtsfähigen Patienten die Freiheit, Vereinigungen zu bilden. Den sich zusammenschließenden Patienten obliegt insoweit die Ausgestaltung der Organisation, die Ausgestaltung des Verfahrens der Willensbildung und die Führung der Geschäfte ihres Patientenvereins. Entsprechend dieser Ausgestaltung steht es solchen Vereinigungen offen, die Interessen und Bedürfnisse ihrer Mitglieder in deren Eigenschaft als Patienten zu betreuen, wie es in zahlreichen Varianten und auf unterschiedlichen Ebenen bereits geschieht.[370] Überlegungen zu einer überindividuellen Patientenvertretung auf Bundesebene bestehen zumeist im Zusammenspiel mit derartigen Patientenvereinigungen.

2. Ableitung von Patientenrechten aus verfassungsrechtlichen Staatszielen

Die in der Verfassung verankerten Staatszielbestimmungen unterscheiden sich vor allem von der Stringenz und der „einklagbaren Verbindlichkeit" grundrechtlicher Gewährleistungen. Sie sind zwar verbindliche aber nicht durch den Bürger direkt einklagbare Verfassungsnormen, die dem Staat im Rahmen des tatsächlich und rechtlich Möglichen die Berücksichtigung und Verfolgung bestimmter Ziele gebieten. Staatszielbestimmungen werden auch als Optimierungsgebote qualifiziert[371] und stellen daher weder einklagbare Leistungsansprüche noch subjektive Rechte dar. So kann etwa ein notwendigerweise durch

---

[369] Diese Ansicht entspricht der ständigen Rechtsprechung des BVerfG, vgl. BVerfGE 13, 174 (175); 30, 227 (241); 50, 290 (354); 62, 354 (373); 84, 372 (378); vgl. des weiteren *Jarass* in: Jarass/Pieroth, GG, Art. 9 Rn. 11 sowie *Murswiek*, Grundfälle zur Vereinigungsfreiheit, JuS 1992, 116 (117 f.), der zugleich die Erheblichkeit des Unterschiedes dieser dogmatischen Konstruktion gegenüber dem Schutz des Vereins über Art. 19 III GG in Frage stellt. Zur Gegenansicht vgl. etwa *Isensee* in: Isensee/Kirchhof, HBdStR V, § 118 Rn. 65 f., wonach angesichts der Vorschrift des Art. 19 III GG die Lehre vom Doppelgrundrecht ohnehin als überflüssig zu erachten sei.

[370] *Taupitz*, Die Vertretung kollektiver Patienteninteressen, MedR 2003, 7 (8).

[371] Vgl. *Alexy*, Theorie der Grundrechte, S. 74 f.; zum Thema Staatszielbestimmungen siehe außerdem *Brohm*, Soziale Grundrechte und Staatszielbestimmungen in der Verfassung, JZ 1994, 213 ff.

Gesetz vermitteltes subjektives Recht auf Sicherung einer sozialen Grundrechtsvoraussetzung nicht durch das Sozialstaatsprinzip, sondern nur durch das jeweilige Grundrecht begründet werden.[372] Gleichwohl ist die Bedeutung von Staatszielbestimmungen für die Begründung und Entwicklung von Patientenrechten nicht zu unterschätzten.

Das gilt vor allem für das Sozialstaatsprinzip. Es gebietet dem Staat für die realen Voraussetzungen von Grundrechten zu sorgen und vermittelt insoweit soziale Verantwortung. Das soziale Staatsziel fördert das Freiheits- und Gleichheitsniveau der Gesellschaft im Ganzen und gibt Impulse an den Gesetzgeber, für angemessene und möglichst soziale Grundrechtsvoraussetzungen zu sorgen.[373] Konkrete Auswirkungen auf die Interessen von Patienten können in diesem Zusammenhang nicht nur bezüglich der grundrechtsvoraussetzenden Bereitstellung einer funktionsfähigen, gesundheitsversorgenden Infrastruktur bestehen. Einen „sozialstaatlichen Bezug" weist beispielsweise auch das Gleichheitsgrundrecht des Art. 6 V GG auf, das sich letztlich auch auf Patienten bezieht. Die Bedeutung des Sozialstaatsprinzips für die Auslegung der Verfassung sowie seine Orientierung auf den Schutz des Schwächeren[374] führt insgesamt zu einer zusätzlichen Absicherung und Bekräftigung von Patientenrechten, begründet indessen ganz im Sinne eines Optimierungsgebotes keine konkreten Rechte.

Auch das Rechtsstaatsprinzip und das Demokratieprinzip können angesichts ihrer grundsätzlichen verfassungsrechtlichen Bedeutung die Durchsetzung und Begründung von Rechten des Patienten beeinflussen. Beim Rechtsstaatsprinzip äußert sich dies in erster Linie mit der – als wesentliches Merkmal der Ausgestaltung des Rechtsstaats durch das GG geltenden –[375] Garantie eines umfassenden Rechtsschutzes der Bürger und somit auch der Patienten. Demgegenüber

---

[372] Vgl. *Isensee* in: Isensee/Kirchhof, HBdStR V, § 115 Rn. 160. Beispielsweise beruht die menschenwürdige Unterbringung bedürftiger Personen aufgrund entsprechender landesgesetzlicher Regelungen auf Art. 1 I GG; OVG Münster NVwZ 1993, 202 (203). Ausreichende Sozialhilfeleistungen im Sinne des § 1 II BSHG zur Gewährleistung des Existenzminimums werden vom BVerfG aber zumindest als verfassungsrechtliches Gebot auf der Grundlage des Art. 1 I GG i.V.m. dem Sozialstaatsprinzip gesehen; BVerfGE 82, 60 (85); den grundrechtlichen Schutz vor materieller Not allerdings noch ablehnend BVerfGE 1, 97 (104).

[373] Siehe *Isensee* in: Isensee/Kirchhof, HBdStR V, § 115 Rn. 158 und 161.

[374] Zur Orientierung des sozialen Staatsziels auf den Schutz des Schwächeren vgl. BVerfGE 26, 16 (37); 35, 202 (235 f.).

[375] Die Rechtsweggarantie des Art. 19 IV GG garantiert neben dem effektiven Gerichtsschutz auch ein faires Verwaltungsverfahren; siehe *Francke/Hart*, Bürgerbeteiligung im Gesundheitswesen, S. 120.

knüpft vor allem die Idee der Bürgerbeteiligung im Gesundheitswesen an Vorstellungen der Demokratie an.[376]

3. Patientenrechte als Einschränkung von Grundfreiheiten der Leistungserbringer

In der Gewährleistung von Rechten, welche vornehmlich auf die Interessen von Patienten gerichtet sind, lauert stets die Gefahr einer Kollision mit entgegenstehenden Rechtspositionen. Vor allem, wenn es sich bei den kollidierenden Rechtspositionen um solche von Verfassungsrang handelt, ist es in erster Linie Aufgabe des Gesetzgebers, diese Kollisionen unter bestmöglicher Wahrung aller beteiligten Interessen einzudämmen. Die Rechte von Patienten stellen in den meisten Fällen eine Negation von Freiheiten der Leistungserbringer im Gesundheitswesen, insbesondere der Ärzte, dar. Diese Freiheiten müssen daher im Rahmen der Rechtsgewährung durch Abwägung ausreichende Berücksichtigung finden.
Zum größten Teil wirken sich Patientenrechte auf die ärztliche Tätigkeit aus und betreffen die durch Art. 12 I GG garantierte Berufsfreiheit. Da sich diese Rechte gewöhnlich als Berufsausübungsregelungen darstellen, erfolgt ihre Rechtfertigung nach Maßgabe des Verhältnismäßigkeitsgrundsatzes, der sich an der vom BVerfG im Apothekenurteil[377] entwickelten Stufenlehre ausrichtet. Mit der Wahrung der Interessen von Patienten vor allem durch grundrechtlich begründete Patientenrechte dürften vernünftige Erwägungen des Gemeinwohls die Beschränkungen der Berufsausübungsfreiheit im Regelfall rechtfertigen. Als zulässige Berufsausübungsregelungen der ärztlichen Tätigkeit stellen sich beispielsweise die Untersagung der Bezeichnung „Ärztehaus“,[378] das Verbot

---

[376] *Francke/Hart*, Bürgerbeteiligung im Gesundheitswesen, S. 34. In der Demokratie darf die Gewalt nur vom Volk ausgehen. Die Bürgerbeteiligung im Gesundheitswesen soll zu einer Mitwirkung von Patienten bzw. Bürgern an den wesentlichen Entscheidungen im Gesundheitswesen führen. Das Demokratieprinzip der Verfassung wird insoweit als der Begründungsansatz gesehen, aus dem sich eine umfassende Bürgerbeteiligung an Verwaltungsentscheidungen ergeben kann. Vgl. hierzu und zum Streit, ob von einem engeren, nur auf den Staat bezogenen Demokratieverständnis oder von einem weiteren, von der Bürgergesellschaft her konzipierten Demokratieverständnis auszugehen ist *Francke/Hart*, Bürgerbeteiligung im Gesundheitswesen, S. 121 ff. Zu den gewonnen Erkenntnissen hinsichtlich der Begründung einer Bürgerbeteiligung siehe *Francke/Hart*, aaO., S. 297 f.

[377] BVerfGE 7, 377 ff.

[378] BVerfGE NJW 1983, 2069.

indizierter Schwangerschaftsabbrüche durch freipraktizierende Frauenärzte[379] oder das Verbot standeswidriger Werbung aufgrund ärztlicher Berufsordnungen[380] dar. Auch die subjektiven Berufszulassungsvoraussetzungen durch Regelungen zur Aus-, Weiter- und Fortbildung von Ärzten und anderen Leistungserbringern sind als freiheitsbeschränkende Regelungen des Art. 12 I GG nach Maßgabe des Verhältnismäßigkeitsgrundsatzes zum Schutz der Grundrechte etwa aus Art. 2 II S. 1 GG gerechtfertigt. Sie sind – ebenso wie die sich auf die Qualität und Sicherheit der Behandlung sowie auf die Autonomie der Patienten beziehenden Berufspflichten – als Beitrag zu einem qualitativ hochstehenden Versorgungssystem zu werten.[381] In der Beziehung zwischen Arzt und Patient treffen mit dem beruflichen Ausübungsrecht des Arztes und dem auf Gesundheit, Leben und Sterben bezogenen Selbstbestimmungsrecht des Patienten unterschiedliche Autonomieansprüche aufeinander. Gerade dem Selbstbestimmungsrecht des Patienten ist aber gegenüber den Autonomieansprüchen des Arztes ein unbedingter Vorrang einzuräumen. Dieser Vorrang äußert sich vor allem darin, dass der nach Art. 12 I GG geschützten, freien beruflichen Entfaltung des Arztes durch das Recht des Patienten über seine Behandlung selbst zu bestimmen nicht nur Grenzen gesetzt, sondern eben auch Pflichten auferlegt werden und insofern die fundamentale Bedeutung des Selbstbestimmungsrechts zur Geltung gebracht wird.[382] [383] Andererseits dürfen

---

[379] BVerwGE 75, 330 (333).

[380] BVerfGE 71, 162 (173 f.).

[381] Maßgeblich ist der Ausgleich zwischen den abwehrrechtlichen Freiheitspositionen der Ärzte und anderer Leistungserbringer, die ihre professionelle Autonomie beanspruchen, und den Rechten, der durch das öffentlich strukturierte System versorgten Patienten; vgl. *Francke/Hart* in: Badura/Hart/Schellschmidt, Bürgerorientierung des Gesundheitswesens, S. 241. Vgl. zudem zur Zulässigkeit des Entzugs der Kassenzulassung bei groben Pflichtverstößen BVerfGE 69, 233 (244).

[382] Vgl. *Francke/Hart*, Charta der Patientenrechte, S. 118.

[383] Indessen wird mitunter in Erwägung gezogen, den Ärzten als Angehörige eines freien Berufs einen gesteigerten Gehalt an Freiheit zuzugestehen und dementsprechend erhöhte Anforderungen an die Beschränkung ihrer Berufsausübung zu stellen. Ein solches Verständnis lässt sich begründen, sofern dem freiheitlichen Charakter des Arztberufs eine verfassungsrechtliche Relevanz beizumessen ist. Dem hat das BVerfG allerdings eine klare Absage erteilt, da es sich hierbei um keinen eindeutigen Rechtsbegriff handele, aus dem sich präzise normative Wirkungen für seine Behandlung im Recht ableiten ließen. Daher sei auch ein erhöhter Anspruch auf Freiheit vor gesetzgeberischen Eingriffen zu verneinen; BVerfGE 10, 354 (364); 11, 105 (117); a.A. offenbar *Scholz* in: Maunz/Dürig/Herzog, GG, Art. 12 Rn. 256, der in der Eigenschaft des feien Berufs eine grundsätzliche rechtliche Verbindlichkeit sieht, die von der öffentlichen Gewalt gemäß Art. 12 I GG unmittelbar beachtet werden muss. Tatsächlich ergibt sich die Freiheit des ärztlichen Berufs aber aus dem Standesrecht, §

sowohl das Selbstbestimmungsrecht als auch die übrigen Rechte des Patienten nicht die Eigenverantwortlichkeit des Arztes aushebeln oder ihn in seinem Tätigkeitsfeld übermäßig reglementieren und mit Sanktionen bedrohen. Dem Arzt muss trotz sämtlicher Einschränkungen immer eine sachgerechte Erfüllung seiner Tätigkeit möglich bleiben.

Neben diesen Belangen sind bei der Gewährung von Patientenrechten auch die auf die Funktionsfähigkeit und Wirtschaftlichkeit gerichteten Interessen der Träger von Gesundheitseinrichtungen und der Versicherungsträger zu berücksichtigen. Soweit diese Interessen „wirklich und spürbar" betroffen werden, sind sie als Rechtswerte mit Verfassungsrang zu qualifizieren.[384] Ein umfangreiches Maß an Rechten schlägt sich hier durch einen erhöhten finanziellen und – davon mitumfasst – einen erhöhten personellen sowie organisatorischen Aufwand nieder. Betroffen ist insbesondere die Solidargemeinschaft der gesetzlichen Krankenversicherung. Augenfällige Mehrbelastungen der genannten Art entstehen den Krankenkassen etwa durch die Förderung von Einrichtungen zur Verbraucher- und Patientenberatung. Der Rahmen, in dem entsprechende Maßnahmen zur Unterstützung von Patienteninteressen gewährt werden, darf insofern nicht die Erfüllung originärer Aufgaben der Krankenversicherung, also den Erhalt, die Wiederherstellung sowie die Verbesserung des Gesundheitszustandes der Versicherten gemäß § 1 S. 1 SGB V, beeinträchtigen. In diesem Sinne findet die Einräumung von Patientenrechten klare Grenzen in besonderen öffentlichen Interessen von Verfassungsrang, wie der Funktions- und Leistungsfähigkeit einer sozialen Sicherung[385] sowie in der grundlegenden Sicherstellung der Funktionsfähigkeit des Systems der medizinischen Versorgung.

1 II BÄO. Der Freiraum der demnach der ärztlichen Tätigkeit zukommt, gilt auch für das Beamten- und Angestelltenverhältnis, wo Weisungsfreiheit gegenüber Nichtärzten im ärztlichen Handlungsbereich begründet wird; vgl. *Laufs* in: Laufs/Uhlenbruck, Handbuch des Arztrechts, § 3 Rn. 11; vgl. auch *Francke*, Ärztliche Berufsfreiheit und Patientenrechte, S. 56 ff.; *Kluth* in: Fischer/Kluth/Lilie, Ansätze für eine Stärkung der Patientenrechte im deutschen Recht, S. 44.

[384] Vgl. *Kluth* in: Fischer/Kluth/Lilie, Ansätze für eine Stärkung der Patientenrechte im deutschen Recht, S. 45.

[385] Vgl. insoweit *Francke/Hart* in: Badura/Hart/Schellschmidt, Bürgerorientierung des Gesundheitswesens, S. 237.

III. Anforderungen an Organisation und Verfahren

Der Begriff der Patientenrechte erfasst nicht allein die individuellen Leistungsansprüche, sondern ebenfalls Organisations- und Verfahrensregelungen.[386] Allerdings wurde bereits aufgezeigt, dass sich gerade die bestehenden Formen der organisierten Patientenunterstützung nur in wenigen Fällen auf gesetzliche Grundlagen stützen. Die verfahrens- und organisationsrechtlichen Auswirkungen von Grundrechten werden jedoch seit geraumer Zeit diskutiert. Die Frage nach staatlichen Handlungsbedürfnissen stellt sich damit vor dem Hintergrund, ob und in welcher Form die Verfassung zur Grundrechtsverwirklichung und Grundrechtssicherung Maßgaben für Organisation und Verfahren vorgibt. Aufgrund ihres objektiv-rechtlichen Gehalts erstreckt sich die Grundrechtswirkung jedenfalls generell auf Organisation und Verfahren aller drei Gewalten und dabei nicht nur hinsichtlich ihrer Anwendung, sondern auch ihrer Ausgestaltung. So beeinflussen die Grundrechte nach der Rechtsprechung des Bundesverfassungsgerichts zum einen Ausgestaltung und Anwendung des materiellen Rechts, zum anderen setzen sie auch Maßstäbe für die Anwendung vorhandener Verfahrensvorschriften sowie – und das ist vorliegend von besonderem Interesse – für eine grundrechtseffektuierende Organisations- und Verfahrensgestaltung.[387] Nähere Aussagen zu Art und Ausmaß eines unter Umständen grundrechtlich vorgegebenen Schutzes von Patientenrechten durch Organisation und Verfahren sind jedoch nicht ohne eine genaue Analyse der dogmatischen Grundlagen möglich.

1. Begriffsbestimmung

Es ist mittlerweile unbestritten, dass zwischen den einzelnen Grundrechten und Verfahrensgarantien sowie organisatorischen Absicherungen bedeutsame Bezüge bestehen. Es handelt sich um einen wechselseitigen Konnex, da die Grundrechtsausübung zunehmend auf Organisation und Verfahren angewiesen ist, zugleich aber auch auf das Organisations- und Verfahrensrecht einwirkt.[388] Gerade die Erkenntnis, dass ein wesentlicher Bestandteil der Grundrechte in ihrer effektiven Durchsetzbarkeit liegt, hat hinsichtlich den Freiheiten des Ein-

---

[386] Siehe nur *Welge/Lindemann* in: Kranich/Böcken, Patientenrechte und Patientenunterstützung in Europa, S. 104.

[387] Mit weiteren Nachweisen BVerfGE 69, 315 (355).

[388] Vgl. von *Münch*, Staatsrecht II, Rn. 173; *Hesse*, Verfassungsrecht, Rn. 359; zur Entwicklung der deutschen Grundrechtslehre hinsichtlich der Grundrechtswirkung für Organisation und Verfahren siehe *Stern*, Staatsrecht III/1, S. 953 ff.

zelnen zur rechtsstaatlichen Obliegenheit geführt, erforderliche Organisations- und Verfahrensregelungen zu erlassen. Verschiedene Rechte können sich ohne die notwendigen organisatorischen oder verfahrensrechtlichen Ausgestaltungen sogar als inhaltslos darstellen. So wäre ein Beschwerderecht ohne die Einrichtung entsprechender Beschwerdestellen und die Ausgestaltung eines Beschwerdeverfahrens kaum durchsetzbar. Da aber der Verfahrensbegriff und der Organisationsbegriff in ihrer rechtswissenschaftlichen Bedeutung sehr facettenreich sind, kommt zunächst einer Begriffsklärung und gegebenenfalls einer Abgrenzung, auf welche Bedeutungen hinsichtlich der Grundrechtsrelevanz Bezug genommen wird, besondere Bedeutung zu.

Der Begriff des Verfahrens deckt einen weiten Bereich verschiedener Formen von Maßnahmen und Systemen ab und lässt sich nur schwer in eine konkretisierende Definition fassen. Dies zeigt sich auch in der äußerst abstrakten Umschreibung von Alexy: „Verfahren sind Systeme von Regeln und/oder Prinzipien zur Erzeugung eines Ergebnisses".[389] Nicht allein, dass dieser Beitrag bei der Beantwortung der Frage, auf welche Bedeutung sich die oben beschriebene Grundrechtsrelevanz des Verfahrens bezieht, kein Stück weiter führt. Vor allem die Bemühung, mit der „Verfahrensidee" die Gemeinsamkeiten von Organisation und Verfahren aufzuzeigen und Verfahren sowie Organisation auf diese Weise unter dem genannten Verfahrensbegriff zusammenzufassen, kann nicht überzeugen, lässt diese Formel doch in jedem Fall die Organisation als Institution – auf diesen Terminus wird im Folgenden noch einzugehen sein – außen vor.

Obwohl eine exakte Begriffsbestimmung nicht möglich ist, bleiben Differenzierungen möglich, die eine genaue Aussage über den jeweiligen Grundrechtsbezug zulassen. Zu unterscheiden sind parlamentarische Verfahren von Gerichtsverfahren und Verwaltungsverfahren, die wiederum eine Differenzierung zwischen dem jeweiligen Innen- und Außenrechtskreis erfordern. Hiervon sind im Gesamten solche Verfahren, die im nicht-staatlichen Bereich, etwa im Verhältnis zwischen Grundrechtssubjekten angewandt werden, abzugrenzen. Soweit ersichtlich, kann eine Grundrechtsrelevanz für keinen dieser Verfahrensbereiche ausgeschlossen werden. Ebenso lässt sich die Bedeutsamkeit zur Verwirklichung und Sicherung grundrechtlich abgeleiteter Patientenrechte nicht auf einen bestimmten Verfahrenstyp beschränken.

Konkretere Aussagen lassen sich zum Begriff der Organisation treffen. Dem Begriff werden in der Jurisprudenz mehrere Bedeutungen zugeordnet. Einerseits dient er als Bezeichnung für auf Dauer angelegte, zweckorientierte Organisationseinheiten im Sinne von Institutionen. Daneben wird mit Organisation

[389] *Alexy*, Theorie der Grundrechte, S. 431.

auch die Handlung des Organisierens ausgedrückt[390] sowie die innere Ordnung von Institutionen, also die Gestaltung ihrer Möglichkeit zum sachgemäßen Handeln.[391] Letzteres macht derweil deutlich, dass sich die Begriffe Organisation und Verfahren durchaus überlagern,[392] denn die innere Ordnung von Einrichtungen wird regelmäßig durch die Verfahren im jeweiligen Innenrechtskreis ausgestaltet.
Aus grundrechtlicher Perspektive kann jede dieser Kategorien für die Realisierung oder Effektuierung von Patientenrechten relevant werden. Aus Sicht des Patienten dürfte aber vor allem die Grundrechtsverwirklichung bzw. -sicherung durch zweckorientierte Institutionen mithin durch Einrichtungen zur Information/Beratung, Streitschlichtung oder Begutachtung interessant sein.

2. Grundsätze zum organisations- und verfahrensrechtlichen Gehalt materieller Grundrechte

Trotz der generell zu verzeichnenden Anerkennung grundrechtlicher Abstützung auf Organisation und Verfahren, fehlt es an allgemeingültigen Grundsätzen zur verbindlichen Lösung von Einzelfragen. Bemühungen entsprechende Grundsätze aufzustellen, sehen sich der Schwierigkeit ausgesetzt, dass die einzelnen Grundrechtsbestimmungen abhängig von der Art und Weise ihrer Ausübung einerseits zu unterschiedlichen Zwecken und andererseits in unterschiedlicher Weise und mit unterschiedlicher Tragweite auf Verfahren und Organisation einwirken. Allein die konkrete Situation und das konkrete Grundrecht bestimmen regelmäßig die
organisations- und verfahrensrechtliche Bedeutsamkeit.[393] Neben der bereits vorgenommenen begrifflichen Unterscheidung steht daher eine Pflicht zur Dif-

---

[390] Vgl. hierzu auch *Wolff/Bachof/Stober*, Verwaltungsrecht Band 2, § 45 Rn. 75.

[391] Speziell im Verwaltungsrecht ist von der inneren Organisation die äußere Organisation der Verwaltung zu unterscheiden, die sich auf die Gliederung und die Aufgabenverteilung bezieht. Vgl. insgesamt zur Begriffsbestimmung von Organisation und Verfahren *Stern*, Staatsrecht III/1, S. 959 ff.

[392] Trotz solcher Überschneidungen sind die Grundrechtswirkungen für Organisation und Verfahren auseinander zu halten. Letztlich unterscheidet auch *Alexy*, Theorie der Grundrechte, S. 444 und S. 446 trotz seiner Zusammenfassung von Organisation und Verfahren zwischen „Verfahren im engeren Sinne“ und „Organisation im engeren Sinne“.

[393] So kann die Ausübung einer grundrechtlichen Freiheit in einem bestimmten Fall verfahrensabhängig sein, bei veränderter Sachlage kann dieses Grundrecht aber auch ohne ein solches Verfahren ausgeübt werden; siehe nur *Denninger* in: Isensee/Kirchhof, HBdStR V, § 113 Rn. 6 f.; *Stern*, Staatsrecht III/1, S. 372.

ferenzierung in der Sache vor jeder Einzelanalyse, freilich mit der Gewissheit, keine allgemeingültige Musterlösung zu finden.
Der Zusammenhang zwischen den Grundrechten und Organisation und Verfahren kann unter allgemeinen Gesichtspunkten aufgegliedert werden, und zwar in die bereits erwähnte Grundrechtseinwirkung auf das Verfahrens- und Organisationsrecht, in die im Interesse des Grundrechtsschutzes entwickelten Verfahrensanforderungen mithin dem verfassungskräftigen Anspruch auf effektiven Rechtsschutz sowie in die unmittelbare Verwirklichung und Sicherung von Grundrechten durch Organisation und Verfahren.[394] Zudem ist der Grundrechtsbezug von Organisations- und Verfahrensbestimmungen, die sich auf das Verhältnis zwischen einzelnen Grundrechtsträgern einerseits und auf das Verhältnis eines Grundrechtssubjekts unmittelbar gegenüber dem Staat andererseits beziehen, zu unterscheiden.[395]
Diese unterschiedenen Konstellationen und auch die Erkenntnis, dass überwiegend die konkrete rechtliche Situation und der Modus der Inanspruchnahme eines Grundrechts für die jeweilige Grundrechtsrelevanz von Organisation und Verfahren ausschlaggebend sind, geben indessen keinen Aufschluss darüber, wann ein Tätigwerden durch den Staat verfassungsrechtlich gefordert ist. Die Verfassung und vor allem die Grundrechte setzen nur sehr weite Maßstäbe für die Gestaltung von Organisation und Verfahren. Entsprechende staatliche Handlungen können jedoch von der grundlegenden Sicherstellung bis hin zur Optimierung von unterschiedlicher Bedeutung für die Grundrechtsverwirklichung sein. Ein konkretes Postulat, wann der Staat, insbesondere der Gesetzgeber, tätig werden soll, enthält die Verfassung nicht. Ohne Zweifel ist von einer Begrenzung nach „unten" auszugehen, indem ein Minimalstandard an Grundrechtsschutz durch Organisation und Verfahren nicht unterschritten werden darf. Genügt der Gesetzgeber aber mit dem Gewähren des Minimalstandards bereits seiner Handlungsobliegenheit, oder sind hierzu vielmehr Organisations- und Verfahrensvorschriften nötig, die auf einen optimalen Grundrechtsschutz zielen? Oder ist anstatt einer generalisierenden Aussage eher eine Position angebracht, die die Notwendigkeit staatlich bereitzustellender Organisations- und Verfahrensregelungen vom jeweiligen Fall und von der Bedeutung des jeweiligen Grundrechts abhängig macht?[396]

[394] Vgl. *Hesse*, Bestand und Bewertung der Grundrechte, EuGRZ 1978, 427 (435); *Stern*, Staatsrecht III/1, S. 973.

[395] *Bethge*, Grundrechtsverwirklichung und Grundrechtssicherung, NJW 1982, 1 (2 f.).

[396] Vgl. *Denninger* in: Isensee/Kirchhof, HBdStR V, § 113 Rn. 20 ff., der ähnliche denkbare Positionen aufführt, allerdings keine klare Aussage trifft, um „die Diskussion auf grundrechtstheoretisch vermessenes Gelände zu bringen". Letztlich sei die Entscheidung für einen solcher Maßstäbe eher eine „Frage des Grundrechts-Geschmacks".

Als Richtlinien und Impulse bestimmen die Grundrechte positiv die Aufgaben des Staates und deren Wahrnehmung. Insoweit besteht auch ein allgemeines Gebot zur Optimierung. Das BVerfG hat bisweilen sogar eine verfassungsrechtliche Pflicht angenommen, in der Verfahrensgestaltung auf einen bestmöglichen Schutz von Grundrechten hinzuwirken.[397] Die generelle Verpflichtung des Gesetzgebers, Organisations- und Verfahrensregelungen zu erlassen, die für jede Form der Grundrechtsausübung eine optimale Grundrechtswirkung versprechen, dürfte derweil in einer uferlosen Aufgabenzuweisung enden. Entsprechend weist das Gericht an anderer Stelle darauf hin, dass die Grundrechte die Gestaltung von Verfahrensrecht soweit beeinflussen, wie dieses für einen effektiven Grundrechtsschutz von Bedeutung ist.[398] Das BVerfG hat allerdings in einer weiteren Entscheidung auch beton, dass Verfahren, die die Geltendmachung einer grundgesetzlichen Gewährleistung regeln, von Verfassungs wegen sachgerecht, geeignet und zumutbar sein müssen. Dabei sieht es hierfür die Verfahrensanforderungen aus den materiellen Grundrechten auf das Elementare, rechtsstaatlich Unverzichtbare beschränkt.[399]

Das Bild, das das BVerfG mit den unterschiedlichen Aussagen seiner Rechtsprechung zu dieser Frage vermittelt, ist indes nicht so nebulös, wie es auf den ersten Blick erscheinen mag. Eine Einschätzung dieser Judikatur muss berücksichtigen, dass explizit zwischen solchen Verfahren zur Regelung der Grundrechtswirkung einerseits und Grundrechtsbeschränkungen andererseits unterschieden wird.[400] Das Gericht stellt an den Grundrechtsschutz selbst offenbar höhere Anforderungen, als an die Ausgestaltung von Verfahren bzw. Organisation, die sich auf eine Geltendmachung grundrechtlich gewährleisteter Positionen richten. Dennoch lässt sich ein allgemeiner Rechtsgrundsatz oder Ähnliches aus einer Gesamtschau aller Entscheidungen des BVerfG, in denen verfahrensrechtliche und organisationsrechtliche Wirkungen von Grundrechten zum Vorschein kommen, nicht ableiten.[401]

---

[397] Siehe dazu BVerfGE 52, 391 (408) und BVerfGE 53, 30 (75).

[398] BVerfGE 53, 30 (65); 63, 131 (143).

[399] BVerfGE 60, 253 (295); siehe auch BVerfGE 69, 1 (50); BVerfGE 56, 216 (242) lässt den Rückschluss zu, dass verfassungsrechtlich solche Verfahrensregelungen geboten sind, die nach der Intention des Gesetzgebers den Bestand eines Grundrechts grundlegend sichern.

[400] Insoweit siehe BVerfGE 60, 253 (295). *Denninger* in: Isensee/Kirchhof, HBdStR V, § 113 Rn. 22 f. berücksichtigt anscheinend diese Unterscheidung in seinen Ausführungen nicht.

[401] Vgl. *Ossenbühl*, Kernenergie im Spiegel des Verfassungsrechts, DÖV 1981, 1 (5), dessen Differenzierung in verfahrensabhängige, verfahrensbetroffene und verfahrensgeprägte Grundrechte in der einschlägigen Literatur allerdings wenig Anklang gefunden hat. Insbe-

Der unterschiedlich hohe Stellenwert grundrechtlich geschützter Rechtsgüter – das menschliche Leben und die menschliche Gesundheit sind etwa besonders hoch einzuschätzen[402] – sowie der im Einzelnen unterschiedlich stark ausgeprägte Grundrechtsbezug von Organisation und Verfahren weisen aber darauf hin, dass eine generelle Maßgabe für den Gesetzgeber nicht zu ermitteln ist. Unter den jeweils gegebenen Umständen sollten die organisatorischen bzw. verfahrensrechtlichen Voraussetzungen eine effektive Freiheitsausübung ermöglichen. Die sachlichen Erfordernisse zur Ausgestaltung eines Grundrechts durch Organisation und Verfahren sind allerdings von der Wirkung des Grundrechts in der konkreten Situation abhängig, mithin vom Grad der Bedeutung für die jeweilige Grundrechtsausübung, freilich unter der Prämisse, dass stets ein optimaler Grundrechtsschutz geboten ist.
Letztlich hat der Gesetzgeber in Bezug auf Organisation und Verfahren einen weiten Gestaltungsspielraum.[403] Der Grundrechtsbezug von Verfahren und Organisation auch in außerstaatlichen Verhältnissen macht in diesem Bereich den Zusammenhang mit den staatlichen Schutzpflichten[404] und dem hierzu anerkannten Gestaltungsspielraum deutlich. Verfahren und organisatorische Leistungen können im Verhältnis zwischen Grundrechtssubjekten nicht nur einen Interessen- und Leistungsausgleich, sondern auch eine individuelle bzw. kollektive Grundrechtsverwirklichung erreichen. Gegebenenfalls sollte es Aufgabe des Gesetzgebers sein, zu bestimmen, ob und wie er eine Maßnahme trifft, solange er einen Mindeststandard bzw. das „Untermaßverbot"[405] beachtet.
Hinsichtlich des Patientenschutzes dürften für die entsprechende Ermöglichung, Unterstützung oder Absicherung grundrechtlich begründeter Patienteninteressen vor allem Organisations- und Verfahrensregelungen interessant sein, die unter dem Aspekt der unmittelbaren Verwirklichung und Sicherung grundrechtlicher Schutzbereiche im Verhältnis zwischen Grundrechtssubjekten stehen.

---

sondere *Denninger* in: Isensee/Kirchhof, HBdStR V, § 113 Rn. 14 ff. und *Stern*, Staatsrecht III/1, S. 973 betrachten diese Kategorisierung als problematisch.

[402] Siehe nur BVerfGE 39, 1 (42).

[403] BVerfGE 60, 253 (295).

[404] Von einem solchen Zusammenhang geht offenbar auch *Denninger* in: Isensee/Kirchhof, HBdStR V, § 113 Rn. 5 aus, wenn er auf die Wahrnehmung von Schutzpflichten des Rechtsstaates durch den Erlass von Verfahrens- und Organisationsregeln hinweist; vgl. zudem *Dreier* in: ders., GG Kommentar, Vorb. Rn. 66.

[405] Zum Untermaßverbot siehe BVerfGE 88, 203 (254); *Isensee* in: Isensee/Kirchhof, HBdStR V, § 111 Rn. 165; *Hain*, Der Gesetzgeber in der Klemme zwischen Übermaß- und Untermaßverbot?, DVBl. 1993, 982.

3. Organisatorische Patientenrechtsvoraussetzungen

Um grundrechtliche Freiheiten und auch die daraus begründbaren Patientenrechte überhaupt zur Entfaltung kommen zu lassen, muss der Staat mitunter die nötigen Infrastrukturen schaffen und dabei zur Koordination der widerstreitenden grundrechtlichen Belange komplexe Ausgleichs- und Zuordnungsregelungen treffen.[406] So findet die grundrechtliche Freiheit der Forschung und der Lehre in der Praxis ihre Funktionsvoraussetzungen in den staatlichen Universitäten[407] und die Rundfunkfreiheit setzt ein entsprechendes organisatorisches Gerüst voraus, um eine freie individuelle und öffentliche Meinungsbildung zu gewährleisten.[408] Ähnlich elementar sollte für das Recht auf Leben und körperliche Unversehrtheit ein funktionsfähiges Gesundheitssystem sein, das eine flächendeckende medizinische Versorgung gewährleistet. Insoweit wird die Diskussion um die leistungsrechtliche Funktion des Art. 2 II S. 1 GG relevant. Für den einzelnen Grundrechtsträger könnte danach ein Anspruch auf Teilhabe an medizinischen Leistungen und Versorgungseinrichtungen bis hin zur Pflicht des Staates, solche Einrichtungen zu schaffen, begründbar sein. Einen grundrechtlich gesicherten Anspruch aus Art. 2 II S. 1 GG auf Bereitstellung und Gewährleistung spezieller Gesundheitsleistungen zur Heilung einer Krankheit oder zur Vorbeugung der Verschlimmerung einer Krankheit, hat das BVerfG allerdings verneint. Der Staat und seine Organe hätten vielmehr Vorkehrungen für den Schutz und die Förderung der Rechtsgüter dieses Grundrechts zu treffen.[409] Angeleitet wird der Staat zu solchen Maßnahmen insbesondere zum Aufbau und zur Unterhaltung einer leistungsfähigen medizinischen Versorgungsstruktur durch die objektiv-rechtliche Wertentscheidung des Art. 2 II S. 1 GG, gegebenenfalls in Verbindung mit dem Sozialstaatsprinzip.[410] Dabei steht den staatlichen Stellen aber ein sehr weiter Gestaltungsspielraum zu, zumindest

---

[406] *Dreier* in: ders., GG Kommentar, Vorb. Rn. 67.

[407] Vgl. die Rechtsprechung zur Organisation der wissenschaftlichen Hochschulen, BVerfGE 35, 79 (114 ff.).

[408] Siehe die grundlegende Entscheidung zur Ableitung einer bestimmten Organisation aus Art. 5 I S. 2 GG für den Rundfunk, BVerfGE 12, 205 (261 ff.).

[409] BVerfG MedR 1997, 318; BVerfG NJW 1997, 3085.

[410] Die Sozialstaatsklausel enthält einen Gestaltungsauftrag, der sich auch auf die Schaffung existentieller Voraussetzungen für die Entfaltungen von Freiheiten richtet; *Schnapp* in von Münch/Kunig, GG Kommentar II, Art. 20 Rn. 37. Zur Sozialversicherung als Ausdruck des Sozialstaatsprinzips sind in der bundesverfassungsgerichtlichen Rechtsprechung im Bereich des Gesundheitswesens beispielsweise Entscheidungen zum Erfordernis ärztlicher Versorgung in dünnbesiedelten Gebieten oder zur Schaffung von Pflegeeinrichtungen für Behinderte ergangen; siehe BVerfGE 11, 30 (48); 40, 121 (133).

soweit die staatlichen Schutzvorkehrungen nicht völlig ungeeignet oder völlig unzulänglich sind. Aufgrund der gegenwärtigen Sachlage, die nahezu der gesamten Bevölkerung einen Zugang wenigstens zu den Mindeststandards medizinischer Versorgung gewährt, besteht indessen keine Veranlassung dazu, Art. 2 II S. 1 GG im Sinne eines Grundrechts auf medizinische Versorgung fortzuentwickeln.[411]

Im Ergebnis beruht damit in Deutschland insbesondere die stationäre Gesundheitsversorgung auf dem wertsetzenden Programm für staatliches Handeln aus Art. 2 II S. 1 GG und dem Verfassungsauftrag des subsidiären Sozialstaates unter dem Grundgesetz sowie für die Bundesländer nach Maßgabe der Länderverfassungen, eine bedarfsgerechte und leistungsfähige Krankenhauspflege anzubieten. Das Gebot zu einer solchen allgemeinen Gesundheitsversorgung bei sozial tragbaren Kosten ist das Resultat einer objektiv-rechtlichen Deutung der Verfassungsaussagen in Bund und Ländern einerseits und der daraus resultierenden Schutzpflichten andererseits.[412]

Eine sichernde und fördernde Ausgestaltung können Patientenrechte ferner durch zweckgerichtete organisatorische Unterstützungsformen erhalten. Dazu gehören z. B. Organisationen, die nicht zur Verwirklichung oder zur Kontrolle der Ausübung eines bestimmten Grundrechts dienen, sondern zugunsten drittgerichteter Zwecke, wie der Grundrechtsverwirklichung Dritter oder schützenswerter Gemeinwohlinteressen, diesen Zwecken gegenüberstehende Grundrechtspositionen nachteilig mitbetreffen. Entsprechende Organisationen sind etwa die seit den 70er Jahren in Deutschland agierenden Ethikkommissionen deren Einrichtung teilweise in den Heilberufsgesetzen der Länder vom Gesetzgeber vorgegeben wird. Ihre Aufgabe ist in der Regel die rechtliche und ethische Bewertung von Humanexperimenten und insoweit ein präventiver Schutz der Probanden vor den Gefahren, Risiken und möglichen Missbräuchen der Teilnahme an derartigen Forschungsvorhaben. Es handelt sich dabei um eine öffentliche Aufgabe, die sich aus der Verantwortung des Staates für eigenes Handeln ergibt. Zudem wird der Staat aber seiner verfassungsmäßigen Schutzpflicht aus dem objektiv-rechtlichen Gehalt des Art. 2 II S. 1 GG für Gesund-

---

[411] Vgl. *Kunig* in: von Münch/Kunig, GG Kommentar I, Art. 2 Rn. 60; *Murswiek* in: Sachs, GG Kommentar, Art. 2 Rn. 225; siehe zudem *Seewald*, Zum Verfassungsrecht auf Gesundheit, S. 72 ff.; vgl. auch zur (noch) fehlenden Notwendigkeit der Auslegung des Art. 2 II S. 1 GG zu einem Anspruch auf medizinische Versorgung *Francke*, Ärztliche Berufsfreiheit und Patientenrechte, S. 84.

[412] Ähnlich auch *Pitschas* in seinem Vortrag „Strukturwandel der Krankenversorgung durch `Diagnosis Related Groups` (DRG´s)" am 16. 11. 2002 auf der Tagung des IGMR Bremen und der Arbeitsgemeinschaft Medizinrecht im DeutschenAnwaltVerein vom 15.-16. 11. 2002 in Bremen.

heit und Leben gerecht[413] und trägt zur Wahrung der Menschenwürde bei medizinischen Forschungsprojekten am Menschen bei. Auf der anderen Seite werden etwa grundrechtliche Freiheiten der Ärzte wie Art. 5 III GG oder Art. 12 I GG beschränkt und natürlich die allgemeine Handlungsfreiheit des Patienten selbst nach Art. 2 I GG, auch wenn sich die Entscheidungen in der Regel nicht unmittelbar an den Patienten richten. Neben den sonstigen verfassungsgemäßen Beeinträchtigungen soll die Beschränkung der Versuchsteilnehmer in ihrer Handlungsfreiheit durch die Schutzpflicht des Staates für deren Rechtsgüter aus Art. 2 II S. 1 GG gerechtfertigt sein.[414] Gegebenenfalls dürfte auch ein staatlicher Schutz des Einzelnen vor sich selbst Bedeutung erlangen, der sich aus der Verpflichtung aller staatlichen Gewalt zur Achtung der Menschenwürde ergibt.[415]

Den Ethikkommissionen ähnliche Einrichtungen, die der Verwirklichung und Sicherung grundrechtlicher Freiheiten von Patienten dienen, sind die verschiedenen Gremien zur Erstellung von Richtlinien, wie der gemeinsame Bundesausschuss nach § 91 SGB V. Es kommen insoweit sowohl Organisations- als auch Verfahrensregelungen zur Anwendung. Im Ergebnis werden aber auch hier durch die Aufstellung der im Einzelnen unterschiedlich verbindlichen Grundsätze Belange der Ärzte bzw. der entsprechenden Einrichtungen zugunsten einer Sicherung von Patienteninteressen oder von Gemeinwohlbelangen eingeschränkt.

Unterstützende und fördernde Maßnahmen zur Gewährleistung von Patientenrechten sind auch in der Schaffung konfliktlösender Mechanismen, etwa durch Errichtung effektiver Schiedsstellen, zu sehen. Solche Unterstützungsformen richten sich in erster Linie darauf, dem Patienten die Durchsetzung und Wahrung seiner Rechte zu erleichtern. Sowohl der Zeit- als auch der Kostenfaktor spielt unter Umständen für den betroffenen Patienten bei seiner Entscheidung über das „Ob" der Klärung eines ärztlichen Behandlungsfehlers oder Ähnli-

---

413 Vgl. *van den Daele/Müller-Salomon*, Die Kontrolle der Forschung am Menschen durch Ethikkommissionen, S. 20; siehe auch die einleitenden Ausführungen von *Stamer*, Die Ethikkommissionen in Baden-Württemberg: Verfassung und Verfahren, S. 1.

414 So jedenfalls *Stamer*, Die Ethikkommissionen in Baden-Württemberg: Verfassung und Verfahren, S. 54 ff. Der Staat sei danach zwar nicht zum Schutz des Patienten vor sich selbst verpflichtet, aber er könne dazu berechtigt sein. Insbesondere sind bei generalisierenden Regelungen gewisse Härtefälle, wie die Versagung einer Heilmethode, die dem eigentlich zu schützenden Patienten letztlich persönlichen Schaden zufügt, unvermeidlich und damit hinzunehmen. Siehe zum Schutz des Einzelnen vor sich selbst auch die Entscheidung des BVerfG zum TPG (Lebendspende), BVerfG NJW 1999, 3399 ff.

415 Regelmäßig überwiegt allerdings der im Achtungsgebot wurzelnde Autonomieanspruch; siehe hierzu grundsätzlich *Kunig* in: von Münch/Kunig, GG Kommentar I, Art. 1 Rn. 34.

chem eine nicht unerhebliche Rolle. So ist allgemein anerkannt, dass für die Beschreitung des ordentlichen Rechtswegs eine chronische Langwierigkeit charakteristisch ist und da bei Arzthaftpflichtfragen Beweis- und Rechtslage oftmals unklar sind, kommt auf den seine Rechte geltendmachenden Patienten auch ein erhebliches Kostenrisiko zu. Entsprechende die Rechtsdurchsetzung und Rechtswahrung betreffende Hemmnisse sind durch die Einrichtung konfliktschlichtender Institutionen reduzierbar. Dabei darf unter keinen Umständen die ständig gebotene Ausrichtung auf Sachrichtigkeit vernachlässigt werden. Abgesehen von den in vielen Krankenhäusern eingerichteten Beschwerdestellen[416] wird in Deutschland aber bisher nur von Seiten der Ärztekammern die Möglichkeit zur Inanspruchnahme von Schlichtungsstellen sowie von Gutachterkommissionen angeboten. Eine staatliche Pflicht zur Bereitstellung von Schiedsstellen oder ähnlichen institutionellen Schutzvorkehrungen für Patienten lässt sich verfassungsrechtlich – was sicherlich unzweifelhaft ist – nicht begründen, da dem gebotenen Schutzziel vor allem durch die allgemein bestehende Möglichkeit gerichtlicher Rechtsdurchsetzung bereits entsprochen wird. Von einer die Grundrechtsausübung gefährdenden Situation kann unter keinen in Erwägung zu ziehenden Umständen ausgegangen werden. Im Rahmen seines mit weitem Gestaltungsspielraum versehenen Verfassungsauftrags zur organisationsrechtlichen Ausgestaltung und Effektuierung grundrechtlicher Freiheiten ist an den Gesetzgeber gleichwohl ein Appell zur Ergreifung derartige Maßnahmen zu richten.

Für Patienten, die sich erfahrungsgemäß gegenüber den medizinischen Leistungserbringern in einer in vielen Belangen unterlegenen Wissensposition befinden, sind nicht zuletzt Einrichtungen zur Information und Beratung eine bedeutungsvolle Form der institutionellen Absicherung ihrer grundrechtlich geschützten Interessen. Insbesondere kann der Patient selbstbestimmte Entscheidungen als Teil seines Autonomierechts nicht ohne die nötige Kenntnis treffen. Neben der allgemeinen Rechtslage und dem unterschiedlich hohen Sachverstand führen auch die einzelnen Umstände der Arzt-Patientenbeziehung dazu, dass oftmals die Ausübung von Patientenrechten für einen durchschnittlich informierten Menschen ohne sachkundige Beartung nur schwer möglich ist.[417] Das unterlegt freilich die Annahme, durch institutionelle Vorkehrungen zur Beratung und Information, mithin durch entsprechende Organisationsvorschriften, könne die Ausübung von Patientenrechten nicht nur unwesentlich, sondern vielmehr sogar drastisch verbessert werden. Dennoch ist von keiner grundle-

---

[416] Siehe hierzu bereits oben in Kapitel B. IV. 2. a) (2).

[417] Vgl. *Kluth* in: Fischer/Kluth/Lilie, Ansätze für eine Stärkung der Patientenrechte im deutschen Recht, S. 43.

genden Bedeutung auszugehen, die etwa dazu führen würde, dass ohne eine derartige Unterstützungsform die Patientenrechte begründenden Grundrechte entweder überhaupt nicht ausgeübt werden könnten oder ihrer Ausübung solche Erschwernisse entgegenstünden, dass eine faktische Entwertung des Grundrechtsgehalts zu befürchten wäre. Eine konkrete Handlungspflicht des Gesetzgebers lässt sich infolgedessen auch hier nicht herleiten. Aus den verfassungsrechtlichen Erwägungen zur Maximierung der Grundrechtseffektivität ist allerdings auf ein an den Gesetzgeber gerichtetes allgemeines Handlungsgebot zu schließen, dass diesen jedenfalls dazu befähigt, besondere organisatorische Vorkehrungen auch hinsichtlich der Patientenberatung und -information zu treffen. Augenmerk muss dabei auf Unabhängigkeit, Objektivität und daran anknüpfend Akzeptanz der Adressaten gelegt werden.
Der Gesetzgeber hat unterdessen schon seit längerem Maßnahmen zur institutionellen Absicherung von Patientenrechten durch Information und Beratung getroffen. Hierzu gehören die festgelegten Beratungs- und Informationsverpflichtungen der Krankenkassen ebenso wie der jüngere § 65b SGB V, der die finanzielle Förderung von Institutionen zur Patientenberatung regelt. Inwieweit diese Maßnahmen den gegebenen Umständen gerecht werden und den Patienten tatsächlich die Ausübung ihrer Rechte ermöglichen und ob weitere Vorkehrungen förderlich bzw. erforderlich sind, obliegt indessen der Beurteilungs- und Einschätzungsprärogative des Gesetzgebers. Dem Gestaltungsspielraum des Gesetzgebers unterliegt es schließlich auch, zur Sicherung der Grundrechtsausübung neben oder anstelle von Institutionen mit einem abgrenzbaren Aufgabenbereich auch solche mit allgemeinerem Wirkungskreis zu gestalten.[418] So wurde mit § 140h SGB V die Bestellung eines bzw. einer Beauftragten für die Belange der Patienten angeordnet, der bzw. die auf die Berücksichtigung der Patienteninteressen hinwirken soll, § 140h II SGB V. Mit Beginn des Jahres 2004 trat Helga Kühn-Mengel ihr Amt als Patientenbeauftragte an. Sie soll sich insbesondere für die Berücksichtigung von Beratungs- und Informationsrechten sowie für die Weiterentwicklung von Patientenrechten einsetzen.[419]

4. Verfahrensrechtliche Absicherung bestehender Patientenrechte

Die Wahrung von Patientenrechten vor allem solcher, die grundrechtlich ableitbar sind, bewegt sich auf einem vom Staat rechtlich bereiteten Boden und teilweise auch auf ihrer moralischen Anerkennung sowie einer Selbststeuerung

---

[418] Siehe zur Möglichkeit einer Bundesbeauftragten für Patientenrechte *Rieser*, 20 Seiten Übereinkunft – anstelle eines Gesetzes, DÄBl. 2003, A 814.

[419] Vgl. hierzu auch den Artikel, Patientenrechte – Beauftragte ernannt, DÄBl. 2004, B 65.

durch die Gesellschaft und speziell durch den ärztlichen Berufstand. Insbesondere das dienstleistungsbezogene Arzthaftungsrecht und das Produkthaftungsrecht sind neben dem Verfassungsrecht und dem Berufsrecht die Initiatoren und Innovatoren der Patientenrechte.[420] Die materiellen Patientenrechte sind in ihrer Entfaltung jedoch auch an verfahrensrechtliche Bestimmungen gebunden. Von allgemeiner wie essentieller Bedeutung ist in erster Linie die verfahrensrechtliche Absicherung von Patientenrechten durch die Gewährleitung erforderlicher Rechtsschutzverfahren. Nach der grundrechtlichen Konzeption ist ein effektiver, den Bestand des jeweiligen Grundrechts sichernder Rechtsschutz, in jedem Grundrecht enthalten. Wem von der Verfassung ein Recht gegeben wird, dem werden mit der Garantie gerichtlicher Kontrolle auch die Mittel gewährt, dasselbe Recht durchzusetzen. Dieser Überlegung steht grundsätzlich nicht die Bestimmung des Art. 19 IV GG entgegen, die zwar den Schutzgehalt des gerichtlichen Verfahrens für die materiellen Grundrechte einer eigenständigen Regelung unterwirft, indes keinen effektiven Rechtsschutz für Rechtsverletzungen durch Private verbürgt.[421] Hinsichtlich einer solchen Möglichkeit, grundrechtlich gewährleistete Patientenrechte auch auf gerichtlichem Weg durchzusetzen, ist der Gesetzgeber durch die allgemeinen Gerichtsverfahrensbestimmungen seiner Aufgabe zur verfahrensrechtlichen Ausgestaltung des Rechtsschutzes nachgekommen.
Indessen wurde bereits mit den Ausführungen zur Begriffsbestimmung deutlich gemacht, dass sich die Grundrechtsrelevanz von Verfahren im Einzelnen nicht in der Ausgestaltung effektiven Rechtsschutzes erschöpft. Verfahrensbestimmungen sind für den Gesetzgeber gerade auch das Medium, mit dem er die notwendige Ordnung im Innen- und Außenrechtskreis staatlicherseits angebotener Organisationen regeln kann. Entschließt sich also der Gesetzgeber speziell für den Bereich der Patientenrechte durch Organisationsformen wie Schiedsstellen, Ethikkommissionen, Beratungsstellen oder ähnlichen Institutionen verfassungsrechtlich verbürgte Freiheitsrechte für die gesellschaftliche Wirklichkeit zuzubereiten, dann hat er mittels Verfahrenregelungen etwa für eine pluralistische Binnenstruktur oder für einen vollständigen und wechselseitigen Informationsfluss bei den entsprechenden Institutionen zu sorgen.[422] Auch für Organisationsformen, die nicht der Staat bereitstellt, können durch Verfahrenbestimmungen die Finanzierung sowie sonstige Rahmenbedingungen geschaffen werden. Neben der genannten finanziellen Förderung von Einrich-

[420] Vgl. *Francke/Hart*, Charta der Patientenrechte, S. 20 f.

[421] Vgl. hierzu *Krebs* in: von Münch/Kunig, GG Kommentar I, Art. 19 Rn. 48; *Bethge*, Grundrechtsverwirklichung und Grundrechtssicherung, NJW 1982, 1 (6).

[422] Ähnlich die Ausführungen zur Rundfunkfreiheit von *Bethge*, Grundrechtsverwirklichung und Grundrechtssicherung, NJW 1982, 1 (4).

tungen zur Verbraucher- und Patientenberatung wäre beispielsweise eine Förderung von Selbsthilfegruppen und Patientenschutzverbänden denkbar. Derartige Maßnahmen werden relevant, wenn die entsprechenden Betroffenen- bzw. Patientenorganisationen für die Ausübung betreffender Grundrechte förderlich oder sogar notwendig sind.
Konkurrenz und Kooperation mehrerer Inhaber gleicher Grundrechte erfordern zudem einen Interessen- und Leistungsausgleich.[423] Der Gesetzgeber muss bei der verfahrensrechtlichen Ausgestaltung des Gesundheitssystems auch außerhalb organisationsbezogener Ausgleichs- und Zuordnungsregelungen widerstreitende Grundrechtspositionen durch Verfahrensbestimmungen in Einklang bringen. Beispiele hierfür sind das Verteilungsverfahren oder die Vorschriften zum Schutz des Spenders im Transplantationsgesetz. Verfahren und selbstverständlich auch Organisation gewinnen unter diesen Bedingungen der Gegenwart, unter denen grundrechtliche Freiheiten wesentlich auf staatliche Vorsorge, Unterstützung und Verteilung angewiesen sind, erhöhte Bedeutung.[424]

Die effektive Ausübung von Grundrechten erreicht der Gesetzgeber nicht immer allein durch den Erlass von Verfahrensregelungen. Vielmehr muss er unter bestimmten Vorraussetzungen auch Vorkehrungen zur praktischen Umsetzung dieser Verfahrensregelungen und soweit es möglich ist, zu ihrer realen Akzeptanz treffen. Das originär von der öffentlichen Gewalt konstituierte Gesundheitssystem bietet zwar eine sachlich angemessene medizinische Versorgung. Angesichts der vornehmlich in der medizinischen Behandlung sowie bei der Applikation von Arzneimittelprodukten auf dem Spiel stehenden hochwertigen Grundrechtsinteressen sind darüber hinaus allerdings noch besondere verfahrensrechtliche Schutzvorkehrungen nötig. Es bedarf innerhalb dieses Systems insoweit einer Bereitstellung von Qualität gewährleistenden und sichernden Verfahrens- sowie Organisationsstrukturen. Denn gerade die zu wahrenden gesundheitlichen Patienteninteressen sind von Verfahren abhängig, die eine qualitative medizinische Versorgung durch Ärzteschaft, Arzneimittel und Technik sicherstellen. Für entsprechende Verfahren zur Qualitätssicherung – gegebenenfalls mit einem Auftrag an die Selbstverwaltung – ist unter dem Gesichtspunkt der Optimierung des Grundrechtsschutzes sogar von einem verbindlichen Handlungsgebot an den Gesetzgeber auszugehen, da anderenfalls fehlende Maßnahmen zu einer ernsthaften Gefährdung grundrechtlich geschützter Patienteninteressen führen dürften. Gefährdet wären in erster Linie die Grundrechte aus Art. 2 II S. 1 GG und Art. 2 I i.V.m. Art. 1 I GG, zu deren Schutz der Staat

[423] Siehe *Denninger* in: Isensee/Kirchhof, HBdStR V, § 113 Rn. 7.

[424] *Stern*, Staatsrecht III/1, S. 971.

verpflichtet ist.[425] Dennoch, eine konkrete Ausgestaltungspflicht der öffentlichen Gewalt ist damit nur in besonderen, defizitären Ausnahmefällen begründbar.[426] Qualitätssicherung im Gesundheitswesen ist als hochkomplexe Materie zu betrachten, die in verschiedenen Ausformungen und auf verschiedenen Wegen zur Geltung gebracht werden kann. Von einem völligen Untätigbleiben des Gesetzgebers kann diesbezüglich keine Rede sein. Mit den nur beispielhaft aufzuzählenden Bestimmungen zur Aus-, Weiter- und Fortbildung der medizinischen Leistungserbringer oder dem 9. Abschnitt des SGB V zur Sicherung der Qualität dieser Leistungserbringer wurden bereits verfahrensrechtlich aber auch organisatorisch angemessene Versorgungsstrukturen geschaffen. Die unterschiedlichen bereits ergriffenen sowie in Erwägung gezogenen Maßnahmen machen deutlich, dass die öffentliche Gewalt ihrem mit weitem Gestaltungsermessen versehenen Handlungsgebot nachkommt. Gemäß der zu gewährleistenden Grundrechtssicherung ist es indes auch notwendig, vor allem auf der Seite der Leistungserbringer für Akzeptanz und damit verbunden eine optimale Umsetzung solcher Verfahren zu sorgen.

Maßgeblichen Einfluss auf die Grundrechtseffektuierung können Verfahren auch durch Schaffung von Publizität und Transparenz haben. Publizität und Transparenz beziehen sich dabei in erster Linie auf die grundrechtlich bestimmte Gestaltung von Verfahren, die zur Grundrechtswirksamkeit in einer Beteiligung des Grundrechtsträgers – hier des Patienten – oder der seine Interessen repräsentierenden gesellschaftlichen Kräfte bestehen kann.[427] Eine grundrechtsverwirklichende Regulierung durch Verfahrens- und Organisationsstrukturen unter optimaler Wahrung der grundrechtlich verbürgten Schutzgüter bedarf in verschiedenen Situationen zureichender Beteiligungsmöglichkeiten des Rechtsträgers in diesem Gefüge. Von weitreichender Bedeutung ist derweil nicht nur die Frage, unter welchen Bedingungen eine Verfahrensteilhabe an Entscheidungsprozessen aus Gründen des Grundrechtsschutzes förderlich ist, sondern ferner der Gedanke, ob durch die Grundrechtsgarantien eine Verfahrensbeteiligung beanspruchbar ist. Der Grundrechtsansatz jene Rechte betreffenden Entscheidungsverfahren führt zumindest zu einem Anspruch auf Betroffenenpartizipation im engeren Sinne. Dieser Anspruch dürfte dem status positi-

---

[425] Vgl. *Francke/Hart*, Charta der Patientenrechte, S. 204 f.; *Francke/Hart* in: Badura/Hart/Schellschmidt, Bürgerorientierung des Gesundheitswesens, S. 241.

[426] Vgl. *Francke/Hart* in: Badura/Hart/Schellschmidt, Bürgerorientierung des Gesundheitswesens, S. 241 f.; *Francke*, Ärztliche Berufsfreiheit und Patientenrechte, S. 221; einen Überblick über Qualitätssicherung ärztlichen Handelns im Recht der gesetzlichen Krankenversicherung gibt *ders*., aaO., S. 218 f.

[427] Vgl. hierzu die Ausführungen von *Stern*, Staatsrecht III/1, S. 968.

vus entspringen, denn vielfach bedeutet Schutz von Grundrechten auch Ausbau von Verfahrenspositionen. Der Einzelne soll als Betroffener in der Lage sein, seine grundrechtlich geschützten Interessen geltend zu machen und Gefahren rechtzeitig abzuwehren. Bei derartiger Verfahrensteilhabe geht es demzufolge nicht um demokratische Mitbestimmungsrechte des Aktivbürgers, sondern vielmehr ausschließlich um eine Beteiligung aufgrund individueller Rechtsbetroffenheit.[428] Bei den von der Rechtsprechung entschiedenen Fällen und den in der Verfassungsrechtslehre entwickelten Begründungsansätzen für Beteiligungsansprüche handelt es sich folgerichtig durchweg um gerichtliche Verfahren sowie um Verwaltungsverfahren. Beteiligungsansprüche von Patienten bzw. Versicherten an Normierungs- und Entscheidungsverfahren im Gesundheitswesen sind grundrechtlich dagegen nicht zu begründen. Es ergibt sich keine verfassungsrechtliche Pflicht des Gesetzgebers, bei der Gestaltung solcher Verfahren Partizipationsinteressen von Patienten zu berücksichtigen. Obligatorisch wäre allein eine Beteiligung aus ihrer individuellen Betroffenheit heraus, etwa bei Verfahren vor konfliktlösenden Organisationen wie Schiedsstellen. Dies gilt insoweit auch für den nicht notwendig privatrechtlichen aber doch staatsfreien Bereich, wo sich der betroffene Patient mit seinen grundrechtlich geschützten Interessen gegenüber der Gegenseite regelmäßig in einer strukturell erheblich benachteiligten Position befindet.
Ohne Frage ist eine Verpflichtung der öffentlichen Gewalt aber von ihrer Berechtigung zur entsprechenden Verfahrensgestaltung losgelöst zu betrachten. Auch wenn der Gesetzgeber verfassungsrechtlich nicht zur Schaffung von Beteiligungsstrukturen verpflichtet werden kann, ist er vor allem mit Rücksicht auf die Patienten- und Versichertengrundrechte immerhin dazu berechtigt.[429]

---

[428] Vgl. *Bethge*, Grundrechtsverwirklichung und Grundrechtssicherung, NJW 1982, 1 (7), der soweit geht, dass er Verfahrenteilhabe nicht als Konsequenz eines großdimensionierten „status activus socialis“, sondern allein als Reaktion des klassischen status negativus sieht; anderer Auffassung ist offenbar *Taupitz*, Die Vertretung kollektiver Patienteninteressen, MedR 2003, 7 (9), wenn er Betroffenenbeteiligung und damit Betroffenenschutz auf Menschenwürde und Selbstbestimmung zurückführt und als Ausprägung der für das demokratische Staatswesen existentiellen Aktivbürgerschaft sieht. Siehe allerdings auch *Denninger* in: Isensee/Kirchhof, HBdStR V, § 113 Rn. 28; zur Lehre vom „status activus processualis“ vgl. *Häberle*, Grundrechte im Leistungsstaat, VVDStRL 30 (1972), 43 (86 ff.).

[429] Allgemein soll an dieser Stelle auf das Rechtsgutachten von *Francke/Hart*, Bürgerbeteiligung im Gesundheitswesen, und hier insbesondere auf den 3. Teil verwiesen sein. Danach ergäben sich zumindest Gründe für kollektive Beteiligungsformen als rechtspolitische Postulate und als verfassungsrechtliche Rechtfertigungsgründe für gesetzgeberische Partizipationsmodelle. Allerdings bedürfe es konkreter einzelfallbezogener Untersuchungen ob sich die demokratischen Beteiligungspostulate im Einzelfall zu einem verfassungsrechtlichen Beteiligungsgebot verdichten können; siehe *Francke/Hart*, aaO., S. 158; vgl. außerdem zur Ges-

Relevant wird die staatliche Ausgestaltung von Verfahren zur Sicherung und Unterstützung von Patientengrundrechten schließlich bei der Aktualisierung grundrechtlicher Schutzpflichten. Verwiesen sei hierzu auf das Embryonenschutzgesetz und nochmals auf das Transplantationsgesetz. Bedeutsam sind zudem Verfahren zur Sicherstellung des informationellen Selbstbestimmungsrechts des Patienten. Durch die bereits praktizierten aber noch mehr aufgrund der geplanten Erhebungen von patienten- bzw. versichertenbezogenen Daten, bestehen hier erhebliche Gefährdungspotentiale. Entsprechendes gilt für das grundrechtlich geschützte Selbstbestimmungsrecht in Bezug auf die Bindungswirkung von Patientenverfügungen. Der Schutz des Selbstbestimmungsrechts des Patienten am Ende seines Lebens ist vor allem mit schwierig zu lösenden Grundrechtskonflikten verbunden, die – ebenso wie Probleme bei der verfassungskonformen Auslegung von Gesetzen und Verträgen – einen Grundrechtsschutz durch Verfahren um so wichtiger werden lassen. Zu gewährleisten sind in dieser Form etwa die rechtzeitige Beratung und Anhörung des noch entscheidungsfähigen Patienten sowie die Einbeziehung der Familie in diesen Prozess.[430]

IV. Charta der Patientenrechte

1. Defizite der gegenwärtigen Rechtslage und Handlungsbedürfnisse

Dass Deutschland im europäischen Vergleich bei der Gewährleistung individueller Patientenrechte eine der vorderen Positionen einnimmt, ist bekannt und wird immer wieder betont.[431] Politische und gesetzgeberische Bemühungen im Bereich der Bürger- und Patientenrechte sollten sich also vornehmlich auf die Sicherung bestehender Regelungen konzentrieren, denn die defizitäre Informa-

---

taltungsfreiheit des Gesetzgebers *Francke/Hart*, aaO., S. 221 f.; *Francke/Hart* in: Badura/Hart/Schellschmidt, Bürgerorientierung des Gesundheitswesens, S. 276.

[430] Der Schutz dieses Grundrechts fordert zudem die Information aller Beteiligten insbesondere über die zu gewährenden und die möglicherweise gefährdeten Rechte; *Hufen*, In dubio pro dignitate, NJW 2001, 849 (857).

[431] Siehe hierzu beispielsweise *Hanika*, Patientencharta, MedR 1999, 149 (161); *Schneider*, Patientenrechte, MedR 2000, 497 (499); *Hart*, Bürgerbeteiligung, in: Bürgerbeteiligung im Gesundheitswesen – eine Länderübergreifende Herausforderung, S. 73 (75); *Laufs*, Nicht der Arzt allein muss bereit sein, NJW 2000, 1757 (1759) oder *Steffen*, Mehr Schutz für die Patientenrechte, MedR 2002, 190, der ein von der Rechtsprechung entwickeltes dichtes Netz von Leit- und Orientierungsrichtlinien zu den Patientenrechten sieht, dem nach seinen Ausführungen die Fachwelt innerhalb der EU einen Spitzenplatz zuweist.

tionslage und die nur vage Kenntnis über bestehende Rechte führt bei Patienten und Versicherten oftmals zu einer erheblichen Unsicherheit. Die logische Konsequenz hieraus ist eine beachtlich große Kluft zwischen zugestandenen Rechten und deren tatsächlicher Inanspruchnahme. Ein Grund dafür liegt vor allem in der Tatsache, dass die Patientenrechte in Deutschland unter der mangelnden Transparenz ihrer gesetzlichen Regelung leiden. Denn Regelungen zum Schutz von Patienteninteressen sind Bestandteil unterschiedlicher Gesetze und Satzungen, die Bund, Länder und Selbstverwaltungsträger erlassen haben.[432] Ferner beruhen wesentliche Patientenrechte auf der gerichtlichen Auslegung allgemeiner Rechtsvorschriften des Zivil- und des Strafrechts.
Der Wert von Rechten hängt wesentlich von ihrer Kenntnis ab, da sie selbstverständlich nur in diesem Fall beachtet und wahrgenommen werden können und lediglich dann das Verhalten aller Beteiligten bestimmen. So wie im modernen Leistungsstaat Gleichheit und Gerechtigkeit nur bestehen, wenn alle Betroffenen sich ihrer Ansprüche bewusst sind,[433] so kann ebenfalls nur der aufgeklärte und mündige Patient die ihm eingeräumten Rechte wahrnehmen.[434] Die Ausbildung eines breiten Rechtsbewusstseins ist daher für die Fähigkeit des Patienten, schon im Behandlungszimmer und nicht erst vor Gericht sein Recht geltend zu machen und auch zu bekommen, als unverzichtbare Bedingung vorauszusetzen.[435]

---

[432] Das Grundgesetz begründet für die Gesetzgebung im Gesundheitswesen unterschiedliche Befugnisse für Bund und Länder. Im wesentlichen ist der Bund für das Heilberufsrecht, die wirtschaftliche Stellung der Krankenhäuser und das Sozialversicherungsrecht – als Kompetenzen der konkurrierenden Gesetzgebung – zuständig. Die Länder besitzen im Gesundheitswesen zwar eine breite Gesetzgebungskompetenz, durch die Heilberufsgesetze räumen sie den ärztlichen Berufsorganisationen jedoch eine weitgehende Autonomie ein; siehe hierzu *Francke/Hart* in: Badura/Hart/Schellschmidt, Bürgerorientierung des Gesundheitswesens, S. 243. Neben den Vorschriften des SGB V sind es auch solche des bürgerlichen Gesetzbuches – beispielsweise die Vorschriften zum Dienstvertrag gemäß § 611 ff. oder zur Sanktionierung von Rechtsgüterverletzungen durch Pflichtverstöße gemäß § 249 i.V.m. §§ 823 ff. – die auf das Arzt-Patienten-Verhältnis Anwendung finden. Das Strafgesetzbuch legt zudem die ärztliche Schweigepflicht in § 203 fest und schützt mit den §§ 223 ff. die körperliche Unversehrtheit des Patienten. Die Vorschriften zur ärztlichen Berufsausübung werden von den Ärztekammern der jeweiligen Länder geregelt, denen in der Bundesrepublik jeder Arzt als Mitglied angehört; vgl. *Hanika*, Patientencharta, MedR 1999, 149 (158). Zu den näheren Einzelheiten der unterschiedlichen Normierungsbefugnisse siehe in diesem Kapitel unten IV. 2. a) (3) (a).

[433] Vgl. *Schürmann*, Öffentlichkeitsarbeit der Bundesregierung, S. 159.

[434] So auch *Hanika*, Patientencharta, MedR 1999, 149 (159).

[435] Eine bessere Chance zur Durchsetzung der Patientenrechte im Behandlungsalltag sieht *Steffen*, Mehr Schutz für die Patientenrechte, MedR 2002, 190 demzufolge in einer klaren,

Von diesem Standpunkt ausgehend, entspricht die derzeitige Rechtslage auf dem Gebiet der Patientenrechte nicht den Anforderungen, die sich aus dem Ruf nach einem breit ausgebildeten Rechtsbewusstsein ergeben. Zweifellos ist die über viele Rechtsgebiete verteilte Verankerung von Patientenrechten in Deutschland die zentrale Schwäche, an der ein verbesserter Schutz aber auch eine erhöhte Selbstbestimmung und eine bessere Beteiligung von Bürgern im Gesundheitssystem ansetzen sollte. Die Aufgabe zur Weiterentwicklung des bundesdeutschen Gesundheitswesens ist als umfassender Auftrag zur Systemgestaltung zu verstehen. Entsprechend sollte man sich zur Verbesserung des Patientenschutzes ebenfalls über die Umsetzungsbedingungen und Umsetzungsvoraussetzungen genannter Rechte im System Gedanken machen.[436]

2. Modelle zur Verbesserung von Transparenz und Information

Das bestehende Missverhältnis zwischen gewährleisteten Patientenrechten und ihrer tatsächlichen Inanspruchnahme ist kein speziell deutsches Problem. Auch in Ländern in denen bereits seit vielen Jahren eine Patientenschutzgesetzgebung existiert – so belegen es Untersuchungen – ist ein Missverhältnis zwischen Normativität und Normalität auszumachen.[437] Gerade diese Diskrepanz zeigt die Notwendigkeit, nach einem tauglichen Modell zur Sicherung von Patientenrechten zu suchen. Zur Lösung des Problems wird häufig der Erlass einer „Patientencharta“ empfohlen. Hinter diesem Schlagwort verstecken sich indes mehrere Modelle, die zur Kodifizierung der gegebenen Rechte vorgeschlagen werden. Ob sich unter diesen Modellen jedoch ein geeignetes Konzept befindet, das bestehende Patientenrechte in einer mehr oder weniger verbindlichen aber in jedem Fall transparenten und informativen Form zusammenfasst, ist eine Frage die von verschiedenen Aspekten abhängt und nicht ohne eine nähere Untersuchung zu beantworten ist. Vorgeschlagen werden Handlungen verschiedener Akteure sowie unterschiedliche Handlungsformen. Neben den dabei zu erörternden Zuständigkeiten stellt sich die Frage, ob ein anordnendes Gesetz – dessen rechtliche Umsetzbarkeit einmal unterstellt sein soll – eine Deklaration oder eine Selbstverpflichtung der beteiligten Akteure eine nachhaltige Verbesserung des bestehenden Transparenzproblems verspricht.

---

transparenten Präsentation und einer daraus resultierenden überall bewussten Präsenz dieser Rechte.

[436] *Badura/Schellschmidt* in: Badura/Hart/Schellschmidt, Bürgerorientierung des Gesundheitswesens, S. 52.

[437] *Hart*, auf der „Tagung des IGMR“ am 7. und 8. Dezember 2001 in Bremen.

a) Konstitutive Regelung durch den Bundesgesetzgeber

Zur Verbesserung der Transparenz bestehender Patientenrechte bietet sich als primäre Überlegung der Erlass eines konstitutiven Parlamentsgesetzes an.[438] Angesichts der unübersichtlichen Rechtslage und eingedenk der verschiedenen Funktionen von Gesetzgebung und Parlamentsgesetz könnte sich sogar die Frage nach einem verfassungsrechtlichen Auftrag zum Erlass eines solchen Gesetzes stellen.[439]

Neben rechtlichen Schwierigkeiten der Umsetzbarkeit verschiedener gesetzgeberischer Handlungsmöglichkeiten sind es aber auch allgemeine Erwägungen, die eine Kontroverse über den Sinn einer solchen gesetzlichen Patientenrechtsregelung ausgelöst haben.

(1) Allgemeine Erwägungen für eine gesetzliche Regelung

Der Staat als Normsetzer im staatlichen Gemeinwesen bringt durch den Erlass von Parlamentsgesetzen den Willen des Volkes zum Ausdruck. Der Normwille, der den Rechtssatz autorisiert und ihm Verbindlichkeit verleiht, wird durch Vertreter des Volkes formuliert und legitimiert staatliches Handeln. Judikative und Exekutive sind nach Art. 20 III GG an Gesetz und Recht gebunden.[440] Vornehmlich im Gesetz äußert sich der Vorrang des Rechts.[441] Bei entsprechenden Bezügen bringt der parlamentarische Gesetzgeber als erster Verfassungsinterpret damit zugleich die originäre Verfassungsinterpretation zum Ausdruck. Es handelt sich mithin um eine Darbietung materieller Vorgaben der Verfassung für Staat und Gesellschaft.[442] Gleichwohl kommt es in der Praxis aufgrund fehlender gesetzlicher Regelungen zu Lösungen durch richterliche Rechtsfortbildung. Weitestgehend klare und transparente Gesetze haben diesen gegenüber den Vorteil, ein hohes Maß an Rechtssicherheit vermitteln zu können. Verbindlichkeit, Grundsatzorientierung und Vollständigkeitsvermutung gesetzlicher Regelungen schaffen zudem Rechtsbewusstsein.[443] Die hieraus resultierende bewusste Präsenz der Rechte verbessert allgemein die Chancen

---

[438] Ein sogenanntes Patientenschutzgesetz wird besonders von Patienten- und Verbraucherverbänden für erforderlich gehalten; aus der juristischen Literatur siehe nur *Stegers*, Schutz der Patientenrechte: Charta oder Gesetz?, AnwBl 51 (2001), 545 (547).

[439] Siehe hierzu *Kluth* in: Fischer/Kluth/Lilie, Ansätze für eine Stärkung der Patientenrechte im deutschen Recht, S. 46 f.

[440] *Ossenbühl* in: Isensee/Kirchhof, HBdStR III, § 61 Rn. 4.

[441] Vgl. *Stern*, Staatsrecht I, S. 825.

[442] *Kluth* in: Fischer/Kluth/Lilie, Ansätze für eine Stärkung der Patientenrechte im deutschen Recht, S. 46.

[443] *Hart*, auf der „Tagung des IGMR" am 7. und 8. Dezember 2001 in Bremen.

ihrer Durchsetzbarkeit. Auch die Vermeidung widersprüchlicher Gesetzgebung und die Festlegung des staatlichen Willens, für das Bestehen von Rechten als Standard einstehen zu wollen, machen den Vorteil eines einheitlichen Gesetzeswerkes aus.[444] Ebenfalls nicht unerwähnt sollte die gesetzestypische Möglichkeit der Sanktionierung bleiben. Gerade die Forderung der Vertreter von Patientenvereinigungen nach der Verabschiedung eines Patientenschutzgesetzes beruht auf der Argumentation, ein wahrer Erfolg sei nur durch die Androhung von Sanktionen erreichbar. Hierbei sollte man sich allerdings verinnerlichen, dass ein Gesetz, welches vornehmlich durch Androhung von Strafe anordnende Wirkung besitzt, mit dem Zielgedanken einer auf Partnerschaftlichkeit beruhenden Arzt-Patienten-Beziehung[445] nur eingeschränkt vereinbar sein dürfte.

(2) Allgemeine Erwägungen gegen eine gesetzliche Regelung

Unbestritten ist das Verhältnis zwischen Arzt und Patient eine vielschichtige, ausdifferenzierte Beziehung, die auch abhängig von den gesellschaftlichen Verhältnissen, einer gerade diesen Verhältnissen entsprechenden Dynamik unterliegt. Infolgedessen kann zur vollständigen Erfassung des genannten Verhältnisses ein Gesetz allein nicht in der Lage sein. Anzustreben ist aus diesem Grund auch kein abgeschlossener Katalog genau definierter Rechte. Vielmehr kommen von vornherein nur Regelungen in Frage, die für die flexiblen medizinischen Fortschritte, die begrenzten Finanzmittel und für einzelfallgerechte Anwendungen Raum verbleiben lassen.[446] Ein solches Gesetz müsste daher vornehmlich auf die Auflistung grundlegender Individualrechte zu beschränken sein.

Signifikant für die bestehende Rechtslage ist die Einbettung normierter Patientenschutzregelungen in unterschiedliche Gesetze. Die rechtssystematischen Zusammenhänge vor allem des Zivil-, Straf- und Sozialrechts könnten durch eine Zusammenfassung dieser Rechte in einem einheitlichen Patientenschutzgesetz beträchtlich gestört werden. Um dies wiederum zu vermeiden, wären komplizierte Verweistechniken oder Doppelregelungen bestimmter Rechte nötig. Auch die Unflexibilität gesetzlicher Regelungen gegenüber richterlicher Rechtsfortbildung wird als Überlegung gegen ein entsprechendes Gesetz ange-

---

[444] *Welge/Lindemann* in: Kranich/Böcken, Patientenrechte und Patientenunterstützung in Europa, S. 107.

[445] Von einem solchen Zielgedanken gehen jedenfalls *Francke/Hart*, Bürgerbeteiligung im Gesundheitswesen, S. 21 f.; *Francke/Hart*, Charta der Patientenrechte, S. I aus.

[446] Vgl. auch *Hanika*, Patientenrechte, MedR 1999, 149 (160).

führt.[447] Bei dieser Erwägung darf indes nicht unvergessen bleiben, dass die sich durch hohe Flexibilität auszeichnende richterliche Rechtsfortbildung gerade auf dem Gebiet der Patientenrechte zu einer intransparenten, nur schwer überschaubaren Rechtslage geführt hat, die es schließlich zu beheben gilt.
Nach einer sowohl von Luxenburger als auch von Steffen vertretenen Ansicht, gebieten es die zu erwartende Rechtssicherheit und Transparenz gleichwohl nicht, von der Rechtsprechung entwickelte Grundsätze gesetzlich festzuschreiben.[448] Eine angemessene Zusammenfassung der geltenden richterrechtlich ausgeprägten Rechtslage kann nach dieser Überlegung nicht geleistet werden und brächte dem Patienten daher auch keinen Nutzen. Eine gesetzliche Regelung könnte sich lediglich auf abstrakte, wenig aussagekräftige Grundsätze beschränken. Damit wäre aber letztlich wiederum die Rechtsprechung gefordert, die geschaffenen Lücken aufzufüllen.
Zuzustimmen ist dieser Annahme nur insoweit, dass – wie Eingangs schon erwähnt wurde – eine abschließende, ausdifferenzierte gesetzliche Regelung von Patientenrechten nicht umzusetzen ist. Warum ein sich auf Grundsätze beschränkendes Gesetz keine angemessene Zusammenfassung der bestehenden Rechtslage gewährleisten und sich somit für den Patienten als nutzlos erweisen soll, bleibt indes das Geheimnis von Luxenburger und Steffen. Der status quo an mangelnder Transparenz bezieht sich weder ausschließlich noch vornehmlich auf ausdifferenzierte oder einzelfallbezogene Rechte sondern kann schon an Grundsätzen festgemacht werden. Die Schaffung oder Förderung von Rechtsbewusstsein wäre somit bereits durch die transparente Gestaltung allgemeiner Regelungen zu erreichen.
Aus den bei neueren Gesetzgebungsverfahren gemachten Erkenntnissen wird schließlich geschlussfolgert, ein Gesetz würde eher Unsicherheit als Klarheit schaffen. Verwiesen wird dabei zum Teil auf die Beispiele des § 1 II BetrVG und des § 241 a BGB, wo von der Rechtsprechung bereits ausgetragene Komplexe geregelt wurden, die dann wiederum neue Fragen aufwarfen.[449] Diese sich auf Einzelfälle beziehende Erwägung erscheint aber ebenfalls nicht zwin-

---

[447] Siehe hierzu *Hart* auf der „Tagung des IGMR" am 7. und 8. Dezember 2001 in Bremen; *Kluth* in: Fischer/Kluth/Lilie, Ansätze für eine Stärkung der Patientenrechte im deutschen Recht, S. 47. Vgl. auch *Steffen*, Mehr Schutz für die Patientenrechte, MedR 2002, 190 (191), wonach die richterrechtlichen Rechte des Patienten bis in die Verästelungen hinein ausbalanciert und ausdifferenziert sind. Eine Kodifizierung dieser Rechte ist schon deshalb weder geboten noch zweckmäßig, da es gerade der Einzelfallbezug ist, der dem Richter hilft, die Interessen und ihre Verzahnung einer gerechten und kontrollierbaren Lösung zuzuführen.

[448] So *Luxenburger*, auf der „Tagung des IGMR" am 7. und 8. Dezember 2001 in Bremen; *Steffen*, auf der „Tagung des IGMR" am 7. und 8. Dezember 2001 in Bremen.

[449] *Luxenburger*, auf der „Tagung des IGMR" am 7. und 8. Dezember 2001 in Bremen.

gend, da sich das genannte Problem nicht ohne weiteres generalisieren lässt. Zudem sollten negative Erfahrungen vorzugsweise zur Verbesserung nicht zur Vermeidung künftiger gesetzgeberischer Handlungen führen.

Eine Abwägung dieser überwiegend praktischen Überlegungen kann allein nicht zu dem Schluss führen, der Erlass eines allgemeinverbindlichen Gesetzes auf dem Gebiet der Patientenrechte sei grundsätzlich ungeeignet. Auch unter Berücksichtigung der genannten Nachteile ist ein Gesetz zur Schaffung von Transparenz und Rechtsbewusstsein geradezu vorbestimmt. Allerdings bestehen hierfür auch rechtliche Vorgaben, die es im Weiteren zu untersuchen gilt.

(3) Verfassungsrechtliche Rahmenbedingungen für den Erlass eines Patientenschutzgesetzes

(a) Gesetzgebungskompetenz für ein Patientenschutzgesetz

Das Grundgesetz differenziert zwischen verschiedenen Typen von Gesetzgebungskompetenzen und macht nach Art. 30 GG die Ausübung staatlicher Befugnisse vorbehaltlich anderer grundgesetzlicher Regelungen zur Sache der Länder. Entsprechend steht den Bundesländern gemäß Art. 70 I GG die Gesetzgebungszuständigkeit zu, soweit sie nicht dem Bund zugewiesen ist.[450] Nach der Rechtsprechung des BVerfG sind die erschöpfend geregelten Zuständigkeiten grundsätzlich kein dispositives Recht. Weder Bund noch Länder können demnach über ihre grundgesetzlich festgelegten Kompetenzen verfügen.[451]

In Deutschland bestehende Regelungen zum Schutz von Patienteninteressen sind sowohl auf Bundes- als auch auf Landesebene verteilt. Dies folgt aus der verfassungsrechtlichen Zuständigkeitsverteilung der einzelnen Gesetzgebungskompetenzen. So handelt es sich unter anderem bei der freien Arztwahl nach § 76 SGB V sowie beim Recht auf eine medizinischen Erkenntnissen entsprechende und medizinische Fortschritte berücksichtigende Leistung nach § 2 I S. 3 SGB V um bundesrechtliche Regelungen. Diese sozialrechtlichen Vorschriften stellen allerdings keine direkten Vorgaben an die Ärzteschaft dar. Vielmehr soll die Aufgabenstellung der Krankenkasse als Leistungsträger der gesetzlichen Krankenversicherung veranschaulicht werden.[452] Weiterhin sind die im bürgerlichen Recht enthaltenen, generellen Bestimmungen der Rechte im

---

[450] Vgl. *Rengeling* in: Isensee/Kirchhof, HBdStR IV, § 100 Rn. 1 ff.

[451] BVerfGE 32, 145 (156); 39, 96 (109); 55, 274 (301).

[452] Vgl. *Noftz* in: Hauck/Noftz, SGB V, K § 2 Rn. 16.

Schadensfall und die allgemeine strafrechtliche Schweigepflicht aus § 203 StGB zu nennen.
In den verschiedenen Landesgesetzen finden sich demgegenüber Regelungen, die unter anderem Qualität und Sicherheit der ärztlichen Behandlung betreffen. So legt beispielsweise § 19 II Nr. 1 des Gesetzes über die Kammern für Heilberufe in Sachsen-Anhalt (KGHB-LSA) die Pflicht zur beruflichen Fortbildung fest.[453] Weitere Pflichten werden in § 20 I KGHB-LSA als Inhaltsvorgabe für die Berufsordnungen der Ärzte- und Zahnärztekammer Sachsen-Anhalt bestimmt.[454] Ähnliche Regelungen sind natürlich auch in Gesetzen anderer Bundesländer zu finden.

Für den Komplex der Patientenrechte ist die Aufführung der Gegenstände konkurrierender Gesetzgebung in Art. 74 GG als eine der zentralen Vorschriften für die Frage nach der Zuständigkeit des Bundes zu sehen. Auf dem Gebiet der konkurrierenden Gesetzgebung steht nach Art. 72 I GG den Ländern nur dann die Befugnis zur Gesetzgebung zu, wenn nicht der Bund durch Gesetz von seiner Zuständigkeit Gebrauch macht. Diese Zuständigkeit ist nach Absatz 2 von der Erforderlichkeit[455] zur Herstellung gleichwertiger Lebensverhältnisse im Bundesgebiet oder von der Wahrung der Rechts- oder Wirtschaftseinheit im gesamtstaatlichen Interesse abhängig. Bezüglich dem ersten Gesichtspunkt trifft der Bundesgesetzgeber eine beschränkt justitiable, politische Vorentscheidung und die Wahrung der Rechts- und Wirtschaftseinheit ist nach wie vor als politische Zielvorgabe zu sehen.[456]
Die konkurrierende Gesetzgebung erstreckt sich nach Art. 74 I Nr. 19 GG auf die Regelung der Zulassung zu ärztlichen Heilberufen. Die Auslegung dieser Vorgabe ist von erheblicher Bedeutung für die Frage, inwieweit der Bundesgesetzgeber Bestimmungen für die Ausübung des ärztlichen Berufes und somit zugleich für einen wesentlichen Bereich der Patientenrechte treffen kann.

---

[453] § 19 II Nr. 1 KGHB-LSA lautet: „Die Kammerangehörigen, die ihren Beruf ausüben, haben insbesondere die Pflicht, sich beruflich fortzubilden und sich dabei über die für ihre Berufsausübung geltenden Bestimmungen zu unterrichten, ...“

[454] Berufsordnungen sollen danach Vorschriften über Berufspflichten enthalten, die etwa die Einhaltung der Schweigepflicht oder die Gewährleistung des Rechts auf informationelle Selbstbestimmung des Patienten betreffen.

[455] Art. 72 II GG wurde durch das 42. ÄndG 1994 von einer „Bedürfnisklausel“ zu einer „Erforderlichkeitsklausel“ geändert und durch Einfügung von Art. 93 I Nr. 2a GG justitiabel gestaltet.

[456] *Degenhart* in: Sachs, GG, Art. 72 Rn. 11 f.; *Kunig* in: v. Münch/Kunig, GG III, Art. 72 Rn. 25 f.

Art. 74 I Nr. 19 GG zählt enumerativ und spezifisch die Bereiche auf, in denen der Bund normierungsbefugt ist. Er ist daher nicht als Globalermächtigung des Bundes für den Bereich des Gesundheitswesens zu verstehen. Die Einschränkung der Zuständigkeit auf die „Zulassung“ ist wortgetreu auszulegen. Denn eine strikte Interpretation der Formulierung „Zulassung zu ärztlichen und anderen Heilberufen“ ist schon aufgrund der umfassender ausgedrückten Gesetzgebungskompetenz des Bundes nach Art. 74 I Nr. 1 GG für Rechtsanwaltschaft, Notariat und Rechtsberatung zu schlussfolgern. Regelungen der ärztlichen Berufsausübung fallen sonach grundsätzlich nicht unter die Kompetenz des Art. 74 I Nr. 19 GG.[457]

Auch das Bedürfnis der einheitlichen Gewährleistung von Patientenrechten als grundrechtlich fundierte Rechte rechtfertigt keine weitergehende Auslegung des insoweit klar formulierten Art. 74 I Nr. 19 GG. Anderenfalls wäre der Bund ermächtigt, sich mit dieser Argumentation über die vom Grundgesetz eindeutig definierten Grenzen seiner Gesetzgebungsbefugnis hinwegzusetzen und damit in die den Ländern zugewiesenen Kompetenzbereiche einzugreifen.

Eine Regelungsbefugnis des Bundes für die ärztliche Berufsausübung könnte indessen aufgrund einer Annexkompetenz bzw. einer Kompetenz kraft Sachzusammenhang bestehen. Das BVerfG hat solche ungeschriebenen Gesetzgebungskompetenzen in „äußerst engen Grenzen“ anerkannt.[458] Voraussetzung ist, dass nach der Natur der Sache allein eine Bundesregelung in Betracht kommt, oder der Bund von einer ihm ausdrücklich zugewiesenen Kompetenz – in Erwägung zu ziehen wäre hier einerseits die Zulassung zu ärztlichen Heilberufen nach Art. 74 I Nr. 19 GG und andererseits die Sozialversicherung nach Art. 74 I Nr. 12 GG – nicht ohne Zugriff auf eine den Ländern zustehende Materie sinnvoll Gebrauch machen kann. Ein Sachzusammenhang käme hier insbesondere im Hinblick auf die Regelung der Gesetzlichen Krankenversicherung in Betracht. Dazu müsste sich allerdings ein Übergreifen in den fremden Kompetenzbereich als unerlässliche Voraussetzung für die Regelung der zugewiesenen Materie erweisen.[459] Selbst in diesem Fall darf der Bund jedoch nicht die gesamte den Ländern vorbehaltene Materie an sich ziehen, sondern er darf nur die Einzelregelungen treffen, die zur sinnvollen Nutzung der ihm zugewiesenen Kompetenz erforderlich sind.[460] Ein solch zwingender Konnex zwischen der ärztlichen Berufsausübung und der Gesetzlichen Krankenversicherung bzw.

---

[457] BVerfGE 17, 287 (292); *Maunz* in: Maunz/Dürig, GG, Art. 74 Rn. 215; *Stettner* in: Dreier, GG II, Art. 74 Rn. 89.

[458] Vgl. BVerfGE 98, 265 (299 f.).

[459] Vgl. BVerfGE 98, 265 (299).

[460] BVerfGE 98, 265 (300).

der Zulassung zu ärztlichen Heilberufen ist kaum zu begründen. Der Bund hat diese ihm zugewiesenen Bereiche auch ohne die Einbeziehung der ärztlichen Berufsausübung abschließend und sachdienlich geregelt. Allein das Bedürfnis nach einer bundeseinheitlichen Regelung reicht dagegen für einen Eingriff in den Kompetenzbereich der Länder nicht aus.[461] So wird bereits jetzt die Regelungstiefe kritisiert, mit der der Bund, gestützt auf den Kompetenztitel des Sozialversicherungsrechts, wesentliche Bereiche der Krankenversorgung regelt.[462] Eine darüber hinausgehende Einbeziehung der ärztlichen Berufsausübung in das Recht der Gesetzlichen Krankenversicherung wäre aus verfassungsrechtlicher Sicht höchst bedenklich.

Die Möglichkeit, ein umfassendes Patientenschutzgesetz zu verabschieden, ist daher aus Kompetenzgründen nicht zu verwirklichen. Im wesentlichen bezieht sich die Befugnis des Bundes auf die Erteilung, die Zurücknahme und den Verlust der Approbation sowie auf das Recht zur Ausübung des ärztlichen Berufs.[463] Eine Inanspruchnahme dieser Kompetenzen erfolgte unter anderem durch die Bundesärzteordnung und das Gesetz über die Ausübung der Zahnheilkunde.[464]

Die Länder haben währenddessen in den Heilberufsgesetzen[465] den Ärztekammern der Länder das Recht verliehen, Berufsvorschriften für Ärzte in einer Berufsordnung zu regeln. Eine Normierung von Berufsausübungsregelungen insbesondere von Pflichten findet sich daher hauptsächlich in den von den Ärztekammern[466] als Selbstverwaltungsträgern erlassenen ärztlichen Berufsordnungen, die im Rechtssinne Satzungen darstellen.

Satzungen haben gewöhnlich den Charakter eines materiellen Gesetzes, dagegen stellen sie keine Gesetze im formellen Sinne dar. Der Begriff der Gesetzgebung in der vom Grundgesetz in Art. 70-75 aufgestellten bundesstaatlichen Kompetenzordnung bezieht sich indes auf den Erlass förmlicher Gesetze, in einem von der Verfassung vorgegebenen parlamentarischen Verfahren. Die Satzungsgebung wird daher von der Gesetzgebungszuständigkeit der Art. 70 ff.

---

461 BVerfGE 98, 265 (299).

462 Vgl. etwa *Erens*, Koordinierungsausschuss verfassungswidrig?, DÄBl. 2002, A 688.

463 BVerfGE 33, 125 (154 f.).

464 *Kunig* in: v. Münch/Kunig, GG III, Art. 74 Rn. 91.

465 Die Länder, welche grundsätzlich eine breite Gesetzgebungskompetenz im Gesundheitswesen besitzen, räumen durch die Heilberufsgesetze den öffentlich-rechtlichen ärztlichen Berufsorganisationen eine bis an die Grenze verfassungsrechtlicher Zulässigkeit gehende Autonomie ein; siehe hierzu BVerfGE 33, 125 (157 ff.); *Francke/Hart* in: Badura/Hart/Schellschmidt, Bürgerorientierung des Gesundheitswesens, S. 243.

466 Es handelt sich hierbei um Körperschaften des öffentlichen Rechts.

GG nicht erfasst. Dennoch besteht eine mittelbare Abhängigkeit zu ihr, da die Satzung einer generellen Umschreibung des Autonomiebereichs und damit einer formellgesetzlichen Grundlage bedarf.[467] Diese Grundlage ist, was bereits aufgeführt wurde, in den Kammergesetzen der Länder zu sehen.

(b) Regelung des Arzt-Patienten-Verhältnisses im BGB

Neben einem eigenständigen Patientenschutzgesetz wäre eine einheitliche Regelung von Patientenrechten auch durch die Kodifizierung des Arzt-Patienten-Verhältnisses im BGB denkbar.[468] Vergleichbare Bestimmungen für Anwalts- oder Architektenverträge kennt das deutsche Zivilecht allerdings nicht.[469] Dagegen wurde in den Niederlanden ein Gesetz über Patientenrechte in das Vertragsrecht des niederländischen Zivilgesetzbuchs aufgenommen. Dieser Lösung wird der Vorteil zugesprochen, dass Arzt und Patient als autonome Parteien zueinander in Beziehung treten.[470]

Die Gegebenheit der vorrangigen Gesetzgebungszuständigkeit des Bundes für das bürgerliche Recht als Gegenstand der konkurrierenden Gesetzgebung nach Art. 74 I Nr. 1 GG ist Grund genug für die Überlegung, ein ähnliches Modell auch in Deutschland einzuführen.

Die komplexe Erfassung der Bestimmungen zum Arzt-Patienten-Verhältnis im BGB könnte schließlich den Weg eröffnen, aufgezeigte Zuständigkeitshindernisse des Bundes auf dem Gebiet der ärztlichen Berufsausübung zu umsteuern. Insoweit bleibt allerdings nach der Handhabe zu fragen, einen zum Kompetenzbereich der Länder gehörigen Regelungskomplex, ohne weiteres im BGB zu kodifizieren.

Das in Art. 74 I Nr. 1 GG genannte bürgerliche Recht, ist nicht als Gegenstück zum öffentlichen Recht aufzufassen. Vielmehr gilt es als Zusammenfassung aller Normen, die herkömmlicherweise dem Zivilrecht zuzurechnen sind.[471] Von besonderer Bedeutung für die Begriffsausfüllung ist daher die Rechtstradition, welche in erster Linie durch das BGB einschließlich der Nebengesetze, die für Einzelbereiche des BGB speziellere Regelungen enthalten aber an die-

---

[467] *Rengeling* in: Isensee/Kirchhof, HBdStR IV, § 100 Rn. 1 f.

[468] Eine solche Möglichkeit erkennt auch *Stegers* in: Kranich/Böcken, Patientenrechte und Patientenunterstützung in Europa, S. 79.

[469] Diese Erwägung wurde von *Bollweg*, auf der „Tagung des IGMR" am 7. und 8. Dezember 2001 in Bremen, gegen eine solche Maßnahme vorgetragen.

[470] Siehe hierzu *Hondius/Hooft* in: Kranich/Böcken, Patientenrechte und Patientenunterstützung in Europa, S. 55 f.

[471] BVerfGE 11, 192 (199).

ses anknüpfen, bestimmt wird.[472] Der Bundesgesetzgeber ist freilich nicht daran gehindert, die Materie des bürgerlichen Rechts fortzuentwickeln.[473] Dabei handelt es sich in der Regel um normative Anpassungen des tradierten Rechtsgebiets an aktuelle, ausdrücklich auch sozialstaatliche Erfordernisse.[474] Einschränkungen ergeben sich aus der Intention des Verfassungsgebers, da der Gesetzgeber unter den einzelnen Kompetenztiteln nicht etwas einführen darf, was mit diesen nichts mehr zu tun hat. Für die Fortentwicklung umfassend kodifizierter, festgefügter Materien wie des bürgerlichen Rechts, ist zudem der Gesichtspunkt der Tradition eines Rechtsgebiets stärker in den Fordergrund zu rücken als bei entwicklungsoffenen Bereichen.[475]
Die Kodifizierung des Arzt-Patienten-Verhältnisses im BGB erscheint als möglich, soweit sie eine Regelung der Privatpersonen zukommenden Rechtsstellungen und Verhältnisse darstellt, in welchen diese untereinander stehen.[476] Daraus würde sich allerdings die missliche Lage einer Doppelzuständigkeit ergeben, die dem System der verfassungsrechtlichen Kompetenznormen fremd ist.[477] Die soeben konstatierte Kompetenz der Länder für die Regelung der ärztlichen Berufsausübung wäre nunmehr auch von einer Gesamtbefugnis des Bundes für das Arzt-Patienten-Verhältnis erfasst. Insoweit hätten zwar die bundesrechtlichen Regelungen nach Art. 31 GG Vorrang. Um jedoch einer Überspielung begrenzter Kompetenzzuweisungen durch extensive Auslegung entgegenzuwirken, ist die Zuordnung zu bestimmten Kompetenztiteln insbesondere dann abzulehnen, wenn ein überwiegender Sachzusammenhang mit anderen Sachkompetenzen besteht.[478] Die Entscheidung der Verfassung, dem Bund in den benannten Bereichen nur in eingeschränktem Maße Gesetzgebungskompetenzen zuzuweisen, darf durch die erweiternde Auslegung der Gesetzgebungszuständigkeit für das bürgerliche Recht nicht unterlaufen werden.[479] Der Verfassungsgeber hat in Art. 74 I Nr. 19 GG die Entscheidung ge-

---

[472] BVerfGE 42, 20 (30); 61, 149 (176); *Stettner* in: Dreier, GG II, Art. 74 Rn. 14; *Degenhart* in: Sachs, GG, Art. 74 Rn. 4.

[473] *Maunz* in: Maunz/Dürig, GG, Art. 74 Rn. 54.

[474] *Degenhart* in: Sachs, GG, Art. 74 Rn. 6 und Art. 70 Rn. 46.

[475] Vgl. *Degenhart* in: Sachs, GG, Art. 70 Rn. 46 f.

[476] Vgl. BVerfGE 42, 20 (30); danach sind solche Normen als Inbegriff des bürgerlichen Rechts nach Art. 74 I Nr. 1 GG zu bezeichnen.

[477] Vgl. BVerfGE 36, 193 (202 f.). Aus diesem Grund bedarf es im Fall der Konkurrenz zwischen Landes- und Bundesrecht normalerweise auch nicht des Rückgriffs auf Art. 31 GG.

[478] *Degenhart* in: Sachs, GG, Art. 70 Rn. 51 und 53.

[479] Vgl. den ähnlich gelagerten Fall in: BVerfGE 88, 203 (330).

troffen, dem Bund gerade nur die Normierung der Zulassung zu ärztlichen Heilberufen zu überlassen. Eine Befugnis des Bundesgesetzgebers, das Arzt-Patienten-Verhältnis umfassend im BGB zu regeln, ist deshalb zu verneinen.

(4) Zwischenergebnis

Eine umfassende und verbindliche Regelung von Patientenrechten durch den Bundesgesetzgeber wäre aufgrund der gesetzessignifikanten Transparenz geeignet, die defizitäre Informationslage über bestehende Rechte zu verbessern. Zwar gibt es auch praktische Erwägungen, die gegen eine solche Maßnahme sprechen, doch sind es vor allem die verfassungsrechtlichen Kompetenzzuweisungen, die der Kodifizierung von Patientenrechten einen Riegel vorschieben. Die uneinheitliche Verteilung der Gesetzgebungsbefugnisse in diesem Bereich auf Bund und Länder macht ein Gesetz aus einem Guss praktisch nicht möglich. Die Zuweisung der Zuständigkeiten durch die Verfassung kann auch nicht durch Ausweitung anderer Sachkompetenzen speziell des bürgerlichen Rechts umgangen werden. Eine Erweiterung der Bundeskompetenzen wäre lediglich durch eine Verfassungsänderung zu erreichen. Unabhängig von den erschwerenden Bedingungen des Art. 79 GG für eine Änderung des Grundgesetzes,[480] wäre aber eine solche Kompetenzverschiebung zu Gunsten des Bundes mit weitreichenden Folgen verbunden, da unter anderem die gesamte betroffene Rechtslage überarbeitet werden müsste.

Die gegenwärtigen, verfassungsrechtlichen Kompetenzzuweisungen lassen eine Kodifizierung dagegen allenfalls getrennt auf Bundes- und auf Landesebene zu. Damit würde man aber den ursprünglich gestellten Erwartungen an Transparenz und Rechtsklarheit durch ein Patientenschutzgesetz bei weitem nicht entsprechen können.

b) Transparenzerhöhung durch ein deklaratorisches Gesetz des Bundestages?

Dass sich das Problem der Rechtszersplitterung schon infolge der gespaltenen Verteilung von Regelungskompetenzen auf Bund und Länder nicht schlicht durch den Erlass einer einheitlichen Regelung des Bundesgesetzgebers lösen lässt, kann wohl kaum noch als neue Erkenntnis bezeichnet werden.[481] Zu den

---

[480] Vor allem ist es unwahrscheinlich, dass die Länder freiwillig auf ihre Gesetzgebungsbefugnisse verzichten, indem sie sich mit zwei Dritteln der Stimmen des Bundesrates für eine entsprechende Änderung entscheiden. Deshalb könnte sich insbesondere Art. 79 II GG als schwer überwindbare Hürde erweisen.

[481] Auf die in unterschiedlicher Weise bestehende Befugnis von Bund und Ländern zur Gesetzgebung im Gesundheitswesen gehen auch *Francke/Hart* in: Badura/Hart/Schellschmidt, Bürgerorientierung des Gesundheitswesens, S. 243 näher ein. Allerdings wird hier mehr auf die Gesetzgebungskompetenz des Bundes zum Sozialleistungsrecht Bezug genommen. Da

anderweitig unterbreiteten Handlungsmodalitäten zählen in erster Linie informatorische Akte. Immer wieder stößt man dabei auf Vorschläge, die zumindest sinngemäß auf ein „deklaratorisches Gesetz“ abzielen.[482] Damit wird in Erwägung gezogen, eine Information über die bestehende Rechtslage nach dem strengen Gesetzgebungs-verfahren zu erlassen.
Gewiss wäre der Informationsgehalt einer solchen Handlung und damit der Einfluss auf das Rechtsbewusstsein der Bevölkerung schon aufgrund der grundgesetzlich vorgegebenen Ausfertigung durch den Bundespräsidenten und der Verkündung im Bundesgesetzblatt nicht unerheblich. Zudem sollte das Vertrauen und die Akzeptanz der Bevölkerung in das auf Bundesebene einzige direkt vom Volk legitimierte Staatsorgan und in das durch Offenheit gekennzeichnete Verfahren der Rechtsetzung, als hoch einzuschätzen sein.[483]

---

der Bund gegenwärtig in sehr weitgehender Weise wesentliche Bereiche der Krankenversorgung steuert, besteht die Gefahr, dass damit über den ursprünglichen Gegenstand dieses Kompetenztitels, die Gewährung von Sozialleistungen zu regeln, weit hinausgegangen wird. Diese Regelungstiefe ist deshalb nicht unumstritten. So ist zu beobachten, dass der Bund seit der Novellierung und Kodifizierung des Rechts der Gesetzlichen Krankenversicherung im SGB V bei der Ausgestaltung des Vertragsarztrechts anscheinend immer weiter in Kompetenzbereiche der Länder eingreift. Durch die Regelungsdichte von Bundesgesetzen wird der regionale Gestaltungsspielraum eingeschränkt und damit in diesem Bereich die Herrschaft der Länder durchkreuzt. Entsprechend wurde auch in einem Gutachten, das die Landesärztekammer und die Kassenärztlichen Vereinigungen in Baden-Württemberg in Auftrag gegeben haben, die Verfassungswidrigkeit zentraler Regelungen des SGB V festgestellt; zu näheren Einzelheiten vgl. *Erens*, Koordinierungsausschuss verfassungswidrig?, DÄBl. 2002, A 688.

[482] Beispielsweise sehen *Francke/Hart* in: Badura/Hart/Schellschmidt, Bürgerorientierung des Gesundheitswesens, S. 163 eine Patientenrechtscharta als informationelle Maßnahme, die unter anderem in Gesetzesform ergehen kann. Auch wenn dies ausdrücklich so nicht genannt wird, würde es sich hierbei zwangsläufig um ein nicht konstitutives Gesetz handeln. Weiterhin wird auch ein mögliches Landesinformationsgesetz im Gesundheitsbereich erwähnt; allerdings erfolgen hier keine näheren Angaben zu Einzelheiten. Auch *Hanika*, Patientencharta, MedR 1999, 149 geht davon aus, dass die Forderung nach Patientenrechten auf die Zusammenfassung bestehender rechtlicher Vorgaben in einer deklaratorischen Patientenrechts-Charta abzielt und kein neues konstitutives Recht schaffen will. Vgl. zudem *Steffen*, Mehr Schutz für die Patientenrechte, MedR 2002, 190 (191), der in der Idee einer deklaratorischen Zusammenfassung von Patientenrechten in einem Gesetz die Möglichkeit einer optischen Aufwertung der erfassten Rechte sieht, aber aufgrund geäußerter Zweifel am praktischen Nutzen ein solches Gesetz letztlich ablehnt.

[483] Indes wurde in einer amerikanischen Studie festgestellt, dass im Vergleich von Deutschen mit US-Amerikanern, Briten, Italienern und Mexikanern allein die Deutschen Entscheidungen der Administrative solchen der Legislative vorziehen; siehe hierzu *Kempen*, Grundgesetz, amtliche Öffentlichkeitsarbeit und politische Willensbildung, S. 33.

Der Vorschlag eines „deklaratorischen Gesetzes“ führt aber nicht ohne weiteres an den bekannten Problemen vorbei.[484] Selbstredend ist darüber hinaus auch die rechtliche Existenz und die praktische Umsetzbarkeit dieser Konstruktion zu überprüfen.
Grundsätzlich wird ein weiter Gestaltungsraum der Gesetzgebung durch die Formel von der „Freiheit des Gesetzgebers“ anerkannt. Die daraus entspringenden politischen Lösungen sind zu respektieren und solange die verfassungsrechtlichen Grenzen eingehalten werden, können keine anderen Folgen vorgeschrieben werden.[485] Politische Wertungen, Entscheidungen der legislativen Regelungsgewalt sowie gesetzgeberische Gestaltungsarbeit gebieten eine prinzipielle Zurückhaltung insbesondere der Judikative.[486] Die Gestaltungsfreiheit des Gesetzgebers kommt besonders bei näherer Ausformung verfassungsrechtlicher Garantien und bei Ausführungen von Gesetzgebungsaufträgen zum Ausdruck. Die Gestaltungsfreiheit wird größer, wo der Inhalt grundrechtlicher Berechtigungen näher auszuformen ist. Gleiches gilt für die Abgrenzung grundrechtlicher Berechtigungen gegenüber anderen Rechtsgütern, also für die Schaffung einer die Grundrechtsausübung ermöglichenden oder sichernden Ordnung.[487] Verfassungsrechtliche Vorgaben führen indes zur Unzulässigkeit von Individual- oder Einzelfallgesetzen.[488] Auch sind die rechtsstaatlichen Grundsätze, wie der Grundsatz der Verhältnismäßigkeit,[489] die Zweckmäßigkeit einer Regelung[490] oder die nur sehr begrenzte Zulässigkeit rückwirkender Gesetze[491] einzuhalten. Die gesetzgeberische Gestaltungsfreiheit stößt zudem auf die Grenze des Willkürverbots.[492]
Besonders die der Ausübung grundrechtlicher Freiheiten förderliche Wirkung eines rein informatorischen Gesetzes könnte für die Zulässigkeit eines deklaratorischen Gesetzes sprechen. Allerdings hinterlässt der Gedanke an ein Gesetz,

---

[484] Unter anderem erscheint es als äußerst fraglich, ob hiermit das Problem der grundgesetzlichen Kompetenzverteilung entschärft würde.

[485] Vgl. *Scheuner*, Verfassungsgerichtsbarkeit und Gesetzgebung, DÖV 1980, 473 (478).

[486] *Horn*, Experimentelle Gesetzgebung, S. 99; vgl. auch *Hesse*, Grundzüge des Verfassungsrechts, Rn. 568.

[487] Vgl. *Badura* in: Isensee/Kirchhof, HBdStR VII, § 163 Rn. 9 f.

[488] Nach Art. 19 I GG darf die Gültigkeit grundrechtseinschränkender Gesetze nicht nur auf einen Einzelfall beschränkt sein, sondern die Wirkung muss generell abstrakt sein.

[489] BVerfGE 63, 131 (144); 67, 1 (15 f.); 69, 272 (310).

[490] BVerfGE 69, 1 (53); 77, 84 (106).

[491] BVerfGE 68, 287 (306 f.).

[492] BVerfGE 3, 58 (135 f.); 9, 250 (255); 52, 277 (280 f.); 77, 308 (338); 78, 249 (287).

das ohne eigenen Gehalt lediglich über bestehende Rechte informiert, erhebliche Zweifel an dessen Zulässigkeit. Als Erklärung hierfür ist vor allem die fehlende Kongruenz mit der uns vom Grundgesetz vermittelten Wirkung und Bindung von Gesetzen auszumachen.[493] Entsprechend ist weder der Erlass noch das Vorhaben zum Erlass eines „deklaratorischen Gesetzes" in Vergangenheit oder Gegenwart zu verzeichnen gewesen.[494] Erwähnung findet ein solches Modell ebenso wenig in der Literatur zum Staats- und Verfassungsrecht. Insbesondere das Wesen des Gesetzes und seine Bedeutung im Rechtsstaat ist dafür als entscheidende Ursache hervorzuheben und spricht gegen eine Vereinbarkeit mit der bestehenden Rechtslage. Das Gesetz gilt als zentrales Steuerungsinstrument des Rechtsstaates. Dabei gibt es eine ganze Palette von Möglichkeiten rechtlicher Steuerung, die sich nicht schon in der klassischen Form des Ge- oder Verbots erschöpft.[495] Eine rechtliche Steuerung ausschließlich durch Information erscheint gleichwohl fragwürdig. Als Grundstein der verfassungsmäßigen Ordnung bindet das Gesetz vollziehende Gewalt und Rechtsprechung und bestimmt Rechte und Pflichten des Einzelnen. Es kann im eigentlichen Sinn nur eine Rechtsnorm sein und ist damit, nach der dem liberalen Staatsbild verhafteten Vorstellung, als eine allgemeine, die Freiheit und das Eigentum der Einzelnen berührende Regelung anzusehen.[496] Kurz umschrieben handelt es sich um allgemeine rechtsverbindliche Anordnungen, denen auch eine Garantiefunktion[497] innewohnt. Signifikant ist jedenfalls der Regelungscharakter, den man bei einem rein informatorischen Gesetz allerdings vergeblich suchen wird. Gesetze sind in einer rechtsstaatlichen Demokratie schlechthin konstituierend. Zwar wird dem Gesetzgeber, wie soeben dargelegt wurde, bei der Gestaltung ein gewisser Freiraum überlassen und auch der Inhalt ist für die Allgemeinheit und Rechtsverbindlichkeit der Anordnungen nicht entscheidend. Das Ergebnis dieser Gestaltung darf indes nicht der verfassungsrechtlichen Gesetzestypik widersprechen. Eine Abweichung von dem vom Grundgesetz vorgegebenen Gesetzesbild wäre durch ein „deklaratorisches Gesetz" aber vor allem aufgrund

[493] Der Rückschluss auf eine besondere Wirkung von Gesetzen ergibt sich beispielsweise aus einem Blick auf Art. 19 I GG, wo von grundrechtseinschränkenden Gesetzen die Rede ist. Aber auch die sich aus Art. 20 III GG ergebende gesetzliche Bindung spricht für eine gewisse, vom Grundgesetz gestellte Wirkungsvorgabe an Gesetze.

[494] Entsprechend sah es *Bollweg* stellvertretend für das Bundesministerium der Justiz, auf der „Tagung des IGMR" am 7. und 8. Dezember 2001 in Bremen, der sich daher auch von einer solchen Möglichkeit abwandte.

[495] Vgl. *Schlette*, Gesetz als zentrales Steuerungsinstrument, DVBl. 1997, 993 (996).

[496] Vgl. *Badura*, Staatsrecht, F Rn. 2 f.

[497] Zur Garantiefunktion des Gesetzes siehe *Badura*, Staatsrecht, F Rn. 3.

des fehlenden Regelungsgehalts zu bejahen. Anstatt zu regeln würde nur auf die originären Rechtsnormen verwiesen werden, weshalb auch lediglich von diesen eine Verbindlichkeit ausginge.
Der Erlass eines Gesetzes mit informatorischem Gehalt und ohne jeden regelnden Charakter, nach dem strengen, verfassungsrechtlich festgelegten und aufwendigen Gesetzgebungsverfahren wäre daher nicht nur unnötig,[498] sondern auch unzulässig. Das Grundgesetz sieht dieses Verfahren nur für solche „Regelungen" vor, die auch dem verfassungsrechtlichen Gesetzesbegriff entsprechen.

Als Schlussfolgerung aus dieser Erkenntnis verbleibt die Frage nach dem Erlass eines „regelnden Gesetzes" mit teilweise informativen Gehalt, also einer gesetzlichen Information, die zugleich dem Gesetzesbild der Verfassung entspricht. In Erwägung zu ziehen ist eine Vorschrift, die den behandelnden Stellen die Einhaltung explizit aufgeführter Patientenrechte – dies wäre sozusagen der deklaratorische Teil des Gesetzes – aufgibt. Eine derartig konstruierte Vorschrift besteht in Österreich mit dem § 5a des Gesetzes über Krankenanstalten und Kuranstalten (KAKuG). In § 5a KAKuG finden sich Bestimmungen, die zwar am Bestand der in Österreich geltenden Patientenrechte nichts ändern, aber die Träger der Krankenanstalten zur Sicherstellung der Wahrnehmung dieser Rechte verpflichten. Ohne neue, subjektive Rechte zu schaffen werden auf diese Weise die bereits gewährleisteten Patientenrechte in kodifizierter Form in Erinnerung gerufen. Für eine entsprechende Vorschrift fehlt es dem Bundesgesetzgeber in Deutschland allerdings an der notwendigen Gesetzgebungszuständigkeit für Krankenhäuser und ähnliche Einrichtungen, da die verfassungsmäßig vorgesehene Kompetenz hierfür bei den Ländern liegt. Ebenso wenig könnten, orientiert am österreichischen § 5a KAKuG, die Landesgesetzgeber zum Erlass vergleichbarere Regelungen verpflichtet werden.

c) *Publikation von Patientenrechten in einer durch schlichten Parlamentsbeschluss erlassenen Charta*

Die Feststellung, dass der parlamentarische Gesetzgeber nicht über die Möglichkeit verfügt, Informationen in Gesetzesform an die Öffentlichkeit gelangen zu lassen, führt mehr oder weniger zwangsläufig zu der Frage nach einer par-

[498] Unnötig wäre ein solcher Erlass schon deshalb, da Informationen, gerade weil es ihnen an einer Regelung ermangelt, durch weniger aufwendige und förmliche Staatshandlungen erfolgen können. Denkbar wäre indes eine gesetzliche Begründung von Verpflichtungen z.B. staatlicher Stellen zur Information. Entscheidend wäre aber nicht nur, dass hiermit ein großer Teil der Bevölkerung erreicht wird, sondern es müsste sich vor allem um eine einheitliche Information handeln. Eine entsprechende Möglichkeit zur Umsetzung wird im nachfolgenden Abschnitt zu untersuchen sein.

lamentarischen Information in nichtgesetzlicher Form. Denkbar wäre eine Charta der Patientenrechte, die alle wesentlichen durch das Grundgesetz garantierten und durch die einfache Rechtsordnung gewährleisteten Patientenrechte wiedergibt. Dabei bestünde die Möglichkeit, sprachlich zwischen zwingendem Recht und sich an die Leistungserbringer und übrigen Normsetzer richtenden Zielvorgaben zu unterscheiden. In Betracht käme hierfür ein Handeln durch schlichten Parlamentsbeschluss.[499]
Alle Entscheidungen des Bundestages, mit Ausnahme der Entschließungsanträge nach § 88 GOBT, sind als Beschlüsse zu werten.[500] Näher zu umreißen ist freilich der Begriff des schlichten Beschlusses, der sich auf einen, nicht im Gesetzgebungsverfahren ergehenden Hoheitsakt des Parlaments bezieht. Zustande gekommen mit verfassungsmäßiger Mehrheit, handelt es sich also nicht um Beschlüsse mit dem Zweck, Gesetze im Rahmen der verfassungsmäßig vorgesehenen Gesetzgebungskompetenz zu erlassen.[501] Diese nur vage abgrenzende Begriffsumschreibung, die kaum nähere Schlussfolgerungen zulassen dürfte, benötigt zunächst weiterer Erörterungen.

(1) Zum schlichten Parlamentsbeschluss im Allgemeinen

Schlichte Parlamentsbeschlüsse, die auch als parlamentarische Entschließungen bezeichnet werden, bringen die parlamentarische Meinungsbildung zum Ausdruck, die ein vom Plenum begehrtes Handeln anderer Staatsorgane veranlassen oder die Meinung insbesondere der Mehrheit des Parlaments für die Öffentlichkeit deutlich machen soll.[502] Nähere Einzelheiten sind neben dem Begriff selbst jedoch umstritten. Zum Teil wird deshalb nur vorsichtig von einem Staatshoheitsakt eigener Art gesprochen, um der Problematik angemessen we-

[499] Vorgeschlagen wird der Erlass einer Charta durch einen schlichten Parlamentsbeschluss des Bundestages auch von *Kluth* in: Fischer/Kluth/Lilie, Ansätze für eine Stärkung der Patientenrechte im deutschen Recht, S. 48.

[500] Beispielhaft hierfür sind Gesetzgebungsbeschlüsse (Art. 77 I 1 GG), die Ablösung des Bundeskanzlers (Art. 67 I 1 GG) oder die Feststellung eines eingetretenen Verteidigungsfalls (Art. 115a GG); vgl. *Versteyl* in: v. Münch/Kunig, GG II, Art. 42 Rn. 16.

[501] *Achterberg*, Parlamentsrecht, S. 738. Es ist daher nur folgerichtig, wenn *Butzer*, Der Bereich des schlichten Parlamentsbeschlusses, AöR 119 (1994), 61 (66) die Figur des „schlichten Parlamentsbeschlusses" auch als Pendant zum gesetzesförmigen Parlamentsbeschluss sieht.

[502] *Von Westphalen*, Parlamentslehre, S. 188; *Trossmann*, Parlamentsrecht, § 89 Rn. 2; vgl. auch *Versteyl* in: v. Münch/Kunig, GG II, Art. 42 Rn. 16 der von einer allgemeinen politischen Willensäußerung des Parlaments ausgeht.

der über die Zulässigkeit noch über die Verbindlichkeit etwas vorwegzunehmen.[503]
Was alles unter den Begriff des „schlichten Parlamentsbeschlusses" zu subsumieren ist, oder anders gefragt, wonach eine Abgrenzung zu anderen parlamentarischen Handlungen erfolgen kann, erfährt in der Literatur keine einheitliche Beurteilung. Unklar ist unter anderem, ob Hoheitsakte, die sich auf die intraparlamentarischen Rechtsverhältnisse beziehen – mithin also innerparlamentarische Rechtsakte – aus der Definition des schlichten Parlamentsbeschlusses auszuklammern sind.[504] Divergierend wird zudem die Frage beurteilt, ob Entscheidungen unter den Begriff des schlichten Parlamentsbeschlusses fallen, welche aufgrund einer ausdrücklichen Normierung durch die Verfassung oder durch ein Gesetz bestimmte Rechtsfolgen herbeiführen.[505]
Diese Unstimmigkeiten sind indes für die vorliegend zu behandelnde Frage ohne nähere Relevanz, da ein über bestehende Rechte informierender schlichter Beschluss, wenn er denn rechtlich überhaupt möglich ist, jedenfalls keine verfassungsrechtliche oder gesetzliche Abstützung besitzt.[506] Ebenso bestünde kein Bezug zu intraparlamentarischen Rechtsverhältnissen. Ein solcher Beschluss wird von allen Definitionen in den Begriff des schlichten Parlamentsbeschlusses involviert, weshalb auf eine Stellungnahme zu dieser Kontroverse[507] verzichtet werden kann. Setzt man dennoch die Annahme voraus, Entscheidungen, die auf verfassungsrechtlicher oder gesetzlicher Normierung beruhen, führen auch regelmäßig zu einer bestimmten Rechtsfolge, und diese von Stern als „echte" Beschlüsse bezeichneten Entscheidungen seien nicht aus dem weiter zu fassenden Begriff des schlichten Parlamentsbeschlusses auszugrenzen, lässt sich folgendes festhalten: Schlichte Beschlüsse können auf einer Rechtsquelle[508] basieren oder sie bestehen ausschließlich im metajuristischen, politischen Raum ohne Abstützung auf eine Rechtsquelle. Unmittelbar auf dem

[503] Vgl. *Achterberg*, Parlamentsrecht, S. 741.

[504] So jedenfalls *Achterberg*, Parlamentsrecht, S. 738.

[505] *Stern*, Staatsrecht II, S. 48 bezeichnet solche Rechtsfolgen herbeiführenden Entscheidungen als „echte" Beschlüsse und grenzt sie von den „schlichten" Beschlüssen ab.

[506] Von einer verfassungsrechtlichen oder gesetzlichen Abstützung in diesem Sinne wäre nur auszugehen, wenn eine explizite Normierung bestünde. Eine solche Normierung besteht aber gerade nicht. Für die aufgeführten Kontroversen ist es daher auch ohne Relevanz, dass ein über bestehendes Recht informierender schlichter Beschluss zur Ermöglichung oder Erleichterung des Grundrechtsgebrauchs beitragen würde.

[507] Etwas näher auf diesen Streit eingehend *Butzer*, Der Bereich des schlichten Parlamentsbeschlusses, AöR 119 (1994), 61 (70 f.).

[508] Dabei käme entweder die Verfassung oder ein einfaches Gesetz in Frage.

Grundgesetz beruht zum Beispiel die Ausübung des Misstrauensvotums nach Art. 67 I S. 1 GG. Dagegen sind unter anderen die Zustimmung zur Veräußerung von Bundeseigentum mit erheblichen Wert nach § 64 II BHO in einem einfachen Gesetz und die Entschließungsanträge des Bundestages gemäß § 75 II c GOBT in der Geschäftsordnung begründet.[509]
Für die vorliegende Frage einschlägig und auch in der Parlamentspraxis von erheblicher Bedeutung sind hingegen die nicht auf eine Grundlage des Außenrechts zurückführbaren, sondern allenfalls als parlamentarische Entschließungen zu wertenden, schlichten Beschlüsse.[510] [511] Die Zulässigkeit dieser Beschlüsse wird in der jüngeren Literatur kaum mehr in Frage gestellt, wobei streng zwischen Zulässigkeit und rechtlicher Wirkung zu unterscheiden ist.[512] Auffassungen, die sich gegen die Zulässigkeit nicht auf ausdrücklicher Rechtsgrundlage beruhender schlichter Parlamentsbeschlüsse aussprechen,[513] lassen eine solche konsequente Trennung allerdings vermissen. Vielmehr werden die Kriterien Verbindlichkeit und Zulässigkeit durch die zumindest so erscheinende Annahme, es handle sich um festlegende Anweisungen, vermengt. Eine Verwertbarkeit dieser Aussagen ist damit insoweit fragwürdig, als von – wie auch immer begründeten – verbindlichen, schlichten Parlamentsbeschlüssen ausgegangen wird.[514] [515]

---

[509] Zu diesen und zu weiteren Beispielen siehe *Achterberg*, Parlamentsrecht, S. 739, der in den Entschließungsanträgen ausdrücklich nicht nur parlamentsinterne Vorgänge sieht.

[510] Diese Entschließungen werden selbst von *Stern*, Staatsrecht II, S. 48 und *Böckenförde*, Der Honnef-Fall, JuS 1968, 375 (376) als schlichte Parlamentsbeschlüsse anerkannt. Böckenförde nimmt eine Unterscheidung zwischen Beschlüssen im Gesetzgebungsverfahren und einfachen Beschlüssen vor. Bei den einfachen Beschlüssen wiederum differenziert er ähnlich dem Vorgehen von Stern zwischen verfassungsrechtlich oder gesetzlich ausdrücklich vorgesehenen Beschlüssen und den schlichten Parlamentsbeschlüssen.

[511] Vgl. dazu im ganzen *Achterberg*, Parlamentsrecht, S. 739 f.

[512] Diese Unterscheidung betonen z.B. *Achterberg*, Parlamentsrecht, S. 741 und *Böckenförde*, Der Honnef-Fall, JuS 1968, 375 (376).

[513] Vgl. *Leibholz*, Strukturprobleme der modernen Demokratie, S. 160 ff.; *Münch*, Diskussionsbeitrag, VVDStRL 16, 133 (135).

[514] Indes ist die Frage, ob schlichte Parlamentsbeschlüsse überhaupt verbindlich sein können und wenn diese Frage zu bejahen ist, für welche Beschlüsse dies der Fall wäre, eine ganz andere Problematik.

[515] Speziell für den hier unerheblichen Fall des Ersuchens oder der Aufforderung des Bundestages an die Bundesregierung, bestimmte Handlungen vorzunehmen, kann nicht der Mutmaßung gefolgt werden: „Die Ausübung eines derartigen Anweisungsrechtes seitens der Legislative bedeutet in Wirklichkeit einen verfassungsmäßig nicht zulässigen Einbruch in die durch die gleiche Verfassung anerkannte Kompetenzsphäre der Regierung, ... “. So aber

Trotz ihrer prinzipiellen Anerkennung[516] ist aufgrund unterschiedlicher Begründungsansätze die Ableitung der Zulässigkeit genannter Beschlüsse nicht homogen. Normierte Rechtsgrundlagen als ausdrückliche Ermächtigungsbestimmungen bestehen nicht. Die grundgesetzlichen Bestimmungen, die dem Parlament in einer Reihe von Normen die Befugnis geben, Entscheidungen durch schlichten Parlamentsbeschluss zu treffen, lassen andererseits auch keinen Umkehrschluss zu. Denn diese Bestimmungen können nicht zugleich als in sich abgeschlossene, erschöpfende Regelungen verstanden werden, sondern stellen Einzelregelungen dar. Für eine Entscheidung des Parlaments durch schlichten Beschluss außerhalb der grundgesetzlichen Einzelregelungen muss nach Sellmann jedenfalls für den betreffenden staatlichen Tätigkeitsbereich eine Einwirkungsbefugnis durch die genannte Handlungsform bestehen.[517] Die Möglichkeit, eine Ableitung der Zulässigkeit aus der institutionellen Ausformung des Parlaments zu erreichen, sieht dagegen Achterberg. Aufgrund seiner Kontroll- und Kreationsfunktion benötige das Parlament das Privileg, Instrumente zu gebrauchen, die auch die Wahrnehmung solcher Funktionen ermöglichen.[518] Butzer geht von der Überlegung aus, dass an dem öffentlichen Wil-

---

Leibholz, Strukturprobleme der Modernen Demokratie, S. 163. Denn es ist inzwischen anerkannt, dass das Parlament im parlamentarischen Regierungssystem nicht auf die Ausübung der Funktion der Legislative beschränkt ist. Gerade an den Entscheidungen, die im Regierungsbereich zu treffen sind, müssen Parlament und Regierung grundsätzlich gleichermaßen beteiligt sein. Beide Staatsorgane haben daher in kooperativer Wahrnehmungszuständigkeit und -verpflichtung eine staatsleitende Planungs- und Gestaltungsaufgabe; vgl. dazu *Friesenhahn*, Parlament und Regierung im modernen Staat, VVDStRL 16, 9 (37 f.); *Sellmann*, Der schlichte Parlamentsbeschluß, S. 84; *Butzer*, Der Bereich des schlichten Parlamentsbeschlusses, AöR 119 (1994), 61 (62 f.); *Böckenförde*, Der Honnef-Fall, JuS 1968, 375 (376). Die strenge Gewaltentrennung schließt eine solche Befugnis des Parlaments deshalb nicht aus, weil hierin keine Berührung der Kernfunktion der Exekutive liegt; vgl. *Sellmann*, aaO, S. 103 f.; *Böckenförde*, aaO, S. 376 und S. 379 Erläuterung 8. Für Böckenförde stehen daher der Zulässigkeit solcher Beschlüsse keine Bedenken gegenüber.

516 So jedenfalls *Scholz*, Landesparlamente und Bundesrat, in: Börner/Jahrreiß/Stern, FS für Carstens, S. 831 (838, 845), mit jeweils weiteren Nachweisen.

517 *Sellmann*, Der schlichte Parlamentsbeschluß, S. 41 f. Den Ausführungen ist zu entnehmen, dass sich eine solche Befugnis auch aus einer ungeschriebenen Kompetenz ergeben kann; vgl. z.B. *ders.*, aaO., S. 78. Es darf aber nicht unberücksichtigt bleiben, dass diese Ausführungen vornehmlich von schlichten Beschlüssen ausgehen, die hauptsächliche Bedeutung für die Exekutive haben.

518 Hierzu gehört speziell die Möglichkeit der Willensäußerungen in nichtgesetzlicher Form; so etwa *Achterberg*, Parlamentsrecht, S. 742 f. Dieser sieht zusätzlich die Möglichkeit, die Zulässigkeit schlichter Parlamentsbeschlüsse als „stillschweigende Organkompetenz" abzuleiten. Dabei handelt es sich freilich um den hier unerheblichen Fall der Interpretation eines Gesetzes durch schlichten Parlamentsbeschluss. Hieraus können aber keine Pa-

lensbildungs- und Entscheidungsprozess der unter den Wirkungsbedingungen einer pluralistischen Demokratie zu rechtlich verbindlichen Entscheidungen von Regierung und Parlament erwachse, ein Kollegialorgan wie das Parlament nur durch besondere Handlungsformen, zu denen eben auch die Beschlussfassung gehört, teilnehmen könne.[519]
Auch wenn diese Begründungen unterschiedlich ausfallen, gehen doch alle von einem gemeinsamen Grundgedanken aus: Die Zulässigkeit schlichter Plenarbeschlüsse lasse sich besonders aus der Parlamentsfunktion und der Parlamentsstellung in einer von der Verfassung vorgegebenen Ordnung erklären. Eine konkrete Aussage ist indes nicht generell für schlichte Parlamentsbeschlüsse ohne ausdrückliche Ermächtigungsbestimmungen zu treffen, sondern von der entsprechenden Art des schlichten Beschlusses abhängig. Die Rechtmäßigkeit derartiger Akte muss daher immer für den jeweiligen Fall oder die jeweilige Gruppe von Fällen bestimmt werden.[520] Dies ist allerdings nur möglich, wenn man sich die Funktionen des Parlaments und die Auswirkung der Entscheidungen insbesondere auf die vom Grundgesetz vorgegebenen Zuständigkeiten vor Augen führt. In erster Linie ist deshalb darauf zu achten, dass der Bundestag hiermit nicht Kompetenzen anderer Staatsorgane oder föderalistischer Legislativen usurpiert.[521] Es kann also keinesfalls von einer unbegrenzten Zulässigkeit schlichter Parlamentsbeschlüsse ausgegangen werden.[522]

Aus Gründen der Vollständigkeit sei an dieser Stelle auch auf das Problem der Verbindlichkeit schlichter Beschlüsse hingewiesen, wobei es sich um eine weitere, in der Literatur bestehende Kontroverse zu derartigen parlamentarischen Beschlüssen handelt. Die Ansichten reichen hier von einer Unverbindlichkeit unter anderem aufgrund des Gewaltenteilungsprinzips,[523] bis zur rechtlich verpflichtenden Wirkung ausdrücklich bestimmter schlichter Beschlüsse zumin-

---

rallelen zu einem über die bestehende Patientenrechtslage informierenden Beschluss gezogen werden, da der Autor in beiden Fällen zwingend derselbe sein muss.

519 *Butzer*, Der Bereich des schlichten Parlamentsbeschlusses, AöR 119 (1994), 61 (68 f.). Dieser gibt hier sogleich einen kurzen Überblick über die divergierenden Begründungen zur Zulässigkeit nicht auf normativer Grundlage beruhender schlichter Parlamentsbeschlüsse.

520 In ähnlicher Weise geht *Sellmann*, Der schlichte Parlamentsbeschluß, S. 63 ff. vor, indem er die schlichten Beschlüsse nach Rechtswirkungen und Inhalt einteilt und sodann deren Rechtmäßigkeit und Verbindlichkeit untersucht.

521 Siehe zur möglichen Überschneidung von Kompetenzen in diesem Kapitel IV. 2. c) (3).

522 Vgl. *Stern*, Staatsrecht II, S. 49.

523 So z.B. *Grewe*, Die auswärtige Gewalt der Bundesrepublik, VVDStRL 12, 129 (159 f.).

dest für die Exekutive.[524] Schließlich werden, auf die rechtliche Wirkung für die Exekutive abstellend, solche Beschlüsse nach dem parlamentarischen Willen zum einen und nach der Verfassung zum anderen, in verbindliche oder unverbindliche Beschlüsse eingeteilt.[525] [526]

Auch zu diesem Streit ist eine Stellungnahme gleichwohl als überflüssig zu erachten. Informationen zur bestehenden Rechtslage eines bestimmten Rechtsgebiets durch schlichten Parlamentsbeschluss – die im folgenden behandelt werden – sollen weder im Verhältnis zu anderen Staatsorganen noch zum individuellen Rechtsträger in irgendeiner Weise verbindlich wirken. Schon aufgrund ihres Wesens könnten sie keine Verbindlichkeiten begründen.

Überdies steht für individuelle Rechtsträger eine rechtlich verpflichtende Wirkung ohnehin nicht zur Diskussion. Denn egal ob man die Möglichkeit verbindlicher schlichter Parlamentsbeschlüsse bejaht oder verneint, eine Verbindlichkeit wäre lediglich im Innenverhältnis zwischen Parlament und Exekutive erheblich, wogegen eine unmittelbare Rechtswirkung oder Rechtsnormwirkung im Außenverhältnis nicht entfaltet würde.[527]

Dessen ungeachtet ist die politische Wirkung einer solchen Entscheidung nicht unbeachtlich,[528] weshalb auch ihr Wert zur Gestaltung des öffentlichen Lebens nicht unterschätzt werden sollte.

---

[524] Vgl. beispielsweise *Friesenhahn*, Parlament und Regierung im modernen Staat, VVDStRL 16, 9 (36 f.). Des weiteren geht *Butzer*, Der Bereich des schlichten Parlamentsbeschlusses, AöR 119 (1994), 61 (81 ff.), von der Möglichkeit gesetzessubstituierender schlichter Parlamentsbeschlüsse im Verhältnis des Gesetzgebers zur Exekutive aus. Die Bindungswirkung schlichter Beschlüsse nimmt er aufgrund der Möglichkeit an, ihren Inhalt notfalls mit den Zwangsmitteln der förmlichen Regelung oder des Regierungssturzes durchzusetzen; vgl. *Butzer*, aaO, S. 94. *Sellmann*, Der schlichte Parlamentsbeschluß, S. 67 ff., sieht dagegen aufgrund der Aufgabe und Befugnis des Parlaments, Grundentscheidungen zu fällen, jedenfalls die Grundentscheidungen verkörpernden schlichten Parlamentsbeschlüsse als für die Exekutive verbindlich an.

[525] Zur Unterteilung in die vom Parlament verbindlich und unverbindlich gewollten sowie in objektiv verbindliche bzw. unverbindliche Beschlüsse siehe *Sellmann*, Der schlichte Parlamentsbeschluß, S. 38.

[526] Einen ausführlicheren Überblick zu diesem Streit liefern *Achterberg*, Parlamentsrecht, S. 743 ff. und *Sellmann*, Der schlichte Parlamentsbeschluß, S. 24 ff.

[527] Festzuhalten bleibt daher: „Nicht gesetzlich geregelte schlichte Parlamentsbeschlüsse begründen weder für einen Rechtsträger Rechtspflichten bzw. Rechte, noch ändern sie seine Rechtsstellung durch einen Gestaltungsakt"; *Sellmann*, Der schlichte Parlamentsbeschluß, S. 143.

[528] Vgl. *Achterberg*, Parlamentsrecht, S. 747.

(2) Ein schlichter Parlamentsbeschluss als informierender Akt über bestehende Rechte

In der Regel ergehen parlamentarische Entschließungen als Aufforderungen oder Ersuchen an die Regierung, womit auch ihre politische Wirkung vornehmlich in diesem Bereich zur Geltung kommt. Das gilt freilich nicht ausschließlich, denn schlichte Beschlüsse sind als Wiedergabe des parlamentarischen Willens nicht allein im Verhältnis zwischen Legislative und Exekutive von Bedeutung. Im Wege von Entschließungen ist es dem Gesetzgeber mithin möglich, seine Auffassung zu bestimmten Fragen in Form von Empfehlungen, Stellungnahmen oder Appellen zu bekunden.[529] Gleiches könnte für die Möglichkeit gelten, zur Erhöhung der Gesetzestransparenz durch schlichten Beschluss bestehendes Recht zu proklamieren. Auf die mannigfaltige Einsetzbarkeit schlichter Parlamentsbeschlüsse deutet jedenfalls auch die Ausgestaltung des gleichen Entscheidungsmittels als Gesetzesinterpretation oder als formulierte, von der Regierung bei Gesetzesanwendungen zu beachtende Leitlinie hin.[530] Bislang sind aufgrund einer andersgerichteten Praxisorientierung gleichwohl keine Anstrengungen unternommen worden, durch parlamentarische Entschließungen, entsprechende Informationen an die Bevölkerung zu bringen. Für die rechtliche Betrachtung sind allein daraus aber keine Konsequenzen zu ziehen. Aufschluss über die Möglichkeit einer solchen Information durch den Bundestag könnte indes ein Blick auf die parlamentarischen Funktionen geben, um die hieran anknüpfenden Aufgaben und erforderlichen Handlungsmöglichkeiten des Bundestages zu verdeutlichen.

Das Parlament als selbständiges, an Weisungen nicht gebundenes oberstes Staatsorgan, ist vom Grundgesetz als institutioneller Mittelpunkt des politischen Daseins ins Leben gerufen worden. Unmittelbar legitimiert durch freie und gleiche Wahlen, liegt bei diesem besonderen Organ die Entscheidung gerade über die grundlegenden Staatsfragen. Allein die dem Parlament von der Verfassung ausdrücklich zugewiesenen Kompetenzen, einschließlich seiner Gesetzgebungszuständigkeiten, sind daher nicht in der Lage, die Aufgabe und die Rolle des Plenums in der vom Grundgesetz vorgegebenen verfassungsmäßigen Ordnung zu erklären. Diese ausdrücklich normierten Befugnisse sind bezüglich der parlamentarischen Gesamtaufgabe eher fragmentarisch denn ab-

---

[529] Siehe hierzu etwa *Kratzer*, Parlamentsbeschlüsse, ihre Wirkung und Überprüfung, BayVBl. 66, 365 (367); vgl. zu Beispielen von Kenntnisnahmeerklärungen oder Entschließungen *Butzer*, Der Bereich des schlichten Parlamentsbeschlusses, AöR 119 (1994), 61 (72 f.).

[530] Vgl. zu diesen Ausgestaltungsmöglichkeiten *Butzer*, Der Bereich des schlichten Parlamentsbeschlusses, AöR 119 (1994), 61 (76).

schließend. Als nicht ausdrücklich benannte Zuständigkeiten ist vor allem auf die Mitgestaltung innerer und äußerer Politik durch Formulierung unterschiedlicher politischer Bestrebungen und durch Entfaltung eigener Initiativen[531] zu verweisen sowie darauf, der Allgemeinheit Grundfragen des Lebens bewusst zu machen.[532]

Diese nicht ausdrücklich normierten, parlamentarischen Befugnisse müssen darauf zurückgeführt werden, dass sich aus der grundgesetzlichen Verteilung von Zuständigkeiten auf die einzelnen Verfassungsorgane aber auch aus der von der Verfassung gewählten Reihenfolge[533] keine lückenschließende Kompetenzvermutung ableiten lässt. Durch eine funktionale Zuordnung nicht geregelter Aufgaben, sind solche bestehenden Lücken zu schließen, weshalb aufgrund seiner Gesetzgebungs- und Repräsentationsfunktion vor allem dem Bundestag diese Befugnisse zugeordnet werden.[534] Als Hauptaufgaben, welche dem Bundestag eine hervorragende Position bei der Staatsgestaltung sichern, sind neben dieser Repräsentations- und Gesetzgebungsfunktion, seine Wahl- und Kreationsfunktion einzelner Staatsorgane, seine Kontrollfunktion gegenüber der Exekutive sowie seine zur Gesetzgebungsfunktion gehörige Budget- und Zustimmungsfunktion hervorzuheben.[535]

Die Repräsentationsfunktion, die auch als Repräsentations- und Kommunikationsfunktion bezeichnet wird, umfasst hauptsächlich die „Artikulation öffentlicher Meinungen und Interessen der Bevölkerung", die „Publizität staatlich-politischer Informationen", „Programme und Willensbildungsprozesse" und die „Mitwirkung am öffentlichen Diskurs".[536] Da sich in der Praxis Kompetenzen und Aktivitäten zumeist nicht lediglich einer Funktion zuordnen lassen, ist eine

---

[531] Hierzu gehören natürlich auch die Einflussnahme auf Regierung und Verwaltung sowie die Kontrolle derselben.

[532] *Hesse*, Grundzüge des Verfassungsrechts, Rn. 572 ff.; ähnlich *Trossmann*, Der Bundestag: Verfassungsrecht und Verfassungswirklichkeit, JöR NF 28 (1979), 1 (13 ff.).

[533] Gemeint ist die Reihenfolge der Verfassungsorgane, die das Grundgesetz wählt. Auch wenn der Bundestag in dieser Reihenfolge an erster Stelle steht, ergeben sich daraus noch keine Kompetenzvermutungen. Anderes wurde für den Reichstag der Weimarer Reichsverfassung angenommen. Aufgrund der Position des Reichstages im Text der Reichsverfassung bestand die Auffassung, er übe die Reichsgewalt aus, soweit sie nicht den anderen Organen übertragen ist; siehe *Anschütz*, Die Verfassung des Deutschen Reichs, S. 179.

[534] Vgl. *Stern*, Staatsrecht II, S.43.

[535] Zu diesen Hauptaufgaben vgl. *Stern*, Staatsrecht II, S. 47.

[536] *Ismayr*, Der Deutsche Bundestag, S. 28; ähnlich die Ausführung von *Stern* Staatsrecht I, S. 1006 f., der jedoch die Kommunikationsfunktion als Rückkoppelungsfunktion bezeichnet.

Unterscheidung der Funktionen aber nur eingeschränkt hilfreich.[537] Von der Klärung näherer Einzelheiten vorerst einmal abgesehen, darf hier vor allem nicht über die bestehenden, umfassenden Funktionszusammenhänge hinweggetäuscht werden, durch welche sich eine exakte Zuweisung von Einzelbefugnissen teilweise als schwierig erweist. Da das Parlament Zuständigkeiten im Bereich mehrerer staatlicher Funktionen besitzt,[538] könnten sich Probleme für die in das Strukturprinzip des parlamentarischen Regierungssystems eingebetteten und aus dessen Wirkzusammenhang abgeleiteten Aufgaben und Befugnisse des Bundestages[539] im Verhältnis zu den Kompetenzen anderer Staatsorgane, insbesondere der Bundesregierung, ergeben.[540] [541]
Als heute noch hilfreiche Formulierung parlamentarischer Aufgaben erweist sich die klassische Funktionsbeschreibung durch Walter Bagehot.[542] [543] Nach seiner Umschreibung parlamentarischer Aufgaben liegen diese unter anderem in der „expressive", „informing" und „teaching function".[544] Bezüglich der lehrenden Funktion führt er näher aus: „A great and open council of considerable men cannot be placed in the middle of a society without altering that society. It ought to teach the nation what it does not know."[545]
Das Recht und die Pflicht, sich des weiteren in bewegenden Fragen der Nation auszudrücken – vor allem also „zu informieren und sich zu artikulieren, Positionen zu beziehen, die richtungsweisend sind" – gehört zur „expressive" Funktion des Plenums.[546]

---

[537] Vgl. hierzu *Ismayr*, Der Deutsche Bundestag, S. 29.

[538] Vgl. *Stern*, Staatsrecht II, S. 47.

[539] Siehe hierzu *Stern*, Staatsrecht II, S. 44 f.

[540] Natürlich gilt dies nicht für Aufgaben aus den Kompetenzreservaten einzelner Staatsorgane, die durch das Grundgesetz eine ausdrückliche Zuweisung erhalten.

[541] Zum Problem der Abgrenzung von Zuständigkeiten des Bundestages und der Bundesregierung siehe in diesem Kapitel IV. 2. c) (3) (b).

[542] *Bagehot*, The English Constitution, S. 153 ff.

[543] Verweise auf seine Ausführungen finden sich daher auch in der entsprechenden Literatur; vgl. beispielsweise *Hesse*, Grundzüge des Verfassungsrechts, Rn. 573 Fn. 1; *Stern*, Staatsrecht I, S. 1006; *ders.*, Staatsrecht II, S. 47.

[544] Zu weiteren Aussagen und Nachweisen siehe *Rausch*, Parlament und Regierung in der Bundesrepublik Deutschland, S. 103 f.

[545] Aufgrund seiner lehrenden Funktion sollte das Parlament demnach die Gesellschaft zum besseren hin ändern und die Nation das lehren, was sie nicht weiß.

[546] *Stern*, Staatsrecht I, S. 1006.

Bei der Erfüllung seiner Aufgaben muss der Bundestag nur in Gesetzesform kleiden, was dieser Form nach der verfassungsmäßigen Ordnung auch bedarf. Damit ist nicht ausgeschlossen, dass er aufgrund seiner auch die „expressive" Funktion einschließenden Repräsentation,[547] den Willen des Volkes in nicht gesetzlicher Form zum Ausdruck bringt, indem er lediglich politische Entscheidungen trifft.[548] Die sich aus dem Demokratieprinzip begründende Funktion der Repräsentation des Volkes darf andererseits natürlich nicht zu einer Omnipotenz des Parlaments führen. Insoweit könnten es die vom Grundgesetz für bestimmte Maßnahmen und Entscheidungen ausdrücklich geregelten Kompetenzen anderer Verfassungsorgane sein, die als äußere Grenze der Zulässigkeit schlichter Parlamentsbeschlüsse zu verstehen sind.[549]

Diese Betrachtung ausdrücklich bestehender sowie nicht normierter Funktionen des Bundestages führt erwartungsgemäß nicht zu einer augenscheinlichen Ableitbarkeit der parlamentarischen Zuständigkeit, die Allgemeinheit durch schlichte Beschlüsse vor allem über ihre Ansprüche in einem bestimmten Rechtsbereich zu informieren. Obgleich einige Anhaltspunkte enthalten sind, die auf Möglichkeiten informatorischen Handelns Rückschlüsse erlauben, erscheinen Bedenken gegen eine solche Maßnahme des Bundestages als nicht unangebracht.[550] So erfolgt die Erfüllung der dem Parlament obliegenden informierenden Funktionen in erster Linie durch die parlamentarischen Debatten.[551] Des weiteren ist die der Repräsentationsfunktion entspringende Darlegung staatlich-politischer Informationen, vornehmlich auf Auskünfte zu beziehen, die staatsleitende sowie inner- und zwischenorganschaftliche Prozesse erfassen. Anderes könnte dagegen in der Artikulation öffentlicher Meinungen und Interessen der Bevölkerung zu verstehen sein. Sich in bewegenden Fragen

[547] Zur „expressive" Funktion des Deutschen Bundestages als Wahrnehmung der parlamentarischen Repräsentation des Volkes vgl. *Stern*, Staatsrecht I, S. 1006.

[548] Vgl. *Trossmann*, Der Bundestag: Verfassungsrecht und Verfassungswirklichkeit, JöR NF 28 (1979), 1 (15).

[549] So ähnlich *Stern*, Staatsrecht II, S. 49. Problematisch erweist sich hier insofern die Regelungszuständigkeit der Länder für einen großen Teil der Patientenrechte; siehe hierzu unten in diesem Kapitel IV. 2. c) (3) (a).

[550] Schließlich ist gerade für hoheitliche Öffentlichkeitsarbeit dieser Art typischerweise die Bundesregierung zuständig; siehe zu diesem „Zuständigkeitskonflikt" unten in diesem Kapitel IV. 2. c) (3) (b).

[551] Hieraus ist jedoch nicht zwingend der Umkehrschluss zu ziehen, Informationen könne das Parlament nicht auch auf andere Art und Weise abgeben.

der Nation auszudrücken[552] beinhaltet, soweit es sich hierbei um eine parlamentarische Aufgabe handelt, gewiss auch die öffentliche Darlegung von Fragen, welche die Allgemeinheit betreffen oder von dieser geäußert werden. Als zu weitgehend würde sich allerdings der Gedanke erweisen, allein hierin könne eine Ermächtigungsgrundlage für entsprechende informierende Handlungen des Bundestages gesehen werden.[553] Andernfalls ließe sich einer derartig dehnbaren Formulierung nahezu jede benötigte Informationsbefugnis entnehmen. Es käme dann lediglich auf die Gewichtung der zu behandelnden Probleme an, womit einer Ausuferung informierender schlichter Parlamentsbeschlüsse Tür und Tor geöffnet würden. Wenig hilfreich wäre auch der Versuch, die Begründung der erforderlichen Befugnis mit der klassischen „teaching" Funktion Bagehots festzumachen. Hieraus konkrete Handlungsbefugnisse herzuleiten, würde letztlich vor allem dem heutigen Grundrechtsverständnis zuwiderlaufen.[554] Anhand dieser Feststellungen führt auch eine Gesamtschau der genannten Funktionen zu keiner Begründung der gewünschten Befugnis. Freilich lässt sich andererseits als Umkehrschluss auch nicht die Unzulässigkeit entsprechender parlamentarischer Handlungen folgern. Fraglos wäre indes ein informatorischer Akt über bestehende Patientenrechte, als entscheidender Beitrag

---

552 *Ismayr*, Der Deutsche Bundestag, S. 28 weist in seinen Ausführungen auf die oben bereits genannte Publizität staatlich-politischer Informationen hin, die er der Repräsentations- und Kommunikationsfunktion zuordnet. Anscheinend meint er damit aber nichts anderes als die zur „expressive" Funktion des Parlaments gehörende Aufgabe, sich in bewegenden Fragen der Nation auszudrücken, auf die vor allem *Stern*, Staatsrecht I, S. 1006 hinweist.

553 Ein solcher Gedanke ergibt sich aus der Erwägung, eine Information über die in Deutschland gewährleisteten Patientenrechte sei wegen des grundrechtlichen Bezugs einzelner dieser Rechte eine Erleichterung oder gar eine Ermöglichung zur Wahrnehmung grundrechtlicher Interessen und damit auch eine Bewusstmachung allgemeiner Grundfragen des Lebens.

554 Der gute Ruf und die Ehre gehören zu den Schutzgütern der Grundrechte. Nach der Rechtsprechung des BVerfG (E 54, 208 [217]) ist das Recht auf Ehre als Bestandteil des allgemeinen Persönlichkeitsrechts durch Art. 2 I in Verbindung mit Art. 1 I GG geschützt. Da in diese Schutzgüter vornehmlich durch Meinungsäußerungen eingegriffen werden kann, ist anstatt des klassischen Eingriffsbegriffs heute eine ganz neue Eingriffsdogmatik erforderlich. Die Ableitung einer Informationsbefugnis des Bundestages aus seiner „lehrenden" Funktion würde dem Parlament somit aber nahezu schrankenlos Grundrechtseingriffe in nicht gesetzlicher Form ermöglichen; siehe zum weiten, nicht-traditionellen Eingriffsbegriff auch *Lübbe-Wolff*, Grundrechte als Eingriffsabwehrrechte, S. 70 ff. Vgl. weiterhin *Heintzen*, Hoheitliche Warnungen und Empfehlungen, NJW 1990, 1448 (1451), der allgemein zur staatlichen Öffentlichkeitsarbeit ausführt: „Angesichts der realen Verhältnisse in einer Medien- und Stimmungsdemokratie können von staatlichen Stellen in der Öffentlichkeit vorgetragene Vorwürfe einen Privaten, eine Vereinigung oder ein Unternehmen weit schmerzhafter treffen als etwa eine Polizeiverfügung".

zur Klarheit und Systematik des bestehenden Rechts auf diesem Gebiet zu werten. Die Klarheit und Systematik des bestehenden Rechts sind zugleich unabdingbare Voraussetzungen der Rechtssicherheit, welche wiederum ein wesentliches Element des Rechtsstaatsprinzips darstellt.[555] Die mit dem Rechtsstaatsprinzip in Verbindung gebrachte Rechtssicherheit sowie die im Rechtsstaatsprinzip begründete Verlässlichkeit der staatlichen Rechtsordnung gebieten eine Verkündung zumindest förmlich gesetzter Rechtsnormen, auf Bundesebene in der nach Art. 82 I GG vorgegebene Art und Weise.[556] Aufgrund ihrer Integriertheit in den förmlichen Rechtssetzungsakt, ist die Verkündung als Geltungsbedingung zu verstehen.[557] Die Rechtsnormen müssen der Öffentlichkeit in einer nicht unzumutbar erschwerten Weise förmlich zugänglich gemacht werden, so dass den Betroffenen eine verlässliche Kenntnisnahme des Inhalts ermöglicht wird.[558] Dies gilt freilich nicht nur für förmliche Gesetze, bei denen Art. 82 GG zur Anwendung kommt. Auch für die übrigen Normsetzungsakte gilt das rechtsstaatliche Erfordernis, dass allgemeinverbindliche, mit Außenwirkung ausgestattete Rechtsregeln einer hinlänglichen Publizität bedürfen.[559] Die Frage wie und auf welche Weise eine solche Publizierung im Näheren zu erfolgen hat, überlässt das BVerfG allerdings dem Gesetzgeber: „Konkrete weitere Gebote für die Ausgestaltung des Verkündungsvorganges im einzelnen ergeben sich aus dem Rechtsstaatsprinzip unmittelbar nicht. Es obliegt vielmehr dem zuständigen Normgeber, das Verkündungsverfahren so auszugestalten, dass es seine rechtsstaatliche Funktion erfüllt, der Öffentlichkeit die verlässliche Kenntnisnahme vom geltenden Recht zu ermöglichen“.[560] Abgesehen davon, dass die durch ausgestaltende, gesetzliche Veröffentlichungsvorschriften angeordnete Publikation erlassener Bestimmungen bei weitem nicht umfassend ist,[561] handelt es sich hierbei statt einer realen Kenntnisverschaffung mehr um die faktische Möglichkeit der eigeninitiierten Erkundung von Vorschriften.

---

[555] Vgl. BVerfGE 3, 225 (237); *Sellmann*, Der schlichte Parlamentsbeschluß, S. 140 f.

[556] *Herzog* in: Maunz/Dürig/Herzog, Grundgesetz, Art. 20 Kap. VII Rn. 59 und 61.

[557] Vgl. BVerfGE 7, 330 (337); 65, 283 (291).

[558] BVerfGE 65, 283 (291); 16, 6 (16 f., 18).

[559] BVerfGE 44, 322 (350).

[560] BVerfGE 65, 283 (291).

[561] Ein Publizitätsdefizit stellt *Schürmann*, Öffentlichkeitsarbeit der Bundesregierung, S. 159 vor allem im Bereich der Leistungsverwaltung, bei Verwaltungsvorschriften, Auslegungsrichtlinien und allgemeinen Dienstanweisungen fest. Nach *Lübbe-Wolff*, Der Anspruch auf Information über den Inhalt ermessensbindender Verwaltungsvorschriften, DÖV 1980, 594 (596 f.) unterliegen aber zumindest ermessensbindende Verwaltungsvorschriften, da sie die Wirkung von Rechtsnormen haben, dem rechtsstaatlichen Erfordernis der Publikation.

Die Veröffentlichung in den Gesetzes- oder Amtsblättern sowie anderen periodisch erscheinenden Druckwerken beschränkt sich nämlich überwiegend auf Gerichte, rechtsberatende Berufe, Universitäten, Behörden und Verbände als die Gruppe der vornehmlichen Bezieher.[562]
Dementsprechend ist auch die tatsächliche Verbreitung solcher Abdrucke, mit der sich die Staatspraxis begnügt, eher gering. Zwar regeln Veröffentlichungsvorschriften den formellen Bereich der Publikation gebührend ausführlich und die veröffentlichten Normen sind allgemein zugänglich. Darüber hinaus ist es jedoch auch erforderlich, eine Rechtsordnung nicht nur auf dem Papier bestehen zu lassen, sondern sie so zu gestalten, dass durch tatsächliche Rechtskenntnis eine entsprechende Inanspruchnahme gewährleisteter Rechte ermöglicht wird. Um aber eine möglichst umfassende Rechtskenntnis herbeizuführen, ist der Staat zur weitestgehend effektiven Verbreitung des geltenden Rechts verpflichtet. Andererseits können natürlich nicht jedem Rechtsunterworfenen sämtlich erlassene Vorschriften lückenlos vermittelt werden, so dass ihm in jeder Situation seine Rechte bewusst sind.[563] Niemand wird – was wohl nicht zu bezweifeln ist – in der Lage sein, die gesamte Rechtsordnung geistig präsent zu haben.[564] Die Anstrengungen des Normgebers sind daher auf eine Maximierung und Sicherung der Vorschriftenkenntnis von Normadressaten auszurichten.
Den geforderten staatlichen Bemühungen hinsichtlich einer tatsächlichen, weitgehenden Publizität von Normen, steht aber gerade nur die theoretische Möglichkeit einer Kenntnisnahme aufgrund der bestehenden Veröffentlichungspraxis gegenüber. Damit ist eine aus staatlichem Handlungsdefizit resultierende Lücke auszumachen.[565]

---

[562] *Schürmann*, Öffentlichkeitsarbeit der Bundesregierung, S. 159 f.

[563] Siehe hierzu *Kirchhof*, Rechtspflicht zur Zusatzveröffentlichung kommunaler Normen, DÖV 1982, 397 (398 f.).

[564] *Martens*, Öffentlich als Rechtsbegriff, S. 77; dieser sieht unterdessen die Verkündung von Normen im Gesetzesblatt als hinreichende Publikationsweise, die im Bedarfsfall das Auffinden von Rechtsnormen unter gleichzeitiger Authentizitätsgewähr ermöglicht.

[565] Vgl. hierzu *Kirchhof*, Rechtspflicht zur Zusatzveröffentlichung kommunaler Normen, DÖV 1982, 397 (399); der die Möglichkeit sieht, diese nach seiner Auffassung zwischen Staatspraxis und Rechtsstaatsgebot klaffende Lücke mit einer zusätzlichen Normenverkündung – beispielsweise durch private Multiplikatoren – oder einer Erkundungspflicht der Rechtsunterworfenen zu schließen. Soweit beide Möglichkeiten im Zusammenwirken mit der staatlichen, formellen Publikation die Lücke schließen könnten, dürfte von weiteren Publikationsanstrengungen des Staates abgesehen werden; a.A. bezüglich der Lückenschließung durch begleitende Berichterstattung ist dagegen *Schürmann*, Öffentlichkeitsarbeit der Bundesregierung, S. 160 f.

Freilich beziehen sich die geforderten Bemühungen zu einer Sicherstellung und darüber hinausgehend zu einer Maximierung der Vorschriftenkenntnisse nicht nur auf die einzelnen Normen der vorherrschenden Rechtsordnung, sondern sie gelten amplifizierend auch für die Gesamtheit von Regelungen eines abgrenzbaren Rechtsgebiets. So wie förmliche und nichtförmliche Gesetze erfasst sind, müssten sich die Publikationsbemühungen zudem auf Rechte beziehen, die durch richterliche Rechtsfortbildung – sei es wegen der Dynamik der Materie oder lediglich aufgrund ungenügender Detailarbeit des Gesetzgebers – entwickelt worden sind.[566]

Vielfach wurde bereits erwähnt, dass im Bereich der Patientenrechte eine entsprechende Kenntnis der Normadressaten nicht gegeben ist. Zusätzlich zur Schwierigkeit einer nur theoretisch möglichen Kenntnisnahme liegt dies vor allem an der weiten Verteilung auf verschiedene Gesetze und Satzungen sowie auf Richterrecht durch Auslegung allgemeiner Rechtsvorschriften. Es stellt sich damit die grundsätzliche Frage, ob die Aufgabe des Parlaments zur Ausgestaltung des Verkündungsvorgangs mit dem der Öffentlichkeit die bestehenden, vom Parlament erlassenen Rechtsnormen zugänglich gemacht werden sollen, auch die Befugnis enthalten kann, über Rechte zu informieren, die zwar in einem bestimmten Zusammenhang stehen, aber wegen systematischer und kom-

---

[566] Ob einer verlässlichen Kenntnisnahme solchen Rechts schon durch das Gebot der Öffentlichkeit gerichtlicher Urteilsverkündungen (§ 173 I GVG) und der beschränkbaren Öffentlichkeit von Gerichtsverhandlungen (§§ 169 ff. GVG) genüge getan ist, dürfte durchaus zu bezweifeln sein. *Herzog* in: Maunz/Dürig/Herzog, Grundgesetz, Art. 20 Kap. VII Rn. 59, sieht zwar im inhaltlichen Kern der Verkündung von Gerichtsurteilen zumindest einen unverzichtbaren Bestandteil des Rechtsstaatsprinzips, dies lässt aber noch nicht auf einen entsprechenden Zweck dieser Gebote schließen. Vor allem die durch die einfachgesetzliche Regelung des § 169 GVG garantierte unmittelbare Gerichtsöffentlichkeit, soll dem Publikum Kenntnis von der Durchführung der Verhandlung verschaffen; *Gummer* in: Zöller, ZPO, GVG § 169 Rn. 3. Auch Unbeteiligte sollen sich von den vor Gericht ablaufenden Vorgängen ein Bild machen können. Damit soll jedoch das Misstrauen der Öffentlichkeit gegen Gerichte, dass sich in früherer Zeit wegen geheimer Kabinettsjustiz und schriftlicher Verfahren entwickelte, vermindert werden; vgl. *Rosenberg/Schwab/Gottwald*, ZPO, § 23 IV 1. und *Kloepfer* in: Isensee/Kirchhof, HBdStR II, § 35 Rn. 61. Nach *Martens*, Öffentlichkeit als Rechtsbegriff, S. 74 f. kann indes das Gebot der justitiellen Publizität, dem es an einer ausdrücklichen, verfassungsmäßigen Anordnung fehlt, auch nicht durch das Demokratie- oder das Rechtsstaatsprinzip zu einem zwingenden Verfassungsgebot aufgewertet werden. Verfänglich sei zudem die irreale Prämisse, der Bürger könne dazu befähigt sein, die Ordnungsmäßigkeit des Verfahrens und die Rechtmäßigkeit der richterlichen Entscheidung sachgemäß zu beurteilen. Dem ungeachtet ist aber die Wirkung der Gerichtsöffentlichkeit auf die Integrationsfunktion der öffentlichen Meinung unverkennbar, da hiermit das Vertrauen der Bevölkerung in die Rechtspflege gestärkt wird und damit das Rechtsgefühl bekräftigt wird. Diese Wirkung trägt zur Bildung des staatstragenden Grundkonsenses bei; vgl. insoweit auch *Kloepfer*, aaO., § 35 Rn. 61.

petenzrechtlicher Erwägungen nicht in einem gesonderten Gesetz oder Gesetzesabschnitt zu regeln sind. Offensichtlich würde eine solche Befugnis über die dem Parlament vom BVerfG zugeschriebene Obliegenheit der Kenntnisverschaffung hinaus gehen. Die Verteilung genannter Rechte durch Bundes- und Landesgesetzgeber auf unterschiedliche Gesetze[567] ist allerdings auch der Grund dafür, dass die derzeitige Situation dem Bedürfnis des sich informierenden Patienten nicht gerecht werden kann. Die verantwortliche Politik hat sich indes auch mit dem reaktiven Kurieren unerwünschter Nebenfolgen zu befassen. Da aufgrund der Systematik der bestehenden Rechtsordnung aber auch infolge der grundgesetzlichen Kompetenzverteilung ein nach Interessenbereichen strukturiertes Verbraucherschutzrecht jedenfalls für den Fall der Patientenrechte nicht möglich ist, sollte versucht werden, die daraus resultierende mangelhafte Rechtskenntnis im Wege informatorischer Maßnahmen auszugleichen. Eine bundesparlamentarische Information über bestehende Patientenrechte, zu deren Vornahme letztlich nur der schlichte Parlamentsbeschluss in Frage käme, wäre immerhin als entsprechende Publikationsbemühung zu werten, die eine Vorschriftenkenntnis der Rechtsunterworfenen auf dem betreffenden Gebiet weitgehend maximieren könnte.
Darüber hinaus ist hier ein weiterer, gewichtiger Gesichtspunkt nicht außer Acht zu lassen: die Verankerung grundlegender Patientenrechte in den Grundrechten selbst. Gerade die verfassungsrechtlichen Anforderungen an den Gesetzgeber sind an der Optimierung des Grundrechtsschutzes zu messen. Zu den vorrangigen Aufgaben zählt die weitestgehend effektive Verwirklichung grundrechtlicher Wertentscheidungen. Es besteht also ein grundrechtstheoretisches Postulat effektiven Grundrechtsschutzes.[568] Mitumfasst ist hiervon das Gebot zur Dynamisierung des Rechtsgüterschutzes,[569] wonach eine gesetzgeberische Verpflichtung zur Schaffung rechtlicher Mittel besteht, die entsprechend der

---

[567] Diese Verteilung der Patientenrechte ist ein Tribut an die Systematik und die Kompetenzordnung der bestehenden Rechtsordnung.

[568] Vgl. BVerfGE 63, 131 (143); allerdings bezieht sich das Gericht auf das Verfahrensrecht, da das zu schützende Recht zur Entfaltung seiner Wirkungen einer entsprechenden Ausgestaltung durch Verfahrensrecht bedarf. Vgl. insgesamt zum effektiven Grundrechtsschutz und zur diesbezüglichen Entwicklung der Rechtsprechung des BVerfG *Denninger* in: Isensee/Kirchhof, HBdStR V, § 113 Rn. 22 f. Ebenfalls zum Effektivitätsprinzip und auch zum verwandten Grundsatz „in dubio pro libertate“ siehe *Bleckmann*, Staatsrecht II, § 8 Rn. 38 f.

[569] Siehe hierzu BVerfGE 49, 89 (139 f.) sowie *Hill*, Normkonkretisierende Verwaltungsvorschriften, NVwZ 1989, 401 (407).

Fortentwicklung von Wissenschaft und Technik das Erreichen eines optimalen Grundrechtsschutzes gewährleisten sollen.[570]
Originär von gesetzlichen Regelungen ausgehend, beziehen sich diese Gebote auf eine den sachlichen Erfordernissen der Grundrechte entsprechende Ausgestaltung durch Verfahrensrecht bzw. auf die Begrenzung der Reichweite des Gesetzesvorbehalts.[571] Insofern erscheint auf den ersten Blick ihre Heranziehung zur Herleitung informierender parlamentarischer Entschließungen nicht als hilfreich. Aus einer Verallgemeinerung solcher Prinzipien lässt sich jedoch folgende Erkenntnis entnehmen: Es besteht eine grundsätzliche Forderung an die Legislative, die verfassungsrechtlich verbürgten Grundrechte in einer optimalen Weise zu gewährleisten und die Grundrechtsgeltung sowie die Grundrechtseffektivität zu maximieren.[572]
Diese Forderung hat sich über die Gesetzgebung hinaus auch auf andere parlamentarische Handlungsformen zu beziehen. Ein solcher Rückschluss erlaubt sich vor allem aufgrund der Möglichkeit von Situationen, in denen dem grundrechtlichen Schutzbedarf trotz des Bestehens rechtlicher Normierungen nicht ausreichend Rechnung getragen wird. Ein treffliches Beispiel für solche Situationen bietet der hier interessierende Fall. Durch die breite Verstreuung von Patientenrechtsregelungen kann der einzelne Patient diese Rechte in ihrer Gesamtheit nicht erkennen und dementsprechend allenfalls die wenigen ihm bekannten Rechte geltend machen. Hier liegt der Vergleich mit dem Zustand einer fehlenden rechtlichen Ausgestaltung nahe. Gerade dann ist es aber nicht zu begründen, warum der Gesetzgeber in einem solchen Fall untätig bleiben soll,

---

[570] *Butzer*, Der Bereich des schlichten Parlamentsbeschlusses, AöR 119 (1994), 61 (66).

[571] Vgl. *Hill*, Normkonkretisierende Verwaltungsvorschriften, NVwZ 1989, 401 (407). Dynamischer Grundrechtsschutz bedarf keiner Detailregelungen, sondern offener Normen mit Entwicklungs- und Anpassungsaufträgen. Denn aus grundrechtlicher Sicht sollen staatliche Entscheidungen von Organen getroffen werden, die vor allem nach ihrer Organisation und Zusammensetzung „über die besten Voraussetzungen verfügen."

[572] So geht das BVerfG (E 63, 131 [143]) davon aus, dass für eine Sicherung des allgemeinen Persönlichkeitsrechts „auch das Verfahrensrecht für einen effektiven Grundrechtsschutz von Bedeutung" ist und deshalb dem „Gebot eines solchen Schutzes entsprechen" muss; zum effektiven Schutz des Grundrechts der Berufsfreiheit durch eine entsprechende Gestaltung des berufsbezogenen Prüfungsverfahrens vgl. BVerfG, NJW 1991, 2005. *Würkner*, Die Freiheit der Kunst in der Rechtsprechung, NVwZ 1992, 1 (6), erkennt eine „stark grundrechtseffektivierende" Judikatur des BVerfG und bezeichnet diese als „Maximierungs"-position; siehe auch *Alexy*, Theorie der Grundrechte, S. 75 f.; vgl. zudem die Ausführungen zur Grundrechtsoptimierung durch Organisation und Verfahren, oben in diesem Kapitel III. 2.

bei fehlenden Regelungen unterdessen ein Gebot zur Handlung bestünde.[573] Dem Parlament müssen mithin auch in Konstellationen, wie der hier interessierenden, Möglichkeiten zur Verfügung stehen, seiner Aufgabe praktisch gerecht zu werden. So wie grundgesetzlichen Kompetenznormen die Befugnis innewohnt, zugewiesene Aufgaben auch durch Hilfsgeschäfte mit einer der Erforderlichkeit entsprechenden Gründlichkeit zu erfüllen,[574] kann letztlich für Parlamentsaufgaben, die dem Rechtsstaatprinzip zu entnehmen sind, nichts anderes gelten. Der Auftrag zur Ausgestaltung des Verkündungsvorgangs erlassener Rechtsnormen erfüllt also nur dann seinen Sinn und Zweck, wenn man dem Parlament das ungeschriebene Recht zur Information über den Bestand nicht zusammenhängend geregelter Rechte – auch einschließlich der durch die Rechtsprechung entwickelten Rechte[575] – eines bestimmten Interessenbereichs zugesteht.[576]

(3) Zulässigkeit der Überschneidung von Kompetenzen

Die Befugniszuweisung an verschiedene Normsetzer, Regelungen auf dem Gebiet der Patientenrechte zu erlassen, lässt allerdings ein Auskunftsrecht des Bundesgesetzgebers über die von diesem selbst erlassenen Rechte nicht ausrei-

---

[573] Ein Gebot zum Erlass gesetzlicher Regelungen durch das Parlament wäre in diesem Fall aufgrund eines implizit in Verfassungsbestimmungen angelegten Gesetzgebungsauftrages anzunehmen, der vor allem im Gewährleistungsgehalt von Grundrechten dem Gesetzgeber die nähere Regelung eines Sachbereichs aufgeben kann; vgl. *Badura* in: Isensee/Kirchhof, HBdStR VII, § 159 Rn. 19. Siehe weiterhin *Isensee* in: Isensee/Kirchhof, HBdStR V, § 111 Rn. 153, wonach aufgrund der gesetzgeberischen Schutzpflicht ein Auftrag besteht, zur Grundrechtssicherung gegen private Übergriffe geeignete und hinreichende Normen bereitzustellen. Da aber bekannte Gefahren bereits regelmäßig unter anderem durch Normen des Privat- und Strafrechts erfasst werden, ist eine Relevanz hauptsächlich beim Auftritt neuartiger Gefahren auszumachen. Eine Forderung nach gesetzlichen Grundlagen zumindest in wichtigen Lebensbereichen folgt aber auch aus der Wesentlichkeitslehre. Nach dieser ist der Gesetzgeber verpflichtet, wesentliche Entscheidungen in Grundzügen durch förmliche Gesetze festzulegen; siehe hierzu BVerfGE 34, 165 (192 f.); 41, 251 (259 f.); *Ossenbühl* in: Isensee/Kirchhof, HBdStR III, § 62 Rn. 41 ff. Das eigentliche Problem der Wesentlichkeitslehre liegt allerdings in der Bestimmung des Wesentlichen. Zugespitzt ausgedrückt, ist praktisch entscheidend, was das BVerfG für wesentlich hält; so jedenfalls *Ossenbühl* in: Isensee/Kirchhof, HBdStR III, § 62 Rn. 44.

[574] So etwa *Schürmann*, Öffentlichkeitsarbeit der Bundesregierung, S. 123; *Stern*, Staatsrecht I, S. 677.

[575] Solche beruhen schließlich auf der Auslegung allgemeiner Rechtsnormen.

[576] Von dieser Befugnis mitumfasst wären ebenso die sich an alle Normsetzer und Leistungserbringer richtenden Zielvorgaben zur Gewährleistung der grundrechtlich garantierten Rechte.

chen. Wie bereits angedeutet wurde, dürften sich die Informationen nicht nur auf Bundesregelungen verschiedener Gesetze beschränken, sondern müssten ebenso die in Landesgesetzen und Satzungen der Selbstverwaltungsträger enthaltenen Rechte einbeziehen, also solche Rechte, deren Erlass außerhalb des Zuständigkeitsbereichs des Bundes liegt. Abgesehen von der Verteilung auf verschiedene Bundesgesetze resultiert aber die zu verbessernde Situation eben auch aus der Gestaltung von Patientenrechten durch unterschiedliche „Rechtssetzer“. Die hier angesprochenen weiteren Publikationsbemühungen den verschiedenen Urhebern zu überlassen, würde daher eine möglichst umfassende Kenntnisnahme von Patientenrechten nicht oder nur in unerheblichen Maße fördern können.

Diese Schlussfolgerung berücksichtigend, sind die Vorraussetzungen für eine entsprechende Handlung des Bundestages näher zu durchleuchten. Die zusätzliche Befugnis des Bundesparlaments, auch über den Bestand nicht bundesrechtlicher Regelungen zu informieren, wäre unweigerlich mit einer Zuständigkeitsüberlagerung verbunden. Vor allem die für die Ausgestaltung des Verkündungsverfahrens selbst erlassener Normen zuständigen Landesgesetzgeber würden sich dadurch in der Lage befinden, für die Publikation entsprechender Normen nicht mehr die alleinige Verantwortung zu besitzen. Darüber hinaus ist es zweifelhaft, ob ein informierendes Handeln des Parlaments nicht prinzipiell in den Zuständigkeitsbereich der Regierung zur Öffentlichkeitsarbeit eingreifen würde.

Als parlamentarische Meinungsäußerungen finden schlichte Parlamentsbeschlüsse in unterschiedlicher Weise Anwendung und unterliegen dabei keinen formellen Bindungen. Abhängig von ihrer Zulässigkeit[577] steht der Legislative damit ein breites Spektrum an Handlungsmöglichkeiten nichtförmlicher Art zur Verfügung. Unabhängig davon, ob man der Ansicht zustimmt, die Wirkung solcher Meinungsäußerungen gehe zum Teil über eine allgemein angenommene Unverbindlichkeit hinaus[578] oder hierin allenfalls unverbindliche Empfehlungen sieht, ohne eine Anwendungsbeschränkung dieser Beschlüsse auf den Zuständigkeitsbereich des Bundestages könnte dem Parlament unter Umständen die Möglichkeit eröffnet sein, in fremde Zuständigkeitsbereiche einzugreifen. Schlichte Parlamentsbeschlüsse können daher – worauf Eingangs schon hingewiesen wurde – keine grenzenlose Zulässigkeit beanspruchen;[579] „sie fin-

[577] Zur Zulässigkeit im Allgemeinen vgl. oben in diesem Kapitel IV. 2. c) (1).

[578] Siehe hierzu oben in diesem Kapitel IV. 2. c) (1).

[579] Vgl. oben in diesem Kapitel IV. 2. c) (2).

den ihre Grenzen an den verfassungsrechtlichen Zuständigkeiten anderer Verfassungsorgane".[580]
Wann schlichte Beschlüsse an die genannten Grenzen stoßen, insbesondere ob dies auch beim Erlass einer vorliegend interessierenden Charta der Fall wäre, bleibt eingehender zu hinterfragen. Diese Frage ist sowohl bezüglich der Zuständigkeitsabgrenzung nicht gesetzesförmlichen, schlichten Handelns des Bundestages gegenüber den Ländern als auch gegenüber der Bundesregierung zu untersuchen.

(a) Zulässigkeit der Überschneidung von Bundes- und Landeskompetenzen

Eine Informationsbefugnis des Bundes auch über die in den Ländern gewährleisteten Patientenrechte würde in diesem Bereich eine Doppelzuständigkeit von Bund und Ländern zur Folge haben. Auf dem Gebiet der Gesetzgebung sind derartige Kondominien ausgeschlossen, da eindeutige Kompetenzzuordnungen in jedem Fall zwingend sind. Entscheidender Grund hierfür ist die Vermeidung unterschiedlicher Regelungen auf dem selben Rechtsgebiet durch Bund und Länder.[581]
Die staatliche Aufgabenbewältigung soll durch die Kompetenzordnung der Verfassung in einheitlicher und effektiver Weise gewährleistet werden. Die im Interesse dieser Einheit auszulegenden und auszuübenden Kompetenzen finden ihre Grenze an der Zuweisung von Befugnissen anderer Hoheitsträger.[582] Indes haben die Verfasser des Grundgesetzes bei der Kompetenzverteilung nicht die Informationstätigkeiten von Staatsorganen berücksichtigt. Daher können an sich die Art. 30, 70 ff. und 83 ff. GG nicht als Informationszuständigkeiten zuweisende Ordnung verstanden werden.[583] Dessen ungeachtet wird Art. 30 GG teilweise als zentrale Vorschrift für die Abgrenzung der Zuständigkeitsräume zwischen Bund und Ländern betrachtet, allerdings unter der Berücksichtigung, dass Art. 30 GG nicht schlechthin jede staatliche Tätigkeit erfasst.[584] Mithin

---

[580] *Stern*, Staatsrecht II, S. 49; vgl. auch *Scholz*, Landesparlamente und Bundesrat, in: Börner/Jahrreiß/Stern, FS für Carstens, S. 831 (838).

[581] Vgl. oben in diesem Kapitel IV. 2. a) (3) (b).

[582] *Brohm*, Kompetenzüberschneidungen, DÖV 1983, 525 (528).

[583] Vgl. *Schürmann*, Öffentlichkeitsarbeit der Bundesregierung, S. 249.

[584] Hierzu führt *Lerche* in: Maunz/Dürig, GG, Art. 83 Rn. 42 Fn. 154 aus: Art. 30 GG sei „immerhin auf solche staatlichen Verhaltensweisen einzugrenzen, die sich zu staatlicher `Entscheidung´ und sonstigen Festlegungen (Maßnahmen) verdichten ...". Ähnlich auch *ders.*, Aktuelle föderalistische Verfassungsfragen, S. 28; hier wird darauf hingewiesen, dass sich Art. 30 GG nur auf Maßnahmen mit einer nach außen gerichteten, rechtsverbindlichen oder ihr gleichzustellenden faktischen Wirkung bezieht. Sinn des Art. 30 GG sei es daher

sollen schlichte Parlamentsbeschlüsse von der Bindung an die bundesstaatliche Kompetenzordnung befreit sein.[585]
Dem wird allerdings in der rechtswissenschaftlichen Literatur zum schlichten Parlamentsbeschluss teilweise widersprochen. Insbesondere Scholz geht von einer Bindung schlichter Beschlüsse an die jeweilige Verbandskompetenz des erlassenden Parlaments aus. Diesen Standpunkt macht er indes nicht unmittelbar an der Geltung des Art. 30 GG fest, sondern er begründet seine Position wie folgt: Auch wenn es sich beim schlichten Beschluss – verglichen mit dem Gesetzesbeschluss – um einen Akt minderer Qualität handele, könne dieser nicht mehr Befugnisse vermitteln, als sie dem Parlament im Rahmen seiner allgemeinen Kompetenzen nicht ohnehin schon zustehen. Wo also eine gesetzgeberische Parlamentsentscheidung verfassungswidrig ist, kann auch nicht durch unverbindlichen, schlichten Parlamentsbeschluss zulässig gehandelt werden, da für diesen funktionell keine weiterreichende Zuständigkeit besteht als für den Gesetzesbeschluss. Demgegenüber könnte eine andere Sichtweise dazu führen, dass gerade im Bundesstaat durch das Instrument des schlichten Parlamentsbeschlusses das sorgfältig ausdifferenzierte System der Kompetenzverteilung zwischen Bund und Ländern inhaltlich aus den Fugen gerät.[586]
Schlichtes Handeln des Bundestages kann gleichwohl nicht allgemein auf den Bereich der Gesetzgebungszuständigkeit beschränkt werden. In seiner gegenwärtigen Ausprägung ist gerade dem Grundgesetz nicht zu entnehmen, dem Bundestag sei es versagt, sich mit überregional gearteten Fragen ohne entsprechende Gesetzgebungszuständigkeit zu beschäftigen.[587] Auch die Tatsache, dass der schlichte Parlamentsbeschluss als nicht in Gestalt rechtlicher Entscheidungen ergehende Handlungsform im Grundgesetz annähernd keine Beachtung gefunden hat, steht einem zweckmäßigen Ausbau des föderativen Ge-

---

nicht, Bundesorgane in ihrem Recht zu beschneiden, sich etwa im Rahmen ihrer sonstigen bundesinternen Kompetenz zu Lebensfragen des deutschen Volkes zu äußern. Dementsprechend sei Art. 30 GG auch nicht als Verbot für den Bund zu verstehen, sich in jeglicher Weise mit Fragen zu befassen, die außerhalb seiner Zuständigkeit anzuordnen sind.

[585] Vgl. dazu mit weiteren Nacheisen *Heintzen*, Hoheitliche Warnungen und Empfehlungen, NJW 1990, 1448 (1449).

[586] Vgl. *Scholz*, Landesparlamente und Bundesrat, in: Börner/Jahrreiß/Stern, FS für Carstens, S. 831 (845). Dieser führt weiterhin hierzu aus: Ohne Gesetzgebungszuständigkeit „kann das betreffende Parlament sich auch nicht einer entgegengesetzten Quasi-Kompetenz über das Instrument des schlichten Parlamentsbeschlusses berühmen".

[587] So auch *Lerche*, Aktuelle föderalistische Verfassungsfragen, S. 27, der als Begründung anführt: „Wäre dem anders, so wären z.B. die Aussprachen im Bundestag über kulturpolitische Fragen verfassungswidrig gewesen".

füges nicht entgegen.[588] Schlichtes parlamentarisches Handeln hat in der Regel gerade nicht die Wirkung von Gesetzesbeschlüssen[589] und kann daher nur schwerlich zu einer Ausweitung entsprechender Befugnisse führen oder die Zueignung entgegengesetzter „Quasikompetenzen“ ermöglichen. Gerade dann ist es aber kaum ersichtlich, warum diese Handlungen unzulässig sein sollen, wenn für den entsprechenden Bereich keine Gesetzgebungsbefugnis besteht. Die Befürchtung, durch schlichte Parlamentsbeschlüsse könnte die grundgesetzliche Kompetenzordnung untergraben oder die Gesetzgebungszuständigkeit der Landesparlamente widerrechtlich in Besitz genommen werden, ist insofern nur dann realistisch, wenn man mit Butzer die Möglichkeit gesetzessubstituierender schlichter Beschlüsse[590] in Erwägung zieht. Lediglich in diesen Fällen könnte von einer Funktionsgleichheit von Gesetz und schlichtem Parlamentsbeschluss die Rede sein, und nur dann wäre es auch gerechtfertigt, schlichte Beschlüsse auf Sachtitel zu beschränken, die in einen vom Grundgesetz oder von den Verfassungen der Länder festgelegten, parlamentarischen Kompetenzbereich fallen.[591]

Die Vermeidung der unterschiedlichen Regelung ein und desselben Gegenstandes durch Bund und Länder – als die für die Ausschließlichkeitsthese zur Verteilung von Gesetzgebungszuständigkeiten nach Art. 70 ff. GG herangezogene Begründung –[592] lässt auf schlichte Parlamentsbeschlüsse, welche die bestehende Rechtslage darstellen, ebenfalls wenig Rückschlüsse zu. Demgegenüber dient die von der Verwaltung einzuhaltende Zuständigkeitsordnung für Informationen hauptsächlich der Sicherstellung des Schutzes der Bürger vor gleichzeitigen öffentlichen Angriffen staatlicher Stellen wegen derselben Angelegenheit und soll zudem Widersprüche staatlicher Warnungen oder Empfehlungen

---

[588] Vgl. *Lerche*, Aktuelle föderalistische Verfassungsfragen, S. 28.

[589] Diese Gegebenheit beruht eben auch darauf, dass es sich hierbei gegenüber Gesetzesbeschlüssen um Akte minderer Qualität handelt, die ohne Einhaltung des strengen Gesetzgebungsverfahrens erlassen werden können.

[590] Siehe hierzu *Butzer*, Der Bereich des schlichten Parlamentsbeschlusses, AöR 119 (1994), 61 (81 ff.). Dieser weist aber bereits vorab darauf hin, dass solche Substitutionen jedenfalls dort auszuschließen sind, wo das Grundgesetz oder die jeweiligen Landesverfassungen von ausdrücklichen Gesetzesvorbehalten ausgehen.

[591] Vgl. *Butzer*, Der Bereich des schlichten Parlamentsbeschlusses, AöR 119 (1994), 61 (101 f.). Seine Ausführung, schlichte Parlamentsbeschlüsse seien nur im Rahmen der Gesetzgebungszuständigkeit zulässig, beziehen sich einzig und allein auf den Fall der Gesetzessubstitution.

[592] Vgl. BVerfGE 36, 193 (202 f.); 61, 149 (204); 67, 299 (321); *Stern*, Staatsrecht I, S. 676; *Schürmann*, Öffentlichkeitsarbeit der Bundesregierung, S. 248.

ausschließen.[593] Hierin lässt sich aber ebenfalls kein Bedürfnis nach einer zwingenden Abgrenzung der Verbandskompetenzen in diesem Bereich erkennen. Denn vorliegend handelt es sich lediglich um eine Darstellung, die mit Grundrechtseingriffen durch öffentliche Warnungen oder Ähnlichem nicht zu vergleichen ist.[594] Widersprüche zu eventuellen Veröffentlichungen der Länder dürften außerdem bei Einhaltung der erforderlichen Abstimmung vermeidbar sein.[595]

Auch das BVerwG geht in seinem Jugendsekten-Urteil zur „Transzendentalen Meditation" grundsätzlich davon aus, dass zwischen Bund und Ländern „die staatlichen Informations- und Aufklärungszuständigkeiten nicht überschneidungsfrei geordnet sind".[596] Aus einsichtigen Gründen bestehe bei imperativen Staatshandeln ein Postulat strikter, überschneidungsfreier Kompetenzscheidungen. Gleichwohl sei dieses nicht auf den Bereich der Informationszuständigkeiten übertragbar.[597] Ein ähnliches Beispiel für die Überschneidung von Befugniszuweisungen wie beim Jugendsekten-Urteil ist die Veröffentlichung einer Liste glykolhaltiger Weine durch das Bundesministerium für Jugend, Familie und Gesundheit.[598] Hier durfte nicht nur der Bundesgesundheitsminister auf-

---

[593] Siehe hierzu *Heintzen*, Hoheitliche Warnungen und Empfehlungen, NJW 1990, 1448.

[594] Insbesondere handelt es sich hierbei nicht um nachteilige Tatsachenbehauptungen oder Werturteile.

[595] Dies gilt zumindest solange es sich um die Darstellung bestehenden Rechts handelt. Wenn auch Zielvorgaben und Anregungen erfasst werden sollten, müsste eine Beschränkung auf solche erfolgen, über die ein allgemeiner Konsens besteht.

[596] BVerwG, NJW 1989, 2272 (2274) = BVerwGE 82, 76 (82).

[597] Vgl. *Lübbe-Wolff*, Rechtsprobleme der behördlichen Umweltberatung, NJW 1987, 2705 (2708). Eine informationelle Zuständigkeitsüberlappungen nicht ausschließende Ordnung geht allerdings mit der Möglichkeit einher, dass unterschiedliche Informationen über die selbe Angelegenheit erteilt werden. Darin liegt jedoch keine Gefahr, der es zu begegnen gilt. Denn es kommt gerade nicht darauf an, divergierende Informationen unter allen Umständen zu vermeiden, da durch solche eine einseitige Unterrichtung der Bürger verhindert würde. Unterstützt wird diese Auffassung durch einen unlängst ergangenen Beschluss des BVerfG, in dem auf die Vollständigkeit einer Information als ein wichtiges Element der Glaubwürdigkeit hingewiesen wird; BVerfG, 1 BvR 670/91 vom 26.6.2002, Absatz-Nr. 86, http://www.bverfg.de/; a.A. dagegen *Heintzen*, Hoheitliche Warnungen und Empfehlungen, NJW 1990, 1448 (1449). Nach Heintzen bestehe zumindest bei öffentlicher Kritik für Personen, Organisationen oder Unternehmen durch öffentliche Warnungen sowie bei drittbelastenden Empfehlungen ein schutzbedürftiges Interesse des Bürgers, sich nicht für ihn nachteiligen Äußerungen oder Eingriffsakten aller möglichen, sondern nur einer staatlichen Stelle gegenüber zu sehen.

[598] Siehe zunächst den Beschluss des OVG Münster, NJW 1986, 2783 f. und alsdann das Urteil des BVerwG, JZ 1991, 624 ff. = NJW 1991, 1766 ff.

grund sachlichen Zusammenhangs mit entsprechenden, dem Ministerium zugewiesenen Aufgaben über den Glykolgehalt im Wein informieren, sondern auch die nach Landesrecht für die Lebensmittelüberwachung zuständigen Behörden aufgrund des Zusammenhangs mit der Erfüllung der ihr zugewiesenen Sachaufgaben.[599] Das BVerwG stellte in dieser Entscheidung klar, der Zuständigkeitsbereich der Regierung, die Öffentlichkeit im notwendigen Umfang zu informieren, erstrecke sich zumindest auf die Gebiete der Bundesgesetzgebungszuständigkeit. Mit der Listenveröffentlichung durch den Minister wurde dieser Bereich aber nicht überschritten.[600]
In einem jüngst ergangenen Beschluss des Ersten Senats äußert sich schließlich auch das BVerfG zu dieser Thematik. Demnach ende die Informationskompetenz der Bundesregierung jedenfalls nicht schon dort, wo etwa ein Handeln der Landesregierungen aufgrund anderer Verbandkompetenz in Betracht kommt. Nicht auszuschließen ist hiervon ebenso ein Verwaltungshandeln im Rahmen polizeilicher Gefahrenabwehr. Informationshandeln hat zwar die Kompetenzordnung und die föderale Kompetenzaufteilung zwischen Bund und Ländern zu wahren, eine Entscheidung über die Verbandskompetenz kann sich jedoch erübrigen, wenn parallele Kompetenzen bestehen. Haben Vorgänge wegen ihrer länderübergreifenden Bedeutung überregionalen Charakter und trägt eine bundesweite Informationsarbeit der Regierung zu einer effektiven Problembewältigung bei, dann besteht eine Berechtigung des Bundes zur Staatsleitung und mithin zu entsprechendem Informationshandeln.[601]

---

[599] Vgl. *Lübbe-Wolff*, Rechtsprobleme der behördlichen Umweltberatung, NJW 1987, 2705 (2707 f.).

[600] BVerwG, JZ 1991, 624 (628) = NJW 1991, 1766 (1770). Anderer Ansicht ist dagegen *Schürmann*, Öffentlichkeitsarbeit der Bundesregierung, S. 254 f. Fn. 90, der darauf abstellt, dass es sich hierbei um einen Akt der konkreten Gefahrenabwehr handelte und somit gesetzgeberisches Handeln und dementsprechend auch Öffentlichkeitsarbeit im Vorfeld eines solchen nicht gefragt war. Ohnehin ist anzunehmen, dass bei der Einschlägigkeit von Sonderordnungsrecht bzw. der polizeilichen Generalklausel, die Grenze zur Länderkompetenz erreicht ist. In einem solchen Fall werden an ein Recht der Bundesregierung, die Bevölkerung über Gefahren aufzuklären, höhere Anforderungen gestellt.

[601] Vgl. BVerfG, 1 BvR 670/91 vom 26.6.2002, Absatz-Nr. 83 f., 86, http://www.bverfg.de/. Das BVerfG bestätigt weiterhin, dass sich eine Ermächtigung für derartige Informationen aus der Aufgabe der Bundesregierung ergibt, staatsleitend tätig zu werden. Für die Regierungskompetenz zur Staatsleitung gibt es zwar keine ausdrücklichen Bestimmungen in der Verfassung, das GG geht z.B. in Art. 62 ff. allerdings stillschweigend von entsprechenden Kompetenzen aus. Wo der Bundesregierung eine gesamtstaatliche Verantwortung der Staatsleitung zukommt, die durch Informationen erfüllt werden kann, ist sie zu einer entsprechenden Arbeit berechtigt. Zur Aufgabe der Staatsleitung gehört es auch kurzfristig auftretenden Herausforderungen entgegenzutreten. Die Bundesregierung kann

Die Grenze der Zuständigkeit anderer Kompetenzträger einschließlich anderer Verfassungsorgane ist insofern nicht in den bestehenden subjektiven Befugnissen, sondern in der sachgerechten Erfüllung ihrer Aufgaben zu sehen. Transparenzbemühungen des Bundes werden solche der Länder schon deshalb nicht tangieren, weil sich bei Tatsachenmitteilungen die Informationszuständigkeiten unterschiedlicher Kompetenzträger regelmäßig nicht berühren.[602] Zudem mangelt es Transparenzbemühungen am Entscheidungscharakter, weshalb sich widersprechende Ge- oder Verbote ausgeschlossen sein dürften. In jedem Fall kommt es aber zu keiner Zuständigkeitsbeschneidung auf Länderseite, sondern beide Kompetenzen bestehen nebeneinander.[603]

Auf dem Gebiet staatlichen Informationshandelns führen die gegebenen Abgrenzungsschwierigkeiten damit zu einer „systemimmanenten" Zuständigkeitsüberlappung.[604] Eine solche scheint zumindest für Informationen, welche keine öffentlichen Warnungen oder drittbelastenden Empfehlungen darstellen, auch unstreitig zu sein.[605]

Nichts anderes, als diese sich hier im Grunde auf die Öffentlichkeitsarbeit der Bundesregierung beziehenden Ausführungen, kann letztlich für vergleichbare Handlungen des Bundesparlaments gelten. Bei einer durch schlichten Parlamentsbeschluss erlassenen Charta der Patientenrechte würde es sich lediglich um eine wertungsfreie Darstellung bestehender und sonstiger vom Grundgesetz garantierter Patientenrechte und darüber hinaus um eine eventuelle Formulierung entsprechender Zielvorgaben handeln. Allein hierin bestünde aber keine

---

sich dabei auf ihre verfassungsunmittelbare Aufgabe der Staatsleitung stützen, ohne dass es einer zusätzlichen gesetzlichen Ermächtigung bedarf; siehe BVerfG aaO., Absatz-Nr. 72 ff.

[602] Vgl. *Schürmann*, Öffentlichkeitsarbeit der Bundesregierung, S. 249.

[603] Dies ist nur folgerichtig, denn Zuständigkeitsüberlappungen, von denen auch *Lübbe-Wolff*, Rechtsprobleme der behördlichen Umweltberatung, NJW 1987, 2705 (2708) ausgeht, können schon begrifflich auf keiner Seite zur Verkürzung von Kompetenzen führen. Vgl. auch BVerwG, NJW 1991, 1770 (1772), wo ebenfalls von „nebeneinander" bestehenden Zuständigkeiten die Rede ist. Siehe schließlich BVerfG, 1 BvR 670/91 vom 26.6.2002, Absatz-Nr. 86 und 89, http://www.bverfg.de/, wonach kompetenzübergreifende Informationsarbeit der Bundesregierung unter dem Aspekt der föderalen Kompetenzaufteilung unbedenklich ist, da weder ein eigenes Informationshandeln der Landesregierungen noch ein Einschreiten der Verwaltungsbehörden im Wege der Gefahrenabwehr beeinträchtigt werden sollen.

[604] So jedenfalls *Schürmann*, Öffentlichkeitsarbeit der Bundesregierung, S. 257.

[605] Auch die Kritik von *Heintzen*, Hoheitliche Warnungen und Empfehlungen, NJW 1990, 1448 (1450), dass die Ausführungen des BVerwG zur Informationstätigkeit des Bundes auf „schwachen Füßen" stehen und der genannten Tätigkeit des Bundes damit „Tür und Tor" geöffnet werden, bezieht sich ausdrücklich auf öffentliche Warnungen und drittbelastende Empfehlungen.

Behinderung des Landesgesetzgebers[606] bei der sachgerechten Erfüllung, das Verkündungsverfahren selbst erlassener Normen auszugestalten. Vielmehr würden Rechtssicherheit und Verlässlichkeit der staatlichen Rechtsordnung als Gründe dieser Aufgabenzuweisung[607] eine Stärkung erfahren. Davon unabhängig kann es auch nicht als Absicht des Verfassungsgebers begriffen werden, dass die Erfüllung dringender staatlicher Aufgaben lediglich aufgrund der Zuständigkeitsverteilung zwischen Bund und Ländern unterlassen werden soll.[608] Aus dem Gebot zur Optimierung des Grundrechtsschutzes ist daher die erweiterte Befugnis des Parlaments zur Auskunft über Rechte auch verschiedener Normsetzer abzuleiten.

(b) Eingriff in den Zuständigkeitsbereich der Bundesregierung zur Öffentlichkeitsarbeit

Als Erfüllung von Hoheitsaufgaben unterfällt der Regierungstätigkeit auch eine allgemeine Informationsarbeit.[609] Dabei ist von einem engen, notwendigen Zusammenhang dieser Öffentlichkeitsarbeit mit der Ausübung verschiedener Regierungszuständigkeiten auszugehen.[610] Insoweit wird heute die Kompetenz der Regierung zur Öffentlichkeitsarbeit als sich aus einschlägigen, organisationsrechtlichen Vorschriften ergebender Annex zu ihren sonstigen Aufgaben, verstanden.[611] Ebenso geht das BVerwG von einem Zusammenhang zwischen Sachzuständigkeit und Öffentlichkeitsarbeit der Bundesregierung aus, wenn es hierzu von einer verfassungsrechtlichen Aufgabenstellung und der Befugnis zur Information und Aufklärung der Öffentlichkeit spricht.[612] Ein vorliegend in

---

606 Nichts anderes kann natürlich auch für die aufgrund landesrechtlicher Grundlagen Satzungen erlassenden Selbstverwaltungsträger gelten.

607 Siehe hierzu oben in diesem Kapitel IV. 2. c) (2).

608 BVerwGE 22, 299 (308). Allerdings darf diese Auffassung auch nicht dazu führen, dass sich aufgrund pragmatischer Überlegungen über die verfassungsrechtlich festgelegten Grundsätze hinweggesetzt werden kann.

609 Vgl. *Leisner*, Öffentlichkeitsarbeit der Regierung im Rechtsstaat, S. 86.

610 *Leisner*, aaO., S. 103.

611 Vgl. *Murswieck*, Kontrolle staatlicher Öffentlichkeitsarbeit, DÖV 1982, 529 (541); *Schürmann*, Öffentlichkeitsarbeit der Bundesregierung, S. 123 m.w.N.; siehe auch *Starck* in: v. Mangoldt/Klein/Strack, GG I, Art. 5 I, II Rn. 174, wo von Öffentlichkeitsarbeit als Wahrnehmung übertragener Aufgaben die Rede ist.

612 BVerwGE 82, 76 (80) = NJW 1989, 2272 (2273); vgl. ebenfalls *Gramm*, Rechtsfragen der staatlichen Aids-Aufklärung, NJW 1989, 2917 (2920); siehe hierzu des weiteren BVerfGE 40, 287 (293), wo in diesem Zusammenhang von einer verfassungsrechtlichen Pflicht, des Schutzes der freiheitlich demokratischen Grundordnung, die Rede ist; vgl. insgesamt zu

Erwägung gezogener schlichter Parlamentsbeschluss – dazu bedarf es keiner näheren Erläuterungen – würde sich zweifellos in diesem Zuständigkeitsbereich der Regierung zur Öffentlichkeitsarbeit bewegen. Entsprechend könnte hierin eine Kompetenzüberschreitung des Bundestages zu sehen sein.
Wiederholt wurde in der Rechtsprechung des BVerfG betont, dass für die Regierung grundsätzlich ein „Kernbereich exekutiver Eigenverantwortung" besteht.[613] Ein Einbruch in diesen Kernbereich zugunsten des Parlaments, würde zur Verletzung des Gewaltenteilungsprinzips führen, zu dem sich das Grundgesetz unter anderem in Art. 20 II und Art. 1 III bekennt.[614] Demgegenüber handelt es sich aber bei der in Erwägung gezogenen Frage nach einer vom Parlament erlassenen Patientenrechtscharta gerade nicht um ein parlamentarisches Zugriffsrecht auf die zu gewährleistende exekutivische Verantwortung. Die selbständige politische Entscheidungsgewalt der Regierung wäre durch eine solche Charta nicht betroffen, da insoweit das Parlament keinen Einfluss auf die Regierung nehmen würde. Auch in diesem Verhältnis käme es also zu einer Zuständigkeitsüberlagerung, wobei sich diese aus den umfassenden Funktionszusammenhängen ergäbe. Bekannt sind solche Kompetenzüberlagerungen aufgrund zugewiesener Sachaufgaben bereits aus Maßnahmen zur konkreten Gefahrenabwehr, wie der Warnung vor Gesundheitsgefahren durch schadhafte Lebensmittel.[615] Aufgrund dessen soll nochmals auf das Glykolweinurteil des BVerwG hingewiesen sein, da auch hier aufgrund der Erfüllung sachlich zugewiesener Aufgaben, verschiedene Hoheitsträger zuständig waren. Für Äußerungen und Öffentlichkeitsarbeit zur staatlichen Aufgabenerfüllung sollten daher insbesondere wegen der Verflechtung verschiedenster Materien und des fehlenden Entscheidungselements die Kompetenzzuweisungen nicht zu eng eingegrenzt werden.[616]
Die Veröffentlichung grundgesetzlich garantierter und durch die einfache Rechtsordnung gewährleisteter Patientenrechte gehört faktisch zur Informationsarbeit der Bundesregierung. Dennoch ist den oben gewonnenen Erkenntnissen zufolge davon auszugehen, dass auch der Bundestag aufgrund des Zusammenhangs mit den ihm zugewiesenen Sachaufgaben – etwa der Ausgestaltung

---

den Kompetenzgrundlagen der Bundesregierung zur Öffentlichkeitsarbeit *Schürmann*, Öffentlichkeitsarbeit der Bundesregierung, S. 122 ff.

613 BVerfGE 67, 100 (139); 68, 1 (87).

614 BVerfGE 9, 268 (280).

615 Hierbei handelt es sich insbesondere um Fälle der Einschlägigkeit von Sonderordnungsrecht bzw. der polizeilichen Generalklausel.

616 Vgl. *Pietzcker* in: Isensee/Kirchhof, HBdStR IV, § 99 Rn. 17. Diese Feststellung bezieht sich vor allem auf eine sinnvolle und praktikable Auslegung einschlägiger Kompetenzvorschriften.

des Verkündungsvorgangs erlassener Normen oder der allgemeinen Stärkung der Rechtssicherheit – befugt ist, einen schlichten Parlamentsbeschluss gleichen Inhalts zu erlassen. Ein Novum stellt diese Konstellation ohnehin nicht dar, denn eine Zuständigkeitsüberlagerung zwischen Parlament und Regierung besteht bereits in der beschränkten Befugnis des Bundestages, die Bundesrepublik durch schlichten Parlamentsbeschluss zu repräsentieren. Das Grundgesetz regelt die Repräsentation der Bundesrepublik zwar als prinzipielle Zuständigkeit des Bundespräsidenten und der Bundesregierung, gleichwohl liegt in schlichten Beschlüssen, mit denen sich der Bundestag unmittelbar an auswärtige Staaten wendet, keine Kompetenzüberschreitung, da der in Art. 59 II S. 1 GG zum Ausdruck kommende Grundsatz,[617] auf eine entsprechende ungeschriebene Kompetenz des Bundestages schließen lässt.[618]
Generell gilt zur Gewährleistung in sich verständlicher, vollständiger und effektiver Informationen, dass sich bei informatorischem Handeln nicht stets an die strenge grundgesetzliche Kompetenzordnung gehalten werden kann.[619] Insbesondere aufgrund der angesprochenen Funktionszusammenhänge würden sich andernfalls zwangsläufig Abgrenzungsschwierigkeiten ergeben.[620]
Die Zuständigkeit der Bundesregierung zur Öffentlichkeitsarbeit[621] steht infolgedessen einer Charta der Patientenrechte durch schlichten Parlamentsbeschluss nicht entgegen, da hierbei insbesondere von keiner zur Rechtswidrigkeit führenden Kompetenzüberschreitung des Bundestages auszugehen wäre.

(4) Bekanntmachung durch Veröffentlichung
Allein der Erlass eines entsprechenden schlichten Parlamentsbeschlusses würde allerdings nicht genügen, um das Ziel einer weitestgehend bewussten Präsenz der Patientenrechte auch tatsächlich zu erreichen. Hiermit wäre zwar eine Zusammenfassung bestehender Rechte der Patienten gewährleistet, aber noch keine Kenntnis dieser Rechte innerhalb der Bevölkerung garantiert. Entscheidende

---

[617] Siehe *Sellmann*, Der schlichte Parlamentsbeschluss, S. 82. Dieser von Sellmann erkannte Grundsatz bezieht sich auf die Teilnahme des Bundestages an der Führung und Selbstbestimmung des Staates. Allerdings ist darauf hinzuweisen, dass Sellmann in seinen Ausführungen neben Art. 59 II S. 1 GG auch den inzwischen aufgehobenen Art. 59a GG nennt.

[618] Vgl. hierzu *Sellmann*, Der schlichte Parlamentsbeschluss, S. 81 f. mit entsprechenden Beispielen solcher Beschlüsse.

[619] Vgl. *Schürmann*, Öffentlichkeitsarbeit der Bundesregierung, S. 257.

[620] *Schürmann*, aaO. sieht hierin zusätzlich die Gefahr, „dass über einen negativen Kompetenzkonflikt die gebotene Information letztlich ganz unterbleibt."

[621] Gegenüber dieser Öffentlichkeitsarbeit der Bundesregierung treiben die Parlamente als legislative Einheit nur wenig selbständige Öffentlichkeitsarbeit; vgl. hierzu *Kempen*, Grundgesetz, amtliche Öffentlichkeitsarbeit und politische Willensbildung, S. 32 ff.

Voraussetzung für den gewünschten Erfolg wäre über den erwähnten Erlass der Charta hinaus eine Methode der Veröffentlichung, die nicht nur die patientenrechtlich interessierten und engagierten Bürger erreicht, sondern die primär darauf abzielt, dem Patienten jedenfalls bis zum Zeitpunkt der Behandlung seine Rechte bewusst zu machen. Als Überlegung böte sich die Möglichkeit an, einen Aushang der Charta der Patientenrechte in den Warte- oder Behandlungszimmern festzulegen, mit der Aussicht, vor Ort allen Beteiligten die Rechte des Patienten bewusst zu machen und die Präsenz dieser Rechte zu verstärken.[622] Mit dieser Methode würde zwar ein vergleichsweise später Zeitpunkt gewählt werden, um dem Patienten seine Rechte zu verdeutlichen, andererseits ist aber anzunehmen, dass die Charta auf diese Weise einen größeren Kreis von Betroffenen mit ihrem Inhalt erreichen könnte. Ein entsprechender Kompromiss müsste insoweit also eingegangen werden.
Um eine vergleichbare Veröffentlichung sicherzustellen, wäre die Verpflichtung der gesetzlichen Krankenkassen und der Leistungserbringer[623] erforderlich, für eine dem Informationsbedürfnis der Patienten gerechte Vermittlung oder Zugänglichkeit der Patientenrechtscharta zu sorgen.[624] Der Bundestag könnte hierzu eine mit § 70 II SGB V vergleichbare Vorschrift in eben dieses Gesetz einfügen.[625] Das SGB V würde sich schon deshalb zur Aufnahme einer genannten Regelung anbieten, da dort ohnehin die festgelegten Bedingungen einer angemessenen Versorgung der Patienten enthalten sind.[626] Zusätzlich zu dem hier vorgeschlagenen Aushang der Charta in den Warte- und Behandlungszimmern der Krankenhäuser und Arztpraxen könnte auch eine mit dem Bostoner Modell[627] vergleichbare Aushändigung der Charta bei Aufnahme in

[622] Vgl. *Steffen*, Mehr Schutz für die Patientenrechte, MedR 2002, 190, mit Hinweis auf ein bereits 1973 in einem Bostoner Krankenhaus eingeführtes Modell, bei dem der Patient bei seiner Aufnahme ein Merkblatt erhielt, das ihn über seine Rechte unterrichtete.

[623] Mit Leistungserbringern werden hier in erster Linie die Mitglieder der Kassenärztlichen Vereinigungen gemeint, die unmittelbar mit den Patienten in Berührung kommen.

[624] Um garantieren zu können, dass die Leistungserbringer und die Krankenkassen entsprechende Vorkehrungen zur Veröffentlichung treffen, könnte allerdings nicht auf eine selbständige Handlung oder eine Selbstverpflichtung gehofft werden, sondern es wäre auf das Mittel einer Anordnung bzw. einer Verpflichtung zurückzugreifen.

[625] Die entsprechende Gesetzgebungszuständigkeit des Bundes ergibt sich aus Art. 74 I Nr. 12 GG.

[626] Und zwar sind diese Bedingungen betont und teilweise auch perspektivisch zum Ausdruck gebracht worden; siehe *Hart*, Spannungen zwischen dem Haftungs-, Arzneimittel- und Sozialrecht, MedR 2002, 321.

[627] Siehe hierzu Fn. 620.

ein Krankenhaus sowie eine Pflicht der Krankenkassen, ihre Mitglieder durch geeignete Maßnahmen über die Charta zu informieren, bestimmt werden.

(5) Zwischenergebnis

Das parlamentarische Handlungsinstrument des schlichten Beschlusses ist mit seiner Anwendung, die es in der bisherigen Parlamentspraxis gefunden hat, noch nicht an die Grenzen seiner vielgestaltigen Einsetzbarkeit gestoßen. Durch schlichten Parlamentsbeschluss verfügt der Bundestag insbesondere über die Möglichkeit, eine Charta der Patientenrechte zu erlassen, in der die grundrechtlich garantierten und durch die einfache Rechtsordnung sowohl auf Bundes- als auch auf Landesebene gewährleisteten Patientenrechte kodifiziert werden könnten. Der Forderung nach einer Verbesserung der Transparenz in Deutschland existenter Patientenrechte wäre hiermit nachgekommen. Eine entsprechende Befugnis lässt sich vor allem dem Rechtsstaatsprinzip und der grundsätzlichen Forderung nach einer effektiven Gewährleistung von Grundrechten – beispielsweise durch die allgemeine Stärkung der Rechtssicherheit – entnehmen. Die unvermeidbar mit einer solchen Handlung des Bundestages einhergehenden Zuständigkeitsüberlagerungen, von denen sowohl die Kompetenzen der Landesgesetzgeber als auch die der Bundesregierung betroffen wären, sind im Bereich des informationellen Staatshandelns nicht unbekannt und als systemimmanent hinzunehmen. Zur Veröffentlichung der Charta könnte eine Bestimmung in das SBG V eingefügt werden, die den Krankenkassen und den Leistungserbringern aufgibt, durch geeignete Maßnahmen die Information der Patienten über den Inhalt der Charta sicherzustellen.

Dem Bundestag bleibt es neben dieser Möglichkeit natürlich unbenommen, durch schlichten Parlamentsbeschluss die Regierung zu ersuchen, für eine Veröffentlichung zu sorgen, die über den Bestand gegebener Patientenrechte informiert.[628] Unabhängig davon, ob die genannten Beschlüsse eine rechtliche Bindung entfalten oder nicht, die Regierung wird sich im Rahmen des parlamentarischen Regierungssystems kaum über solche hinwegsetzen können, da

[628] Vgl. zu dieser Möglichkeit statt vieler *Achterberg*, Parlamentsrecht, S. 740; siehe dazu auch oben in diesem Kapitel IV. 2. c) (1). Von der „Arbeitsgruppe Patientencharta" der Bundesregierung wurde im Oktober 2002 – allerdings ohne ein entsprechendes parlamentarisches Ersuchen – eine aktuelle Charta der „Patientenrechte in Deutschland" an das Bundesgesundheits- und das Bundesjustizministerium übergeben. Diese Charta, an der alle Beteiligten des Gesundheitswesens mitgearbeitet haben, ist auf der Internetseite des Bundesjustizministeriums abrufbar. Fraglich ist indes, ob es sich hierbei um einen nennenswerten Beitrag zur Transparenzerhöhung handelt.

dem Bundestag als ultima ratio zur Durchsetzung das konstruktive Misstrauensvotum gemäß Art. 67 GG verbleibt.[629]

Trotz der Erwartung, eine durch schlichten Parlamentsbeschluss erlassene Charta würde für die Ausbildung eines breiten Rechtsbewusstseins im Bereich der Patientenrechte einen entscheidenden Beitrag leisten, dürfte ein solches Modell nicht in allen Belangen überzeugen können. Vor allem inhaltlich wäre nur für begrenzte Zeit ein Anspruch auf Aktualität zu erheben. Die Weiterentwicklung medizinischer Erkenntnisse und die Ausbildung neuer Behandlungsmethoden lassen auch den Patientenschutz durch die Gewährleistung entsprechender Rechte nicht stagnieren, sondern bewirken eine gewisse Dynamik. Illusorisch wäre indessen die Annahme, der Bundestag könnte stetig auf Veränderungen patientenrechtlicher Bestimmungen durch Erlass aktueller schlichter Beschlüsse eingehen.[630] Effizienzhemmend wirkt sich jedoch nicht nur die Schwierigkeit aus, Aktualität zu vermitteln. Aufgrund der Beschränkung einer derartigen Information auf bundeseinheitliche Rechte könnten Unterschiede und Besonderheiten patientenrechtlicher Gewährleistungen in den einzelnen Bundesländern nicht berücksichtigt werden. Zu denken ist hier beispielsweise an die unterschiedliche Gestaltung von Informations- und Beratungsstellen sowie die Einrichtung von Patientenfürsprechern in Krankenhäusern. Teilweise wären Betroffene in den jeweiligen Ländern trotz der Existenz förderlicher Rechte und Einrichtungen weiterhin nicht in der Lage, diese in Anspruch zu nehmen.

d) *Abkommen zwischen Bund und Ländern über die Sicherstellung von Patientenrechten*

Als weitere Überlegung ist die Möglichkeit einer Vereinbarung zwischen dem Bund als Zentralstaat und den Ländern als Gliedstaaten hervorzuheben. Hierin könnten beide Vertragsparteien übereinkommen, gemeinsam festgelegte Patientenrechte im Rahmen ihrer Zuständigkeiten einzuhalten und sicherzustellen. Dem einzelnen Patienten würden unmittelbar durch die Vereinbarung zwar keine neuen subjektiv durchsetzbaren Rechte gewährt,[631] angesichts der kom-

---

[629] Siehe hierzu beispielsweise *Stern*, Staatsrecht II, S. 49.

[630] Unter Umständen könnte somit die Gefahr bestehen, dass die durch schlichten Beschluss erlassene Charta nach einem bestimmten Zeitraum auf einer überholten Rechtlage basiert.

[631] Primär schaffen die zwischengliedstaatlichen Abmachungen ein öffentlich-rechtliches Verhältnis zwischen den vereinbarenden Ländern. Gegenüber den der gesetzgebenden Gewalt Unterworfenen gewinnen die Absprachen aber dann Verbindlichkeit, wenn die Länder

petenzbedingten Zersplitterung von Patientenrechten auf eine Vielzahl von Regelungsbereichen des Bundes und der Länder besteht in der Praxis jedoch nach allgemeiner Auffassung vor allem eine Zugangsbehinderung zum Recht. Mit seiner Verkündung würde ein solches Übereinkommen unabhängig von der aufgespaltenen Gesetzgebungszuständigkeit über die bestehende Rechtslage informieren[632] und zugleich das politische Bekenntnis zur Sicherstellung von Patientenrechten betonen. Da auch zukünftig erlassenes Recht nicht den durch die Selbstverpflichtung festgelegten Patientenrechten wiedersprechen dürfte, wäre nicht nur das Geschaffene abgesichert, sondern auch ein Impuls für weitere legislative Aktivitäten gegeben.[633] Grundsätzlich könnten auf diese Weise die Vorzüge verbindlicher, gesetzlicher Regelungen gewahrt werden, wobei die Bürde der Aufteilung essentieller Gesetzgebungskompetenzen zwischen Bund und Ländern nicht weiter ins Gewicht fiele.
Vorgeführt durch das in Österreich umgesetzte Modell der „Patientencharta" ist daher die Umsetzbarkeit einer entsprechenden Vereinbarung auch in Deutschland zu untersuchen.

(1) Vereinbarungen zwischen Bund und Ländern
In der Staatspraxis werden zur Begründung von Rechtsverbindlichkeiten unter Hoheitsträgern grundsätzlich Vereinbarungen als auf Verständigung basierende Verpflichtungen zwischen gleichgeordneten Partnern getroffen.[634] Zwischen Staaten ist das klassische Instrument der Zusammenarbeit der Vertrag.[635] Nach Art. 32 III GG steht den Bundesländern allerdings nur das Recht zu, Verträge mit auswärtigen Staaten abzuschließen. Eine vergleichbare, ausdrückliche verfassungsrechtliche Bestimmung zu Verträgen der Länder untereinander existiert dagegen nicht. Dennoch werden in Deutschland Verträge zwischen Glied-

---

sie durch einen Gesetzgebungsakt in Landesrecht umsetzen; vgl. *Schneider*, Verträge zwischen Gliedstaaten im Bundesstaat, VVDStRL 19 (1961), 1 (14).

[632] Indes muss auch hier berücksichtigt werden, dass sich diese Information nur auf die vereinbarten Rechte zum Zeitpunkt des Übereinkommens beziehen würde. Für nachfolgende, weiterreichende Rechte dürften sich ähnliche Probleme bezüglich Transparenz und Information ergeben, wie sie gegenwärtig hinsichtlich der bestehenden Rechtslage im Bereich der Patientenrechte festzustellen sind.

[633] *Aigner*, Situation der Patientenrechte in Österreich, RdM 2000, 77 (80). Die von der Verkündung einer entsprechenden Vereinbarung erhoffte Information, würde solche weiteren legislativen Aktivitäten allerdings nicht erfassen können.

[634] Vgl. hierzu *Kirchhof* in: Isensee/Kirchhof, HBdStR III, § 59 Rn. 153.

[635] *Rudolf* in: Isensee/Kirchhof, HBdStR IV, § 105 Rn. 49.

staaten als vertraute Erscheinung anerkannt.[636] Dem Bundesstaat ist es eigen, dass nicht nur der Gesamtstaat Staatsqualität besitzt, sondern ebenso die Gliedstaaten.[637] Damit bleibt es den Ländern also unbenommen, grundsätzlich über Gegenstände, die ihre alleinige Zuständigkeit betreffen, untereinander sowie mit dem Bund Verträge zu schließen.[638] [639] Andererseits ist es den sich bindenden Vertragspartnern aufgrund ihrer grundgesetzlichen Legitimation selbstverständlich untersagt, verfassungskonträre Verpflichtungen einzugehen.[640]
Neben der nur durch das Zusammenwirken der Länder zufriedenstellenden Lösung verschiedener Angelegenheiten besteht teilweise auch das Bedürfnis nach einer homogenen Regelung bestimmter Materien.[641] Die Entwicklung tendiert dementsprechend im Rahmen des kooperativen Föderalismus zu einer ausgeprägten und verfestigten Zusammenarbeit auf Vereinbarungsebene sowohl der

---

[636] Vgl. *Schneider*, Verträge zwischen Gliedstaaten im Bundesstaat, VVDStRL 19 (1961), 1, (2); *Rudolf* in: Isensee/Kirchhof, HBdStR IV, § 105 Rn. 49; *Kopp*, Zur Geltungsgrundlage der Staatsverträge zwischen den Ländern, JZ 1970, 278. Eine Bestätigung erfahren diese Verträge auch durch die höchsten Gerichte, siehe beispielsweise BVerfGE 12, 205 ff.; 42, 103 ff.; BVerwGE 22, 299 (306). Zur Zulässigkeit von Abkommen zwischen Bund und Ländern siehe *Grawert*, Verwaltungsabkommen zwischen Bund und Ländern, S. 131 ff.; *Vedder*, Intraföderale Staatsverträge, S. 131 m.w.N.

[637] Vgl. BVerfGE 36, 342 (360 f.); *Kimminich* in: Isensee/Kirchhof, HBdStR I, § 26 Rn. 14; *Sommermann* in: v. Mangoldt/Klein/Starck, GG II, Art. 20 I Rn. 26.

[638] Siehe hierzu *Rudolf* in: Isensee/Kirchhof, HBdStR IV, § 105 Rn. 49 sowie *Isensee* in: Isensee/Kirchhof, HBdStR I, § 13 Rn. 166 und Rn. 167, wo darauf hingewiesen wird, dass die Staatlichkeit der Bundesländer gleichwohl offen sei für eine sachgerechte Fügung und Zuordnung der föderativ geteilten Staatsgewalt, welche durch einander lückenlos ergänzende Kompetenzen von Bund und Ländern gewährleistet wird. Soweit nicht nach der Verfassung der Bund in ausschließlicher Verantwortung zu entscheiden hat, ist es verfassungsrechtlich unbedenklich, wenn Bund und Länder miteinander rechtsverbindlich paktieren; siehe hierzu *Heiden*, Öffentlich-rechtliche Verträge zwischen Bund und Ländern, S. 133.

[639] Die Position, nach der sich die Zulässigkeit des Abschlusses von Gliedstaatsverträgen aus der Staatsqualität der Gliedstaaten ergibt, entspricht indes nicht einhelliger Auffassung. Kritisch äußert sich hierzu beispielsweise *Rill*, Gliedstaatsverträge, S. 62 f. Dem Text des Grundgesetzes als Basis aller interpretatorischen Erwägungen ermangele es zwar an einer expliziten Regelung zum Abschluss von Staatsverträgen zwischen Gliedstaaten, wenn aber nach Art. 32 III GG die Länder befugt sind Völkerrechtliche Verträge abzuschließen, dann ist ihnen um so mehr der Abschluss von Gliedstaatsverträgen erlaubt; *ders.*, aaO., S. 75. Diese Meinungsverschiedenheit bleibt im Ergebnis allerdings ohne Relevanz.

[640] Vgl. *Kirchhof* in: Isensee/Kirchhof, HBdStR III, § 105 Rn. 156.

[641] So jedenfalls *Rudolf*, Bund und Länder im aktuellen deutschen Verfassungsrecht, S. 23 f.

Länder untereinander, als auch der Ländergesamtheit mit dem Bund.[642] Schon dieser vor allem durch die Kooperation der einzelnen Bundesländer absehbare Vereinheitlichungstrend dürfte sich außerhalb der Reichweite tradierter Vorstellungen von der föderalistischen Individualität der einzelnen Gliedstaaten befinden.[643] [644] Eingedenk des Basierens der Bundesstaatlichkeit[645] auf einem harmonischen Wirken mehrseitiger Beziehungs- und Funktionsströme sollten speziell die Gefahren nicht unbeachtet bleiben, die hieraus für das föderative System insgesamt erwachsen.[646] In Anbetracht dieser Situation, ist aus verfassungsrechtlicher Sicht die Frage zu erheben, wo sich die eventuellen Grenzen zulässiger Kooperation befinden.[647] Jedenfalls darf unter Berücksichtigung der grundgesetzlichen Bundesstaatlichkeit die intraföderative Zusammenarbeit nicht derart ausgeweitet werden, dass die Eigenschaft eines Staatenbundes erreicht wird.[648] Allerdings führt zwar der Trend zur Homogenität und Egalität in

---

642 Vgl. *Kirchhof* in: Isensee/Kirchhof, HBdStR III, § 59 Rn. 154.

643 *Schneider*, Verträge zwischen Gliedstaaten im Bundesstaat, VVDStRL 19 (1961), 1 (20) umschreibt diese Tendenz als „Trend zur Parallelisierung und Harmonisierung".

644 Ebenso ist der Funktionsverlust der Parlamente bezüglich des Demokratiegebots nicht unproblematisch. Insbesondere bei vertraglichen Regelungen zwischen den Gliedstaaten ist eine Einschränkung der ausschließlichen Verfügungsbefugnis über den Gegenstand der Vereinbarung unumgänglich. Da Verträge immer eine Zuständigkeit des kontrahierenden Rechtssubjekts tangieren, sind die Vertragspartner nicht mehr allein für die betroffene Materie zuständig; vgl. *Rudolf* in: Isensee/Kirchhof, HBdStR IV, § 105 Rn. 61. Aber auch die Kooperation zwischen den Ländern sowie zwischen Bund und Ländern, die faktisch von den Regierungen betrieben wird, führt zur Minderung des Einflusses der Landesparlamente; siehe dazu *ders.*, aaO., § 105 Rn. 81. Dem gemäß stellt *Leisner*, Schwächung der Landesparlamente, DÖV 1968, 389 f. folgende These auf: Die grundgesetzliche Bundesstaatlichkeit führt zu einer einseitigen und entscheidenden Schwächung der Landesparlamente und setzt damit weitläufig das Gleichgewicht der Gewalten in den Ländern außer Kraft. Hierdurch wird nicht nur das föderalistische Gleichgewicht zwischen Bund und Ländern beeinträchtigt, sondern auch die demokratische Staatlichkeit der Länder getroffen. Seine Untersuchung lässt die Paradoxie erkennen, dass der Föderalismus, dessen Intention im Grunde auf die Sicherung der Eigenstaatlichkeit der Länder abzielt, in der Gewaltenteilung eines der Wesenselemente der Eigenstaatlichkeit bedroht; *ders.*, aaO., S. 395.

645 Das Bundesstaatsprinzip wird durch mehrere Bestimmungen des Grundgesetzes zum Ausdruck gebracht, beispielhaft seien nur die Homogenitätsklausel gemäß Art. 28 I und die Kollisionsklausel gemäß Art. 31 genannt.

646 Vgl. *Stern*, Staatsrecht I, S. 758.

647 So auch *Rudolf*, Bund und Länder im aktuellen deutschen Verfassungsrecht, S. 25.

648 Als Staatenbund wird ein völkerrechtliches Vertragsverhältnis zwischen Staaten bezeichnet. Dabei werden in begrenztem Umfang Aufgaben an ein gemeinsames Organ übertragen, um von diesem wahrgenommen zu werden. Hierdurch wird aber weder die Staatlich-

staatlichen Bereichen zu einer unstreitigen Unitarisierung und Egalisierung, deshalb ist aber noch nicht von einer Zentralisierung auszugehen, da die rechtlich relevanten Entscheidungen bei den einzelnen Ländern selbst verbleiben.[649] Die staatsvertraglichen Vereinbarungen der Länder untereinander sind zudem auch Bestrebungen, den aufgrund einer Vielzahl unterschiedlicher Vorschriften der Länder bestehenden, nicht unerheblichen Schwierigkeiten entgegenzuwirken.[650] Freilich ist es vor dem Hintergrund einer föderalistischen Verfassung nicht nur angemessen, sondern geradezu vorauszusetzen, dass die gesetzlich erlassenen Regelungen der einzelnen Gliedstaaten von Land zu Land divergieren. Beim durchschnittlichen Bundesbürger ist gleichwohl eine Sensibilitätserhöhung gerade gegenüber landesrechtlichen Unterschiedlichkeiten zu verzeichnen. Mithin wird die Tatsache, dass eine Abhängigkeit der Behandlung und Lösung bestimmter Fälle vom regionalen Bezug auszumachen ist, aufgrund dieser allgemeinen Bewusstseinswandelung verbreitet als willkürlich und ungerechtfertigt empfunden.[651] Grenzen bestehen daher auch für die divergierende

---

keit der Länder noch ihre Herrschaftsgewalt oder ihre Entscheidungsfreiheit über innerstaatliche Angelegenheiten berührt; vgl. *Stern*, Staatsrecht I, S. 654. Der Bundesstaat unterscheidet sich demnach durch seine Staatlichkeit vom Staatenbund. Würde sich ein Vorwurf bestätigen, die Länder betreiben miteinander im oder neben dem Bundesstaat einen Staatenbund, dann wäre in dieser Art der Zusammenarbeit ein grundgesetzwidriger Verstoß gegen das Bundesstaatsprinzip zu sehen; *Rudolf*, Bund und Länder im aktuellen deutschen Verfassungsrecht, S. 27. Ebenso sind Kompetenzübertragungen grundsätzlich dann nicht mehr zulässig, wenn sie zu einem Verzicht der Länder auf ihre Staatsqualität führen. Die Staatlichkeit der Länder darf weder eingeschränkt noch aufgehoben werden, entsprechende Handlungen sind daher immer an Art. 79 III GG zu messen; vgl. hierzu *Rudolf* in: Isensee/Kirchhof, HBdStR IV, § 105 Rn. 80. Zwischen Bund und Ländern dürfen die grundgesetzlich festgelegten Zuständigkeiten dagegen ohnehin nicht durch vertragliche Vereinbarungen übertragen werden, ohne dass eine entsprechende Veränderung der Verfassung vorgenommen wird; siehe insoweit ebenfalls *Rudolf*, Bund und Länder im aktuellen deutschen Verfassungsrecht, S. 36.

[649] Siehe hierzu *Rudolf*, Bund und Länder im aktuellen deutschen Verfassungsrecht, S. 28. Allerdings bestehen auch Föderationsgemeinschaften, die neben der Wahrnehmung von Koordinierungsaufgaben sogar eine Übertragung von Entscheidungsbefugnissen vorzuweisen haben, welche aber Personen betreffen, die in einem besonderen Rechtsverhältnis stehen.

[650] Dies gilt vornehmlich für solche Übereinkommen, die eine Vereinheitlichung der Gesetzgebung der Übereinkommenden vornehmen. Immerhin führen die differierenden Landesregelungen auch im Hinblick auf die Grundrechte der Bürger zu einem bemerkenswerten Unterschied in ihrer rechtlichen Gewährleistung.

[651] *Schneider*, Verträge zwischen Gliedstaaten im Bundesstaat, VVDStRL 19 (1961), 1 (19). Die sich sonst ständig auf ihre Autonomie berufenden Länder, stellen sich durch die Harmonisierung landesgesetzlicher Materien in den Dienst der Synchronisierungsbestrebungen, durch die im gesamten Bundesgebiet die Gewährleistung der Freizügigkeit sicherge-

Gestaltung der den Ländern überlassenen Aufgabenbereiche und zwar durch Art. 3 GG. Aus der föderativen Ordnung des Grundgesetzes, insbesondere aus der Strukturentscheidung des Art. 20 I GG zum sozialen Bundesstaat, lässt sich darüber hinaus sogar eine Intention nach interföderativer Zusammenarbeit ableiten.[652] Die Entscheidung für ein föderalistisches Gemeinwesen schließt also die Kooperation der Gliedstaaten als gebotenes Mittel zur Umsetzung des bundesstaatlichen Zusammenlebens mit ein.[653]

(a) Verschiedene Kooperationsformen im Bundesstaat

Der Staatsvertrag ist allerdings nicht die einzige geläufige Form zur Begründung von Verbindlichkeiten zwischen Hoheitsträgern. Besonders die landesrechtlichen Anforderungen, gegebenenfalls aber auch die des Bundesrechts, sind für die jeweilige Form der Einigung zur Erreichung des angestrebten Zweckes maßgeblich. Eine vertragliche Kooperation kann durch Staatsverträge, Verwaltungsabkommen oder durch Koordinationsabsprachen erfolgen.[654] Für einen Staatsvertrag ist die parlamentarische Zustimmungsbedürftigkeit typisch. Es handelt sich hierbei also um vertragliche Kooperationen, die Gegenstände der Gesetzgebung betreffen oder sonst unter Parlamentsvorbehalt stehende Materien regeln. Aufgrund unterschiedlicher Verfassungen kann allerdings die Rechtslage im Bund und in den einzelnen Ländern jeweils different sein.[655] Das

---

stellt werden soll. Das Interesse der Länder an einer Selbstkoordinierung könnte, wie vereinzelt geäußert wurde, auf das Vorbeugen einer vom Bund aufgrund bundesstaatlicher Subsidiarität betriebebenen Gleichschaltung im Sinne von Art. 72 II GG gerichtet sein. Eine entsprechende Motivation wäre allerdings fraglich, wenn sich die Länder auf diese Weise gerade durch Preisgabe dessen, was sie verteidigen müssten, gegen eine denkbare Regelung des Bundes wehren würden; *ders.*, aaO., S. 18 f.

[652] Siehe *Stern*, Staatsrecht I, S. 758. Allerdings ist es grundsätzlich jeglichen Kooperationen der Länder miteinander sowie der Länder mit dem Bund untersagt, beteiligte Partner zu überstimmen, da anstatt eines Mehrheitsprinzips der Grundsatz der Einstimmigkeit gilt (BVerfGE 1, 299 [315]; 41, 291 [308]). Die hiervon zur Gewährung zweckmäßiger Ergebnisse vornehmlich im Bildungsbereich abweichenden Abkommen manövrieren „knapp unter der Grenze offenkundiger Verfassungswidrigkeit".

[653] Vgl. *Schneider*, Verträge zwischen Gliedstaaten im Bundesstaat, VVDStRL 19 (1961), 1 (13). Siehe auch *Heiden*, Öffentlich-rechtliche Verträge zwischen Bund und Ländern, S. 177; diese kommt zu dem Ergebnis, dass Einigungen zwischen Bund- und Ländern nicht nur ein zulässiges und geeignetes, sondern zuweilen sogar ein gebotenes Mittel darstellen, um anstehende staatliche Aufgaben insbesondere zum Wohle der Allgemeinheit zu lösen.

[654] Siehe *Rudolf* in: Isensee/Kirchhof, HBdStR IV, § 105 Rn. 51.

[655] Siehe beispielsweise *Grawert*, Verwaltungsabkommen zwischen Bund und Ländern, S. 35; *Rudolf* in: Isensee/Kirchhof, HBdStR IV, § 105 Rn. 52 f. Die meisten Länderverfassungen treffen, wenn auch zum Teil nur rudimentär, Bestimmungen für den Abschluss von

Grundgesetz sieht solche Vereinbarungen zur Regelung von Rechtsbeziehungen zwischen den Ländern sowie zwischen den Ländern und dem Bund beispielsweise in Art. 118 oder in Art. 91b vor. Auch Bundesgesetze wie etwa § 3 II VwGO ermächtigen die Länder zur Kooperation.
Im Gegensatz zu den Staatsverträgen, denen es eigen ist, alle Gewalten binden zu können, betreffen Verwaltungsabkommen ausschließlich die Exekutive.[656] Durch Verwaltungsabkommen werden mithin Vereinbarungen getroffen, deren Erfüllung innerhalb der Verwaltungskompetenz ohne eine Tätigkeit der Legislative erreicht werden kann.[657] Der Gegenstand solcher Vereinbarungen ist kongruent mit dem Regelungsgehalt von Verwaltungsvorschriften, weshalb im Wege eines Verwaltungsabkommens nichts geregelt werden kann, was nicht auch durch Verwaltungsvorschriften bestimmbar ist.[658] Staatsverträge und Verwaltungsabkommen können in Tatbestand und Rechtsfolge so exakt umschrieben sein, dass auch ohne innerstaatliche Rechtssetzungsakte die geplante Wirkung zu erreichen ist.[659] Anders verhält es sich bei den Koordinationsab-

---

Staatsverträgen. Lediglich die Verfassungen von Berlin und Bremen treffen keine Aussagen über das Verfahren zum Abschluss von Staatsverträgen; vgl. dazu *Schneider*, Verträge zwischen Gliedstaaten im Bundesstaat, VVDStRL 19 (1961), 1 (23); *Vedder*, Intraföderale Staatsverträge, S. 131. Grundsätzlich gilt aber, „dass die Regierung zum Abschluss von Verträgen, die sich auf Gegenstände der Gesetzgebung beziehen, der Zustimmung des Parlaments bedarf"; BVerfGE 4, 250 (276). Auf diese Zustimmungsbedürftigkeit hinweisend *Heiden*, Öffentlich-rechtliche Verträge zwischen Bund und Ländern, S. 76; *Kirchhof* in: Isensee/Kirchhof, HBdStR III, § 59 Rn. 154; *Vedder*, aaO., S. 93.

[656] Siehe *Heiden*, Öffentlich-rechtliche Verträge zwischen Bund und Ländern, S. 66. Entsprechend können durch Verwaltungsabkommen keine Regelungen getroffen werden, die dem Vorbehalt des Gesetzes unterliegen; vgl. *Kölble*, Verwaltungsabkommen zwischen Bund und Ländern, DÖV 1960, 650 (656); *Grawert*, Verwaltungsabkommen zwischen Bund und Ländern, S. 53.

[657] Vgl. *Grawert*, Verwaltungsabkommen zwischen Bund und Ländern, S. 52.

[658] Vgl. *Schneider*, Verträge zwischen Gliedstaaten im Bundesstaat, VVDStRL 19 (1961), 1 (9 f.).

[659] Es kann dann auch von einer self-executing Wirkung gesprochen werden. Für Staatsverträge gilt dies unbeachtlich eines möglichen Erfordernisses, weitere untergesetzliche Normen zur innerstaatlichen Umsetzung zu erlassen; so jedenfalls *Rudolf* in: Isensee/Kirchhof, HBdStR IV, § 105 Rn. 51. Zwischenstaatliche Vereinbarungen, welche auf eine Ausgestaltung des innerstaatlichen Bereichs gerichtet sind, können die Vertragsdurchführung allerdings auch den Staaten selbst durch interne Maßnahmen überlassen. Durch Verträge zur Ausgestaltung des innerstaatlichen Rechts, die keine unmittelbar anwendbaren Regelungen enthalten, wird lediglich zur Vornahme entsprechender innerstaatlicher Maßnahmen verpflichtet; *Bernhardt*, Abschluß völkerrechtlicher Verträge im Bundesstaat, S. 25 f. und S. 154 f. Diese sich originär auf völkerrechtliche Verträge beziehende Feststellung gilt ebenso für innerstaatliche Vereinbarungen.

sprachen, die innerhalb der Länder sowie des Bundes nicht anwendungsreif sind, da zur Verwirklichung ihres Zweckes weitere Umsetzungsakte vornehmlich durch Normenerlass erforderlich werden. Koordinationsabsprachen sind zum Beispiel die Beschlüsse der Ressortministerkonferenzen. Sie können die Verpflichtung beinhalten, dass alle zum vereinbarten Zweck erforderlichen und statthaften Maßnahmen zu ergreifen sind. Das abschließende Organ oder der abschließende Amtswalter des jeweiligen Landes – das Land selbst wird hierdurch nicht gebunden – muss sich dementsprechend auch jeglicher Handlungen enthalten, die Ziel und Zweck des Beschlusses vereiteln könnten.[660] [661] Der häufig in der Abkommenspraxis zur Anwendung kommende Ausdruck der „Vereinbarung" stellt dagegen weder ein eigenes Rechtsinstitut dar, noch wird er in der Regel speziell für eine der genannten Formen verwendet.
Eine Charta, in der sich Bund und Länder dazu verpflichten, die Gewährleistung und den Vollzug gemeinsam festgelegter Patientenrechte sicherzustellen, wäre nur nutzbringend, wenn auch der Bundestag und die Parlamente der beteiligten Länder hieran gebunden wären,[662] eben so wie es beim beispielgebenden österreichischen Modell der Fall ist. Als Vereinbarungsform käme infolgedessen allein der Staatsvertrag in Frage. Entsprechend sollte ein näheres Eingehen auf die Charakteristik dieses klassischen Bindungsinstruments nicht unterbleiben.

(b) Staatsvertragliche Eigenheiten insbesondere auf nationaler Ebene

Die intraföderative Zusammenarbeit durch den Abschluss von Verträgen – dies wurde bereits dargelegt – wird auch hinsichtlich ihrer verfassungsrechtlichen Zulässigkeit anerkannt. Anders verhält es sich dagegen mit der Beurteilung des

---

[660] Vgl. *Rudolf* in: Isensee/Kirchhof, HBdStR IV, § 105 Rn. 51 und Rn. 57 ff. Daneben gibt es auch Koordinationsabsprachen, die aufgrund ihrer nur politisch geplanten Wirkung überhaupt keine rechtliche Bindung entfalten.

[661] Aufgrund der fehlenden Bindung der beteiligten Länder selbst dürfte von vornherein klar sein, dass die Koordinationsabsprache zur vereinbarten Sicherstellung festgelegter Patientenrechte durch Bund und Länder als ungeeignetes Instrument ausscheidet.

[662] Jedenfalls die Gewährleistung der vereinbarten Rechte wäre nicht ohne Bindung des Gesetzgebers möglich, da dieser entsprechende Rechte erlassen sowie vereinbarungswidrige Handlungen unterlassen müsste. Eine solche Charta wäre daher keine rein informatorische Maßnahme, auch wenn der durch die Verkündung erhoffte Informationseffekt einen der tragenden Gründe für diese Überlegung darstellt.

hierbei maßgeblichen Rechts, dessen Einordnung nach wie vor nicht gänzlich geklärt ist.[663]
Bei einer entsprechenden Zusammenarbeit der Länder sowie der Länder mit dem Bund stehen diese prinzipiell nicht in einem völkerrechtlichen, sondern in einem staatsrechtlichen Verhältnis zueinander.[664] Bestimmungen des Völkerrechts finden auf zwischenstaatliche Vereinbarungen keine Anwendung, auch wenn das entstehende Koordinationsrecht strukturell mit dem Völkerrecht vergleichbar ist. Dem ungeachtet bleibt ein Zurückgreifen auf völkerrechtliche Bestimmungen als Interpretationshilfsmittel unausweichlich.[665] Eine verbindliche Wirkung von Vereinbarungen kann aber nicht allein auf den selbstverpflichtenden Willen der Beteiligten zurückgeführt werden. Um die Organe der beteiligten Länder zu binden, bedarf es vielmehr einer Rechtsordnung, die über den Vertragspartnern steht und für alle gleichermaßen verbindlich ist.[666] Der Frage, ob dieses maßgebliche Koordinationsrecht einer eigenen Rechtskategorie zuzuordnen ist, die neben dem Bundes- und dem Landesrecht als dritte Ebene besteht, soll hier nicht weiter nachgegangen werden. Rudolf bejaht dies jedenfalls und bezeichnet die intraföderativen Vereinbarungen, die dieser eigenen Rechtskategorie zuzuordnen sind, als Intraföderationsrecht.[667] [668] Aufgrund feh-

---

663 *Stern*, Staatsrecht I, S. 756; siehe auch *Kopp*, Zur Geltungsgrundlage der Staatsverträge zwischen den Ländern, JZ 1970, 278 ff.; *Schneider*, Verträge zwischen Gliedstaaten im Bundesstaat, VVDStRL 19 (1961), 1 (13 f.).

664 Vgl. *Schneider*, Verträge zwischen Gliedstaaten im Bundesstaat, VVDStRL 19 (1961), 1 (13); *Stern*, Staatsrecht I, S. 757.

665 Vgl. *Stern*, Staatsrecht I, S. 757; *Schneider*, Verträge zwischen Gliedstaaten im Bundesstaat, VVDStRL 19 (1961), 1 (13 f.); *Rudolf* in: Isensee/Kirchhof, HBdStR IV, § 105 Rn. 74; *Kopp*, Zur Geltungsgrundlage der Staatsverträge zwischen den Ländern, JZ 1970, 278 (279).

666 Vgl. *Kopp*, Zur Geltungsgrundlage der Staatsverträge zwischen den Ländern, JZ 1970, 278 f.; *Stern*, Staatsrecht I, S. 757.

667 Siehe *Rudolf* in: Isensee/Kirchhof, HBdStR IV, § 105 Rn. 74. Siehe auch *ders.*, Völkerrecht und deutsches Recht, S. 115 f. sowie *ders.*, Rechtsordnungen in der Bundesrepublik Deutschland, DÖV 1966, 73 (75 f.), wobei hier noch der Begriff „Interföderationsrecht" gewählt wurde. Diese Bezeichnung ist insofern missverständlich, als sie scheinbar auf ein Recht hinweist, dessen Geltung zwischen Föderationen besteht; *Kisker*, Kooperation im Bundesstaat, S. 47 Fn. 211. Sich ebenfalls für die Annerkennung einer Rechtskategorie der sogenannten dritten Ebene aussprechend *Kopp*, Zur Geltungsgrundlage der Staatsverträge zwischen den Ländern, JZ 1970, 278 (280). Er hält diese Alternative jedoch nur bei gleichzeitiger Anerkennung des dreigliedrigen Bundesstaates für möglich. Damit entfernt er sich allerdings von der Auffassung Rudolfs. Nach der Dreigliedrigkeitstheorie, die von einem dreistufigen Aufbau der Bundesrepublik ausgeht, soll der Bund als Zentralstaat den Ländern als Gliedstaaten gleichberechtigt gegenüber stehen. Zusammen bilden sie die Bundesrepublik also den Gesamtstaat und damit auch die dritte Stufe. Daraus ergäbe sich dann eine

lender konkreter Aussagen deutscher Rechtsordnungen zu den Länderabkommen wird die relevante Rechtsebene aber zumindest nicht ohne die Heranziehung allgemeiner, anerkannter Rechtsgrundsätze auskommen.[669] Neben dem geschriebenen Bundesrecht sind daher das ungeschriebene Bundesrecht sowie

---

dreigliedrige, bundesstaatliche Rechtsordnung, bestehend aus Zentralstaats-, Gliedstaats- und Gesamtstaatsrecht. Rudolf lehnt diese Lehre indes ab, „weil sie der tatsächlich gegebenen föderativen Struktur der Bundesrepublik nicht gerecht wird". Unabhängig hiervon geht er beim maßgeblichen Recht intraföderativer Zusammenarbeit von der genannten, eigenen Rechtskategorie aus, bei der es sich nachvollziehbar weder um Landes- noch um Bundesrecht handeln soll; siehe *Rudolf*, Rechtsordnungen in der Bundesrepublik Deutschland, DÖV 1966, 73 (74 ff.). Siehe zur Dreigliedrigkeitstheorie auch *Maunz*, Deutsches Staatsrecht (1978), S. 217 f.; *Herzog*, Bundes- und Landesstaatsgewalt, DÖV 1962, 81 (82 f.). Wenn das BVerwG annimmt, dass dem Grundgesetz sowie sonstigem Bundesrecht kein Recht bekannt ist, das weder der Bundesrechtsordnung noch den Rechtsordnungen der Länder zuzuordnen ist, dann wendet es sich damit auch kategorisch gegen die genannte Rechtskategorie der dritten Ebene; vgl. dazu BVerwGE 22, 299 (311). Dem bleibt allerdings entgegenzuhalten, dass im geschriebenen Recht der genannten Rechtsordnungen auch keine ausdrücklichen Regelungen zur rechtlichen Behandlung von Gliedstaatsverträgen enthalten sind.

[668] Konsequenterweise wird bei Anerkennung dieser dritten Ebene auch für die Staatsverträge selbst, also für das vereinbarte Recht, die Zuordnung zum Landes- sowie zum Bundesrecht abgelehnt. Wenn sich die Vertragspartner an das durch Koordination erzeugte Recht halten sollen, muss dieses über der Ebene des Landesrechts stehen, da es gemeinsames Recht ist, dass zwischen mehreren Ländern anzuwenden ist. Landesrecht kann dagegen nur im Zuständigkeitsbereich der jeweiligen Legislative Geltung beanspruchen. Andererseits können durch intraföderative Vereinbarungen keine Landeskompetenzen – gemeint sind solche Kompetenzen, die Gegenstand der Vereinbarung sind – zu Bundeskompetenzen transformiert werden, unabhängig davon, ob der Bund beteiligt ist oder nicht. Aber auch von einer Zuordnung zum Völkerrecht ist nicht auszugehen, da die staatsrechtliche Verbindung von Bund und Ländern nicht einer solchen des allgemeinen Völkerrechts entspricht. Die Länder agieren beim intraföderativen Paktieren als Glieder des Bundesstaates und nicht aufgrund ihrer in Art. 32 III GG zugestandenen Befugnis, Verträge mit auswärtigen Staaten abzuschließen; vgl. hierzu *Rudolf* in: Isensee/Kirchhof, HBdStR IV, § 105 Rn. 73 f.; siehe auch *Kopp*, Zur Geltungsgrundlage der Staatsverträge zwischen den Ländern, JZ 1970, 278 f., der in seiner Darstellung allerdings keine klare Trennung zwischen dem Staatsvertrag selbst und dessen Geltung begründenden Rechtsordnung erkennen lässt. Der Auffassung des BVerwG (E 22, 299 [311]), Staatsverträge zwischen Ländern seien wie ihre Zustimmungsgesetze eindeutig dem Landesrecht zuzurechnen, wird damit eine klare Absage erteilt. Zu weiteren entgegenstehenden, zum Teil heute überwiegend abgelehnten Auffassungen, siehe *Rudolf*, aaO.

[669] Gemeint sind Rechtsprinzipien wie das Verbot des Rechtsmissbrauchs oder pacta sunt servanda; vgl. *Stern*, Staatsrecht I, S. 757. Da es sich bei den Länderabkommen um ein staatsrechtliches Verhältnis handelt, verweist Stern auf das Bundesstaatsrecht als maßgebliche Rechtsebene. Ob damit nun eine Zuordnung des maßgeblichen Rechts zum Bundesrecht erfolgt, und inwieweit er sich infolgedessen von einer eigenständigen Rechtskategorie auf dritter Ebene distanziert, ist nicht eindeutig zu schlussfolgern.

die ungeschriebenen Regeln des gemeinen deutschen Staatsrechts anzuwenden.[670]
Eine Verletzung des Staatsvertrages durch Nichterfüllung würde einen Schadensersatzanspruch nach sich ziehen, der vornehmlich auf die Erfüllung desselben gerichtet wäre. Den Partnern sind wegen der Bindung an die von ihnen geschlossenen Verträge sämtliche Handlungen untersagt, die den vereinbarten Bestimmungen zuwiderlaufen würden. Selbstredend besteht die durch den Staatsvertrag bewirkte politische Zwangslage bezüglich ändernder oder die Vertragserfüllung bedrohender Akte nicht nur für den Zeitpunkt des Abschlusses, sondern genauso für die Zukunft.[671] Eine Aufhebung des aufgrund von Staatsverträgen gesetzten Rechts durch eine lex posterior wäre daher als unzulässiger Vertragsbruch zu werten.[672] Auf zwischenstaatlicher Ebene kann die bindende Wirkung der Verträge lediglich durch Kündigung, den Abschluss eines neuen Staatsvertrages auf dem selben Gebiet oder auf spezielle im Staatsvertrag eigens vorgesehene Wege gelöst werden.[673] [674] Eingeschränkt wird die

---

[670] Vgl. *Schneider*, Verträge zwischen Gliedstaaten im Bundesstaat, VVDStRL 19 (1961), 1 (14), der hiermit das Intraföderationsrecht hervorhebt und auch in gewisser Weise von der Bundes- und der Landesrechtsebene abzugrenzen scheint.

[671] Siehe *Grawert*, Verwaltungsabkommen zwischen Bund und Ländern, S. 53.

[672] Enthält ein Staatvertrag Regelungen, die Gegenstände der Gesetzgebung betreffen, ist die parlamentarische Zustimmung in Gesetzesform erforderlich. Lediglich in Bayern erfolgt die Zustimmung durch Beschluss des Landtages; vgl. *Vedder*, Intraföderale Staatsverträge, S.167 f. Dieser Zustimmungsakt führt zur Transformation der Staatsverträge in das Landesrecht; vgl. insoweit *Schneider*, Verträge zwischen Gliedstaaten im Bundesstaat, VVDStRL 19 (1961), 1 (14, 24); *Vedder*, aaO., S.172 und S. 233.

[673] Vgl. dazu etwa *Vedder*, Intraföderale Staatsverträge, S.330; *Rudolf* in: Isensee/Kirchhof, HBdStR IV, § 105 Rn. 55.

[674] Nach *Rill*, Gliedstaatsverträge, S. 635 f. sollen die Gliedstaaten auch unter begründeter Berufung auf die clausula rebus sic stantibus von Verträgen zurücktreten können. *Kisker*, Kooperation im Bundesstaat, S. 223 ff. und auch S. 215 macht indes auf die Besorgnis aufmerksam, speziell der Bund-Länder-Vertrag könne den mit höchster unabgeleiteter Staatsgewalt (Souveränität) ausgestatteten Bundesgesetzgeber durch übermäßige Bindung in seiner Aufgabe behindern, für das Gemeinwohl Sorge zu tragen. Der Bund, den gegenüber den Ländern für das Wohl des Gesamtverbandes eine größere Verantwortung trifft, muss daher „um schwere Nachteile für das Gemeinwohl zu verhüten oder zu beseitigen", zur Kündigung dieser Verträge autorisiert sein. Siehe auch *Birk*, Normsetzungsbefugnis und öffentlich-rechtlicher Vertrag, NJW 1977, 1797 (1798 f.), der allerdings in einem anderen Zusammenhang auf die Behinderung einer Verfahrensfunktion der Normsetzung durch vertragliche Bindungen des Normgebers eingeht. Danach kann der Normgeber durch eine vertragliche Bindung nur noch eingeschränkt Entscheidungen treffen, die von der Gemeinwohlüberlegung getragen werden.

Zwischenländerkooperation durch Sinn und Wortlaut des Grundgesetzes.[675] Ebenso begrenzt die Bundesstaatliche Ordnung das Intraföderationsrecht, da dieses nicht nur mit den tragenden Verfassungsprinzipien, sondern auch mit dem Bundesrecht insgesamt in Übereinstimmung stehen muss.[676] Im Einzelnen divergiert die Praxis der Länder hinsichtlich Abschluss und Umsetzung von Staatsverträgen. Trotz der unterschiedlichen Landesverfassungen werden jedoch in der Praxis die Staatsverträge von den Ministerpräsidenten bzw. vom Ersten oder Regierenden Bürgermeister abgeschlossen[677] und bedürfen gegebenenfalls – worauf oben bereits eingegangen wurde – der Zustimmung des Parlaments. Eine Ratifikation findet auch bei intraföderalen Staatsverträgen statt. Hierbei ist es üblich, die Ratifikationsurkunden auszutauschen oder an vereinbarter Stelle zu hinterlegen. Um innerhalb des jeweiligen Landes Geltung zu erlangen, ist zudem die Publikation des Vertragsinhalts nach den für die Landesgesetze geltenden Bestimmungen obligatorisch.[678]

(2) Paktierte Gesetzgebung zwischen Bund und Ländern

Die Zulässigkeit der zwischen den deutschen Bundesländern geschlossenen Verträge erstreckt sich lediglich auf Gegenstände, die auch der gliedstaatlichen Herrschaftsbefugnis unterliegen. Soweit der Bund noch nicht von der konkurrierenden oder der Rahmenzuständigkeit Gebrauch gemacht hat, sind die Länder also auch in der Lage, diese Kompetenzbereiche zu nutzen.[679] Verträge zwischen Bund und Ländern können indessen auch über ambivalente Materien geschlossen werden, die zum Teil in die Befugnis des Bundes und zum Teil in die der Länder fallen.[680] Für Aufgaben, die sich angesichts ihrer Sachentwick-

---

[675] So auch *Kisker*, Kooperation im Bundesstaat, S. 114.

[676] *Rudolf* in: Isensee/Kirchhof, HBdStR IV, § 105 Rn. 79.

[677] Vgl. *Vedder*, Intraföderale Staatsverträge, S.154 f.

[678] Dagegen ist lediglich für die Außengeltung der Verträge eine Publikation des Textes sowie eine Verkündigung der erfolgten Ratifikation nicht unbedingt gefordert; *Schneider*, Verträge zwischen Gliedstaaten im Bundesstaat, VVDStRL 19 (1961), 1 (24). Auch die Ausfertigung und Verkündung der Zustimmungsakte – und zwar nicht nur derer die in Gesetzesform ergehen – richtet sich nach der für die Landesgesetze vorgeschriebenen Form; vgl. hierzu ebenfalls *Vedder*, Intraföderale Staatsverträge, S. 171; zum Verfahrensschema der Vertragsschließung siehe *ders.*, aaO., S. 176.

[679] Siehe beispielsweise *Vedder*, Intraföderale Staatsverträge, S.132 f.; *Schneider*, Verträge zwischen Gliedstaaten im Bundesstaat, VVDStRL 19 (1961), 1 (20). Für den Bereich der ausschließlichen Bundeskompetenz ist eine Einschränkung insoweit zu machen, als auch hier staatsvertragliche Regelungen möglich sind, wenn die Länder bundesgesetzlich ausdrücklich zur Rechtsetzung ermächtigt werden.

[680] *Rudolf* in: Isensee/Kirchhof, HBdStR IV, § 105 Rn. 49.

lung als zu umfassend für eine unterschiedliche Regelung erwiesen haben, besteht die Möglichkeit einer homogenen Regelung durch entsprechende Abkommen. Solche Verträge, die den Zweck haben, eine einheitliche Regelung bestimmter Fragen zu erreichen, existieren bereits vielfach.[681] Insoweit wäre auch eine Vereinbarung zwischen Bund und Ländern, festgelegte Patientenrechte im Rahmen der jeweiligen Regelungs- und Vollzugskompetenzen von Bund und Ländern sicherzustellen, realisierbar und damit ein weiteres Beispiel für die manigfaltige Ausgestaltbarkeit der kooperativen Koordination im föderalen System Deutschlands. Es entstünde also im Bereich der vereinbarten Patientenrechte ein Kondominium, in dem sich Bund und Länder jedoch an ihre jeweiligen Befugnisse zu halten hätten. Derartige auch als „paktierte Gesetzgebungen" bezeichnete Vereinbarungen sind in Österreich ein Bestandteil der Verfassungsrealität.[682] Der deutschen Staatspraxis sind sie zwar anscheinend im Rahmen der Rechtsverordnungsgebung vertraut,[683] allerdings sind sie auf der Stufe formeller Gesetzgebung der Abkommenspraxis von Bund und Ländern vollends unbekannt.[684]

Offensichtlich würde eine entsprechende Paktierung bei nicht eindeutiger Abgrenzung der Kompetenzen neben der Gefahr unterschiedlicher Doppelregelungen einzelner Rechte auch Schwierigkeiten bei der Änderung oder Aufhebung von Rechten beherbergen, wenn sich in einem entsprechenden Fall sowohl der Bund als auch die Länder als zuständig erachten würden.[685] Um dieser Gefahr zu begegnen, müsste bereits im Vorfeld ein Weg gefunden werden,

---

[681] Hierauf weist auch *Rudolf*, Bund und Länder im aktuellen deutschen Verfassungsrecht, S. 24 hin. Die Rechtsvereinheitlichung als wesentlicher Charakterzug „omnilateraler Staatsverträge" kann durch gemeinschaftliche Einrichtungen zum Vollzug des gemeinsamen Rechts noch verstärkt werden. Die Motivation solcher Kooperationen liegt zumeist in der Überregionalität von Aufgaben in technischer, wirtschaftlicher aber auch natürlicher Hinsicht; *Vedder*, Intraföderale Staatsverträge, S. 91 f.

[682] Einen Ausschlag hiefür gibt augenscheinlich die Bundesverfassung Österreichs in Art. 15a I, wonach es Bund und Ländern gestattet ist, über Angelegenheiten ihres jeweiligen Wirkungsbereichs untereinander Vereinbarungen zu schließen.

[683] *Grawert*, Verwaltungsabkommen zwischen Bund und Ländern, S. 198 f. zeigt zumindest an zwei Beispielen, dass „die erfindungsreiche Staatspraxis eine `paktierte` materielle Gesetzgebung" kennt. Allerdings wird vor allem am zweiten Beispiel die Schwierigkeit deutlich, bei der praktischen Ausführung solcher Vereinbarungen die Trennung der unterschiedlichen Zuständigkeiten und Geltungsbereiche einzuhalten, was zum ungewünschten Ergebnis addierter Kompetenzen führen kann.

[684] *Grawert*, aaO., S. 198.

[685] Natürlich sind diese Probleme nicht unbedingt in Bereichen eindeutig zugewiesener Befugnisse zu vermuten, aber gerade aufgrund der Entwicklungsoffenheit im Bereich der Patientenrechte sind solche Komplikationen nicht von der Hand zu weisen.

sämtliche, eventuell bestehende Zweifel oder Unstimmigkeiten über einzelne Kompetenzen auszuräumen. Dazu können Bund und Länder die Kompetenzordnung des Grundgesetzes nach einheitlicher Auffassung nicht abändern, ihnen bleibt es aber offen, sich bei ungeklärter Zuständigkeitslage auf eine gemeinsame Auslegung zu einigen.[686] In jedem Fall auszuschließen sind allerdings Übereinkommen durch die Bund und Länder ihre Kompetenzen quasi summieren würden, um gemeinsam Recht zu setzen.[687]
Für eine gemeinsame staatsvertragliche Regelung durch Bund und Länder in einem Bereich, in dem die Kompetenzen aufgespalten und schwerpunktmäßig weder dem Bund noch den Ländern zuzuordnen sind – so wie es für den Komplex der Patientenrechte charakteristisch ist – müssen bezüglich der erwähnten Klärung von Zuständigkeiten besondere Anforderungen an den Vertragsinhalt gestellt werden. Zulässig sind entsprechende Staatsverträge lediglich dann, wenn im Vertragstext selbst deutlich zum Ausdruck gebracht wird, welche der vereinbarten Normen im einzelnen vom Bund und welche von den Ländern aufgrund ihrer jeweiligen Kompetenzen getragen werden.[688] [689] Die hier ange-

---

686 Als wichtigstes Beispiel dafür ist das Lindauer Abkommen zu nennen. Hier wurde – vorbehaltlich weiterer Bedingungen – die Zuständigkeit des Bundes zum Abschluss auch solcher internationaler Verträge anerkannt, bei denen Ungewissheit bestehen könnte, ob sie der ausschließlichen Landeskompetenz zuzuordnen sind. Im Übrigen wurde das Lindauer Abkommen ausdrücklich unter Bewahrung der beiderseitigen Rechtsauffassungen von Bund und Ländern abgeschlossen, also insoweit ein modus vivendi geschaffen; siehe hierzu und zum Wortlaut des Abkommens *Maunz* in: Maunz/Dürig/Herzog, GG, Art. 32 Rn. 45; vgl. auch *Vedder*, Intraföderale Staatsverträge, S. 132; *Stern*, Staatsrecht I, 696 f.

687 Mit einer solchen Summierung von Kompetenzen könnte die Trennung der Verbandskompetenzen von Bund und Ländern unterlaufen werden. Im Ergebnis würden Bund und Länder sich gegenseitig die Ausübung ihrer Befugnisse überlassen, allerdings ohne selbst hierauf verzichten zu müssen. Eine solche Maßnahme wäre nicht anders zu verstehen, als dass über die verfassungsrechtlich festgelegten Kompetenzen verfügt würde, was aber nach einhelliger Auffassung unzulässig sein soll.

688 Allerdings wäre eine Ausweitung dieses Zulässigkeitserfordernisses dahin denkbar, dass nicht allein die einzelnen Normen, sondern auch überschneidungsfrei trennbare Normenkomplexe den jeweiligen Kompetenzträgern im Vertragstext zugeordnet werden könnten. Diese Frage stellt sich hier jedoch nicht, da zumindest im Bereich der vorliegend zu untersuchenden staatsvertraglichen Vereinbarung solche Komplexe nicht erkennbar sind.

689 Vgl. hierzu insgesamt *Vedder*, Intraföderale Staatsverträge, S. 132. Dieser erachtet einen Vertrag mit dem geforderten Inhalt als unrealistisch und zieht deshalb eine Regelung durch getrennte, sich ergänzende rechtliche Instrumente vor. In vergleichbaren Fällen sollen daher bereits bestehende Lösungen wie die Kombination von intraföderativen Staatsvertrag und Bundesgesetz beim Fernunterrichtswesen zu einer besseren Regelung führen. Dort dient der von den Ländern geschlossene Staatsvertrag nunmehr der Ausführung und Ergänzung des vom Bund erlassenen Fernunterrichtsschutzgesetzes. Allerdings handelt es sich beim

strebte Vereinbarung zwischen Bund und Ländern zur gemeinsamen Sicherstellung und Einhaltung von Patientenrechten, müsste sich also auf genau umrissene und zugeordnete Rechte beziehen. Eine zusätzlich bestehende Möglichkeit, allgemeine Zielvorgaben in die Vereinbarung mit aufzunehmen, dürfte schon aus diesem Grund auszuschließen sein, und auch zur Weiterentwicklung genannter Rechte wäre insoweit kein nennenswerter Beitrag zu erhoffen.[690] Ob es aber als lohnend erscheint, eine diesen Anforderungen entsprechende Vereinbarung in der Praxis zu realisieren, hängt vor allem von der Notwendigkeit eines solchen Abkommens und damit von den absehbaren Vorzügen ab. Zumindest die Sicherstellung eines in allen Bundesländern gleichermaßen gewährleisteten Mindeststandards an Patientenrechten sollte hiermit zu erreichen sein. Freilich befindet sich derzeit eine solche Sicherstellung aufgrund mangelnder Erforderlichkeit weniger im Fokus der hierzu geführten Debatten. Eines der vornehmlichen Anliegen einer Charta besteht gerade in der Vermittlung einer Information über die gegebene Patientenrechtslage durch die Bekanntmachung der Vereinbarung. Da es aber unerlässlich ist, dass der Vertragstext eine diffizile, kompetenzgemäße Regelungszuweisung von den in der Vereinbarung vorgesehenen Patientenrechten beinhaltet, wäre eine derartige Information jedenfalls nicht in einer komprimierten, von den Gesetzgebungskompetenzen unabhängigen Form möglich. Den ursprünglich gehegten Erwartungen an die „Patientencharta" dürfte damit allerdings nur sehr bedingt entsprochen werden.

(3) Kooperationspflicht der Länder zur Sicherstellung von Patientenrechten?
Wird die Möglichkeit einer Bund-Länder-Vereinbarung zur Sicherstellung von Patientenrechten aus koordinations- sowie verfassungsrechtlicher Sicht bejaht,

---

Fernunterricht um eine Materie, die aufgrund ihrer Zuordnung zum bürgerlichen Recht bzw. zum Recht der Wirtschaft der konkurrierenden Kompetenz des Bundes angehört. Nachdem oder währenddessen die Länder auf diesem Gebiet eine Übereinkunft getroffen hatten, machte der Bund von seiner konkurrierenden Zuständigkeit Gebrauch. Damit verblieb den Ländern nur noch insoweit Raum zu einer Regelung, soweit der Bund noch keine Regelungen durch das Fernunterrichtsschutzgesetz erlassen hatte; siehe zum Fernunterrichtswesen *ders.*, aaO., S. 81 f. Demnach ist hierin kein von vornherein geplantes Zusammenspiel von Staatsvertrag und Bundesrecht zu sehen. An eine Anwendung dieses Modells auf das Vorhaben einer bundesweiten Sicherstellung von Patientenrechten – diese unterfallen nicht nur der konkurrierenden, sondern auch der ausschließlichen Gesetzgebungskompetenz der Länder – ist nicht zu denken. Ohnehin könnte hiermit nicht der inzidenten Absicht entsprochen werden, eine Informationsquelle über das bestehende Recht zu schaffen. Des weiteren stehen die im Rahmen dieser Arbeit bereits erwähnten systematischen Erwägungen – gemeint ist vor allem die Störung rechtssystematischer Zusammenhänge des Zivil-, Straf- und Sozialrechts – gegen eine Zusammenfassung der Patientenrechte in einem besonderen Bundesgesetz.

[690] Andererseits sind patientenrechtliche Zielvorgaben oder Vergleichbares ebenso wenig in der österreichischen Patientencharta zu finden.

dann kann auch die Frage nicht unberücksichtigt bleiben, inwieweit deren taugliche Umsetzung unter den gegebenen Voraussetzungen zu verwirklichen wäre. Vor allem das Bedürfnis nach einer Geltung der Charta für die gesamte Bundesrepublik könnte hierbei ein wesentliches, die Tauglichkeit limitierendes Hindernis darstellen. Mangelnde Kooperationsbereitschaft der Länder wäre für die Umsetzung einer solchen Bund-Länder-Vereinbarung eine unüberwindbare Hürde, insbesondere dann, wenn keine weiteren Mittel bestünden, eine Zusammenarbeit herbeizuführen oder notfalls auch zu oktroyieren. Das BVerfG hat zumindest darauf hingedeutet, dass sich eine Obliegenheit zur Kooperation aus dem Grundsatz des bundesfreundlichen Verhaltens ergeben kann, „soweit das für ein funktionierendes System erforderlich ist“.[691] Im Hinblick auf den Grundrechtsschutz des Staatsbürgers, muss sich der Gesetzgeber in Bund und Ländern zudem als Einheit behandeln lassen. Eine Notwendigkeit zum Abschluss von Staatsverträgen kann für die Länder daher auch bestehen, „um ihrer Mitverantwortung für eine kooperative Verwirklichung des Grundrechtsschutzes gerecht zu werden“.[692]

Im System des zweigliedrigen Bundesstaates kann eine Länderpflicht zur Einigung in verfassungsrechtlich begründbarer Weise aber allenfalls für eng begrenzte Ausnahmesituation, die gegebenenfalls den Grundrechtsschutz des Einzelnen betreffen, angenommen werden.[693] Teilweise wurde in der Literatur eine entsprechende Pflicht der Länder zur Harmonisierung im Wege föderalistischer Kooperation durch aktives Tun zur Ausgestaltung der Landesmediengesetze festgestellt. Bei den Mediengesetzen bestand demnach eine Pflicht zur kooperativen Verwirklichung des Grundrechtsschutzes, soweit deren sachliche Bedeutung über die Landesgrenzen hinausreichte und länderverschiedene Lösungen nicht hingenommen werden konnten.[694] Verfehlte Schlüsse sollten hieraus aber nicht gezogen werden, denn bei der zu untersuchenden Sicherstellung von Patientenrechten handelt es sich zumindest nicht um einen Ausnahmefall, der eine solche Kooperationspflicht rechtfertigen könnte. Ob für die Harmonisierung der Landesmediengesetze etwas anderes anzunehmen war, kann indes dahingestellt bleiben. Die Gewährleistung von Patientenrechten betrifft zwar den Grundrechtsschutz des Einzelnen, die unterschiedlichen Regelungen der

---

[691] BVerfGE 73, 118 (197).

[692] BVerfGE 33, 303 (357 f.).

[693] *Rudolf/Jutzi*, Verfassungsrecht zur Harmonisierung der Landesmediengesetze?, ZRP 1987, 2 (3 f.).

[694] So beispielsweise *Ricker*, Rechtliche Grundlagen und Harmonisierung der Landesmediengesetze, ZRP 1986, 224 (227); ausdrücklich a.A. *Rudolf/Jutzi*, Verfassungsrecht zur Harmonisierung der Landesmediengesetze?, ZRP 1987, 2 ff. Unter anderem führen diese auf, dass sich eine Pflicht zur Harmonisierung nicht aus dem Grundgesetz herleiten lässt.

Bundesländer stellen aber allenfalls ein Problem bezüglich der Rechtstransparenz dar. Ein in Erwägung gezogenes Bund-Länder-Abkommen würde sich demgegenüber primär auf die Sicherstellung fundamentaler Patientenrechte beziehen, während die Absicht, eine Informationsquelle über die bestehende Rechtslage zu schaffen, lediglich inzident bestünde.
Ohnehin wäre es sicher zu kühn, aus der derzeitigen Situation der Patientenrechte und dem Grundrechtsbezug solcher Rechte einen Kontrahierungszwang der Länder abzuleiten. Abgesehen von eng begrenzten Ausnahmefällen, wie in der Entscheidung des BVerfG zum numerus clausus,[695] können weder die Bundestreue noch Interessen des Grundrechtsschutzes so weitreichend wirken, dass über die vertraglichen Bindungen hinaus eine Pflicht der Länder zur Kooperation untereinander oder mit dem Bund anzunehmen ist. Es besteht daher regelmäßig keine Möglichkeit, die mit Staatsqualität ausgestatteten Länder zum Abschluss entsprechender Verträge zu zwingen. Eine entgegengesetzte Annahme wäre auch mit dem Bundesstaatsprinzip unvereinbar.[696] Die Länder besitzen als Gliedstaaten des Bundes zwar eine gegenständlich beschränkte, aber nicht vom Bund abgeleitete, sondern von diesem anerkannte Hoheitsmacht.[697] Aufgrund eines Gebotes zur Unitarisierung die Länder zum Abschluss eines Staatsvertrages zu zwingen, würde daher ihre Kompetenzen und damit auch ihre Staatlichkeit untergraben. Darüber hinaus muss schließlich die Frage gestattet sein, wie eine gegebenenfalls angenommene Kooperationspflicht durchzusetzen wäre; sollte dies etwa durch Verurteilung des sich nicht beteiligenden Landes zum Abschluss eines Vertrages gewünschten Inhalts erfolgen?[698]
Zur Sicherstellung gemeinsam festgelegter Patientenrechte wäre demzufolge eine Vereinbarung zwischen Bund und Ländern bezüglich der territorialen Reichweite ihrer Verbindlichkeit von einer entsprechenden Mitwirkungsbereitschaft der einzelnen Gliedstaaten abhängig. Ob hier aber ohne weiteres mit allen Bundesländern ein Konsens zu finden ist, muss bezweifelt werden. So wurde auch die in gewisser Weise als Vorbild dienende österreichische „Vereinbarung zur Sicherstellung der Patientenrechte" zunächst nur zwischen dem Bund und dem Land Kärnten getroffen. Für die gesamte Republik Österreich konnte

---

[695] BVerfGE 33, 303 ff.

[696] So auch *Rudolf* in: Isensee/Kirchhof, HBdStR IV, § 105 Rn. 82.

[697] BVerfGE 1, 14 (34).

[698] Vgl. dazu *Rudolf/Jutzi*, Verfassungsrecht zur Harmonisierung der Landesmediengesetze?, ZRP 1987, 2 (4); siehe aber auch *Rudolf* in: Isensee/Kirchhof, HBdStR IV, § 105 Rn. 82, der hier auf das obiter dictum des BVerfG im 4. Rundfunkurteil (E 73, 118 [196 f.]) Bezug nehmend bezweifelt, ob damit auf eine mittels Zwang durchsetzbare Kompetenzausübung hingewiesen werden sollte.

eine Sicherstellung der festgelegten Patientenrechte nicht erreicht werden. Inzwischen sind allerdings weitere Länder dem Beispiel Kärntens gefolgt.[699] Gerade aufgrund der parallelen föderalen Strukturen erscheint es damit als vorprogrammiert, einer vergleichbaren Vereinbarung in Deutschland würde ähnliches widerfahren.[700] Hinzu kommt die bereits festgestellte Erkenntnis, dass die Erzeugung einer authentischen Informationsquelle über die bestehende Rechtslage – als lediglich inzident in einer solchen Vereinbarung enthaltener aber auch als wesentlich empfundener Effekt – nur sehr eingeschränkt die bestehenden Wünsche erfüllen könnte.[701] Unabhängig davon wäre eine auf diese Weise erzeugte Information auch nicht in der Lage, nachfolgende rechtliche Neuerungen zu erfassen. Unter Berücksichtigung dieser Faktoren stellt eine Bund-Länder-Vereinbarung zur Verbesserung der derzeitigen Stellung des Patienten im Gesundheitssystem zwar eine Möglichkeit dar, deren Erfolg dürfte indes bescheiden ausfallen. Bei tatsächlichen Anstrengungen zur besseren Gestaltung der Patientenrechtslage sollte aus Zweckmäßigkeitserwägungen jedenfalls nicht die erste Wahl auf eine solche Vereinbarung fallen.

e) Charta der Patientenrechte durch Selbstverpflichtung der Beteiligten

„Von der Gesellschaft gemeinsam definierte und anerkannte Grundrechte der Patienten sind ein elementarer Schutz der Bevölkerung vor schlechter medizinischer Versorgung, menschenunwürdiger Behandlung und Übergriffen in die

---

[699] Hierzu zählen Oberösterreich, Niederösterreich, Burgenland und Steiermark. Eine wesentliche Funktion der österreichischen Charta liegt allerdings in der verständlichen und umfassenden Kodifizierung von Patientenrechten, die im geltenden Recht bereits verankert sind und deren Inhalt legitim erscheint. Da aufgrund der verfassungsrechtlichen Vorgaben in Österreich eine entsprechende Gestaltung der Vereinbarung möglich war, besteht hier keine unbedingte Notwendigkeit, dass diese Vereinbarung mit allen Ländern abgeschlossen wird.

[700] Dem ungeachtet könnten einer solchen Vereinbarung auch nach deren Abschluss weitere, nicht an den Vertragsverhandlungen beteiligte Länder beitreten. Voraussetzung dafür wäre allerdings, dass die ursprünglichen Vertragsparteien einen Beitritt auch vorgesehen haben; zum Beitritt zu einem multilateralen Vertrag im Völkerrecht siehe *Neuhold/Hummer/Schreuer*, Handbuch des Völkerrechts, Rn. 299.

[701] Allerdings wäre auch die bundesweite Auskunftswirkung einer zwischen dem Bund und nur einem Land geschlossenen Vereinbarung zur Sicherstellung von Patientenrechten nicht zu unterschätzen. Denn die in den einzelnen Bundesländern gewährleisteten Patientenrechte befinden sich weitestgehend auf gleichem Niveau, und von einer entsprechenden Vereinbarung wären keine großartigen Veränderungen zu erwarten.

Intimsphäre der Patienten".[702] In jüngster Zeit wird daher zur Zusammenfassung bestehender Rechte auch eine Deklaration als Selbstverpflichtung aller Beteiligten in Erwägung gezogen, die sich mit dem Thema Patientenrechte befasst. Prinzipiell könnte durch eine entsprechende Anerkennung ausgewählter, wesentlicher Patientenrechte – wobei über die konkrete Auswahl dieser Rechte lange Zeit kein Konsens erzielt werden konnte – eine Orientierungshilfe geschaffen werden, die vor allem zur Stärkung der Patientenposition beitragen würde. Eine Patientenrechts-Charta dieser Art wäre der politische, individualrechtliche Abschluss einer zeitlich langen Entwicklung der Patientenrechte durch Literatur und Rechtsprechung[703] und vor allem dazu geeignet, in Behandlungs- und Krankenzimmern ausgelegt zu werden.
Das bereits erwähnte breite Rechtsbewusstsein bei allen Beteiligten ist für den einzelnen Patienten Grundvoraussetzung zur Inanspruchnahme seiner Rechte, vor allem, wenn er diese nicht erst im Gerichtssaal, sondern bereits im Behandlungszimmer wahrnehmen möchte. Die weite Verstreuung bestehender Regelungen sowie ihre teilweise Ausgestaltung als nicht subsumtionsfähige Rahmenrechte oder Zweckprogramme,[704] der Einzelfallbezug vieler Gerichtsurteile und auch die Juristensprache beeinträchtigen indes den Zugang zu den Patientenrechten nicht nur für die Patienten selbst, sondern ebenso für die behandelnden Ärzte und wirken damit diametral zu einem breiten Rechtsbewusstsein.[705] Die sich hieraus ergebende Notwendigkeit, eine eindrückliche, transparente und klare Präsentation der Patientenrechte zu schaffen, wäre freilich auch durch eine Selbstbindung der Beteiligten zu verwirklichen. Anstatt auf Anordnung durch gesetzliche Regelungen setzen selbstverpflichtende Chartae auf Überzeugung und Lernen.[706] Ein entsprechendes Verpflichtungsdokument könnte die Grundlage des Handelns der Akteure im Gesundheitswesen darstellen. Auch die Erfahrungen anderer Länder unterstützen diesen Weg, der von vielen nationalen und internationalen Organisationen zur Ausdrucksverleihung gemeinsamer Rechtsüberzeugung gewählt wird, ohne dass sich diese dabei einer

---

702 Statement *Montgomery* (Präsident der Ärztekammer Hamburg) zur Pressekonferenz „Charta der Patientenrechte"; Quelle: www.bundesaerztekammer.de am 22. November 2001 um 12.00 Uhr.

703 Vgl. *Hart*, Bürgerbeteiligung, in: Bürgerbeteiligung im Gesundheitswesen – eine Länderübergreifende Herausforderung, S. 73 (75).

704 Beispielsweise muss das Wirtschaftlichkeitsgebot des § 12 I S. 1 SGB V für Leistungen, auf die der Kassenpatient einen Anspruch hat, insbesondere durch Richtlinien des Gemeinsamen Bundesausschusses sowie normative Gesamtverträge zwischen Kasse und Leistungserbringer konkretisiert und begrenzt werden.

705 Vgl. dazu *Steffen*, Mehr Schutz für die Patientenrechte, MedR 2002, 190.

706 Siehe *Francke/Hart*, Charta der Patientenrechte, S. 12.

strikten normativen Bindung unterwerfen.[707] Völkerrechtlich wird für solche Resolutionen und Deklarationen, die ebenso wenig eine Haftung auslösen wie sie vor internationalen Gerichten anführbar sind, der Begriff „soft law“ verwendet. Der damit gebotene Ausweg, eine Prinzipienerklärung in gewisser Solennität zu verkünden, wenn die Einigung zur Erzeugung einer verbindlichen Völkerrechtsnorm nicht erreicht werden kann, wird indes nicht nur positiv betrachtet, sondern auch als Symptom einer tiefgreifenden Krise des Völkerrechts erkannt.[708] Auf nationaler Ebene im Bereich der Patientenrechte geht es dagegen nicht um eine Begründung neuer, eigenständiger Rechte, sondern um die Zusammenfassung bestehender Rechte. Eine in feierlicher Form vorgenommene Verkündung gemeinsamer Prinzipien könnte daher als Erfolg im Hinblick auf die Erhöhung der Transparenz und die Schaffung von Rechtsbewusstsein gewertet werden. Eine entsprechende Deklaration wäre mehr als ein gesetztes Zeichen oder die Begründung einer moralischen Verpflichtung, da die enthaltenen Rechte bereits überwiegend gesetzlich normiert sein dürften und wesentliche Patientenrechte ohnehin einen Fundus in den Grundrechten vorweisen können.

Mit der durch die 72. Gesundheitsministerkonferenz beschlossenen Deklaration „Patientenrechte in Deutschland heute“ – die auf der Grundlage eines Gutachtens der Professoren Robert Francke und Dieter Hart mit dem Titel „Charta der Patientenrechte“ beruhte – wurde in der Praxis erstmals der Versuch unternommen, ein von den wichtigsten Akteuren im Gesundheitswesen einschließlich von Patienten- und Verbrauchervertretern diskutiertes und akzeptiertes Dokument zur Stärkung der Position des Patienten im Gesundheitssystem zu schaffen.[709] Gleichwohl scheiterte dieser Versuch, da sich die Bundesärztekammer zwar an der Beratung zu dem Dokument beteiligte, dann aber von diesem Abstand nahm, um nur kurze Zeit später einen eigenen „Entwurf“ einer Patienten-Charta zu veröffentlichen.[710] Hierbei wurden besonders die unterschiedlichen Standpunkte beider Seiten zum Inhalt deutlich. Durch das jüngst erlassene Dokument „Patientenrechte in Deutschland“ – auf dieses wird unten

---

[707] Vgl. *Kluth* in: Fischer/Kluth/Lilie, Ansätze für eine Stärkung der Patientenrechte im deutschen Recht, S. 47.

[708] Siehe etwa *Kimminich/Hobe*, Einführung in das Völkerrecht, S. 192.

[709] Zugleich erfolgte hiermit eine erste Zusammenstellung der Patientenrechte in Deutschland.

[710] Dennoch gründete die Deklaration der Gesundheitsministerkonferenz auf einem breiten Konsens, da sie von Krankenkassen, Datenschutzbeauftragten, Verbraucher- und Patientenschutzverbänden, der Bundeszahnärztekammer, dem deutschen Pflegerat und der Deutschen Krankenhausgesellschaft mitgetragen wurde; vgl. insoweit *Laufs*, Patientenrechte, NJW 2000, 846.

noch gesondert einzugehen sein – gibt es inzwischen aber eine vereinheitlichte Position. Vorläufer für diese Patientencharta waren die Dokumente der Gesundheitsministerkonferenz und der Bundesärztekammer.

(1) Inhalt und Umfang eines Selbstverpflichtungsdokuments

Eine Stärkung des Patientenschutzes durch Information, Selbstverpflichtung und Empfehlung zu bewirken, so könnte man die Zielsetzung einer Charta der Akteure des Gesundheitssystems benennen. Für eine auf diese Art und von diesen Beteiligten vereinbarte, selbstverantwortete Umsetzung bestehender Rechte spricht neben Flexibilität und Informativität auch die Anpassungsfreundlichkeit sowie die Annahme einer gewissen Lerneffektivität und Effizienz.[711] Allerdings ist die Gestaltung des Inhalts ein Faktor, der in der Praxis den Erfolg einer solchen Charta wesentlich mitbestimmt. Der ausdrücklich als „Richtschnur und Orientierungshilfe über bestehende Rechte und Pflichten" vorgesehene Beschluss der Gesundheitsministerkonferenz, aber auch die von der Bundesärztekammer verabschiedete „Charta der Patientenrechte" gewährten dem Patienten bereits die Möglichkeit, sich eigenbestimmt über Art und Ausmaß seiner Rechte Kenntnis zu verschaffen.[712] Dennoch wurde die Deklaration der Gesundheitsministerkonferenz zum Teil inhaltlich kritisiert, da sie sich stellenweise zu sehr um Details bemühte, andererseits aber auch Formulierungen mit lediglich geringer Aussagekraft verwendete.[713] [714]

---

[711] Unter anderem wurden diese Eigenschaften von *Hart*, auf der „Tagung des IGMR" am 7. und 8. Dezember 2001 in Bremen, als Argumente für eine Selbstverpflichtung vorgetragen.

[712] Vgl. hierzu auch *Schneider*, Patientenrechte, MedR 2000, 497 (502).

[713] So jedenfalls *Steffen*, Mehr Schutz für die Patientenrechte, MedR 2002, 190 (191 f.). *Ders.* wies schon auf der „Tagung des IGMR" am 7. und 8. Dezember 2001 in Bremen darauf hin, die Deklaration der Gesundheitsministerkonferenz mische detaillierte Aussagen, die auf dem Boden des geltenden Rechts nicht durchweg haltbar sind, mit Pauschalierungen, die für den Patienten vor Ort keine Hilfe sein können. Hinzu kämen systematische Mängel, weshalb dieses Dokument eine Umsetzung der Patientenrechte im Behandlungsalltag eher erschweren als erleichtern würde. Siehe auch *Laufs*, Patientenrechte, NJW 2000, 846 (847), der darauf hinweist, dass das Dokument mit der unentschlossenen, datenschutzrechtlichen Andeutung, nach der abweichend von der Rechtsprechung auch subjektive Eindrücke und Wahrnehmungen des Arztes zu offenbaren seien, eine bedenkliche juristische Hypothese beinhaltet. Darüber hinaus erweisen sich die Mitteilungen im Ganzen als lückenhaft. Aufgrund dieses fragmentarischen Charakters der Deklaration sei es zumindest fraglich, ob hierdurch die Rechtssicherheit erhöht und Konflikte in nennenswertem Ausmaß verhindert werden können. Gleichwohl gibt Laufs an, von einer ersten öffentlichen Deklaration dürfe nicht zu viel erwartet werden, da diese ihren Zweck bereits erfüllt, wenn sie durch transparente Informationen einen großen Teil der Bürger erreicht und das Gespräch zischen Patient und Arzt zu fördern vermag.

Bei der Ausgestaltung des Inhalts einer Charta, ist jedenfalls die bestehende Parallele zum Gesetz zu beachten: Sind die enthaltenen Rechte undetailliert, kann auch ihre Wirkung als Verhaltensanweisung nur gering sein. Umgekehrt gilt aber auch, je differenzierter und detaillierter die Rechte gestaltet werden, um so unflexibler sind sie und um so schwerer wird eine einvernehmliche Umsetzung vor Ort fallen.[715] Des weiteren könnte sich die Verabschiedung einer auf breiter Basis stehenden Patientencharta, die den aktuellen Rechtszustand wiedergibt, als eine zu umfassende Kodifizierung der Rechte und Pflichten zum Schutz der Patienten erweisen, da in diesem Fall wohl schon die Erwartung einer geistigen Präsenz der Charta verfehlt wäre. Bei einer Begrenzung der enthaltenen Regelungen auf nur wenige, wichtige Patientenrechte oder bei einer Aufführung lediglich allgemeiner Grundsätze, kämen wiederum Information sowie Aufklärung zu kurz. Die defizitäre Informationslage sowohl auf Patienten- als auch auf Arztseite würde hierdurch keine effektive Verbesserung erfahren. Die Lösung kann daher nur in einem Mittelweg etwa in Form eines großzügig geschnittenen Normenrahmens liegen, mit dem es möglich ist, auf die individuellen Befindlichkeiten der Behandlungsbeziehung einzugehen.[716]
Bezüglich des Inhalts eines selbstverpflichtenden Dokuments besteht ferner die Frage, ob neben den allgemeinen sich vornehmlich aus dem Behandlungsverhältnis ergebenden Rechten des Patienten auch die Rechte im Schadensfall zu berücksichtigen sind. Eingedenk des Bedürfnisses, unter anderem eine Sicherstellung von Aufklärung und Information des Patienten zu gewährleisten, ist dies gewiss zu bejahen. Dementsprechend befasste sich auch in dem von der 72. Gesundheitsministerkonferenz beschlossenem Dokument „Patientenrechte in Deutschland heute“ ein eigener Absatz mit den Rechten im Schadensfall.

---

[714] Aber auch die von der Bundesärztekammer vorgestellte „Charta der Patientenrechte“ wurde von der Arbeitsgemeinschaft der Verbraucherverbände und den Verbraucherzentralen kritisiert. So wurde festgestellt, sie sei eine kontraproduktive, unvollständige Auflistung von Patientenrechten und führe die Öffentlichkeit in die Irre. Im Rahmen dieser Kritik wurde unter anderem auf das Fehlen des als wesentlich erachteten Rechts auf Aushändigung von Kopien der Krankenunterlagen bzw. leihweise Übergabe der Röntgenbilder hingewiesen.

[715] Vgl. ebenfalls *Steffen*, Mehr Schutz für die Patientenrechte, MedR 2002, 190 (191 f.). Nach seinem Erachten ist es erforderlich, dass der Inhalt einer Charta markant, transparent und einfach zu behalten ist und sich auf wenige eindrückliche Faustregeln zu den Brennpunkten im Behandlungsalltag beschränkt, wenn bei den Beteiligten vor Ort ein Bewusstsein für die Rechte des Patienten geschaffen und wachgehalten werden soll. Insoweit hielt er die Charta der Patientenrechte der Bundesärztekammer gegenüber der Deklaration der Gesundheitsministerkonferenz für vorzugswürdig.

[716] Die Schlagworte von *Steffen*, aaO., „transparent, markant und leicht zu behalten“ sollten daher durchaus als Maßgabe für den Inhalt einer entsprechenden Charta herangezogen werden.

Allerdings lassen sich ebenso gut Erwägungen gegen die Einbeziehung solcher Rechte aufführen. So wäre aus praktischer Sicht die Darstellung von Schadensansprüchen in einer Charta allenfalls fragmentarisch möglich.[717] Schon angesichts dessen darf der sich für den Patienten hieraus ergebende Nutzen bezweifelt werden. Setzt man zudem darauf, dass eine Charta zur Verringerung von Haftungsprozessen beiträgt, wäre diesem Bestreben wohl kein Dienst geleistet.[718] Aber sollte der Erlass einer selbstverpflichtenden Charta letztlich nicht auch dazu dienen? Um den gewünschten fruchtbaren Dialog und Informationsaustausch zwischen Patienten und Behandelnden zu erzielen, dürfen jedenfalls weder die Patienten gegen die medizinischen Berufe aufgebracht werden, noch darf dies umgekehrt geschehen.[719] Nach dem Motto verbessern statt streiten sollte eine Patienten-Charta nicht die Zahl unbegründeter Begehren in die Höhe treiben.[720] Es wäre daher eine gewisse Diskrepanz festzustellen, würde die doch auch auf Überzeugung setzende Charta zu Haftungszwecken instrumentalisiert werden.[721]
Ob nun in einer entsprechenden Charta die Aufführung von Schadensansprüchen des Patienten unterbleiben sollte oder nicht, ist gerade auch davon abhängig, worauf sich ihr Hauptanliegen bezieht. Klarheit müsste also zunächst darüber bestehen, ob es vor allem um die Präsentation bestehenden Rechts und damit vornehmlich um die Erhöhung der Transparenz dieser Rechte geht, oder ob in erster Linie auf die Förderung des Dialoges zwischen Arzt und Patienten abgezielt wird und daran anknüpfend neben Vertrauen und gegenseitiger Achtung auch eine einverständliche Kooperation von Arzt und Patienten als Grundlage einer erfolgreichen Behandlung bewirkt werden soll. Eingedenk der mangelnden Transparenz und der defizitären Informationslage im Bereich der Patientenrechte einschließlich der Rechte im Schadensfall ist die Aufnahme solcher

---

[717] So können auch im Dokument der Gesundheitsministerkonferenz die Hinweise zum Gerichtsverfahren dem Interessierten kaum einen Einblick in die gerichtlichen Errungenschaften insbesondere in die Haftungsverlagerung durch beweisrechtliche Mittel gewähren; vgl. *Laufs*, Patientenrechte, NJW 2000, 846 (847).

[718] Auf die Möglichkeit, Rechte im Schadensfall lediglich fragmentarisch in einer Charta darzustellen und die Überlegung, dass eine Charta helfen sollte, Haftungsprozesse zu verringern, ging *Katzenmeier* auf der „Tagung des IGMR“ am 7. und 8. Dezember 2001 in Bremen ein.

[719] *Mierzewski*, Gesundheit für alle?, in: Bürgerbeteiligung im Gesundheitswesen – eine Länderübergreifende Herausforderung, S. 201.

[720] So *Laufs*, Patientenrechte, NJW 2000, 846 (847).

[721] Gegen eine solche Instrumentalisierung sprach sich *Katzenmeier* auf der „Tagung des IGMR“ am 7. und 8. Dezember 2001 in Bremen aus.

Rechte in einer Patientencharta jedenfalls in Erwägung zu ziehen und darf nicht kategorisch abgelehnt werden.

Als inhaltlich nicht unerheblich für ein selbstverpflichtendes Dokument stellt sich schließlich die Überlegung über eine Berücksichtigung weiterentwickelter Patientenrechte dar. Auch wenn hinsichtlich der individuellen Patientenrechte in Deutschland die Qualität des Erreichten nicht von der Hand zu weisen ist, ergibt sich hieraus noch kein Postulat, die Fortentwicklung solchen Rechts zum Stillstand zu bringen. Dass für die rechtspolitische Notwendigkeit einer Erweiterung von Patientenrechten und Patientenschutz Belege fehlen, kann die über eine Darstellung des geltenden Rechts hinausgehenden Bemühungen, neue Patientenrechte zu entwickeln, nicht in Frage stellen. Wenn etwa Schneider dennoch diesen Standpunkt vertritt und insbesondere eine Begründung neuer Patientenrechte in einer entsprechenden Deklaration als grundsätzlich bedenklich erachtet,[722] ist ihm hierin nicht zuzustimmen, auch wenn ein Handlungsbedarf vor allem bezüglich der Rechtsdurchsetzung genannter Rechte besteht.[723] Francke und Hart zielen in ihrem Gutachten daher neben einer Darstellung zugleich auf die Fortentwicklung von Patientenrechten ab, allerdings begründet ihre Charta keine neuen Rechte.[724] Insoweit handelt es sich nicht mehr nur um eine Zusammenfassung bestehender Rechte, sondern in gewisser Weise auch um einen Programmsatz. Chartae können in dieser Form zusätzlich zur Beschreibung und Konkretisierung von Recht zur Rechtsentwicklung beitragen.[725] Über die Aufnahme von Anregungen und Zielsetzungen hinaus ist bei einem Selbstverpflichtungsdokument unter Umständen aber auch eine tatsächliche Begründung neuer, in jedem Fall mit Bedacht ausgewählter Patientenrechte denkbar.[726] Ein solches Vorgehen wäre stets vom Konsens der Beteiligten abhängig. Hier kämen allerdings wiederum die oben aufgezeigten Bedenken zum soft law zum Tragen. Diesen Bedenken zufolge wäre davon auszugehen, dass der Teil einer solchen Vereinbarung, der sich auf neue, in der bestehenden Rechtsordnung nicht normierte Patientenrechte bezieht, nicht über das Setzen von Zeichen oder die Begründung moralischer Verpflichtungen hinaus ginge.

---

[722] Siehe hierzu *Schneider*, Patientenrechte, MedR 2000, 497 (502 f.).

[723] So auch *Schneider*, aaO., S. 503.

[724] Vgl. *Francke/Hart*, Charta der Patientenrechte, S. 227 ff.

[725] Ebenfalls *Badura/Hart/Schellschmidt*, Bürgerorientierung des Gesundheitswesens, S. 395 sprechen sich für eine Charta aus, die auch auf wünschenswerte Verbesserungen eingeht.

[726] Vor allem *Schneider*, Patientenrechte, MedR 2000, 497 (503) warnt vor einer vorschnellen Neubegründung von Patientenrechten.

(2) Umsetzbarkeit und Wirkung

Als Grundlage für die wirksame Umsetzung einer selbstverpflichtenden Charta kann ein gemeinsam erarbeitetes und verabschiedetes Leitbild der Gesundheitsversorgung dienen, das die soziale Aufgabe und die Verantwortlichkeit der Beteiligten sowie gemeinsame Ziele der Strukturgestaltung definiert.[727] Entscheidend für den praktischen Nutzen eines Selbstverpflichtungs- und Selbstverantwortungsdokuments ist aber unter allen Umständen die Beteiligung sämtlicher Akteure des Gesundheitswesens.[728] Da abgesehen von Beiträgen zur Rechtsentwicklung ein solches Dokument letztlich auf der bestehenden Rechtslage basiert, sind die ansonsten vertretbaren Zweifel daran, ob eine Selbstverpflichtung ohne vom Gesetzgeber angedrohte Sanktionen Erfolg versprechen kann und ob allein hiermit komplexe Strukturen zu regeln sind, nicht plausibel. Dennoch bleibt festzuhalten, dass alle Bemühungen nach Transparenz und Information nicht über die physischen und psychischen Schwächelagen des Patienten im tatsächlichen Krankheits- und Behandlungsgeschehen hinweghelfen können.[729] Vorgebracht wird auch, dass gerade aufgrund eines Abhängigkeitsverhältnisses, in dem sich der Patient in der konkreten Behandlungssituation befindet, die ihm zugestandenen Rechte zum Teil wertlos sein können.[730] Eine nicht zu unterschätzende Rolle für die Stärkung der Patientenrechte spielen daher auch Überzeugung und Berufsethos der Ärzte. Dementsprechend werden Überlegungen laut, in die ärztliche Ausbildung eine stärkere Achtung des Selbstbestimmungsrechts des Patienten zu implementieren, so dass dessen Missachtung als ein Verstoß gegen das Berufsethos verstanden wird.[731] Aus der Angewiesenheit des Patienten auf die Expertenautorität des Arztes sowie aus dem bestimmenden Einfluss des Arztes auf die Art und Weise der Behandlung

---

727 So sehen es jedenfalls *Badura/Hart/Schellschmidt*, Bürgerorientierung des Gesundheitswesens, S. 395.

728 Zum Mangel einer fehlenden, gleichmäßigen und uneingeschränkten Mitwirkung der Beteiligten an der Entstehung der britischen Patientencharta siehe *Coulter*, Stärkung des Einflusses von Patienten, in: Bürgerbeteiligung im Gesundheitswesen – eine Länderübergreifende Herausforderung, S. 138 (140 ff.).

729 Hierauf weist vor allem *Steffen*, Mehr Schutz für die Patientenrechte, MedR 2002, 190 (191) hin und nennt als Beispiele unter anderem die Bemühungen des Patienten, den Arzt und das Krankenhaus bei Laune zu halten, oder nicht durch das Bestehen auf seine Rechte als undankbar zu erscheinen.

730 Vgl. *Welge/Lindemann* in: Kranich/Böcken, Patientenrechte und Patientenunterstützung in Europa, S. 107.

731 Dafür sprach sich *Katzenmeier* auf der „Tagung des IGMR" am 7. und 8. Dezember 2001 in Bremen aus.

resultiert schließlich ein Kräftegefälle, das nicht zu verleugnen ist.[732] Es kommt daher nicht allein auf die medizinischen Fähigkeiten des Arztes an, auch wenn diese in erster Linie von einem Arzt erwartet werden. Damit ein effektiver Dialog zwischen Arzt und Patient stattfinden kann, sind es auch psychosoziale Kompetenzen, die gefördert werden müssen. Zur universitären Ausbildung gehört eine Vermittlung solcher Fähigkeiten aber gerade nicht, und sie würde sicherlich auch erhebliche Schwierigkeiten bereiten.[733] Dem ungeachtet könnten Informationen über Patientenrechte und Heilberufspflichten durch eine Charta auf jeden Fall einen Beitrag zu deren Umsetzung in der Alltagspraxis medizinischer Behandlungen leisten.[734] Die Begründung moralischer Pflichten und ihre Verkündung kann aus qualitativer Sicht zwar keine Gleichstufung mit einer Rechtsnorm beanspruchen, soweit damit aber geltendem Recht entsprochen wird, werden die bestehenden Rechtsnormen zumindest gestärkt.[735] Entscheidend ist es aber nicht nur, sich auf eine Geltung von Patientenrechten zu verpflichten, sondern auch deren Durchsetzung in den entsprechenden Tätigkeitsbereichen selbst zu verantworten. Denn damit eine verbesserte Durchsetzung der Patientenrechte in der Behandlung ermöglicht werden kann, darf es nicht nur bei der Forderung bleiben, dass Ärzte und Patienten diese Rechte kennen, vielmehr müssen vor allem die Ärzte diese Rechte auch anerkennen.[736]

(3) „Patientenrechte in Deutschland" als erste einheitliche Patientencharta

Grundlage für eine Selbstverpflichtung zur Sicherung der Patientenrechte ist eine Einigung der Beteiligten möglicherweise auf der Basis beider genannter Dokumente der Gesundheitsministerkonferenz und der Bundesärztekammer. Eine solche Einigung wurde allerdings als beschwerlich prognostiziert, solange teilweise angebliche Rechte von Patienten in Entwürfen aufgenommen wurden,

---

[732] Siehe *Steffen*, Mehr Schutz für die Patientenrechte, MedR 2002, 190 (192). Neben medizinischen Fähigkeiten ist daher auch psychsoziale Kompetenz des Arztes erforderlich, damit ein effektiver Dialog zwischen Arzt und Patient stattfinden kann. Eine Förderung dieser Fähigkeiten gehört jedoch gerade nicht zur universitären Ausbildung.

[733] In Italien wurden daher aus vergleichbaren Gründen Kurse für Ärzte über Patientenrechte in Planung genommen; vgl. *Liebmann/Böcken* in: Kranich/Böcken, Patientenrechte und Patientenunterstützung in Europa, S. 144 f.

[734] Vgl. die Intention des Gutachtens von *Francke/Hart*, Charta der Patientenrechte, S. 12.

[735] Siehe *Kimminich/Hobe*, Einführung in das Völkerrecht, S. 192.

[736] Diese zutreffende Ausführung stammt von *Steffen*, Mehr Schutz für die Patientenrechte, MedR 2002, 190 (192).

über die kein allgemeiner Konsens bestand.[737] Wer jedoch dachte, aufgrund solcher Abstimmungsprobleme zwischen den einzelnen Interessengruppen werde der Wunsch nach einem einvernehmlichen Dokument in naher Zukunft nicht in Erfüllung gehen, der wurde eines Besseren belehrt. So ist es mit dem Leitfaden für Patienten und Ärzte „Patientenrechte in Deutschland" gelungen, erstmals eine einheitliche von allen Beteiligten am Gesundheitswesen mitgetragene Patientencharta vorzulegen. Dieser Leitfaden basiert auf einer Zusammenarbeit von Vertretern der Patienten- und Ärzteverbände, der Krankenhäuser, der Gesundheitsministerkonferenz, der Justizministerkonferenz, der gesetzlichen Krankenkassen, der privaten Krankenversicherungen und der freien Wohlfahrtsverbände, was auf eine weitgehende Akzeptanz schließen lässt. Die Bezeichnung des Dokuments als „Leitfaden" sowie das Vorwort der Bundesministerin der Justiz und der Bundesministerin für Gesundheit und soziale Sicherung weisen jedoch deutlich darauf hin, dass es sich zumindest nicht um eine Selbstverpflichtung der Beteiligten handelt. Das Dokument stellt vielmehr eine Information und zugleich einen Appell vor allem an die behandelnden Akteure dar, Patientenrechte zu achten und Patienten bei deren Wahrnehmung zu unterstützen. Weiterhin wird ausdrücklich nur geltendes Recht dokumentiert, um darüber hinausgehenden Diskussionen nicht vorzugreifen. So wird anders als im Dokument der Gesundheitsministerkonferenz etwa darauf hingewiesen, dass sich das Einsichtsrecht des Patienten in seine Krankenunterlagen nicht auf die subjektiven Einschätzungen und Eindrücke des Arztes erstreckt. Auch die Rechte des Patienten im Schadensfall finden Beachtung. Insoweit wird vor allem auf entsprechende Einrichtungen und deren Verfahren hingewiesen. Sehr allgemein werden allerdings auch einige Regeln zur Beweislastverteilung im Arzthaftpflichtprozess angedeutet. Diese zudem nur „bruchstückartigen" Hinweise können dem Patienten im Einzelfall freilich nicht weiterhelfen, dafür können sie aber für Verwirrung sorgen.[738] Fraglich ist sicherlich, ob es nicht sinnvoller gewesen wäre, hierauf zu verzichten.

Die Aufführungen beschränken sich ansonsten auf eine durchweg prägnante Darstellung elementarer Patientenrechte. Insgesamt wurde ein akzeptabler Ausgleich zwischen der Übersichtlichkeit des Dokuments und der Information des Patienten über seine wesentlichen Rechte erreicht. Ob sich damit letztend-

---

[737] Entsprechend äußerte sich noch *Luxenburger* auf der „Tagung des IGMR" am 7. und 8. Dezember 2001 in Bremen.

[738] Dem Adressaten des Dokuments wird etwa aus dem Beispiel zur Beweiserleichterung wegen eines „groben Behandlungsfehlers" nicht ersichtlich, dass die Rechtsprechung solche Fehler nach festgelegten Kriterien bemisst. Die Ausführungen hierzu bleiben auch den Hinweis schuldig, dass insoweit lediglich eine Beweiserleichterung für das Merkmal der Kausalität in Frage kommt.

lich auch die Erwartungen erfüllen, die an die „Patientenrechte in Deutschland" gerichtet werden, bleibt abzuwarten. Entscheidend wird in jedem Fall sein, wie es gelingt, diesen Leitfaden an den Mann bzw. die Frau zu bringen. Ziel soll es sein, dass das Dokument über die an der Erarbeitung beteiligten Organisationen zu beziehen ist und darüber hinaus bei den Krankenhäusern, den Arztpraxen sowie den Krankenversicherungen bereitliegt.[739] Auf die Verwirklichung dieses Plans mag man gespannt sein. Allein die Abrufbarkeit des Wortlauts der „Patientenrechte in Deutschland" auf den Internetseiten der betreffenden Ministerien wird auf die Transparenz der Rechtslage – soviel steht jedenfalls fest – keinen Einfluss nehmen. Ob sich die neue Charta in der medizinischen Praxis also bewährt, muss sich erst zeigen, sie ist jedenfalls ein vielversprechender Ansatz und zugleich ein wichtiger Schritt zu einer Stärkung der Patientenrechte.[740]

3. Ausrichtung an bestehenden Informationsregelungen zur Verbesserung von Transparenz und Information

Keine der bisher dargestellten Maßnahmen kann zur Lösung des gegenwärtigen Transparenzproblems auf dem Gebiet der Patientenrechte einen hinreichend wirksamen Beitrag leisten.[741] Eine Absage an die bekannten Vorschläge bedeutet indes nicht, dass das Anliegen einer größeren Transparenz und einer besseren Information der Betroffenen über ihre Rechte nicht auch auf anderem Wege zu verwirklichen ist.

Bei den folgenden Überlegungen sollen bestehende gesetzliche Regelungen zur Unterrichtung der Öffentlichkeit als Orientierungshilfe herangezogen werden, um eine Informationsquelle über Patientenrechte zu ermitteln, die neben dem Bundesrecht auch auf das jeweilige Landesrecht eingeht, sich auf die aktuelle Rechtslage bezieht und einen möglichst großen Teil der Bevölkerung erreicht. Insbesondere das Umweltrecht ist geeignet Anregungen zu geben. Auf diesem Gebiet wurden Regelungen erlassen, die eine Information der Bevölkerung über die Umwelt ermöglichen sollen. In den verschiedenen Gesetzen werden indessen unterschiedliche Methoden angewandt. Einzelne dieser Methoden könnten in modifizierter Form auch eine Unterrichtung der Öffentlichkeit über

---

[739] Siehe den Gastkommentar der Bundesministerin der Justiz: *Zypries*, Mehr Transparenz im medizinischen Behandlungsverhältnis, DÄBl. 2003, A 812 (813).

[740] Siehe zur neuen Patientencharta auch *Bollweg/Brahms*, „Patientenrechte in Deutschland", NJW 2003, 1505 ff.

[741] Wie im Einzelnen bereits näher ausgeführt wurde, ist nicht nur die Umsetzbarkeit einiger Modelle aus rechtlichen Gründen unmöglich oder aus praktischen Gründen äußerst fraglich, sondern es bestehen auch begründete Zweifel an der Effektivität einzelner Modelle.

die gewährleisteten Patientenrechte sicherstellen. Vor allem Bestimmungen des Umweltinformationsgesetzes und des Kreislaufwirtschafts- und Abfallgesetzes geben entsprechende Anregungen.

a) Regelungen des Umweltinformationsgesetzes (UIG)

Das UIG wurde zur Umsetzung einer Richtlinie des Rates der Europäischen Gemeinschaft erlassen, die den Zugang zu umweltbezogenen Informationen verbessern soll. Mit dem Ziel, eine Verstärkung des Umweltschutzes zu erreichen, soll natürlichen und juristischen Personen ein freier Zugang zu entsprechenden Informationen ohne Nachweis besonderer Interessen gewährt werden.[742] Das UIG führt dazu die Publizität behördlicher Informationen als neues Prinzip in das deutsche Verwaltungsrecht ein.[743] Neben der Begründung eines subjektiven Rechts auf freien Zugang zu Informationen über die Umwelt wird auch eine aktive Umweltinformation durch den Staat angeordnet. Im Einzelnen gewährt § 4 UIG auf Antrag einen Zugang zu vorhandenen Informationen, während nach § 11 UIG aller 4 Jahre ein aktueller Zustandsbericht durch die Bundesregierung veröffentlicht werden muss.[744] Vergleichbare Regelungen dürften allerdings für das Anliegen einer Transparenzerhöhung der gegenwärtigen Rechtslage auf dem Gebiet der Patientenrechte nicht besser geeignet sein, als die bereits aufgeführten Modelle. Die Regelung eines Anspruchs auf Informationen, zu deren Bereitstellung beispielsweise die gesetzlichen Krankenkassen verpflichtet werden könnten,[745] wäre sogar als überflüssig zu bewerten, da die einzelnen Rechte des Patienten trotz der anerkannt intransparenten Rechtslage für jedermann zugänglich sind. Zudem bestehen mit dem Dokument „Patientenrechte in Deutschland“ und bestanden davor bereits mit der Deklaration der Gesundheitsministerkonferenz sowie mit dem „Entwurf“ einer Patienten-Charta durch die Bundesärztekammer authentische Zusammenfassungen gegebener Patientenrechte. Gerade die bisherigen Erfahrungen zeigen allerdings, dass allein mit der freien Zugänglichkeit vergleichbarer Informationen nur ein

---

[742] Vgl. *Fluck/Theuer*, UIG, A Einleitung Rn. 1 f.

[743] *Schomerus/Schrader/Wegener*, Umweltinformationsgesetz, S. 5.

[744] Die Aufgabe des Umweltschutzes ist zum Zeitpunkt als das GG entstand noch nicht erkannt worden. Um aber dem späteren Regelungswillen Rechnung zu tragen, wurde „die Abfallbeseitigung, die Luftreinhaltung und die Lärmbekämpfung“ als neues Sachgebiet in Art. 74 I Nr. 24 GG eingefügt. Hieraus ergibt sich indes kein allgemeiner Kompetenztitel für den Umweltschutz. Entsprechend ist auch die Gesetzgebungskompetenz für das UIG nicht dem Art. 74 I Nr. 24 GG zu entnehmen, sondern es muss an die jeweiligen Einzeltitel angeknüpft werden; vgl. dazu *Kunig* in: v. Münch/Kunig, GG III, Art. 74 Rn. 115.

[745] Eine entsprechende Regelung könnte dazu in das SGB V eingefügt werden.

kleiner Teil der Betroffenen zu erreichen ist. Die Einfügung einer entsprechenden Bestimmung in das SGB V sollte auch deshalb nicht in Erwägung gezogen werden.[746]
Eine Regelung zur Veröffentlichung gewährleisteter Rechte durch die Bundesregierung ließe ebenfalls keine wesentlichen Fortschritte erwarten. Durch eine Vorgabe, die Veröffentlichung in einem bestimmten Turnus zu wiederholen,[747] könnte immerhin die aktuelle Rechtslage wiedergegeben werden. Nicht nur die Annahme, eine Handlung der Bundesregierung führe nicht zu dem erwarteten, breiten Rechtsbewusstsein, sondern auch die Schwierigkeit, mit einer zentralen Maßnahme auf unterschiedliche Landesregelungen einzugehen, sprechen jedoch gegen eine solche Bestimmung. Unabhängig davon, wäre die rechtliche Möglichkeit des Bundesgesetzgebers, eine Information über den Stand der in Deutschland gewährleisteten Patientenrechte durch die Bundesregierung gesetzlich anzuordnen, fraglich, da der Bund im Bereich des Patientenschutzes nur eine beschränkte Gesetzgebungsbefugnis besitzt.[748] [749]

---

[746] Unklar wäre darüber hinaus, wie eine Berücksichtigung der unterschiedlichen Regelungen einzelner Länder erfolgen könnte.

[747] Zum Beispiel werden in § 11 UIG Veröffentlichungen in vierjährigen Abständen vorgesehen.

[748] Zur Aufteilung dieser Gesetzgebungskompetenzen siehe im Einzelnen oben in diesem Kapitel IV. 2. a) (3) (a).

[749] Die Länder besitzen für all die Materien eine ausschließliche Gesetzgebungskompetenz für die das GG keinen Titel zugunsten des Bundes vorsieht; *Stern*, Staatsrecht I, S. 677. Ein Kompetenztitel auf den der Bund eine entsprechende Verpflichtung der Bundesregierung stützen könnte, ist indes nicht ersichtlich. Zwar stellt die gesetzlich angeordnete Information durch die Bundesregierung keine direkte Regelung eines Gegenstandes dar, grundsätzlich sind aber die bestehenden Befugnisse zu wahren. Auch die Anordnung einer informatorischen Maßnahme müsste sich daher einem bestimmten Kompetenztitel zuordnen lassen. Das UIG stützt sich insoweit auf Kompetenzmaterien, die den Bund zu Regelungen zum Schutz der Umweltmedien und über den Tier- und Pflanzenschutz ermächtigen, also insbesondere auf Art. 74 I Nr. 18 GG, Art. 75 I Nr. 3 GG und Art. 75 I Nr. 4 GG; siehe hierzu im einzelnen *Burkholz*, Zur Gesetzgebungskompetenz für ein Umweltinformationsgesetz, NVwZ 1994, 124 (126). Andererseits bestehen gerade im Bereich informatorischer Maßnahmen Kompetenzüberschneidungen, was bereits oben in diesem Kapitel unter IV. 2. c) (3) dargelegt wurde. Des weiteren steht dem Bundestag die Möglichkeit offen, durch schlichten Parlamentsbeschluss die Bundesregierung zur Information über entsprechende Rechte zu beauftragen. Da die Regierung sich über einen solchen Beschluss letztlich nicht hinwegsetzen könnte, wäre die Wirkung mit der einer gesetzlichen Verpflichtung vergleichbar. Nähere Erörterungen hierzu sind aufgrund mangelnder praktischer Relevanz der angedachten Informationsbestimmung für eine entsprechende Transparenzerhöhung allerdings ohne Bedeutung und können daher unterbleiben.

b) Regelungen des Kreislaufwirtschafts- und Abfallgesetzes (KrW-/AbfG)

Mit den §§ 38, 39 enthält der Sechste Teil des KrW-/AbfG zwei Vorschriften, die im Wege von Information und Beratung der Betroffenen und der Öffentlichkeit dazu beitragen sollen, vorhandene Ziele durchzusetzen.[750] Eine Vorschrift zur Unterrichtung der Öffentlichkeit enthält darüber hinaus auch § 57, der die Bundesregierung ermächtigt, zur Umsetzung von Rechtsakten der EU Rechtsverordnungen zu erlassen, in denen unter anderem geregelt werden kann, ob und in welcher Weise die Bevölkerung zu unterrichten ist. Besonderes Augenmerk ist indes auf § 39 zu legen, wonach die Länder über den erreichten Stand der Vermeidung und Verwertung von Abfällen sowie über die Sicherung der Abfallbeseitigung zu informieren haben. Im Gegensatz zu § 11 UIG wird damit eine sektoral zugeschnittene Verpflichtung begründet. Für die Materie des Patientenschutzes, die – wie bereits mehrfach erwähnt wurde – aufgrund der aufgeteilten Gesetzgebungszuständigkeiten Unterschiede in den verschiedenen Landesregelungen aufweist, könnte auf diesem Weg eine differenzierte Information erfolgen. Darüber hinaus würden auch eventuelle Überschneidungen von Bundes- und Landeskompetenzen umgangen werden. Hieran anknüpfend ist daher die Möglichkeit einer gesetzlich festgelegten, dezentralen Unterrichtung der Öffentlichkeit über den aktuellen Stand der in der Bundesrepublik gewährleisteten Patientenrechte vorzuschlagen.

(1) Verpflichtung der Länder zu einer dezentralen Information

§ 39 S. 1 KrW-/AbfG richtet sich an die Länder und verpflichtet sie, entsprechende Unterrichtungsmaßnahmen zu ergreifen. Demgegenüber besteht für den Bund keine Möglichkeit, die Länder auf vergleichbarem Weg zur Information über vorhandene Patientenrechte zu verpflichten. Anders als im Umweltrecht, dessen Regelung dem Bund durch verschiedene Kompetenztitel zugewiesen wird, liegt die Gesetzgebungsbefugnis für den Bereich der Patientenrechte zu einem großen Teil bei den Ländern. Denkbar wäre daher allenfalls eine Bestimmung, durch die der Bund gestützt auf seine Gesetzgebungskompetenz für das Rechtsgebiet der Sozialversicherung nach Art. 74 I Nr. 12 GG die Länder zur Ausgestaltung einer Informationspflicht entsprechender Einrichtungen ermächtigt.

(2) Unmittelbare Verpflichtung der Krankenkassen oder der Ärztekammern?

Auch mit einer dezentralen Information sollte ein möglichst großer Teil der Bevölkerung erreicht werden. Sinnvoll wäre daher die unmittelbare Beauftragung von Stellen, die ohnehin mit den betreffenden Gesellschaftsgruppen in Kontakt kommen. Dabei bieten sich einerseits die Krankenkassen und ihre

---

[750] Vgl. *Paetow* in: Kunig/Paetow/Versteyl, KrW-/AbfG, § 38 Rn. 1.

Verbände an, um zumindest den Kreis der gesetzlich Versicherten und damit den größten Teil der Gesellschaft zu erreichen.[751] Andererseits wäre eine Verpflichtung der Ärztekammern denkbar, so dass beispielsweise eine Information durch ihre Mitglieder zu erfolgen hätte.[752] Der Bundesgesetzgeber könnte die betreffenden Stellen dazu verpflichten, in den jeweiligen Ländern vorhandene landesrechtliche Regelungen, ergänzt durch die auf Bundesebene bestehenden Rechte, in einer Bekanntmachung zusammenzufassen. Auf eine inhaltliche Vorgabe für den bundesrechtlichen Teil sollte dabei verzichtet werden, da anderenfalls der nötige Gestaltungsspielraum zur Berücksichtigung aktueller Veränderungen und Neuerungen zu kurz käme. Für die Bekanntmachungen wäre ein Turnus anzuordnen, der klein genug gewählt wird, um die Aktualität des Informationsgehalts gewährleisten zu können. Eine entsprechende Regelung des Bundesgesetzgebers ließe eine weitestgehend effektive Information der Bevölkerung über den normativen Patientenschutz erwarten und wäre als entscheidender Beitrag zur Verringerung der Unterschiede zwischen Normativität und Normalität zu verstehen. Vor allem könnte aber auf diese Weise den Erfordernissen entsprochen werden, neben dem Bundesrecht auch auf die jeweiligen landesrechtlichen Besonderheiten einzugehen, einen Bezug zur aktuellen Rechtslage zu garantieren und die Unterrichtung weiter Teile der Gesellschaft zu ermöglichen.

Selbstredend ist für den Erlass einer solchen Bestimmung durch den Bundesgesetzgeber die nötige Gesetzgebungskompetenz vorauszusetzen. Infrage käme die Befugnis zur Regelung der Sozialversicherung nach Art. 74 I Nr. 12 GG. Für den Bund bestünde insoweit eine Möglichkeit, die vorgeschlagene Maßnahme zur Unterrichtung der Öffentlichkeit im SGB V zu regeln. Hinsichtlich einer effektiven Information der Patienten erscheint gerade die Verpflichtung der Ärztekammern prinzipiell als geeignet. Die Ärztekammern der Länder könnten in entsprechenden Bekanntmachungen ohne weiteres die bestehenden landesrechtlichen Unterschiede berücksichtigen. Dagegen ist es fraglich, ob eine Vorgabe des Bundes an die Ärztekammern der Länder nicht über den Gegenstand der Sozialversicherung hinausginge und insoweit überhaupt noch auf den Kompetenztitel des Art. 74 I Nr. 12 GG zu stützen wäre. Eine Zurechnung zur „Sozialversicherung" erscheint jedenfalls als fragwürdig. Dennoch werden im Recht der gesetzlichen Krankenversicherung Maßnahmen angeordnet, an

---

[751] Über 90 % der Bevölkerung sind derzeit Mitglied in der gesetzlichen Krankenversicherung.

[752] Siehe zu den Möglichkeiten eine Information des Patienten durch die Krankenkassen oder am Behandlungsort sicherzustellen, oben in diesem Kapitel IV. 2. c) (4).

denen die Bundesärztekammer mitzuwirken hat.[753] Dabei dürfte es sich aber vor allem um eine Wahrnehmung beruflicher Belange der Ärzte durch die Spitzenorganisation der ärztlichen Selbstverwaltung handeln.[754] Dem ungeachtet wäre eine unmittelbare Verpflichtung der Ärztekammern durch den Bundesgesetzgeber als Eingriff in den Kompetenzbereich der Länder zu verstehen. Eine gleichkommende Bestimmung würde daher die Kritik an der Regelungsdichte des Bundes auf diesem Gebiet nur bestätigen.[755]
Im Hinblick auf den Kompetenztitel des Bundes zur Regelung der Sozialversicherung, kommt dagegen eine Verpflichtung der Krankenkassen zur Information ihre Mitglieder[756] in Betracht.[757] Allerdings bestünde insoweit ein Nachteil, da die gesetzliche Krankenversicherung zwar in ihrer organisatorischen Verflechtung dem staatlichen Aufbau der Bundesrepublik in Bund, Länder und Gemeinden gleichkommt, es den einzelnen Kassenarten indes an einer durchgehend föderativen Gliederung fehlt. Den gebildeten Landesverbänden der Krankenkassen obliegen freilich die gesetzlich zugewiesenen und kraft Gesetz zwingend wahrzunehmenden Aufgaben.[758] Insbesondere die Ersatzkassen[759]

---

[753] Zu verweisen ist in erster Linie auf die Maßnahmen zur Qualitätssicherung nach den §§ 137 ff. SGB V.

[754] Die Bundesärztekammer ist die Spitzenorganisation der ärztlichen Selbstverwaltung in Deutschland. Sie vertritt die bundespolitischen Interessen der Ärzte und unterstützt die Arbeit der Ärztekammern. Als Arbeitsgemeinschaft der deutschen Ärztekammern stellt die Bundesärztekammer damit einen organisatorischen Zusammenschluss von Körperschaften des öffentlichen Rechts dar.

[755] Zur Kritik an der gegenwärtigen bundesgesetzlichen Regelungsdichte vgl. bereits oben Fn. 478.

[756] Es bietet sich nicht nur eine direkte Unterrichtung der Versicherten durch die Kassen an, sondern hierbei wäre auch eine Zusammenarbeit der Kassen mit den Vertragsärzten und den Krankenhäusern möglich.

[757] In diesem Zusammenhang soll auf die seit dem 1. 1. 2000 in Kraft stehende Vorschrift des § 65b SGB V hingewiesen sein, nach der Einrichtungen zur Verbraucher- und Patientenberatung von den Spitzenverbänden der Krankenkassen finanziell mit einem festgelegten Betrag zu fördern sind. Da die ideellen und finanziellen Grundlagen solcher Einrichtungen zum Teil äußerst undurchsichtig sind, soll mit ihrer Förderung im Rahmen von Modellvorhaben eine Stärkung der Organisationen erfolgen, deren Strukturen dem Neutralitätsanspruch entsprechen; siehe hierzu auch die Gesetzesbegründung zur GKV-Gesundheitsreform 2000 in: *Hauck/Noftz*, SGB V, M 014 S. 30. Allerdings ist eine Förderung von Patientenschutzorganisationen zu Lasten der GKV nicht unumstritten; siehe zu den einzelnen Einwänden *Schneider*, Patientenrechte, MedR 2000, 497 (501 f.).

[758] Siehe § 211 I SGB V.

[759] Die Ersatzkassen gehören unmittelbar ihren bundesweit tätigen Verbänden an.

besitzen jedoch keine Landesverbände.[760] Eine Information der gesetzlich Krankenversicherten würde demzufolge nicht durch alle Kassen und damit nicht durchgängig dezentral erfolgen. Für die Mitglieder der betreffenden Kassen wäre zumindest die Kenntnis über die unterschiedlichen landesrechtlichen Gewährleistungen weiterhin von den eigenen Recherchen abhängig.
Im SGB V selbst finden sich hingegen Bestimmungen, durch die den Krankenkassen Aufgaben auferlegt werden, welche sich territorial auf die einzelnen Länder beziehen. So sind nach § 278 I SGB V in jedem Land von den Kassen gemeinsam getragene Arbeitsgemeinschaften einzurichten. § 39 III SGB V bestimmt ferner, dass die Landesverbände der Krankenkassen und die Verbände der anderen Kassen[761] gemeinsam ein bestimmtes Verzeichnis mit informativer Aussagekraft zu erstellen und der Entwicklung anzupassen haben. Räumlich hat sich dieses Verzeichnis auf eine landesweite oder auch nur regionale Übersicht zu beziehen.[762]
Durch eine vergleichbare Kooperation der Landesverbände der Krankenkassen mit den Verbände der übrigen Kassen sollte demzufolge auch eine Zusammenfassung bestehender Patientenrechte und die Verbreitung einer solchen Übersicht, die nicht nur Bundesrecht sondern auch jeweiliges Landesrecht beachtet,

---

760 Zu den bundesweiten Krankenkassen zählen die bundesweit tätige Bundesknappschaft und die Ersatzkassen, deren Zuständigkeitsbereiche durch Satzungsregelungen auf das Gebiet eines oder mehrerer Länder, aber auch auf das Bundesgebiet erweitert werden können. Bei den Allgemeinen Ortskrankenkassen ist lediglich die AOK Bremerhaven länderübergreifend organisiert. Inzwischen hat sich aber der AOK-Bundesverband dafür ausgesprochen, Landes-AOKen mit dezentralen Strukturen zu errichten. Auch die Betriebskrankenkassen sind zum Teil überregional verbreitet. Zwar unterliegt der größte Teil der Betriebskrankenkassen der Aufsicht der Landesbehörden, zusammen versichern diese aber lediglich ein Drittel der Betriebskrankenkassenmitglieder, da es sich hierbei regelmäßig um kleinere Kassen handelt. Bei den Betriebs- aber auch bei den Innungskrankenkassen wohnen oder arbeiten die Versicherten der Einzelkassen eines Landesverbandes zudem häufig im Gebiet eines anderen Landesverbandes. Zur Verflechtung von Bundes- und Landesebene in der gesetzlichen Krankenversicherung sowie ihrer Organisation siehe im Einzelnen *Hixt*, Regionalisierung und Föderalisierung der GKV, S. 23 ff.

761 Aufgezählt werden in § 39 III SGB V zwar nur die Landesverbände der Krankenkassen, die Verbände der Ersatzkassen, die Bundesknappschaft und die Seekassen, zu beteiligen sind aber auch die nicht genannten landwirtschaftlichen Krankenkassen; so auch *Noftz* in: Hauck/Haines, SGB V, K § 39 Rn. 130.

762 Mitzuwirken haben an diesem Verzeichnis der Leistungen und Entgelte für die Krankenhausbehandlung die Landeskrankenhausgesellschaft und die Kassenärztliche Vereinigung. Mitwirkung ist allerdings nicht mit der Notwendigkeit von Zustimmung oder Einvernehmen gleichzusetzen, sondern bedeutet ein Beteiligungsrecht in Form der Berücksichtigung von Stellungnahmen; vgl. hierzu insgesamt ebenfalls *Noftz* in: Hauck/Haines, SGB V, K § 39 Rn. 130 ff.

umzusetzen sein.[763] Sinnvoll wäre dabei eine Mitwirkung der Kassenärztlichen Vereinigungen und der Landeskrankenhausgesellschaften, so wie sie § 39 III SGB V vorsieht.[764] Darüber hinaus sollte in Erwägung gezogen werden, auch den Ärztekammern der Länder ein Mitwirkungsrecht einzuräumen.[765] [766] Diese Art der Zusammenwirkung käme strukturell einer Arbeitsgemeinschaft nahe, wie sie auch § 137b SGB V a.F. vorsah, um auf Bundesebene die Einheitlichkeit der Qualitätssicherungsanforderungen zu sichern. Eine vergleichbare Maßnahme wäre ohne Einschränkungen geeignet, eine erhebliche Verkleinerung des Transparenzdefizits auf dem Gebiet der Patientenrechte zu erreichen, da angesichts der mitwirkenden Krankenkassen zumindest die Information der Mitglieder gesetzlicher Krankenversicherungen gewährleistet sein sollte.[767]

---

763 Eine Umsetzung dürfte allerdings in der Praxis auch Schwierigkeiten bereiten. Denn aufgrund unterschiedlicher Ansichten werden die Krankenkassen nicht ohne weiteres einen gemeinsamen Konsens finden. Ebenso bezweifelte *Quaas*, auf der „Tagung des Instituts für Gesundheits- und Medizinrecht und der Arbeitsgemeinschaft Medizinrecht im DeutschenAnwaltVerein" am 15. und 16. November 2002 in Bremen, die Möglichkeit einer Zusammenarbeit der Krankenkassen im Kontext des Gesetzes zur Einführung des diagnoseorientierten Fallpauschalensystems für Krankenhäuser.

764 Vor allem für die Verbreitung einer solchen Übersicht, in der die bestehenden Patientenrechte aufgeführt werden, könnte die Mitwirkung der Kassenärztlichen Vereinigung und der Landeskrankenhausgesellschaft hilfreich sein. Um eine möglichst effektive Verbreitung zu ermöglichen, wäre etwa ein Aushang in Krankenhäusern und Arztpraxen denkbar.

765 Es wurde bereits darauf hingewiesen, dass eine verbesserte Durchsetzung der Patientenrechte in der Behandlung nur zu ermöglichen ist, wenn diese Rechte auch durch die Ärzte anerkannt werden. Wichtig ist es daher auch mit den Ärzten hierüber einen Konsens zu erzielen. Ohne eine Beteiligung der Ärztekammern wird dies aber kaum möglich sein.

766 Eine Beteiligung der Bundesärztekammer ist beispielsweise bereits nach § 137 I S. 1 SGB V bei der Vereinbarung von Maßnahmen der Qualitätssicherung für zugelassene Krankenhäuser vorgesehen. Fragwürdig ist hier indes die gesetzliche Formulierung. Die BÄK soll nach dem Wortlaut erkennbar nicht zu den vertragsschließenden Parteien gehören. Was aber im Einzelnen unter einer „Beteiligung" an dem Verfahren zu verstehen ist, bleibt unklar; siehe hierzu *Kruschinsky* in: Hauck/Haines, SGB V, K § 137 Rn. 5. Entsprechende begriffliche Unschärfen sollten daher vermieden werden, wenn es um eine Beteiligung der Ärztekammern der Länder an einer Maßnahme zur Erhöhung von Transparenz und Information auf dem Gebiet der Patientenrechte geht.

767 Darüber hinaus können selbstverständlich auch die nicht gesetzlich Versicherten erreicht werden. Ausschlaggebend ist hierfür allein die Art und Weise, wie diese Information verbreitet wird.

c) Zwischenergebnis

Für die informative Zusammenfassung sowohl auf Bundesebene als auch auf Landesebene bestehender Patientenrechtsbestimmungen bietet sich insbesondere eine dezentrale Maßnahme an. Mit der Orientierung an den existierenden umweltrechtlichen Regelungen zur Unterrichtung der Öffentlichkeit ergeben sich verschiedene Handlungsmöglichkeiten des Bundesgesetzgebers. Allein eine Anordnung des Bundes, entsprechende Informationen auf Landesebene zu verfassen, lässt jedoch entgegen den bekannten Vorschlägen eine effektive Verbesserung von Transparenz und Information der gegenwärtigen Rechtslage auf dem Gebiet der Patientenrechte erwarten. Aufgrund der für diesen Bereich weitestgehend eingeschränkten Gesetzgebungsbefugnis des Bundes, würden einer alleinigen Verpflichtung der Ärztekammern indessen verfassungsrechtliche Bedenken entgegenstehen. Eine entsprechende Vorschrift hätte sich mithin vielmehr an die Krankenkassen zu richten. Angestrebt werden sollte aber nicht nur eine einseitige Verpflichtung der gesetzlichen Krankenversicherung, sondern die Bildung einer Art Arbeitsgemeinschaft in jedem einzelnen Bundesland. Durch eine Beteiligung verschiedener Seiten könnte nicht nur die Berücksichtigung möglichst vieler Belange, sondern auch eine Optimierung der Zusammenstellung und der Verbreitung geforderter Patientenrechtsinformationen erreicht werden.

Neben einer unmittelbar geregelten Verpflichtung zur Unterrichtung der Öffentlichkeit könnte der Bund im Rahmen des Kompetenztitels der Sozialversicherung auch den Ländern die Ergreifung entsprechender Maßnahmen auferlegen. Die Reichweite einer solchen Verpflichtung der Länder wäre allerdings nicht umfangreicher als die einer unmittelbaren Anordnung durch den Bund.

D) Zusammenfassung und Fazit

Den Patienten in Deutschland werden grundsätzlich in allen relevanten Bereichen des Gesundheitssystems Rechte gewährt, die sich auf die Sicherung und Stärkung ihrer Interessen im historisch gewachsenen paternalistischen Verhältnis zwischen Arzt und Patient beziehen. Im Vordergrund der Gewährleistung dieser Recht stehen vor allem die Selbstbestimmung des Patienten sowie Qualität und Sicherheit der medizinischen Behandlung. Zur Wahrung dieser Belange können sich Patienten im Einzelnen auf individuelle Rechte berufen, die einen beachtlichen Stand erreicht haben. Allerdings muss sich auch der Patientenschutz an den ökonomischen Belangen des Gesundheitssystems ausrichten. Im Rahmen der geplanten Modernisierung des Gesundheitssystems wird es infolgedessen künftig zu spürbaren Einschränkungen kommen. Durch eine zunehmende Orientierung auf das Hausarztsystem dürfte hiervon besonders die freie Arztwahl betroffen sein. Ebenso wird das Recht des Patienten auf informationelle Selbstbestimmung durch die vermehrte Erhebung individueller Daten Einschnitte erfahren. Lässt sich Ersteres noch mit der Funktionsfähigkeit der sozialen Sicherung rechtfertigen, erscheinen die geplanten Datenerhebungen durch die Krankenkassen aus verfassungsrechtlicher Sicht zumindest fragwürdig. Letztlich ist aber auch eine Stärkung des Hausarztes als Gatekeeper an besondere Weiterbildungen und Qualifikationen zu binden, soll die hohe Qualität der medizinischen Behandlung gewahrt bleiben. Für eine exakte Einschätzung muss sonach die konkrete Umsetzung solcher Vorhaben erst abgewartet werden.

Indessen erfolgt ungeachtet der Ökonomisierungsdebatte eine zunehmende Förderung institutioneller Formen der Patientenunterstützung. Im Gegensatz zu den individuellen Rechten, die sich trotz föderaler Strukturen in der gesamten Bundesrepublik auf einem nahezu gleichwertig hohem Niveau befinden, bestehen bei den nicht nur vom Staat bereitgestellten Institutionen zur Förderung der Wahrnehmung und Durchsetzung von Patientenrechten bundesweit Unterschiede. Einrichtungen zur Stärkung der Patientenrechte sind zum großen Teil Ausprägungen der ärztlichen bzw. zahnärztlichen Selbstverwaltungen sowie privatrechtlicher Organisationsformen. Keine Seltenheit sind in diesem Bereich der Patientenunterstützung daher auch fragwürdige Finanzierungsmodelle oder Verfahrensausgestaltungen, die nicht unbedingt eine sachlich-neutrale, auf alle beteiligten Interessen gleichbezogen objektive Orientierung vermuten lassen. Besonders solche Institutionen, bei denen eine einseitige Trägerschaft besteht oder die nur einseitig finanziert werden, können sich nicht des Verdachts erwähren, interessengeleitet zu handeln. Die für eine institutionelle Absicherung und Stärkung von Patientenrechten notwendige Akzeptanz dieser Einrichtungen hängt daher auch vom jeweiligen Finanzierungsmodell bzw. von der jeweiligen Trägerschaft ab. Optimal wäre sicherlich ein breites Beteiligungsfeld, dass sich beispielsweise paritätisch aus den unterschiedlichen Interessenlagern sowie aus Trägern hoheitlicher Gewalt zusammensetzt. Bis auf wenige Ansätze scheint es bislang allerdings an einem gesetzgeberischen Konzept zur Stärkung der Akzeptanz dieser Unterstützungsformen sowie zur Vernetzung bzw. zum abgestimmten Vorgehen solcher Einrichtungen zu fehlen.

Im Hinblick auf den Schutz und die Stärkung des Patienten und seiner Stellung im Gesundheitssystem durch die Gewährleistung von Patientenrechten, wird seit langem bemängelt, dass im Gegensatz zu anderen Bereichen des Verbraucherschutzes oder zur Regelung anderer Dienstleistungsverhältnisse nur teilweise gesetzliche Normierungen festgelegt wurden. In vielen Gebieten fehlt es an rechtlichen Regelungen, oder es bestehen lediglich allgemeine gesetzliche Bestimmungen, die insbesondere durch die Rechtsprechung für den Einzelfall ausgelegt werden müssen. Die Bedeutung der gerichtlichen Spruchpraxis ist in ihrer Geltung für den Patientenschutz hingegen nicht zu unterschätzen, da es sich entweder um die verfassungskonforme Auslegung allgemeiner Rechtsvorschriften oder um eine zum größten Teil grundrechtlich untermauerte richterliche Rechtsfortbildung handelt. Der Entwicklung sachgerechter Lösungen durch die Rechtsprechung ist insbesondere zugute zu halten, dass sie aufgrund der höheren Flexibilität einen wirkungsvolleren dynamischen Grundrechtsschutz bewirkt, als er durch eine ausdifferenzierte Gesetzgebung erfolgen könnte. Dementsprechend war die Rechtsprechung in der Lage, einen effektiven Patientenschutz einschließlich der Herausbildung besonderer prozessualer Beweislastverteilungsregelungen zu begründen. Die grundrechtliche Verankerung weiter Bereiche des Patientenschutzes gebietet es dem Staat ohnehin, Patienten und ihre Rechte vor allem im privatrechtlichen Verhältnis zwischen Arzt und Patient zu schützen und hebt den Patientenschutz im Großen und Ganzen auf den Rang eines Verfassungsauftrags, freilich mit einem erheblichen Maß an nicht justitiabler Eigenverantwortung.
Verankert sind in der Verfassung besonders solche Rechte, die dem Patienten hinsichtlich seiner Krankheit bzw. deren Behandlung zum Treffen selbstbestimmter Entscheidungen befähigen, seine Privatsphäre im Behandlungsverhältnis bewahren und dem Schutz von Leben sowie körperlicher Unversehrtheit dienen. Darüber hinaus sind jedoch auch Patientenrechte geschützt, die sich nicht direkt auf die ärztliche Behandlung beziehen.
Der Verfassungsauftrag zum Schutz von Patientenrechten bezieht sich schließlich auf den Erlass von Organisations- und Verfahrensregelungen, soweit diese den grundrechtlich begründeten Patientenrechten zur Wirksamkeit verhelfen. Daneben ist an den Staat ein Appell zur Ergreifung solcher organisatorischer

und verfahrensrechtlicher Maßnahmen zu richten, die für die Ausübung von Patientenrechten zwar nicht elementar sind, aber dennoch eine erhebliche Effektuierung erwarten lassen. Ein entsprechender Appell bezieht sich etwa auf die Schaffung konfliktlösender Mechanismen oder auf die teilweise bereits getroffenen Maßnahmen zu einer informierenden und beratenden Patientenunterstützung.
Aus verfahrensrechtlicher Perspektive müssen besonders die vom Staat angebotenen Institutionen zur Patientenunterstützung eine Neutralität und Objektivität gewährleistende Binnenstruktur aufweisen. Ebenso sollte sich der Staat darauf konzentrieren, für einen gerechten Interessen- und Leistungsausgleich zwischen den einzelnen konkurrierenden sowie widerstreitenden Grundrechtspositionen zu sorgen.
Eine verbesserte Berücksichtigung von Patienteninteressen und ihrer Rechte versprechen auch die verschiedenen Möglichkeiten zur Bürgerbeteiligung im Gesundheitswesen. Die vielfach geforderte Einbeziehung von Patienten und Versicherten in die entsprechenden Bereiche auf der Ebene des Gesundheitssystems würde insbesondere eine Interessenrepräsentation der zu beteiligenden Gesellschaftsgruppen sicherstellen. Ein grundrechtlich begründbares Erfordernis, Partizipationsinteressen von Patienten verfahrensrechtlich zu berücksichtigen, lässt sich allerdings, abgesehen von den Fällen individueller Rechtsbetroffenheit, nicht feststellen. Dennoch bleibt es dem Gesetzgeber offen, angemessene Beteiligungsstrukturen zu schaffen. Unter Umständen könnte insoweit schon eine Deregulierung für die Selbstverwaltung in der gesetzlichen Krankenversicherung weiterführen.
Mit der durch das GKV-Modernisierungsgestz eingeführten Beteiligung von organisierten Patientenvertretern im Gemeinsamen Bundesausschuss, wurden mittlerweile die Voraussetzungen für eine verstärkte Wahrung der Patienteninteressen in den maßgeblichen Entscheidungsprozessen geschaffen. Zugleich liegt hierin ein eindeutiges Bekenntnis des Gesetzgebers, in Zukunft vermehrt die Mitsprache der Vertreter von Patienteninteressen zu berücksichtigen. Entsprechendes gilt für die Bestellung der Patientenbeauftragten auf Bundesebene, die sich als überindividuelle Patientenvertretung um die Rechte der Patienten kümmern und deren Gewicht im politischen Entscheidungsprozess erhöhen soll. Ob diese Neuerungen auch in der Praxis nennenswerte Veränderungen bringen, wird sich allerdings erst im Laufe der Zeit ergeben.

Das grundlegende Problem, das sich in Deutschland für die Inanspruchnahme von Patientenrechten stellt, ergibt sich allerdings nicht aus dem Umfang und der Bedeutung gewährleisteter Rechte oder Unterstützungsformen, sondern aus einem unbestritten hohen Maß an Intransparenz. Der gesamte Bereich der Patientenrechte leidet erwiesenermaßen an der gegenwärtigen Rechtszersplitterung

und der sich daraus ergebenden Ungleichheit zwischen zugestandenen Rechten und ihrer tatsächlichen Inanspruchnahme. Ein gesetzgeberisches Konzept zur Kodifikation dieser Rechte ist indessen ebenfalls nicht ersichtlich. Soweit Vorschläge oder Überlegungen zur Behebung des unbefriedigenden Zustands vorgetragen werden, besteht Unsicherheit über die rechtlichen Voraussetzungen und die Rechtsfolgen. Die komplexen Probleme, die sich dem Versuch einer Kodifikation von Patientenrechten entgegenstellen, liegen letztlich nicht allein in der verfassungsrechtlichen Aufteilung relevanter Gesetzgebungskompetenzen zwischen Bund und Ländern. Auch die beschränkten Möglichkeiten mit einer Patientenrechte dokumentierenden Deklaration einen breiten Teil der Bürger bzw. der Patienten zu erreichen, erweisen sich als hemmender Faktor.
Der Rückgriff auf ein Patientenschutzgesetz, wie es von verschiedenen Seiten vorgeschlagen wird, zeigt sich aufgrund der konstitutionellen Kompetenzaufteilungen bereits im Ansatz als nicht verwirklichungsfähig. Fremd ist der Verfassung zudem eine Gesetzesform, die ohne regelnden Gehalt lediglich bestehendes Recht deklarieren soll. Dennoch erscheint die Wahl eines informatorischen Weges eher in der Lage zu sein, das gegebene Zuständigkeitshindernis zu überwinden. Eine Möglichkeit hierzu könnte sich durch den Erlass eines schlichten Parlamentsbeschusses bieten. Mit dieser in der bisherigen Staatspraxis lediglich als Ersuchen an andere Staatsorgane gerichteten Handlungsform, sollte der Bundesgesetzgeber die Fähigkeit besitzen, die Gesellschaft über bestehendes, auf Gebiete der Bundes- und Landesgesetzgebung verteiltes Recht zu informieren. Andererseits besäße der praktische Wert eines solchen Beschlusses durch sein geringes Reaktionsvermögen, auf Veränderungen einzugehen, nicht die gewünschte Relevanz. Zudem bestünde in dieser Form wohl kaum eine Möglichkeit, die auf Landesebene verbreiteten Differenzen in Berücksichtigung zu ziehen.
Ähnliche Schwachpunkte ließe auch ein im Rahmen der verfassungsrechtlichen Vorgaben umgesetztes Abkommen zwischen Bund und Ländern über die Sicherstellung von Patientenrechten erwarten. Die österreichische Variante einer solchen Vereinbarung wäre in ihrer Gestalt jedenfalls nicht auf Deutschland übertragbar.
Eine schon vom Ansatz her andere Konzeption zur Behebung des systemimmanenten Informationsdefizits läge schließlich in einer Selbstverpflichtung der beteiligten Akteure im Gesundheitssystem. Der inzwischen wiederholte Versuch, eine auf breitem Konsens beruhende, dokumentierende Patientenrechtserklärung zu erstellen, knüpft sicherlich an die Idee einer selbstverpflichtenden Patientencharta an. Vor allem die verschiedenen Standpunkte zum inhaltlichen Umfang einer solchen Erklärung, die Dokumentation zweifelhafter Rechte und fehlende Konzepte hinsichtlich eines effektiven Veröffentlichungsverfahrens konnten allerdings bisher nicht die gewünschte Ausbildung eines breiten

Rechtsbewusstseins fördern. Ob mit dem jüngsten Anlauf „Patientenrechte in Deutschland“ als erste einheitliche Patientencharta ein Umschwung zu erreichen ist, lässt sich nicht ausschließen, darf aber mangels einer überzeugenden Veröffentlichungsstrategie durchaus bezweifelt werden.
Der Schlüssel zum Erfolg bzw. zu einer effektiven Information der Gesellschaft über die in Deutschland gewährleisteten Patientenrechte und Unterstützungsformen könnte indessen in einer dezentralen Unterrichtung der Gesellschaft liegen, so wie sie ansatzweise bereits im Umweltrecht eingeführt wurde. Der Bundesgesetzgeber sollte dazu, gestützt auf den Kompetenztitel zur Regelung der Sozialversicherung, in den einzelnen Ländern die Einrichtung von Arbeitsgemeinschaften anordnen, die von den miteinander kooperierenden Krankenkassen gemeinsam zu tragen wären. Unter Mitwirkung von Vertretern weiterer Akteure des Gesundheitssystems müssten diese Organisationen in der Lage sein, Patienten und Versicherte beispielsweise über aktuelle Erklärungen mit den bestehenden Rechten und den Formen der Patientenunterstützung auf Bundesebene vertraut zu machen sowie über die bestehenden Rechte und Unterstützungsformen in den jeweiligen Ländern zu informieren. Ein entsprechendes Vorgehen könnte schließlich mit der Gewissheit erfolgen, dass eine Erklärung durch die Krankenkassen zumindest den gesetzlich versicherten Teil der Gesellschaft und damit über 90 Prozent der Bürger erreicht.

Literaturverzeichnis

Achterberg, Norbert, Parlamentsrecht, Tübingen 1984.

Aigner, Gerhard, Zur Situation der Patientenrechte in Österreich Bestandsaufnahme und Perspektiven, RdM 2000, 77 ff.

Alexy, Robert, Theorie der Grundrechte, 3. Auflage, Frankfurt am Main 1996.

Anschütz, Gerhard, Die Verfassung des Deutschen Reichs vom 11. August 1919, Neudruck der 14. Auflage, Berlin 1933, Aalen 1987.

Badura, Bernhard, Reform des Gesundheitswesens durch Aktivierung der Bürger, Versicherten und Patienten – Eine Einführung, in: Bundeszentrale für gesundheitliche Aufklärung (Herausgeberin), Bürgerbeteiligung im Gesundheitswesen – Eine länderübergreifende Herausforderung Ideen, Ansätze und internationale Erfahrungen, Forschung und Praxis der Gesundheitsförderung Band 10, Auflage: 2.1, Köln 2000, S. 34 ff.

Badura, Bernhard; Hart, Dieter; Schellschmidt, Henner, Bürgerorientierung des Gesundheitswesens, Selbstbestimmung, Schutz, Beteiligung, Gutachten im Auftrag des Ministeriums für Arbeit, Gesundheit und Soziales des Landes Nordrhein-Westfalen, Baden-Baden 1999.

Badura, Peter, Staatsrecht, Systematische Erläuterung des Grundgesetzes für die Bundesrepublik Deutschland, 2. Auflage, München 1996.

Bagehot, Walter, The English Constitution, London, 1993.

Bender, Denise, Grenzen der Schweigepflicht des Arztes bei Kenntnis von Misshandlungen oder entwürdigenden Behandlungen durch Eltern, MedR 2002, 626 ff.

Bernhardt, Rudolf, Der Abschluß völkerrechtlicher Verträge im Bundesstaat Eine Untersuchung zum deutschen und ausländischen Bundesstaatsrecht, Köln – Berlin 1957.

Bethge, Herbert, Grundrechtsverwirklichung und Grundrechtssicherung durch Organisation und Verfahren, NJW 1982, 1 ff.

Birk, Dieter, Normsetzungsbefugnis und öffentlich-rechtlicher Vertrag, NJW 1977, 1797 ff.

Bleckmann, Albert, Staatsrecht II – Die Grundrechte, 4. Auflage, Köln – Berlin – Bonn – München 1997.

Böckenförde, Ernst-Wolfgang, Öffentliches Recht: Der Honnef-Fall, JuS 1968, 375 ff.

Bollweg, Hans-Georg; Brahms, Katrin, „Patientenrechte in Deutschland" – Neue Patientencharta, NJW 2003, 1505 ff.

Bonvie, Horst, Aktuelle Fragen des ärztlichen Berufsrechts, MedR 2002, 338 ff.

Borasio, Gian Domenico; Putz, Wolfgang; Eisenmenger, Wolfgang, Neuer Beschluss des Bundesgerichtshofs, Verbindlichkeit von Patientenverfügungen gestärkt, DÄBl. 2003, A 2062 ff.

Borchert, Günter, Verbraucherschutzrecht, 2. Auflage, München 2003.

Brohm, Winfried, Kompetenzüberschneidungen im Bundesstaat, DÖV 1983, 525 ff.

Brohm, Winfried, Soziale Grundrechte und Staatszielbestimmungen in der Verfassung, JZ 1994, 213 ff.

Burkholz, Bernhard, Zur Gesetzgebungskompetenz für ein Umweltinformationsgesetz, NVwZ 1994, 124 ff.

Butzer, Hermann, Der Bereich des schlichten Parlamentsbeschlusses, Ein Beitrag insbesondere zur Frage der Substitution des förmlichen Gesetzes durch schlichten Parlamentsbeschluß, AöR 119 (1994), S. 61 ff.

Coulter, Angela, Stärkung des Einflusses von Patienten, Verbrauchern und Bürgern – Die Effektivität politischer Instrumente, in: Bundeszentrale für gesundheitliche Aufklärung (Herausgeberin), Bürgerbeteiligung im Gesundheitswesen – Eine länderübergreifende Herausforderung, Ideen, Ansätze und internationale Erfahrungen, Forschung und Praxis der Gesundheitsförderung Band 10, Auflage: 2.1, Köln 2000, S. 138 ff.

Damm, Reinhard, Medizintechnik und Arzthaftungsrecht, Behandlungsfehler und Aufklärungspflicht bei medizintechnischen Behandlungsalternativen, NJW 1989, 737 ff.

Damm, Reinhard, Imperfekte Autonomie und Neopaternalismus, Medizinrechtliche Probleme der Selbstbestimmung in der modernen Medizin, MedR 2002, 375 ff.

Danner, Martin, Wann ist die Mitwirkung von Patientenvertretern in Entscheidungsgremien „demokratisch legitimiert"?, MedR 2000, 468 ff.

Dekkers, Fons, Berechtigung von Patientenvertretungen – Erfahrungen in den Niederlanden, in: Bundeszentrale für gesundheitliche Aufklärung (Herausgeberin), Bürgerbeteiligung im Gesundheitswesen – Eine länderübergreifende Herausforderung, Ideen, Ansätze und internationale Erfahrungen, Forschung und Praxis der Gesundheitsförderung Band 10, Auflage: 2.1, Köln 2000, S. 166 f.

Deutsch, Erwin, Haftungsfreistellung von Arzt oder Klinik und Verzicht auf Aufklärung durch Unterschrift des Patienten, NJW 1983, 1351 ff.

Deutsch, Erwin, Arztrecht und Arzneimittelrecht, Eine zusammenfassende Darstellung mit Fallbeispielen und Texten, 2. Auflage, Berlin – Heidelberg – New York – London – Paris – Tokyo – Hong Kong – Barcelona – Budapest 1991.

Deutsch, Erwin, Medizinrecht, Arztrecht, Arzneimittelrecht und Medizinprodukterecht, 4. Auflage, Berlin – Heidelberg – New York – Barcelona – Hongkong – London – Mailand – Paris – Singapur – Tokio 1999.

Deutscher Bundestag Referat Öffentlichkeitsarbeit, Enquete-Kommission Recht und Ethik der modernen Medizin, Schlussbericht, Berlin 2002.

Dreier, Horst, Grundgesetz, Kommentar, -Band I, Art. 1-19, Tübingen 1996.

- Band II, Art. 20-82, Tübingen 1998.

Dupré, Karl, Ärztliche Behandlungsfehler, Geschädigte Patienten und ihre Rechtsansprüche, Wiesbaden 1989.

Eibach, Ulrich; Schaefer, Klaus, Patientenautonomie und Patientenwünsche in Krisensituationen, Der Gynäkologe 2001, 359 f.

Eisner, Beat, Die Aufklärungspflicht des Arztes, Die Rechtslage in Deutschland, der Schweiz und den USA, Bern – Göttingen – Toronto – Seattle 1992.

Erens, Oliver, Koordinierungsausschuss verfassungswidrig?, DÄBl. 2002, A 688.

Eser, Albin, Medizin und Strafrecht: Eine schutzgutorientierte Problemübersicht, ZStW 97 (1985), S. 1 ff.

Fischer, Gerfried; Kluth, Winfried; Lilie, Hans, Ansätze für eine Stärkung der Patientenrechte im deutschen Recht – Bestandsaufnahme und Handlungsperspektiven, Rechtsgutachten erstellt im Auftrag der Enquete-Kommission „Recht und Ethik der modernen Medizin" des Deutschen Bundestages, Zweite Fassung, Stand März 2002.

Fischer, Gerfried; Lilie, Hans, Ärztliche Verantwortung im europäischen Rechtsvergleich, Köln – Berlin – Bonn – München 1999.

Flintrop, Jens, Zentrum für Qualität in der Medizin, Alternative im Gespräch, DÄBl. 2003, B 513.

Fluck, Jürgen; Theuer, Andreas, Umweltinformationsrecht, UIG, Kommentar, Vorschriften des Bundes, der Länder und der EG, Rechtsprechung, Loseblatt-Ausgabe, Heidelberg 1994 – 2002.

Frahm, Wolfgang; Nixdorf, Wolfgang, Arzthaftungsrecht, Leitfaden für die Praxis, 2. Auflage, Karlsruhe 2001.

Francke, Robert, Ärztliche Berufsfreiheit und Patientenrechte, Eine Untersuchung zu den verfassungsrechtlichen Grundlagen des ärztlichen Berufsrechts und des Patientenschutzes, Stuttgart 1994.

Francke, Robert; Hart, Dieter, Charta der Patientenrechte, 1. Auflage, Baden-Baden 1999.

Francke, Robert; Hart, Dieter, Bürgerbeteiligung im Gesundheitswesen, 1. Auflage, Baden-Baden 2001.

Friesenhahn, Ernst, Parlament und Regierung im modernen Staat, VVDStRL 16 (1958), S. 9 ff.

Gerst, Thomas, Patientenforum, Plattform für gemeinsames Handeln, DÄBl. 1998, A 1515.

Gerst, Thomas, Ärztliche Fortbildung, Zertifiziert und freiwillig, DÄBl. 2001, A 1308 ff.

Gerst, Thomas, Patientenrechte inbegriffen?, DÄBl. 2001, A 3416.

Gerst, Thomas, Fortbildung, Weiter in der Diskussion, DÄBl. 2002, B 136.

Giesen, Dieter, Zwischen Patientenwohl und Patientenwille, Aufklärungsrechtliche Entwicklungen in der höchstrichterlichen Rechtsprechung Deutschlands, Österreichs und der Schweiz in rechtsvergleichender Sicht. Eine Bestandsaufnahme. JZ 1987, 282 ff.

Giesen, Dieter, Arzthaftungsrecht, 4. Auflage, Tübingen 1995.

Gramm, Christof, Rechtsfragen der staatlichen Aids-Aufklärung, NJW 1989, 2917 ff.

Grawert, Rolf, Verwaltungsabkommen zwischen Bund und Ländern in der Bundesrepublik Deutschland, Eine kritische Untersuchung der gegenwärtigen Staatspraxis mit einer Zusammenstellung der zwischen Bund und Ländern abgeschlossenen Abkommen, Berlin 1967.

Grewe, Wilhelm, Die auswärtige Gewalt der Bundesrepublik, VVDStRL 12 (1954), S. 129 ff.

Güntert, Bernhard J., Patientenvertretung in Deutschland – Eine kritische Analyse aus ökonomischer Sicht, in: Bundeszentrale für gesundheitliche Aufklärung (Herausgeberin), Bürgerbeteiligung im Gesundheitswesen – Eine länderübergreifende Herausforderung, Ideen, Ansätze und internationale Erfahrungen, Forschung und Praxis der Gesundheitsförderung Band 10, Auflage: 2.1, Köln 2000, S. 167 ff.

Häberle, Peter, Grundrechte im Leistungsstaat, VVDStRL 30 (1972), S. 43 ff.

Häberle, Peter, Die europäische Verfassungsstaatlichkeit, KritV 78 (1995), S. 298 ff.

Hain, Karl-Eberhard, Der Gesetzgeber in der Klemme zwischen Übermaß- und Untermaßverbot?, DVBl. 1993, 982 ff.

Hamilton, Geert-Jan, Krankenversicherungen – Wettbewerber und/oder Verbrauchervertreter?, in: Bundeszentrale für gesundheitliche Aufklärung (Herausgeberin), Bürgerbeteiligung im Gesundheitswesen – Eine länderübergreifende Herausforderung, Ideen, Ansätze und internationale Erfahrungen, Forschung und Praxis der Gesundheitsförderung Band 10, Auflage: 2.1, Köln 2000, S. 51 ff.

Hanika, Heinrich, Patientencharta, Stärkung der Rechte der Patienten bei der Reform der Gesundheitssysteme in Europa – Herausforderungen für Deutschland?!, MedR 1999, 149 ff.

Hart, Dieter, Bürgerbeteiligung: Zum Konzept und seinen rechtlichen Rahmenbedingungen, in: Bundeszentrale für gesundheitliche Aufklärung (Herausgeberin), Bürgerbeteiligung im Gesundheitswesen – Eine länderübergreifende Herausforderung, Ideen, Ansätze und internationale Erfahrungen, Forschung und Praxis der Gesundheitsförderung Band 10, Auflage: 2.1, Köln 2000, S. 73 ff.

Hart, Dieter, Spannungen zwischen dem Haftungs-, Arzneimittel- und Sozialrecht, MedR 2002, 321 ff.

Hauck, Karl; Haines, Hartmut, SGB V, Gesetzliche Krankenversicherung, Kommentar, 2. Band, Loseblatt-Ausgabe, Berlin 1989.

Hauck, Karl; Noftz, Wolfgang, Sozialgesetzbuch, Gesamtkommentar, SGB V, Gesetzliche Krankenversicherung, 1. Band, Loseblattsammlung, Berlin 1989.

Heiden, Gertrud, Öffentlich-rechtliche Verträge zwischen Bund und Ländern in der Bundesrepublik Deutschland.

Heintzen, Markus, Hoheitliche Warnungen und Empfehlungen im Bundesstaat, NJW 1990, 1448 ff.

Hermes, Georg, Das Grundrecht auf Schutz von Leben und Gesundheit Schutzpflicht und Schutzanspruch aus Art. 2 Abs. 2 Satz 1 GG, Heidelberg 1987.

Herzog, Roman, Bundes- und Landesstaatsgewalt im demokratischen Bundesstaat, DÖV 1962, 81 ff.

Hesse, Konrad, Bestand und Bedeutung der Grundrechte in der Bundesrepublik Deutschland, EuGRZ 1978, 427 ff.

Hesse, Konrad, Grundzüge des Verfassungsrechts der Bundesrepublik Deutschland, 20. Auflage, Heidelberg 1995.

Hill, Hermann, Normkonkretisierende Verwaltungsvorschriften, NVwZ 1989, 401 ff.

Hixt, Lothar, Regionalisierung und Föderalisierung der gesetzlichen Krankenversicherung, Ein Beitrag zur Organisationsreform der GKV jenseits des Gesundheits-Strukturgesetzes vom 21. 12. 1992, Frankfurt am Main 1996.

Hoc, Siegfried, Medizinkommunikation, Zwischen Informationsanspruch und gesetzlichen Risiken, DÄBl. 2002, A 1809 ff.

Höfling, Wolfram, Um Leben und Tod: Transplantationsgesetzgebung und Grundrecht auf Leben, JZ 1995, 26 ff.

Höfling, Wolfram, Hirntodkonzeption und Transplantationsgesetzgebung, MedR 1996, 6 ff.

Horn, Hans-Detlef, Experimentelle Gesetzgebung unter dem Grundgesetz, Berlin 1989.

Hufen, Friedhelm, In dubio pro dignitate, Selbstbestimmung und Grundrechtsschutz am Ende des Lebens, NJW 2001, 849 ff.

Ipsen, Jörn, Staatsrecht II, Grundrechte, 5. Auflage, Neuwied 2002.

Isensee, Josef, Das Grundrecht auf Sicherheit, Zu den Schutzpflichten des freiheitlichen Verfassungsstaates, Berlin – New York 1983.

Isensee, Josef; Kirchhof, Paul, Handbuch des Staatsrechts der Bundesrepublik Deutschland, Band I, Grundlagen von Staat und Verfassung, 2. Auflage, Heidelberg 1995.

- Band II, Demokratische Willensbildung – Die Staatsorgane des Bundestages, 2. Auflage, Heidelberg 1998.

- Band III, Das Handeln des Staates, 2. Auflage, Heidelberg 1996.

- Band IV, Finanzverfassung – Bundesstaatliche Ordnung, 2. Auflage, Heidelberg 1999.

- Band V, Allgemeine Grundrechtslehren, Heidelberg 1992.

- Band VI, Freiheitsrechte, Heidelberg 1989.

- Band VII, Normativität und Schutz der Verfassung – Internationale Beziehungen, Heidelberg 1992.

Ismayr, Wolfgang, Der Deutsche Bundestag, Funktionen, Willensbildung, Reformansätze, Opladen 1992.

Jaeger, Renate, Informationsanspruch des Patienten – Grenzen der Werbung im Gesundheitswesen, MedR 2003, 263 ff.

Jarass, Hans D., Grundrechte als Wertentscheidungen bzw. objektivrechtliche Prinzipien in der Rechtsprechung des Bundesverfassungsgerichts, AöR 110 (1985), S. 363 ff.

Jarass, Hans D.; Pieroth, Bodo, Grundgesetz für die Bundesrepublik Deutschland, 6. Auflage, München 2002.

Jost, Timothy Stoltzfus, Gesundheitsreform: Lehren aus amerikanischen Erfahrungen, RPG 1998, Heft 1/2 S. 45 ff.

Katzenmeier, Christian, Qualität im Gesundheitswesen, Patienteninformation – Patientenschutz – Verfahrensqualität, MedR 1997, 498 ff.

Katzenmeier, Christian, Individuelle Patientenrechte – Selbstbindung oder Gesetz, JR 2002, 444 ff.

Katzenmeier, Christian, Schuldrechtsmodernisierung und Schadensersatzrechtsänderung – Umbruch in der Arzthaftung, VersR 2002, 1066 ff.

Kaufmann, Arthur, Die eigenmächtige Heilbehandlung, ZStW 73 (1961), S. 341 ff.

Kempen, Otto Ernst, Grundgesetz, amtliche Öffentlichkeitsarbeit und politische Willensbildung, Berlin 1975.

Kienle, Gunver S.; Karutz, Markus; Matthes, Harald; Matthiessen, Peter; Petersen, Peter; Kiene, Helmut, Evidenzbasierte Medizin, Konkurs der ärztlichen Urteilskraft?, DÄBl. 2003, A 2142 ff.

Kirchhof, Ferdinand, Rechtspflicht zur Zusatzveröffentlichung kommunaler Normen, DÖV 1982, 397 ff.

Kisker, Gunter, Kooperation im Bundesstaat, Eine Untersuchung zum kooperativen Föderalismus in der Bundesrepublik Deutschland, Tübingen 1971.

Klinkhammer, Gisela, Ethikkommissionen, Verwirrende Vielfalt, DÄBl. 2003, A 304 ff.

Kluth, Winfried, Der Preis der Gewissensfreiheit im weltanschaulich pluralen Leistungsstaat, Eine exemplarische Untersuchung im Bereich des Gesundheitswesens, in: Muckel, Stefan, Kirche und Religion im sozialen Rechtsstaat, Festschrift für Wolfgang Rüfner zum 70. Geburtstag, Berlin 2003, S. 459 ff.

Knopp, Lothar, Aktive Sterbehilfe – Europäische Entwicklungen und „Selbstbestimmungsrecht“ des Patienten aus verfassungsrechtlicher Sicht, MedR 2003, 379 ff.

Kölble, Josef, Verwaltungsabkommen zwischen Bund und Ländern, DÖV 1960, 650 ff.

Kopp, Ferdinand, Zur Geltungsgrundlage der Staatsverträge zwischen den Ländern, JZ 1970, 278 ff.

Kranich, Christoph; Böcken, Jan, Patientenrecht und Patientenunterstützung in Europa, 1. Auflage, Baden-Baden 1997.

Kratzer, Jakob, Parlamentsbeschlüsse, ihre Wirkung und Überprüfung, BayVBl. 1966, 365 ff.

Krings, Günter, Grund und Grenzen grundrechtlicher Schutzansprüche, Die subjektiv-rechtliche Rekonstruktion der grundrechtlichen Schutzpflichten und ihre Auswirkung auf die verfassungsrechtliche Fundierung des Verbrauchervertragsrechts, Berlin 2003.

Kunig, Philip; Paetow, Stefan; Versteyl, Ludger-Anselm, Kreislaufwirtschafts- und Abfallgesetz (KrW-/AbfG), Kommentar, München 1998.

Lackner, Karl; Kühl, Kristian, Strafgesetzbuch mit Erläuterungen, 24. Auflage, München 2001.

Laufs, Adolf, Arztrecht, 5. Auflage, München 1993.

Laufs, Adolf, Patientenrechte, NJW 2000, 846 ff.

Laufs, Adolf, Nicht der Arzt allein muss bereit sein, das Notwendige zu tun, NJW 2000, 1757 ff.

Laufs, Adolf; Dierks, Christian; Wienke, Albrecht; Graf-Baumann, Toni; Hirsch, Günther, Die Entwicklung der Arzthaftung, Berlin – Heidelberg – New York – Barcelona – Budapest – Hongkong – London – Mailand – Paris – Santa Clara – Singapur – Tokio 1997.

Laufs, Adolf; Reiling, Emil, Ethik-Kommissionen – Vorrecht der Ärztekammern?, Berlin – Heidelberg – New York – London – Paris – Tokyo – Hong Kong – Barcelona – Budapest 1991.

Laufs, Adolf; Uhlenbruck, Wilhelm, Handbuch des Arztrechts, 3. Auflage, München 2002.

Leibholz, Gerhard, Strukturprobleme der modernen Demokratie, 3. Auflage, Karlsruhe 1967.

Leipziger Kommentar, Großkommentar zum StGB, Herausgegeben von Burkhard Jähnke, Heinrich Wilhelm Laufhütte, Walter Odersky, 37. Lieferung §§ 223-233, 11. Auflage, Berlin – NewYork 2001.

Leisner, Walter, Öffentlichkeitsarbeit der Regierung im Rechtsstaat, Dargestellt am Beispiel des Presse- und Informationsamtes der Bundesregierung, Berlin 1966.

Leisner, Walter, Schwächung der Landesparlamente durch grundgesetzlichen Föderalismus, DÖV 1968, 389 ff.

Lerche, Peter, Aktuelle föderalistische Verfassungsfragen, München 1968.

Lübbe-Wolff, Gertrude, Der Anspruch auf Information über den Inhalt ermessensbindender Verwaltungsvorschriften, DÖV 1980, 594 ff.

Lübbe-Wolff, Gertrude, Rechtsprobleme der behördlichen Umweltberatung, NJW 1987, 2705 ff.

Lübbe-Wolff, Gertrude, Die Grundrechte als Eingriffsabwehrrechte, 1. Auflage, Baden-Baden 1988.

Luxenburger, Bernd, Arbeitsgruppe „Patientenrechte in Deutschland: Fortentwicklungsbedarf und Fortentwicklungsmöglichkeiten", Bericht der Unterarbeitsgruppe III: „Arztvertragsrecht und Behandlungsfehlerhaftung", MedR 2001, 594 ff.

Martens, Wolfgang, Öffentlich als Rechtsbegriff, Bad Homburg v.d.H. – Berlin – Zürich 1969.

Maunz, Theodor, Deutsches Staatsrecht, 22. Auflage, München 1978.

Maunz, Theodor; Dürig, Günter; Herzog, Roman; u. a., Grundgesetz, Kommentar, Loseblattsammlung, 35. Ergänzungslieferung, München 1999.

Maus, Josef, Patientenbeteiligung im Gesundheitswesen, Freiwillige Annäherung, DÄBl. 2001, A 2917 f.

Mellert, J., Einführung in das Qualitätsmanagement, ÄBl. Sachsen-Anhalt 2002, 7 ff.

Meschke, Andreas; Dahm, Franz-Josef, Die Befugnis der Krankenkassen zur Einsichtnahme in Patientenunterlagen, MedR 2002, 346 ff.

Mierzewski, Piotr, Gesundheit für alle? Alle für die Gesundheit!, in: Bundeszentrale für gesundheitliche Aufklärung (Herausgeberin), Bürgerbeteiligung im Gesundheitswesen – Eine länderübergreifende Herausforderung, Ideen, Ansätze und internationale Erfahrungen, Forschung und Praxis der Gesundheitsförderung Band 10, Auflage: 2.1, Köln 2000, S. 201 ff.

Mulley, Albert G., Qualitätsentwicklung im Gesundheitswesen – Die Rolle des Patienten, in: Bundeszentrale für gesundheitliche Aufklärung (Herausgeberin), Bürgerbeteiligung im Gesundheitswesen – Eine länderübergreifende Herausforderung, Ideen, Ansätze und internationale Erfahrungen, Forschung und Praxis der Gesundheitsförderung Band 10, Auflage: 2.1, Köln 2000, S. 105 ff.

Münch, Fritz, Diskussionsbeitrag, VVDStRL 16 (1958), S. 133 ff.

Münchener Kommentar, Bürgerliches Gesetzbuch, 3. Auflage, München 1997.

Murswiek, Dietrich, Der Umfang der verfassungsgerichtlichen Kontrolle staatlicher Öffentlichkeitsarbeit – Zum „Grundsatz des judicial self-restraint“ –, DÖV 1982, 529 ff.

Murswiek, Dietrich, Grundfälle zur Vereinigungsfreiheit – Art. 9 I, II GG, JuS 1992, 116 ff.

Natter, Eberhard, Der Arztvertrag mit dem sozialversicherten Patienten, Köln – Berlin – Bonn – München 1987.

Neuhold, Hanspeter; Hummer, Waldemar; Schreuer, Christoph, Österreichisches Handbuch des Völkerrechts, Band 1: Textteil, 3. Auflage, Wien 1997.

Neumann, Gerhard, Gutachterkommissionen und Schlichtungsstellen, Eine Evaluation der Ergebnisse, MedR 1998, 309 ff.

Ossenbühl, Fritz, Kernenergie im Spiegel des Verfassungsrechts, DÖV 1981, 1 ff.

Palandt, Otto, Bürgerliches Gesetzbuch, 62. Auflage, München 2003.

Pickl, Viktor, Verbraucherschutz im Gesundheitswesen – Eine gemeinsame Aufgabe, in: Bundeszentrale für gesundheitliche Aufklärung (Herausgeberin), Bürgerbeteiligung im Gesundheitswesen – Eine länderübergreifende Herausforderung, Ideen, Ansätze und internationale Erfahrungen, Forschung und Praxis der Gesundheitsförderung Band 10, Auflage: 2.1, Köln 2000, S. 89 ff.

Ponsold, Albert, Lehrbuch der gerichtlichen Medizin: einschließlich der aerztlichen Rechtskunde und der Versicherungsmedizin, 2. Auflage, Stuttgart 1957.

Rausch, Heinz, Parlament und Regierung in der Bundesrepublik Deutschland, 3. Auflage, München 1971.

RGRK, Das Bürgerliche Gesetzbuch mit besonderer Berücksichtigung der Rechtsprechung des Reichsgerichts und des Bundesgerichtshofes, Band II, 5. Teil, §§ 812- 831, 12. Auflage, Berlin – New York 1989.

Richter, Ingo; Schuppert, Gunnar Folke; Bumke, Christian, Casebook Verfassungsrecht, 4. Auflage, München 2001.

Ricker, Reinhart, Rechtliche Grundlagen und Harmonisierung der Landesmediengesetze, ZRP 1986, 224 ff.

Rieser, Sabine, Patientenrechte, 20 Seiten Übereinkunft – anstelle eines Gesetzes, DÄBl. 2003, A 814.

Rill, Heinz Peter, Gliedstaatsverträge, Eine Untersuchung nach österreichischem und deutschem Recht, Wien – New York 1972.

Rosenberg, Leo; Schwab, Karl Heinz; Gottwald, Peter, Zivilprozessrecht, 15. Auflage, München 1993.

Rudolf, Walter, Zum System der staatlichen Rechtsordnungen in der Bundesrepublik Deutschland, DÖV 1966, 73 ff.

Rudolf, Walter, Völkerrecht und deutsches Recht, Theoretische und dogmatische Untersuchungen über die Anwendung völkerrechtlicher Normen in der Bundesrepublik Deutschland, Tübingen 1967.

Rudolf, Walter, Bund und Länder im aktuellen deutschen Verfassungsrecht, Bad Homburg v.d.H. – Berlin – Zürich 1968.

Rudolf, Walter; Jutzi, Siegfrid, Verfassungspflicht zur Harmonisierung der Landesmediengesetze?, ZRP 1987, 2 ff.

Sachs, Michael, Grundgesetz, Kommentar, 3. Auflage, München 2003.

Sackett, David L; Rosenberg, William MC; Gray, JA Muir; Haynes, R Brian; Richardson, W Scott, Evidence based medicine: what it is and what it isn´t, BMJ 1996, 312: 71 f.

Saltman, Richard B., Der konzeptionelle Kontext für eine Bürgerbeteiligung im Gesundheitswesen, in: Bundeszentrale für gesundheitliche Aufklärung (Herausgeberin), Bürgerbeteiligung im Gesundheitswesen – Eine länderübergreifende Herausforderung, Ideen, Ansätze und internationale Erfahrungen, Forschung und Praxis der Gesundheitsförderung Band 10, Auflage: 2.1, Köln 2000, S. 40 ff.

Scheuner, Ulrich, Verfassungsgerichtsbarkeit und Gesetzgebung – Zum ersten Thema der Staatsrechtslehrertagung 1980 –, DÖV 1980, 473 ff.

Schlette, Volker, Das Gesetz als zentrales Steuerungsinstrument des Rechtsstaates – Symposium anläßlich des 60. Geburtstages von Christian Starck –, DVBl. 1997, 993 ff.

Schmidt, Klaus, Qualitäts-Offensive in Bayern, Zertifikate für Endoskopie, DÄBl. 2002, A 256.

Schneider, Günther, Patientenrechte, MedR 2000, 497 ff.

Schneider, Hans, Verträge zwischen Gliedstaaten im Bundesstaat, VVDStRL 19 (1961), S. 1 ff.

Scholz, Rupert, Landesparlamente und Bundesrat, in: Börner, Bodo / Jahrreiß, Hermann / Stern, Klaus, Einigkeit und Recht und Freiheit, Festschrift für Karl Carstens, Band 2, Köln – Berlin – Bonn – München 1984, S. 831 ff.

Schomerus, Thomas; Schrader, Christian; Wegener, Bernhard W., Umweltinformationsgesetz, Kommentar, 1. Auflage, Baden-Baden 1995.

Schönke, Adolf; Schröder, Horst, Strafgesetzbuch, Kommentar, 26. Auflage, München 2001.

Schreiber, Hans-Ludwig, Strafrecht der Medizin, in: Roxin Claus/ Widmaier, Gunter, 50 Jahre Bundesgerichtshof, Festgabe aus der Wissenschaft, Band IV. Strafrecht, Strafprozessrecht, München 2000, S. 503 ff.

Schulin, Bertram, Handbuch des Sozialversicherungsrechts, Band 1 Krankenversicherungsrecht, München 1994.

Schulze, Jan, Ärzte und Patienten im Spannungsfeld von Politik und Ökonomie, ÄBl. Sachsen 2001, 536.

Schürmann, Frank, Öffentlichkeitsarbeit der Bundesregierung, Strukturen, Medien, Auftrag und Grenzen eines informalen Instruments der Staatsleitung, Berlin 1992.

Seewald, Otfried, Zum Verfassungsrecht auf Gesundheit, Köln – Berlin – Bonn – München 1981.

Sellmann, Klaus-Albrecht, Der schlichte Parlamentsbeschluß, Eine Studie zum Parlamentsakt außerhalb des Gesetzgebungsverfahrens, Dargestellt an Beschlüssen des Bundestages und des Bayerischen Landtages, Berlin 1966.

Spann, Wolfgang, Das „Patiententestament", MedR 1983, 13 ff.

Stamer, Katrin, Die Ethik-Kommissionen in Baden-Württemberg: Verfassung und Verfahren, Frankfurt am Main – Berlin – Bern – New York – Paris – Wien 1998.

Steffen, Erich, Mehr Schutz für die Patientenrechte durch ein Patienten-Schutzgesetz oder eine Patienten-Charta?, MedR 2002, 190 ff.

Steffen, Erich, Wieviele Tode stirbt der Mensch?, NJW 1997, 1619 f.

Steffen, Erich; Dressler, Wolf-Dieter, Arzthaftungsrecht, Neue Entwicklungsrichtlinien der BGH-Rechtsprechung, 9. Auflage, Köln 2002.

Stegers, Christoph M., Schutz der Patientenrechte: Charta oder Gesetz?, AnwBl 51 (2001), S. 545 ff.

Steiner, Udo, Das Bundesverfassungsgericht und die Volksgesundheit, MedR 2003, 1 ff.

Stern, Klaus, Das Staatsrecht der Bundesrepublik Deutschland, Band I Grundbegriffe und Grundlagen des Staatsrechts, Strukturprinzipien der Verfassung, 2. Auflage, München 1984.

- Band II Staatsorgane, Staatsfunktionen, Finanz- und Haushaltsverfassung, Notstandsverfassung, München 1980.

- Band III Allgemeine Lehren der Grundrechte, 1. Halbband Grundlagen und Geschichte, nationaler und internationaler Grundrechtskonstitutionalismus, juristische Bedeutung der Grundrechte, Grundrechtsberechtigte, Grundrechtsverpflichtete, München 1988.

Sternberg-Lieben, Detlev, Tod und Strafrecht, JA 1997, 80 ff.

Straub, Christoph, Verbesserung der Versorgungsqualität unter Beteiligung der Patienten – Einige Ansätze, in: Bundeszentrale für gesundheitliche Aufklärung (Herausgeberin), Bürgerbeteiligung im Gesundheitswesen – Eine länderübergreifende Herausforderung, Ideen, Ansätze und internationale Erfahrungen, Forschung und Praxis der Gesundheitsförderung Band 10, Auflage: 2.1, Köln 2000, S. 118 ff.

Sywottek, Mathias, Anmerkung zu „Einführung in das Qualitätsmanagement", ÄBl. Sachsen-Anhalt 2002, 9 f.

Taupitz, Jochen, Die Vertretung kollektiver Patienteninteressen, MedR 2003, 7 ff.

Tröndle, Herbert; Fischer, Thomas, Strafgesetzbuch und Nebengesetze, 51. Auflage, München 2003.

Trossmann, Hans, Der Bundestag: Verfassungsrecht und Verfassungswirklichkeit, JöR NF 28 (1979), S. 1 ff.

van den Daele, Wolfgang; Müller – Salomon, Heribert, Die Kontrolle der Forschung am Menschen durch Ethikkommissionen, Stuttgart 1990.

Vedder, Christoph, Intraföderale Staatsverträge, 1. Auflage, Baden-Baden 1996.

Vienonen, Mikko A., Von einer Ethik der Ignoranz hin zur Bürgerbeteiligung, in: Bundeszentrale für gesundheitliche Aufklärung (Herausgeberin), Bürgerbeteiligung im Gesundheitswesen – Eine länderübergreifende Herausforderung, Ideen, Ansätze und internationale Erfahrungen, Forschung und Praxis der Gesundheitsförderung Band 10, Auflage: 2.1, Köln 2000, S. 58 ff.

von Mangoldt, Hermann; Klein, Friedrich; Starck, Christian, Das Bonner Grundgesetzt, Kommentar, Band 1: Präambel, Art. 1 bis 19, 4. Auflage, München 1999.

- Band 2: Artikel 20 bis 78, 4. Auflage, München 2000.

- Band 3: Artikel 20 bis 78, 4. Auflage, München 2000.

von Münch, Ingo, Staatsrecht II, 5. Auflage, Stuttgart – Berlin – Köln 2002.

von Münch, Ingo; Kunig, Philip, Grundgesetz-Kommentar, Band 1 (Präambel bis Art. 20), 5. Auflage, München 2000.

- Band 2 (Art. 20 bis Art. 69), 4./5. Auflage, München 2001.

- Band 3 (Art. 70 bis Art. 146 und Gesamtregister), 3. Auflage, München 1996.

Weber, Ingbert; Brenner, Gerhard; Weisner, Eckhard, WHO-Studie, Gewogen – und zu leicht befunden, DÄBl. 2001, A 2932 ff.

Weber, Stefan, Die Organisation der gesetzlichen Krankenversicherung – Gestaltungsmöglichkeiten des Bundesgesetzgebers –, Berlin 1995.

Weidringer, Johann; Wilhelm Koch, Hans Helmut; Schäfer, Robert; Engelbrecht, Justina; Leibbrandt, Cees; Harvey, Leonhard; Ferguson, Blair; Parboosingh, John, Reglementierte Fortbildung, Keine Garantie für eine bessere Versorgung, DÄBl. 2003, A 976 ff.

Weingart, Olaf, Evidenzbasierte Medizin, Grundlage ärztlichen Handelns, DÄBl. 2002, A 2685 f.

Wimmer, Raimund, Kommunale Gesundheitskonferenzen in Nordrhein Westfalen – Kein Modell für Deutschland –, DVBl. 2000, 27 ff.

Wolf, Hans J.; Bachof, Otto; Stober, Rolf, Verwaltungsrecht Band 2, 6. Auflage, München 2000.

- Verwaltungsrecht II, Besonderes Organisations- und Dienstrecht, 5. Auflage, München 1987.

Würkner, Joachim, Die Freiheit der Kunst in der Rechtsprechung von BVerfG und BVerwG, NVwZ 1992, 1 ff.

Ziegenfuss, James T., Patientenvertretungs- und Ombudsmann-Programme als Beitrag zum Qualitätsmanagement, in: Bundeszentrale für gesundheitliche Aufklärung (Herausgeberin), Bürgerbeteiligung im Gesundheitswesen – Eine länderübergreifende Herausforderung, Ideen, Ansätze und internationale Erfahrungen, Forschung und Praxis der Gesundheitsförderung Band 10, Auflage: 2.1, Köln 2000, S. 184 ff.

Zöller, Richard, Zivilprozessordnung, 23. Auflage, Köln 2002.

Zypries, Brigitte, Patientenrechte, Mehr Transparenz im medizinischen Behandlungsverhältnis, DÄBl. 2003, A 812 f.

Die Reihe RECHT UND MEDIZIN wird von den Professoren Deutsch (Göttingen), Laufs (Heidelberg) und Schreiber (Göttingen) herausgegeben. Ihre Aufgabe ist es, Monographien und Dissertationen auf dem Gebiet des medizinischen Rechts zu veröffentlichen. Dieses Gebiet, das an Bedeutung noch zunehmen wird, umfaßt auf der juristischen Seite sowohl zivilrechtliche als auch straf- und öffentlich-rechtliche Fragestellungen. Die Fragen können von der juristischen oder von der medizinischen Seite aus untersucht werden. Übergreifendes Ziel ist es, den medizin-rechtlichen Fragen nicht etwa ein gängiges juristisches Denkschema überzuwerfen, sondern die besonderen Probleme der Regelung medizinischer Sachverhalte eigenständig aufzufassen und darzustellen.

Die Adressen der drei Herausgeber sind:

Prof. Dr. Dr. h.c. Erwin Deutsch (Zivilrecht und Rechtsvergleichung)
Höltystraße 8
37085 Göttingen

Prof. Dr. Dr. h.c. Adolf Laufs (Zivilrecht und Rechtsgeschichte)
Kohlackerweg 12
69151 Neckargemünd

Prof. Dr. Dr. h.c. Hans-Ludwig Schreiber (Strafrecht und Rechtstheorie)
Grazer Str. 14
30519 Hannover

RECHT UND MEDIZIN

Band 1 Erwin Deutsch: Das Recht der klinischen Forschung am Menschen. Zulässigkeit und Folgen der Versuche am Menschen, dargestellt im Vergleich zu dem amerikanischen Beispiel und den internationalen Regelungen. 1979.

Band 2 Thomas Carstens: Das Recht der Organtransplantation. Stand und Tendenzen des deutschen Rechts im Vergleich zu ausländischen Gesetzen. 1979.

Band 3 Moritz Linzbach: Informed Consent. Die Aufklärungspflicht des Arztes im amerikanischen und im deutschen Recht. 1980.

Band 4 Volker Henschel: Aufgabe und Tätigkeit der Schlichtungs- und Gutachterstellen für Arzthaftpflichtstreitigkeiten. 1980.

Band 5 Hans Lilie: Ärztliche Dokumentation und Informationsrechte des Patienten. Eine arztrechtliche Studie zum deutschen und amerikanischen Recht. 1980.

Band 6 Peter Mengert: Rechtsmedizinische Probleme in der Psychotherapie. 1981.

Band 7 Hazel G.S. Marinero: Arzneimittelhaftung in den USA und Deutschland. 1982.

Band 8 Wolfram Eberbach. Die zivilrechtliche Beurteilung der *Humanforschung.* 1982.

Band 9 Wolfgang Deuchler: Die Haftung des Arztes für die unerwünschte Geburt eines Kindes ("wrongful birth"). Eine rechtsvergleichende Darstellung des amerikanischen und deutschen Rechts. 1984.

Band 10 Hermann Schünemann: Die Rechte am menschlichen Körper. 1985.

Band 11 Joachim Sick: Beweisrecht im Arzthaftpflichtprozeß. 1986.

Band 12 Michael Pap: Extrakorporale Befruchtung und Embryotransfer aus arztrechtlicher Sicht; insbesondere: Der Schutz des werdenden Lebens in vitro. 1987.

Band 13 Sabine Rickmann: Zur Wirksamkeit von Patiententestamenten im Bereich des Strafrechts. 1987.

Band 14 Joachim Czwalinna: Ethik-Kommissionen - Forschungslegitimation durch Verfahren. 1987.

Band 15 Günter Schirmer: Status und Schutz des frühen Embryos bei der *In-vitro*-Fertilisation. Rechtslage und Diskussionsstand in Deutschland im Vergleich zu den Ländern des angloamerikanischen Rechtskreises. 1987.

Band 16 Sabine Dönicke: Strafrechtliche Aspekte der Katastrophenmedizin. 1987.

Band 17 Erwin Bernat: Rechtsfragen medizinisch assistierter Zeugung. 1989.

Band 18 Hartmut Schulz: Haftung für Infektionen. 1988.

Band 19 Herbert Harrer: Zivilrechtliche Haftung bei durchkreuzter Familienplanung. 1989.

Band 20 Reiner Füllmich: Der Tod im Krankenhaus und das Selbstbestimmungsrecht des Patienten. Über das Recht des nicht entscheidungsfähigen Patienten, künstlich lebensverlängernde Maßnahmen abzulehnen. 1990.

Band 21 Franziska Knothe: Staatshaftung bei der Zulassung von Arzneimitteln. 1990.

Band 22 Bettina Merz: Die medizinische, ethische und juristische Problematik artifizieller menschlicher Fortpflanzung. Artifizielle Insemination, In-vitro-Fertilisation mit Embryotransfer und die Forschung an frühen menschlichen Embryonen. 1991.

Band 23 Ferdinand van Oosten: The Doctrine of Informed Consent in Medical Law. 1991.

Band 24 Stephan Cramer: Genom- und Genanalyse. Rechtliche Implikationen einer "Prädiktiven Medizin". 1991.

Band 25 Knut Schulte: Das standesrechtliche Werbeverbot für Ärzte unter Berücksichtigung wettbewerbs- und kartellrechtlicher Bestimmungen. 1992.

Band 26 Young-Kyu Park: Das System des Arzthaftungsrechts. Zur dogmatischen Klarstellung und sachgerechten Verteilung des Haftungsrisikos. 1992.

Band 27 Angela Könning-Feil: Das Internationale Arzthaftungsrecht. Eine kollisionsrechtliche Darstellung auf sachrechtsvergleichender Grundlage. 1992.

Band 28 Jutta Krüger: Der Hamburger Barmbek/Bernbeck-Fall. Rechtstatsächliche Abwicklung und haftungsrechtliche Aspekte eines medizinischen Serienschadens. 1993.

Band 29 Alexandra Goeldel: Leihmutterschaft – eine rechtsvergleichende Studie. 1994.

Band 30 Thomas Brandes: Die Haftung für Organisationspflichtverletzung. 1994.

Band 31 Winfried Grabsch: Die Strafbarkeit der Offenbarung höchstpersönlicher Daten des ungeborenen Menschen. 1994.

Band 32 Jochen Markus: Die Einwilligungsfähigkeit im amerikanischen Recht. Mit einem einleitenden Überblick über den deutschen Diskussionsstand. 1995.

Band 33 Meltem Göben: Arzneimittelhaftung und Gentechnikhaftung als Beispiele modernen Risikoausgleichs mit rechtsvergleichenden Ausblicken zum türkischen und schweizerischen Recht. 1995.

Band 34 Regine Kiesecker: Die Schwangerschaft einer Toten. Strafrecht an der Grenze von Leben und Tod – Der Erlanger und der Stuttgarter Baby-Fall. 1996.

Band 35 Doris Voll: Die Einwilligung im Arztrecht. Eine Untersuchung zu den straf-, zivil- und verfassungsrechtlichen Grundlagen, insbesondere bei Sterilisation und Transplantation unter Berücksichtigung des Betreuungsgesetzes. 1996.

Band 36 Jens-M. Kuhlmann: Einwilligung in die Heilbehandlung alter Menschen. 1996.

Band 37 Hans-Jürgen Grambow: Die Haftung bei Gesundheitsschäden infolge medizinischer Betreuung in der DDR. 1997.

Band 38 Julia Röver: Einflußmöglichkeiten des Patienten im Vorfeld einer medizinischen Behandlung. Antezipierte Erklärung und Stellvertretung in Gesundheitsangelegenheiten. 1997.

Band 39 Jens Göben: Das Mitverschulden des Patienten im Arzthaftungsrecht. 1998.

Band 40 Hans-Jürgen Roßner: Begrenzung der Aufklärungspflicht des Arztes bei Kollision mit anderen ärztlichen Pflichten. Eine medizinrechtliche Studie mit vergleichenden Betrachtungen des nordamerikanischen Rechts. 1998.

Band 41 Meike Stock: Der Probandenschutz bei der medizinischen Forschung am Menschen. Unter besonderer Berücksichtigung der gesetzlich nicht geregelten Bereiche. 1998.

Band 42 Susanne Marian: Die Rechtsstellung des Samenspenders bei der Insemination / IVF. 1998.

Band 43 Maria Kasche: Verlust von Heilungschancen. Eine rechtsvergleichende Untersuchung. 1999.

Band 44 Almut Wilkening: Der Hamburger Sonderweg im System der öffentlich-rechtlichen Ethik-Kommissionen Deutschlands. 2000.

Band 45 Jonela Hoxhaj: Quo vadis Medizintechnikhaftung? Arzt-, Krankenhaus- und Herstellerhaftung für den Einsatz von Medizinprodukten. 2000.

Band 46 Birgit Reuter: Die gesetzliche Regelung der aktiven ärztlichen Sterbehilfe des Königreichs der Niederlande – ein Modell für die Bundesrepublik Deutschland? 2001.
2. durchgesehene Auflage 2002.

Band 47 Klaus Vosteen: Rationierung im Gesundheitswesen und Patientenschutz. Zu den rechtlichen Grenzen von Rationierungsmaßnahmen und den rechtlichen Anforderungen an staatliche Vorhaltung und Steuerung im Gesundheitswesen. 2001.

Band 48 Bong-Seok Kang: Haftungsprobleme in der Gentechnologie. Zum sachgerechten Schadensausgleich. 2001.

Band 49 Heike Wachenhausen: Medizinische Versuche und klinische Prüfung an Einwilligungsunfähigen. 2001.

Band 50 Thomas Hasenbein: Einziehung privatärztlicher Honorarforderungen durch Inkassounternehmen. 2002.

Band 51 Oliver Nowak: Leitlinien in der Medizin. Eine haftungsrechtliche Betrachtung. 2002.

Band 52 Christina Herrig: Die Gewebetransplantation nach dem Transplantationsgesetz. Entnahme – Lagerung – Verwendung unter besonderer Berücksichtigung der Hornhauttransplantation. 2002.

Band 53 Matthias Nagel: Passive Euthanasie. Probleme beim Behandlungsabbruch bei Patienten mit apallischem Syndrom. 2002.

Band 54 Miriam Ina Saati: Früheuthanasie. 2002.

Band 55 Susanne Schneider: Rechtliche Aspekte der Präimplantations- und Präfertilisationsdiagnostik. 2002.

Band 56 Uta Oelert: Allokation von Organen in der Transplantationsmedizin. 2002.

Band 57 Jens Muschner: Die haftungsrechtliche Stellung ausländischer Patienten und Medizinalpersonen in Fällen sprachbedingter Mißverständnisse. 2002.

Band 58 Rüdiger Wolfrum / Peter-Tobias Stoll / Stephanie Franck: Die Gewährleistung freier Forschung an und mit Genen und das Interesse an der wirtschaftlichen Nutzung ihrer Ergebnisse. 2002.

Band 59 Frank Hiersche: Die rechtliche Position der Hebamme bei der Geburt. Vertikale oder horizontale Arbeitsteilung. 2003.

Band 60 Hartmut Schädlich: Grenzüberschreitende Telemedizin-Anwendungen: Ärztliche Berufserlaubnis und Internationales Arzthaftungsrecht. Eine vergleichende Darstellung des deutschen und US-amerikanischen Rechts. 2003.

Band 61 Stefanie Diettrich: Organentnahme und Rechtfertigung durch Notstand? Zugleich eine Untersuchung zum Konkurrenzverhältnis von speziellen Rechtfertigungsgründen und rechtfertigendem Notstand gem. § 34 StGB. 2003.

Band 62 Anne Elisabeth Stange: Gibt es psychiatrische Diagnostikansätze, um den Begriff der schweren anderen seelischen Abartigkeit in §§ 20, 21 StGB auszufüllen? 2003.

Band 63 Christiane Schief: Die Zulässigkeit postnataler prädiktiver Gentests. Die Biomedizin-Konvention des Europarats und die deutsche Rechtslage. 2003.

Band 64 Maike C. Erbsen: Praxisnetze und das Berufsrecht der Ärzte. Der Praxisverbund als neue Kooperationsform in der ärztlichen Berufsordnung. 2003.

Band 65 Markus Schreiber: Die gesetzliche Regelung der Lebendspende von Organen in der Bundesrepublik Deutschland. 2004.

Band 66 Thela Wernstedt: Sterbehilfe in Europa. 2002.

Band 67 Axel Thias: Möglichkeiten und Grenzen eines selbstbestimmten Sterbens durch Einschränkung und Abbruch medizinischer Behandlung. Eine Untersuchung aus straf- und betreuungsrechtlicher Perspektive unter besonderer Berücksichtigung der Problematik des apallischen Syndroms. 2004.

Band 68 Jutta Müller: Ärzte und Pflegende, die keine Organe spenden wollen. Transplantatmangel muss nicht sein. 2004.

Band 69 Ihna Link: Schwangerschaftsabbruch bei Minderjährigen. Eine vergleichende Untersuchung des deutschen und englischen Rechts. 2004.

Band 70 Susann Tiebe: Strafrechtlicher Patientenschutz. Die Bedeutung des Strafrechts für die individuellen Patientenrechte. 2005.

Band 71 Jörg Gstöttner: Der Schutz von Patientenrechten durch verfahrensmäßige und institutionelle Vorkehrungen sowie den Erlass einer Charta der Patientenrechte. 2005.

Peter Lang · Europäischer Verlag der Wissenschaften

Christoph Steiner

Das Recht auf soziale Gesundheitsversorgung

Unter besonderer Berücksichtigung des Artikel 9 ICESCR

Frankfurt am Main, Berlin, Bern, Bruxelles, New York, Oxford, Wien, 2004.
XIV, 228 S., 1 Abb.
Studien zum internationalen, europäischen und öffentlichen Recht.
Herausgegeben von Eibe Riedel. Bd. 15
ISBN 3-631-52181-2 · br. € 42.50*

Die Arbeit hat zum Ziel, Vorgaben der Grund- und Menschenrechte für die Antwort auf immer wiederkehrende Fragen nach der Gestaltung des innerstaatlichen Gesundheitssystems zu ergründen und zu benennen. Der Autor bestimmt dazu zunächst den normativen Inhalt und die rechtliche Qualität des Menschenrechts auf soziale Gesundheitsversorgung aus dem Internationalen Pakt über wirtschaftliche, soziale und kulturelle Rechte. Es folgt die Darstellung des gleichnamigen Grundrechts aus dem Grundgesetz. Im nächsten Schritt wird die Einwirkung des Menschen- und Grundrechts auf das einfache innerstaatliche Gesundheitsrecht aufgezeigt. Im Ergebnis gebietet das Grund- und Menschenrecht die Stärkung und Ausweitung des Systems der gesetzlichen Krankenversicherung.

Aus dem Inhalt: Der internationale Pakt über wirtschaftliche, soziale und kulturelle Rechte (ICESCR) · Der normative Inhalt und die rechtliche Qualität des Menschenrechts auf soziale Gesundheitsversorgung · Das Grundrecht auf soziale Gesundheitsversorgung aus dem GG · Das Zusammenwirken von Art. 2 II 1 GG und Sozialstaatsprinzip · Antworten des Grund- und Menschenrechts auf grundlegende Fragen des innerstaatlichen Gesundheitssystems · English Summary

Frankfurt am Main · Berlin · Bern · Bruxelles · New York · Oxford · Wien
Auslieferung: Verlag Peter Lang AG
Moosstr. 1, CH-2542 Pieterlen
Telefax 00 41 (0) 32 / 376 17 27

*inklusive der in Deutschland gültigen Mehrwertsteuer
Preisänderungen vorbehalten

Homepage http://www.peterlang.de

FSC
www.fsc.org
MIX
Papier | Fördert gute Waldnutzung
FSC® C083411

Kolibri 360 GmbH
Ferdinand-Jühlke-Straße 7
99095 Erfurt, Deutschland
produktsicherheit@kolibri360.de

Druck:
CPI Druckdienstleistungen GmbH
im Auftrag der
Kolibri 360 GmbH
Ferdinand-Jühlke-Str. 7
99095 Erfurt